让我们 甲骨文 一起追寻

利奥波德国王的鬼魂

ADAM HOCHSCHILD

〔美〕亚当·霍赫希尔德 著 扈喜林 译

KING LEOPOLD'S GHOST

A Story of Greed, Terror, and Heroism in Colonial Africa

贪婪、恐惧、英雄主义与比利时的非洲殖民地

社会科学文献出版社
SOCIAL SCIENCES ACADEMIC PRESS (CHINA)

献给戴维·亨特

（1916～2000）

媒体热评

“一部有关欧洲各国在中部非洲错误行为的简史。”

——杰里米·哈丁（Jeremy Harding），《纽约时报书评》

“一部让人爱不释手又触目惊心的作品。”

——卢克·桑特（Luc Sante），《旧金山纪事报》（*San Francisco Chronicle*）

“基于深入的调查和严谨的行文，《利奥波德国王的鬼魂》做到了一部好的历史作品可以做的一切——扩展人类的历史。”

——弗里茨·拉纳姆（Fritz Lanham），《休斯敦纪事报》（*Houston Chronicle*）

“一本一流的、引人入胜的纪实作品。”

——《出版人周刊》（*Publishers Weekly*）

“霍赫希尔德的书罕见地将学术价值和小说优势融合在一起。这是一部上乘之作。”

——《波士顿星期天环球》（*Boston Sunday Globe*）

“（霍赫希尔德）讲述了很多有关国王、上校，有关遥远的基站负责人、义愤的传教士的动人故事。”

——詹姆斯·朱格（James Zug），《费城问询报》（*Philadelphia Inquirer*）

“这是一部有关众人熟知的历史的一流作品：调查深入、文笔流畅，令人爱不释手。”

——斯科特·麦克勒米（Scott McLemee），《华盛顿新闻报》（*Newsday*）

“让人如醉如痴的一本书。”

——罗伯特·泰勒（Robert Taylor），《西雅图邮讯报》（*Seattle Post – Intelligencer*）

“霍赫希尔德完成了一部独特的史学作品。100 年前，一些了解真实情况的西方人对造成数百万人死亡的大屠杀义愤填膺……当然，在阅读这本出色作品之前，今天很少人知道当年的那场风波是怎么回事。”

——塔里克·阿里（Tariq Ali），《金融时报》（*Financial Times*）

“用引人入胜的笔触介绍了那位古怪、贪婪、残忍的君主，比利时国王利奥波德怎样建立比属刚果……一本让人掩卷难忘的书。”

——K. 安东尼·阿皮亚（K. Anthony Appiah），《纽约书评》（*New York Review of Books*）

“浸透着悲壮的美……《利奥波德国王的鬼魂》对于生活

在新世纪的人们来说是一本必读书。”

——汤姆·桑伯恩（Tom Sandborn），《温哥华太阳报》（*Vancouver Sun*）

“霍赫希尔德将最有力的事实和熟稔的人物描写结合在一起，再加上对世纪之交欧美社会政治细微差异的深切洞悉，创作出一部出色的、深受欢迎的史学作品。”

——盖尔·格哈特（Gail Gerhart），《外交》（*Foreign Affairs*）

“霍赫希尔德写了一部让人深思，揭示作恶虽得逞一时但必将失败的好作品。他笔下的利奥波德可以被加入现代文明的公敌之列。”

——阿尔吉斯·瓦柳纳斯（Algis Valiunas），《美国观察者》（*American Spectator*）

“霍赫希尔德依托伟大新闻记者的才华和狂热呼吁者般的热忱讲述了这个故事。他展现了1900年前后出现的这种理念：以人权的名义表现出的民间压力，可以让权势让步。这对我们都很重要。”

——吉恩·苏伯林（Jean Soublin），《世界报》（*Le Monde*）

“引人入胜，也让人觉得恐怖……这本书以介绍罪恶开篇，以颂扬良知收尾。”

——菲利普·肯尼卡特（Philip Kennicott），《圣路易斯邮报》（*St. Louis Post – Dispatch*）

“一部绝妙的故事，论据翔实，文笔生动。霍赫希尔德有力地表现了，它是一部影响深远的悲剧。”

——马丁·克莱因（Martin Klein），《多伦多环球邮报》（*Toronto Globe and Mail*）

“《利奥波德国王的鬼魂》拥有引人注目的出场人物——英雄、坏蛋、小配角，他们一个个都不同凡响，神经质和野心的纠缠让作品妙趣横生，每个人都被刻画得栩栩如生。”

——罗南·贝内特（Ronan Bennett），《观察家》（*Observer*）

“这是一个充满了苦难的故事，语言明快犀利……先前我们多少知道一点有关这块殖民地不可告人的龌龊之事……但不知道事情如此丑陋。”

——查尔斯·尼科尔（Charles Nicholl），《每日电信报》（*Daily Telegrapgh*）

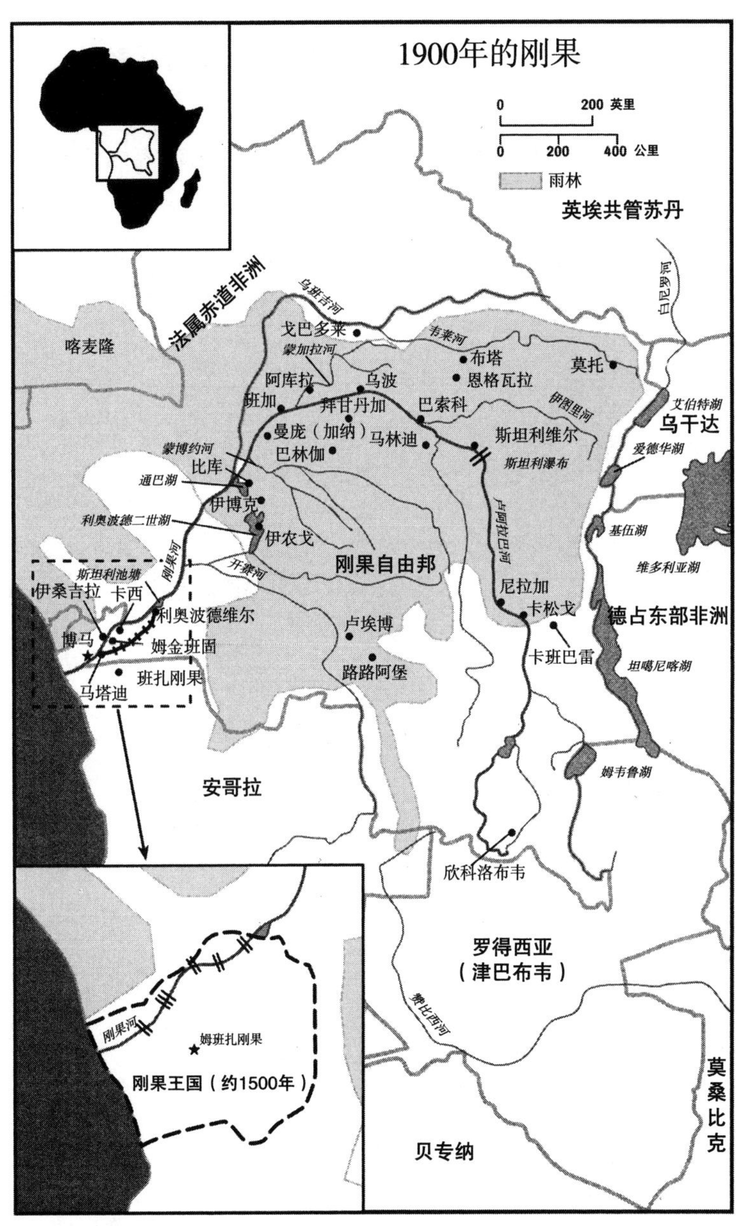
1900年的刚果
0
200 英里
0
200
400 公里
雨林
英埃共管苏丹
白尼罗河
法属赤道非洲
乌班吉河
喀麦隆
戈巴多莱
韦莱河
蒙加拉河
布塔
恩格瓦拉
莫托
阿库拉
乌波
班加
拜甘丹加
巴索科
伊图里河
艾伯特湖
乌干达
曼庞（加纳）
马林迪
斯坦利维尔
巴林伽
斯坦利瀑布
爱德华湖
蒙博约河
比库
通巴湖
伊博克
卢阿拉巴河
利奥波德二世湖
伊农戈
基伍湖
刚果河
刚果自由邦
维多利亚湖
斯坦利池塘
开赛河
尼拉加
伊桑吉拉
卡西
卡松戈
德占东部非洲
利奥波德维尔
卢埃博
博马
姆金班固
卡班巴雷
坦噶尼喀湖
班扎刚果
路路阿堡
马塔迪
安哥拉
姆韦鲁湖
欣科洛布韦
罗得西亚
（津巴布韦）
刚果河
赞比西河
姆班扎刚果
刚果王国（约1500年）
莫桑比克
贝专纳

目　录

引　言

这个故事的开始可以上溯到很久以前，但是它的回响在今 1
天仍然清晰可闻。不过，对于我来说，这是一个璀璨耀眼的关键时刻，一个照亮了前后几十载的时刻，是一个年轻人良心发现的一瞬间。

那是 1897 年或 1898 年的事情。想象一下当时的情景：一个二十几岁的年轻人迈着轻盈的步子，从往来海峡两岸的蒸汽船上走下来，他孔武有力，身材魁梧，留着八字胡须。他虽然信心满怀，谈吐得体，但是他的英式英语里没有伊顿公学和牛津大学毕业生的那种高雅。他穿着考究，不过衣服并非来自邦德街的高档服装店。因为要照顾生病的母亲，抚养妻子和供养家庭，他不是那种轻易被卷入理想化事业的人。他的想法是非常传统的。他看上去完全像——事实上也的确是——一个做事认真、为人正派的公司职员。

埃德蒙·迪恩·莫雷尔（Edmund Dene Morel）是一家利物浦船运公司深受信赖的雇员。该公司的一家子公司拥有往来当时被称作刚果自由邦（Congo Free State）的所有货物运输业务的独家经营权。刚果自由邦那片广袤地域位于非洲中部，是世界上唯一被一个人声称拥有所有权的殖民地。此人就是比利时国王利奥波德二世，一位因“仁慈”而在整个欧洲广受赞誉的君主。他热情欢迎基督教传教士前往他的殖民地。而且，据说，他的军队与欺压当地百姓的奴隶贩子英勇作战，并打败了后者。

十多年来，欧洲报纸一直在赞扬他如何将个人财富投入非洲公共工程中，让非洲人广为受益。[1]

因为莫雷尔能说一口流利的法语，公司每隔几个星期就派
2 他去比利时，监督往来刚果的货船装卸货物。虽然莫雷尔接触的那些政府官员对这种船运业务二话不说就予以放行，但是他注意到了一些让他深感不安的事情。在巨大的安特卫普港的码头上，公司船只入港的时候，船上满载的价值不菲的橡胶和象牙一直顶到了舱盖的位置。但是，当身穿制服满怀期待的年轻人在船上护栏边站成一排，货船在码头上军乐队演奏的乐曲声中离开港口驶回刚果时，船上装着的却主要是军官、枪支和弹药。两地之间没有什么“贸易”，用来与橡胶和象牙进行交换的商品很少或根本没有。看到这些价值昂贵的东西源源不断地流向欧洲，却几乎没有任何东西被运往非洲与这些商品进行交换，莫雷尔意识到，这些产品的来源只有一种解释：奴隶劳动。

直面罪恶后，莫雷尔没有选择无动于衷。相反，目之所见让他确定了今后的人生轨迹，也确定了一场轰轰烈烈的运动——20 世纪第一场伟大的国际人权运动——的发生。历史上很少有哪个人，如此充满激情，如此能言善辩，并拥有出色的组织能力和近乎超人般的精力，几乎仅靠一己之力就让某个话题占据世界主要媒体的头版长达十多年。距离那次站在安特卫普码头仅仅几年之后，埃德蒙·莫雷尔就出现在白宫，向西奥多·罗斯福总统进言，强烈呼吁美国在刚果事务上承担特殊责任。他还多次组织代表团前往英国外交部，动员从布克·T. 华盛顿（Booker T. Washington）、阿纳托尔·法郎士（Anatole France）到坎特伯雷大主教加入他的事业。在他的组织或影响下，美国各地举行了 200 多次抗议刚果奴隶劳工的大规模集会。

英国也举行了类似集会——高峰期达到每年将近300次——最多时吸引了多达5000人参加。[2]在伦敦，一封投往《泰晤士报》（*the Times*）抗议刚果奴隶劳动的信函获得了11位英国贵族、19位主教、76位议会成员、7个商会的会长、知名报社的13位编辑、英国所有被英王授予特殊地位的市长的亲笔签名。[3]即使在遥远的澳大利亚，也能听到控诉刚果国王利奥波德暴虐行为的演讲。在意大利，两个人因为这件事进行了决斗。英国外交大臣爱德华·格雷（Edward Grey）爵士——这是一个素不夸张的人——郑重地说："至少30年来，没有任何一个外部问题引起这个国家的民众如此强烈和激愤的反应。"[4]

本书讲述的就是那场运动、作为该运动反对目标的野蛮罪
行、罪行之前长时间的探索和征服，以及近代史上的那场被世 3
界所忘记的大规模杀戮。

* * *

几年前，在我无意中读一本书的时候，看到该书中的一个脚注，从此我不再对刚果历史几乎一无所知。读书时，当你不期而遇地读到某件让你感到极为震撼的事情时，往往会下意识地记住你读这本书时身处何地。而读这本书时，我记得，当时正值深夜，我身体僵硬，很是疲惫地坐在从东向西飞越美国上空的一架航班很靠后的座位上。

脚注说，正文中的那句话出自马克·吐温的作品，还说那篇文章是他参加世界范围的反对刚果奴隶劳动的运动时写的，还说刚果司空见惯的奴隶劳动葬送了800万~1000万条人命。世界范围的运动？800万~1000万条人命？我非常吃惊。

有关大规模杀戮的统计数字往往很难证明。但是，我

想，即使被杀人数只有这个数字的一半多，那么刚果就曾经是现代社会的大型屠杀场之一。为什么有关 20 世纪暴虐事件的权威记叙中从来没有提及这么多人的死亡？我多年从事人权方面的写作，在先后六次前往非洲的过程中，曾经访问过刚果。

那是 1961 年的事情。在利奥波德维尔（Leopoldville）的一个公寓里，我听到一个酩酊大醉的美国中央情报局的雇员在那里津津有味地讲述，这个刚独立不久的国家的第一任总理帕特里斯·卢蒙巴（Patrice Lumumba）是如何在几个月前被杀掉的。他以为，任何美国人，即使是像我这样游学的学生，听说被美国政府视为危险的左翼闹事者被暗杀，都会和他一样感到欣慰。一两天后的一个清晨，我乘坐摆渡船渡过刚果河，离开了这个国家。当时，初升的太阳照在水面上，平静的深色河水拍打着船舷，但是，与中央情报局雇员的那番谈话依然在我脑海中萦绕。

我看到那个脚注是几十年之后的事情了，当时我对刚果早期的历史知之甚少。后来，我想到，和数百万其他人一样，我也多少读过一点那个时代和那个地方相关的东西：约瑟夫·康拉德（Joseph Conrad）写的《黑暗的心》（*Heart of Darkness*）。但是，在这本小说的课堂笔记里，我草草记下的都是弗洛伊德式的诠释、与古代传说相通的地方、对康拉德内心动机的分析，因此，我早已将这本书归入虚构故事，而非写实。

我开始找更多的材料来读。我了解到的情况越多便越清晰
4 地认识到，一个世纪之前的刚果经历了大屠杀程度上的人口减少。同时，我意外地发现，这一段历史中的那些人物深深地吸引了我。虽然点燃了一场运动的是埃德蒙·迪恩·莫雷尔，但

是他不是第一个看到国王利奥波德二世统治下真实的刚果，并竭力让整个世界关注这里的人。扮演这一角色的是乔治·华盛顿·威廉姆斯（George Washington Williams）。乔治是一位美国黑人记者、历史学家。不同于之前的其他人，他就白人征服者统治下的感受采访了当地非洲人。另一位美国黑人威廉·谢泼德（William Sheppard）记录了他在刚果热带雨林遭遇的一幕。他记录下的这一幕给全世界留下了深刻的印象，成为残暴的殖民统治的象征。这方面还有其他英雄，其中最为勇敢的一位最后就义于伦敦的绞刑架。接下来，年轻的海运船长约瑟夫·康拉德驾船驶入这段历史的中间部分。他一直渴望探访经常出现在孩提时期梦想中的奇异非洲，结果他目睹的却是"败坏人类道德史的最厚颜无耻的竞相抢掠"。[5]随着研究的深入，我慢慢了解到，这一切的幕后操纵者是国王利奥波德二世。他贪婪、狡诈、表里不一，是一个表面魅力毫不逊色于莎士比亚笔下任何一人但心机更深的反面人物。

在研究这些人相互重叠的人生经历的过程中，我意识到刚果恐怖历史的其他方面，以及围绕这段历史的诸多争议。这是电报、照相机时代的第一个重大国际丑闻。这段历史囊括了大规模杀戮、王权、性行为、名望的力量、大西洋两岸六个国家敌对的游说活动和白热化的媒体宣传等诸多元素，看似倒与我们生活的现代社会出奇地相似。另外，与历史上很多大掠夺者（从成吉思汗到西班牙征服者）不同的是，国王利奥波德二世从未看见过一滴因杀戮而流出的血。他从来没有涉足刚果那块土地。这里，和现代社会很相似的另一点是，置身于平流层的轰炸机驾驶员也根本听不到受害者的凄厉惨叫，看不到轰然坍塌的房舍和血肉横飞的残肢断臂。

虽然欧洲早已忘记了利奥波德统治下刚果的受害者，但是，我发现了可以再现那些受害者当时命运的数量庞大的原始资料：探险家、蒸汽船船长、军人写下的回忆录；布道所的记录；政府调查报告；还有维多利亚时代的独特现象——在刚果“旅游”的男士（有时是女士）的记述。维多利亚时代是书信和日记的极盛时代，几乎每一个游客或刚果官员都带着一个厚厚的日记本，每天晚上都要在河岸上给家人写信。

当然，这里的问题是，这些浩如烟海的材料中，几乎所有文字都出自欧洲人或美国人之手。欧洲人最初踏上刚果土地的时候，刚果还没有自己的文字，这不可避免地使得这些历史记录显得片面化。我们有几十本当年在那块土地上的白人官员写的回忆录。我们知道，英国外交部关键人物的观点在改变，有时候每天的看法都有所不同。但是，我们没有生活在那个最为恐怖的时期的刚果人完整的回忆录或全面的口头讲述。在那个时代，本该是非洲人发声的地方，很多却被沉默取代了。

然而，当我深入研究这些材料时，我意识到这些材料的信息量是多么丰富。那些刚果的占领者经常炫耀他们的杀人“成绩”，在书籍和报纸上吹嘘他们的“杰作”。一些人在日记里显得难以置信的直率，其内容的露骨程度远远超过了作者写日记时的初衷，面向殖民地官员的大量毫不含蓄的指导手册也是如此。另外，占领刚果的一些私人武装的军官后来也因为手上的鲜血而愧疚。他们的证词和他们偷偷带出的文件，让抗议风潮更加猛烈。即使是被残酷镇压的非洲人，也不是全都保持了沉默。他们的一些行为和声音，即使经过了其征服者文字记录的过滤，还是能被我们看到和听到。

刚果最为严重的流血事件发生在 1890 ~ 1910 年，但是其源头早得多，它开始于欧洲人和非洲人在刚果的初次相遇。为了追根溯源，我们必须回到 500 多年之前，回到一位船长看到海水改变了颜色的时刻，以及一位国王接到消息，说是地下突然钻出来一个鬼魂的时刻。

序言：“那些生意人掳走了我们的人”

欧洲人在想象撒哈拉沙漠以南的非洲时，浮现在他们脑海 6
里的是一幅梦幻般的景象，是一个恐惧与超自然相结合的神奇之地。大约在 1350 年，本笃会修士雷纳夫·希格登（Ranulf Higden）绘制了那片地域的地图，他声称，非洲人长着一只眼睛，经常把脚放在脑袋上。接下来的一个世纪的一位地理学者说，那个大陆上的人只有一条腿，脑袋像狮子，每个人长着三张脸。1459 年，意大利修士弗拉·毛罗（Fra Mauro）宣称非洲是巨雕的栖息地，那种巨鸟能驮着大象在空中飞来飞去。

在中世纪，几乎没有欧洲人能够去了解非洲是不是有巨雕、一只眼的人，或者其他东西。敌意很深的摩尔人（Moors）生活在非洲地中海沿岸，几乎没有欧洲人敢踏上非洲北岸，更不要说穿过撒哈拉沙漠向南深入非洲腹地。至于驾船沿非洲西海岸南下，人们都认为，只要一穿过加那利群岛（Canary Islands），就会进入“Mare Tenebroso”，即黑暗之海（sea of darkness）。[1]

> [彼得·福尔巴特（Peter Forbath）写道] 在中世纪人们的想象中，这是一个极其可怕的地方……天空坠下一片片燃烧的火焰，海水沸腾翻滚……岸边的岩石如蟒蛇，岛屿如怪兽，伺机猎捕海上的船员。撒旦的巨手从深不见底的海中伸出，意欲擒住他。而他面部和身体变得很黑——
> 这是上帝在惩罚他不听劝阻，闯入这片神秘的禁地。纵然 7

> 他能够九死一生逃脱这一险境，前面还有阴晦之海（Sea of Obscurity），他也会永远迷失在世界边缘的水汽和泥浆中。[2]

直到15世纪，大航海时代开启之后，欧洲人才开始有组织地向南探险。葡萄牙人在这方面走在了前面。15世纪40年代，里斯本的造船师设计出了轻型快速帆船。这种小型船只尤其擅长逆风行驶。虽然长度刚刚超过100英尺，但是它船体结实，能够载着探险者沿非洲西海岸南下走很远。当时，没有人知道那里蕴藏着什么样的黄金、香料和宝石。驱使这些探险家前往非洲的不只是对财富的渴求。他们知道，非洲的某个地方是尼罗河的发源地。那是一个自古以来让欧洲人着迷不已的神秘地带。促使他们前往非洲的还有一个最为流传不衰的中世纪神话。这是一个有关基督徒国王祭司王约翰（Prester John）的传说。据说，他统治着非洲内陆的一个地域广袤的帝国。他的王宫用半透明的水晶和宝石建成。他统治着42个诸侯国，还有各种各样半人半兽的怪物、巨人。他的翡翠餐桌坚固结实，可以供数千人同时进餐。国王从不拒绝游人就餐。祭司王约翰非常愿意和其他基督教信众共享他的财富，并且愿意帮助他们继续前行，寻找传说中的印度财富。

一批又一批葡萄牙探险队向南航行到了更远的地方。1482年，一个名为迪奥戈·康（Diogo Cão）的经验丰富的海军上尉出海，开始了最为雄心勃勃的远航。他贴近非洲西海岸航行，当他的轻快帆船穿过赤道之后，他看到北极星从天际消失了。他知道自己向南航行的距离已经远远超过了之前所有的欧洲人。

一天，他遭遇了一件让他吃惊不小的事情。船周围的海水变成了发暗的略带蓝灰的黄色，褐黄色的海浪拍打着不远处的海滩。在前往一个几英里宽的小海湾的航行途中，轻快帆船不得不逆着 8 ~9 节速度的海流费力前行。另外，船周围流水的味道说明这是淡水，而不是咸水。船经过一条充满淤泥的大河河口时，康在船上摇摇晃晃，站立不稳。那条大河比任何欧洲人见过的河都要宽阔。一篇当时的文章是这样记录那条宽阔的大河给他和他的船员留下的印象的：

> 在海水巨浪的包围下，在（这条大河）出海口 20 里 8
> 格[①]之远的水流竟然一直是淡水，好像这条高贵的河流决
> 心与大海做一场殊死较量，绝不像世界上所有其他江河一
> 样放弃抵抗，乖乖地献上颂扬之辞。[3]

现代海洋学者揭示了这条大河之所以具备能够"与大海做一场殊死较量"的力量的更多依据：这条大河在海底冲刻出了一条 100 英里长，在某些地方深达 4000 英尺的峡谷。

康在河口处上岸，在陆地上竖起了一个石灰石柱子。柱子的顶端是一个铁十字架。柱子上刻着王室的盾形徽章和这样的话："人类诞生第 6681 年暨耶稣诞生第 1482 年，至淑、至圣、至能的葡萄牙国王若昂二世（João Ⅱ）命令王室成员迪奥戈·康寻找这块土地，并立此石柱。"[4]

在接下来的 500 年的大部分时间里，欧洲人将这条河称为刚果河。它在一个繁荣的非洲王国（这是一个人口为两三百万的郡县制王国）的最北端注入大海。从那时起，地理学家一直用一种方式来书写那条大河和后来在那条大河两岸形成的欧洲

---

① 旧时长度单位，约 3 英里或 4.8 公里。——译者注

殖民地的名字，用另一种方式书写在河口周围居民的生活和此前当地人在此建立的王国。

刚果王国方圆大约300平方英里，领土包括目前的好几个国家。首都是姆班扎刚果（Mbanza Kongo）——姆班扎的意思是庭院——它位于一个从河岸步行大约10天的山顶上，也就是如今安哥拉与刚果边界的安哥拉一侧。[5]迪奥戈·康踏上非洲陆地之后的9年里，又有几批探险船队先后远航至非洲。1491年，一批令人敬畏的葡萄牙牧师和使者组成的探险队经过10天的艰苦航行，作为葡萄牙派往刚果国王朝廷的永久代表在刚果定居下来。他们的到来标志着欧洲与一个非洲黑人国家第一次长期接触的开始。

在葡萄牙人到来之前，这个刚果王国已经存在了至少100年。这个国家的最高统治者“刚果王”（ManiKongo）由部落首
9 领大会选举产生。[6]和欧洲君主一样，他也坐在君主宝座上，不过他的宝座是镶嵌有象牙的木制宝座。刚果王手持一条斑马尾巴做成的鞭子，在腰带上垂挂着某些幼兽的毛皮和头骨，戴着一顶小帽子，这些都象征着王室权威。

在都城里，国王执掌刑狱，接受百姓敬拜，在大广场的无花果树下检阅军队。任何靠近他的人都要四肢着地，匍匐前行。如果有人胆敢窥视国王进食或喝水，就要被处以死刑。在国王进食或喝水之前，侍从都要敲击手中的两根铁条，所有人都必须匍匐在地。

当时在位的刚果王对来访的葡萄牙人给予了热烈的欢迎。他的热情与其说是因为这些不速之客向他讲述的有关救世主的事情，倒不如说是因为他们带来的火器在镇压地方叛乱时可能发挥的巨大威力。这些葡萄牙人很愿意向他们提供这些武器。

这些新来者建造教堂和教会学校。和在他们之后来这里传福音的很多人一样，这里的一夫多妻制让他们万分惊讶。他们认为这是因为非洲食物中的香料导致了这种可怕的习俗。虽然他们对刚果文化嗤之以鼻，但是不得不承认，这个王国是一个典章制度完备的成熟国家——它是非洲中部西海岸最先进的国家。[7]刚果王为治下的六个省都分别任命了执政官，组建了一套完备的文官系统负责执行他颁布的法令。这套文官系统包括"mani vangu vangu"，即通奸案件的一审法官。虽然他们没有文字和轮子，但是这里的居民会将铜锻造成首饰，用铁铸造武器，用从酒椰棕榈树树叶里抽出的纤维织布。这里流传着一个神话，刚果的第一任国王是一个铁匠，因此打铁在这里是一个高贵的职业。这里的人种植薯蓣、香蕉，以及其他水果、蔬菜，饲养猪、牛、羊。他们用步行的天数来计算距离，他们用太阴月和 4 天一周的方式来计算时间。每个月和每周的第一天是假日。像很多统治者一样，刚果国王也向子民课税，控制钱币供应。货币是王室控制下的沿岸岛屿上一种叫作玛瑙贝的贝壳。

和非洲大部分地区一样，这个王国实行奴隶制。非洲各地的奴隶制存在很大差异，而且随着时间的推移也会有所变化，但是大多数奴隶来自在战争中被抓获的俘虏。其他俘虏的来源是罪犯、还不起债的人、在婚嫁中作为嫁妆的一部分提供给男 10
方的人。就像一些人对另一些人拥有绝对权力的某些社会，非洲的奴隶制有时候非常残忍。刚果盆地的一些民族每逢特殊的日子都要屠杀奴隶献祭，如首领之间签署条约之时。签约的首领会命人将献祭的奴隶慢慢折磨死，并将他的骨头打断，表示违反这一条约的人将不得好死。首领死去，奴隶也要献祭，为的是陪伴死者前往另一个世界。

在其他方面，非洲的奴隶制比欧洲人不久之后在“新世界”建立的制度更为灵活和仁慈。在一两代人的时间里，奴隶可以通过努力劳作获得或被赐予自由，而且自由人和奴隶有时可以通婚。虽然如此，后来的事实证明，任何形式的人口买卖行为的存在对于非洲来说都是一场灾难，因为后来欧洲人踏上这块土地，意欲一船船地购买奴隶的时候，非洲首领很愿意出售他们。

很快，奴隶贩子来了。一开始是三五成群，后来发生在大西洋对岸的几件事让奴隶贩子如潮水般地涌来。1500 年，在第一批欧洲人到达非洲的仅仅 9 年后，一个葡萄牙探险队被大风吹偏了航向，意外地到达了巴西。在之后的几十年里，西半球成了一个巨大的、利润丰厚的、对非洲奴隶的需求几乎无法饱和的市场。这些奴隶随后被送往巴西的数百万个矿井，被送往咖啡种植园，以及欧洲国家迅速开始利用肥沃土地来种植甘蔗的加勒比海岛屿。

在刚果王国，葡萄牙人忘记了寻找祭司王约翰。奴隶买卖热潮让他们忘记了一切。从里斯本前往姆班扎刚果做泥瓦匠和教师的人很快靠将被链子拴在一起的非洲人驱赶到海边，卖给奴隶船的船长而大发其财。

对奴隶贩卖利润的贪欲甚至让一些牧师也卷入其中。他们放弃了传教，娶黑皮肤的非洲女人做妾，并蓄养奴隶，将他们的弟子和信徒贩卖为奴隶。不过，这些违背了职业道德的牧师倒是在某些方面坚持了他们的信仰：在宗教改革之后，他们竭力不让自己手中的任何一个“人货”落入新教徒之手。其中的一个牧师说：“在天主教堂接受洗礼的人，被卖给接受敌对信仰的人，显然是不对的。”[8]

在刚果河河口南岸，靠近迪奥戈·康竖立石柱的一个村子成了贩卖奴隶的港口。到 16 世纪 30 年代，每年有 5000 多名奴 11
隶被赶上船，送到大西洋对岸。到了 17 世纪，刚果王国每年总共"出口"了 15000 名奴隶。[9]奴隶贩子对自己的战利品做了详细的记录。保存下来的这一地区的一个存货清单里列出了"68 头"奴隶。清单里详细载明了这些奴隶的姓名、身体缺陷、现金价值。这个清单最上面是男性，因为男性往往最值钱，最下面是"小孩子；姓名不详，因为她快要死了，无法说话；不值钱的男性；一个名叫卡丽波的小女孩，不值钱，因为快死了；一个名叫坎土比的小女孩，不值钱，因为她快死了"。[10]

很多从这条大河的河口运往美洲的奴隶就来自刚果本地；还有很多奴隶是非洲的奴隶贩子深入非洲内陆 700 多英里抓来的，还有的是从当地酋长或首领那里买来的。这些奴隶脖子上戴着木轭，被驱赶着前往海边。一路上，他们很少能吃饱肚子。因为一般都是在干旱季节赶路，所以他们只能喝路边的死水。不久，通往奴隶交易港口的小路上到处是森森白骨。

奴隶们被洗净，穿上由用过的破烂的粗麻布货物包装材料做成的衣服，用链子拴在一起被关进蒸汽船的货舱里，这一地区的大部分奴隶就这样被送到巴西。巴西是距离这里最近的新世界的一部分。然而，从 17 世纪初开始，逐渐增长的需求诱使很多船长航行更远的路程，将奴隶送往英国在北美的殖民地。被送往北美南部的棉花和烟草种植园劳作的奴隶中，大约四分之一来自大西洋对岸的非洲赤道地区，包括刚果王国。语言学家从当今南卡罗来纳州和佐治亚州黑人的古拉（Gullah）方言中发现了刚果河河口地区刚果语的痕迹。

* * *

往返大西洋两岸的奴隶贸易开始让刚果人口锐减，当时在位的刚果王名叫恩津加·姆本巴（Nzinga Mbemba，后称阿方索）。[11]他于1506年登上国王宝座，统治这个国家将近40年，史称阿方索一世。阿方索跨越了刚果历史的一个关键时期。在他出生之际，这个国家没有人知道这个世界上还有欧洲人的存在。在他去世的时候，整个王国都处在欧洲人掀起的奴隶买卖热潮的威胁之下。他是一个非常了解自己悲惨处境的人。他在历史
12 上留下了鲜明的印记。大约300年之后，一个传教士说："刚果本地人知道三个国王的名字：当时在位的国王、前任国王、阿方索。"[12]

1491年，在第一批欧洲人到达姆班扎刚果时候，30出头的阿方索还只是一个见识浅薄的首领。皈依基督教之后，他开始使用"阿方索"这个名字，并任用了一些葡萄牙人作为顾问。在姆班扎刚果，他向葡萄牙牧师学习知识达10年之久。一位葡萄牙牧师在写给葡萄牙国王的信中说："在基督教先知、主耶稣福音、圣徒的生活、所有与圣母教会相关的所有知识方面，阿方索知道得比我们还多。陛下若见到他，准会大吃一惊。他谈吐不凡，言语自信，总让我想到圣灵在借他之口发声。陛下，除了学习，他什么也不做。多少次，他深夜读书，不知不觉地趴在书本上睡着。多少次他因为宣讲救世主而忘记了进食饮水。"[13]很难说的是，这些赞誉之词中有多少是这位牧师想借以打动那位葡萄牙国王，有多少是阿方索想借以打动这位牧师的。

用接下来这个时代的话说，国王阿方索一世（King Affonso Ⅰ）是一个现代化改革家（modernizer）。他迫切地想获得欧洲

的知识、武器、商品，以便巩固自己的统治，防备白人带来的不安定因素。例如，注意到葡萄牙人对铜的需求之后，他就用铜向欧洲人换取能够帮助他换来偏远省份臣服于他的欧洲产品。阿方索是一个极具智慧的人，那个时代的他经常去做一些困难程度和我们这个时代相仿的事情：有选择地进行现代化改革。[14]他痴迷于教会、文字、欧洲医药、木工技术、石匠技术和其他葡萄牙工匠技术。但是，当里斯本的葡萄牙国王派出一名全权公使劝他采用葡萄牙的法律制度和宫廷礼仪的时候，阿方索却不为所动。他想方设法不让探矿机构进入国境，他担心如果欧洲人发现了他们渴望的金银之后就会完全控制他的国土。

因为在接下来的几百年里，我们对这块非洲土地的所有认知，几乎都来自那些白人征服者，所以国王阿方索一世为我们提供了极为罕见和宝贵的东西：来自非洲的声音。实际上，他的声音是 20 世纪之前我们能够听到的为数很少的来自非洲中部的声音之一。他用流利的葡萄牙语口述了数量庞大的一系列信件，并将其发给先后两任葡萄牙国王。这是到目前为止所知的第一批由非洲黑人用欧洲语言完成的文件。[15]在幸存下来的几十封信件上还能看到在阿方索签名上方具有王室特点的、带有花纹的双 13
下划线。这些信件采用的是一个君主对另一个君主的官方语气，信件的开篇往往是"至高至能的君主陛下及兄长台鉴……"但是，我们从字里行间看到的不仅仅是一个君主在说话，还能看到一个有血有肉的普通人对于大量的本国人以史无前例的速度被带上奴隶船运走的惊骇。

阿方索并不是废奴主义者。和当时及后来的大多数非洲统治者一样，他也蓄养奴隶，他至少有一次将自己的一些奴隶当作礼物送给那位在里斯本执掌皇位的"兄长"，同时送去的还有一些豹皮、鹦鹉、铜踝饰。不过，在阿方索看来，这一传统的国王之间的礼物交换完全不同于将数万自由子民戴上铁链送往大洋彼岸。在 1526 年写给葡萄牙国王若昂三世（King Joao Ⅲ）的信中，他这样说：

> 那些奴隶贩子每天都要掳走我们的臣民——这个国家的孩子、王公贵族子弟，甚至王室的人……这种恶行和堕落猖獗无度，全国人口剧减……除了做弥撒用的酒类和面粉，我们国家只需要牧师、教师，不需要商品……我们诚挚希望这个国家不要成为买卖和运输奴隶的地方。[16]

后来写于同一年的另一封信称：

> 我们的很多臣民极其贪恋您的臣民带入我们境内的商品。为了满足自己的贪欲，他们到处拐卖我们的黑人自由民……他们将这些受害者秘密地或在夜晚带（到海边之后）……就将他们卖掉。这些受害者一交到白人手上，就被烧红的烙铁打上烙印。[17]

阿方索一次又一次地在信中谈及两个密不可分的主题：奴隶交易和葡萄牙商人用来购买“人货”的各种让人爱不释手的东西，如布料、工具、珠宝，以及其他小玩意儿。

> 这些商品对于头脑简单、见识短浅的非洲人来说具有巨大的诱惑力，他们被这些商品蒙住了双眼，忘记了自己对上帝的信仰……陛下，巨大的贪欲诱使我们的臣民，甚

> 至还有基督徒，拐卖他们自己的家人，还有我们的家人，把他们当俘虏卖掉换钱。[18]

在乞求葡萄牙国王派教师、药剂师、医生，而不是商人来 14
的同时，阿方索也承认，潮水般涌入的有形商品（material goods）威胁着他的权威。他的臣民“能弄到的这些商品的数量远远超过了王室。过去，我们用这些东西让他们顺从于我们，心甘情愿地听从我们驱遣”。[19]阿方索的哀叹是有预见性的。对品种极其丰富的欧洲商品的贪欲破坏了当地传统的生活方式，这不是最后一次。

葡萄牙国王没有表现出任何同情。若昂三世回信说：“您……告诉我您不希望境内有奴隶买卖，因为这种买卖让你的国家人口剧减……相反，那里的葡萄牙人告诉我刚果国土是多么辽阔，人口是多么稠密，根本看不出来有奴隶离开过那里。”[20]

阿方索用一个基督徒向另一个基督徒说话的口气恳求同为君主的葡萄牙国王，信中还列举了当时的一些偏见。关于牧师买卖奴隶，他写道：

> 在这个国家，信仰变得和玻璃一样容易破碎，这是因为来这里传教的那些人开了一个很坏的头，世俗的贪欲和财富的诱惑让他们背离了真理，就像是犹太人出于极度的贪欲将耶稣钉死在十字架上。我的兄长啊，如今，耶稣再次遭此劫难。[21]

阿方索屡次派人前往罗马教皇那里，直接吁请教皇结束奴隶买卖，但是他派往梵蒂冈的密使在里斯本一下船就被葡萄牙人扣押了。

在距离阿方索生命结束时间不远的 1539 年，他的绝望空前强烈，因为他听说他的一些年轻侄子、孙子和其他亲戚一行 10 人在前往葡萄牙进行宗教学习的途中失踪。“他们生死不明，”他绝望地写道，“如果死了，不知道他们是怎么死的，也不知道该怎样开口告诉他们的父母。”[22]我们可以想象这位国王的惊恐，他连自己家人的安全都保证不了。在返回欧洲的漫长航线上，葡萄牙奴隶贩子和船长经常在刚果与里斯本之间将货物转到其他航线上。人们后来发现，那群年轻人被贩卖到巴西为奴去了。

阿方索对海外奴隶买卖的憎恨和对这种贸易对自己权威腐蚀作用的高度警惕让生活在刚果首都的一些葡萄牙商人憎恨不已。1540 年，8 个人趁阿方索参加复活节弥撒活动时密谋杀害他。阿方索安全逃脱，只是其皇袍的边缘被子弹打了一个洞，不过与他同行的一个贵族成员被打死，还有两个人受了伤。

阿方索死后，省级和村级首领靠出售奴隶日益积累财富，不再效忠于位于姆班扎刚果的政府，刚果的力量随之逐渐衰落。在 16 世纪第一个 10 年结束之际，其他欧洲国家也加入了奴隶贸易的行列。英国、法国和荷兰的船只游弋于非洲沿海地区，寻找“人货”。1665 年，羸弱的刚果王国与葡萄牙人打了一仗。刚果战败，刚果王被砍了头。此后，内部纷争进一步消耗着这个国家，它的领土于 19 世纪第一个 10 年末全部成了欧洲的殖民地。

* * *

除了阿方索的信件，那个年代的书面记录仍旧完全是通过白人的视角来展现的。从迪奥戈·康及其率领的船帆上带有褪了色的红色十字的三艘轻快帆船开始，欧洲人是怎样出现在那条大河河口的居民眼前的？要想从他们的视角弄清楚这一点，我们必须求助于过去几个世纪流传下来的那些故事和传说。起初，非洲人只是觉得他们看到的白皮肤的水手不是人，而是"鲁比"（vumbi）——祖先的鬼魂。因为刚果人认为人进入阴间之后皮肤就会变成白垩色，后来他们认为这些可怕的白皮肤鲁比就是从阴间来的，因为岸边的人首先看到的是帆船桅杆的顶端，然后是船帆，最后是船体——显然，那艘船是从地下出来的。[23]21 世纪彭德（Pende）地区的口述历史学家穆坤佐·基果（Mukunzo Kioko）是这样记叙葡萄牙人最初如何踏上这片土地的：

> 我们的先人在这里生活得很惬意……他们养牛，种庄稼；他们有盐碱滩和香蕉树。
>
> 有一天，他们看到一艘大船从浩瀚的海面下升上来。那艘船长着纯白的翅膀，像小刀一样闪闪发光。
>
> 白人从水中走出来，咕哝着谁也听不懂的话。
>
> 我们的先人吓坏了，他们说这些人是鲁比，是从阴间回来的鬼魂。
>
> 他们连忙射箭，想把对方赶回海里去。但是，随着一 16
> 阵雷鸣般的声音，这些鲁比喷出火来。很多人被打死了。我们的先人慌忙逃窜。
>
> 首领和有见识的人说，这些鲁比是这块土地先前的主人……
>
> 从那时起，直到现在，白人给我们带来的只有战争和苦难。[24]

大西洋两岸间的奴隶交易似乎进一步证实了欧洲人确实来自阴间，因为他们将整船整船的奴隶带到海上之后，这些被抓走的人再也没有回来。就像是欧洲人对非洲的吃人习俗一直心怀忌惮，非洲人想象中的欧洲人也有同样的习俗。非洲人认为，白人把黑人俘虏的肉腌成咸肉，将他们的脑浆做成奶酪，把他们的血做成欧洲人喝的红酒；欧洲人会将非洲人的骨头烧成灰，做成枪里的火药。他们认为，船上那些硕大的黄铜色的壶就是进行这些可怕勾当的家什。[25]后来，一些奴隶认为船上提供给他们的食物是用他们之前被带走的奴隶做成的，他们就死活不再进食，这使拥挤的奴隶船上奴隶的死亡率进一步上升。

几年之后，当地人之间流传着有关那些陌生人从阴间带来的神奇物件的说法。例如，据一个19世纪的传教士记载，一个非洲人是如何解释白人船长下到船舱里去取布料等货物的。非洲人认为这些货物不是来自船里面，而是来自通向海底的一个深洞。一些海怪在“海底工厂”织布，“我们需要布的时候，船长……就走到洞口，摇响铃铛”。海怪将布递上来，船长就“将几具黑人尸体扔下去，作为报酬。那些尸体是从当地一些阴损的黑人奴隶贩子那里买来的。他们给同胞施了魔法后，将他们卖给白人”。[26]这种说法和事实相差倒也不太远。美国南部的奴隶制的本质是什么？不就是将黑人的躯体通过棉花种植园变成布匹吗？

* * *

因为非洲的中间人直接将抓来的奴隶带到奴隶船上，所以葡萄牙奴隶贩子很少离开海边深入内陆。实际上，在迪奥戈·康意外看到刚果河之后的将近400年里，欧洲人不知道这条河的

源头在哪里。它每秒向大海注入1400立方英尺的河水，只有亚 17
马孙河能出其右。除了巨大的宽度和未知的河道，刚果河还有一个未解之谜。水手们看到，与其他热带河流相比，它的流量在一年中的波动相对很小。亚马孙河、恒河等河流因流经地区处于雨季或旱季的不同，一年中会出现极高水位和极低水位。刚果河为什么与众不同？

在长达好几个世纪里，人们一直无法找到刚果河的源头，其中的原因是他们无法逆流而上。尝试过的人都会发现，这条河流要流经一个峡谷，河水流入峡谷的地方水流湍急，船只根本无法穿过那片激流。

现在，我们知道，刚果河流域的相当一部分位于非洲内陆的高原上。这条河流从将近1000英尺高的高原西部边缘奔流而下，流经220英里之后就下降到海平面高度。在向下轰鸣奔流的过程中，河水穿过狭窄的峡谷，掀起40英尺高的巨浪，奔涌倾泻，先后形成32处瀑布。这条大河的落差和水量非常大，其水力发电的潜力与美国所有河流加在一起的总量相当。

对于敢从船上走下来的船员来说，前面沿激流蜿蜒上山的小路要穿过一片崎岖不平、乱石林立的地带。身边危机四伏的悬崖峭壁、幽深峡谷，以及对疟疾和其他疾病毫无免疫力都让欧洲人心惊胆寒。几位嘉布遣会修士曾经历尽艰险，两次短暂地深入内陆，最远到达了河流进入峡谷形成急流的地方。后来，一个葡萄牙探险队希望重走这一艰难旅程，结果一去便杳无音信。直到19世纪初，欧洲人对非洲中部内陆，以及这条大河的源头仍然一无所知。

1816年，一个英国探险队，在皇家海军舰长詹姆斯·K.塔基（James K. Tuckey）的带领下扬帆出发，寻找刚果河的源头。出海的两艘船上带着的人五花八门：皇家海军的士兵、几个木匠、铁匠、一位外科医生、英国皇家植物园丘园（Kew）的一个园艺师、一个植物学家、一个解剖学家。解剖学家的一个任务是深入研究河马，“如果可能的话，找三个这种动物的听觉器官浸泡在酒精里”。[27]一个叫“克兰奇先生”的人在这艘船的航行日志上登记的职务是“自然历史文物收藏者”。另一个探险队成员干脆登记的是“志愿者和观察力敏锐的先生”。

18 到达刚果河河口的时候，塔基数了数停泊在那里等着“人货”的各国奴隶船，一共是 8 艘。他带着自己的 3 艘船沿着大河逆流而上，上到实在无法继续前行处时，他们弃船上岸，从陆地上绕过响声震耳欲聋的急流。但是，因为要“没完没了地攀爬几乎垂直的山坡和大片的石英岩”，他和属下越来越灰心。[28]后来，人们将那些山称作“水晶山”。湍急的河水处处翻涌着白色泡沫和巨大的旋涡。在一段罕见的水流平静的地方，塔基以当时的狭隘眼光发现，此处“风景奇美，不逊色于泰晤士河两岸的任何地方”。[29]接下来，这些英国人一个接一个染上了一种不知名的疾病，很可能是黄热病。向前行走了大约 150 英里之后，塔基彻底泄了气。队伍开始掉头返回。回到船上没多久，塔基就死了。这些心有余悸的远征队成员好不容易回到了英国，出发时的 54 人中有 21 人中途殒命。刚果河的源头和河水水量常年不变的秘密仍然是一个谜。对于欧洲人来说，非洲仍然是重要原材料（人体和象牙）的供应地。但是，在其他方面，他们仍然将这个大洲看作一个没有生气、空旷、没有人烟的地方，一个地图上等待去探索的地方，一个空前频繁地用“黑暗大陆”来描述的地方。与其说这个短语指的是当事人当时看到的，不如说它指的是当时看的那些人。

第一部分

走入火中

1 “我绝不半途而废”

1841 年 1 月 28 日，塔基远征失败的四分之一个世纪后，一 21
个后来出色地完成了塔基没有完成事业的人降生在了威尔士登比郡的一个集镇上。在圣希拉里教堂的出生登记册上，有人给他登记的名字是“约翰·罗兰兹，私生子”（John Rowlands, Bastard）——后面的那个词给他整个人生打下了很深的印记，他拼命地用毕生时间让自己忘掉这种耻辱感。[1]年轻约翰是女佣贝奇·帕里（Betsy Parry）生下的五个私生子中的第一个。他的父亲可能是死于震颤性谵妄的醉鬼约翰·罗兰兹（John Rowlands），也可能是杰出的已婚律师詹姆斯·沃恩·霍恩（James Vaughan Horne），也可能是贝奇在伦敦的男朋友——她先前在伦敦打过工。

生下孩子之后，贝奇在耻辱中离开了登比郡。离开之前，她将孩子交给了孩子的两个舅舅和姥爷。这位姥爷一贯认为，如果男孩子不听话，就必须“结结实实地揍一顿”。[2]约翰 5 岁时，姥爷去世了。姥爷去世之后，两个舅舅立刻将他送到当地一个家庭寄养，每周支付半个克朗，算是摆脱了这个累赘。后来，那家人要求增加报酬时，两个舅舅拒绝了。一天，那个寄养家庭对小约翰说，他们的儿子迪克要带他去另一个村子去找他的“玛丽阿姨”：

> 那条路那么长，好像永远走不到头……最后，我们来

> 到一座很大的石砌建筑前，迪克将我从他的肩膀上放下来。他将手探进高高的铁门，拉响了里面的铃铛。这时候，我
> 22 听到很远的屋里传来很响的丁零当啷的声音。一个表情阴郁的陌生人出现在门口。他不顾我的挣扎，抓住我的手把我拉了进去。迪克用好听的话抚慰我的恐惧，说他只是带我去找玛丽阿姨。大门在他面前关上了。随着铁门关上的回声，我第一次体会到凄凉孤寂的难受感。[3]

现在，6 岁大的罗兰兹住进了圣阿萨夫联合贫民习艺所（St. Asaph Union Workhouse，下文简称圣阿萨夫习艺所）。

有关圣阿萨夫习艺所的记录充斥着很多维多利亚时代的委婉说法。当地一家报纸指责这家习艺所的老板总是醉醺醺的，经常对女雇员“过于随便”。1847 年，也就是约翰·罗兰兹进来的时候，一个调查委员会调查了这家习艺所。调查结果说，这家习艺所的男性成年人“从事着所有令人不齿的行为”，他们让一大一小两个孩子睡一张床，导致他们早早就开始“懂得和实践他们不应该做的事情”。[4]在接下来的一生里，约翰·罗兰兹惧怕与一切和性有关的亲昵行为。

不管约翰在习艺所的宿舍里遭遇或看到了什么，他在习艺所的教室里收获良多。由于他成绩优异，当地主教奖励了他一本《圣经》。他对地理学产生了强烈的兴趣。他还有一个不同寻常的本事：任何人的笔迹，只要他研究几分钟，就能模仿得惟妙惟肖。他自己写出来的字十分优雅。他稚拙的签名漂亮时髦，笔体向前倾斜，字母垂直的一笔显著高于或低于基线。他似乎要借助一手好字让自己走出耻辱的过去，改写自己的人生脚本，让自己从贫困走向优雅。

当时他已经12岁了，一天晚上，管理员（supervisor）“在晚餐时间找到我，当时所有学员正坐在一起吃饭。他指着一个长着椭圆形的脸，脑后盘着一大卷深色头发的高个女子，问我是否认识她”。

“不认识，先生。”我回答。

“怎么，你不认识自己的母亲？”

“我吃了一惊，感觉脸颊烫得厉害。我腼腆地瞥了她一眼，看到她正用一种冷淡和挑剔的目光审视我。我原本觉得会对她产生一股强烈的亲昵感，但她脸上冷冰冰的表情让我的心扉怦然关上了。”[5]

让他更为震惊的是这样的一个事实：他的母亲又给圣阿萨
夫习艺所送来了她的两个私生子：一个男孩，一个女孩。几个 23
星期之后，她离开了这个习艺所。对于约翰来说，这是一连串的被遗弃中最后的一次。

15岁时，约翰离开了圣阿萨夫习艺所，先后借住在几个亲戚家。这些亲戚对于收留一个救济院出来的表亲感到极为不适。17岁那年，他住在利物浦的一个舅舅家里，在肉店里打工，帮老板送货。他非常害怕将来再次被亲戚赶出去。一天，他去给停靠在码头边的“温德米尔号”（Windermere）美国商船送肉。船长看中了这个个子虽小但身体看上去很结实的年轻人，问他：“想不想来这条船上当海员？”[6]

1859年2月，经过7个星期的航行之后，“温德米尔号”到达新奥尔良（New Orleans）。在那里，这位当海员没多久的年轻人弃船逃跑了。那个城市的各种味道让他深深地着迷：柏油、盐水、生咖啡、朗姆酒、糖浆。他在大街上游荡，寻找活干。在一个仓库的门廊里，他看到一个头戴高礼帽的中年男人。

事后他才知道，对方是一个棉花商人。小约翰走上前，问道："您这里要人吗，先生?"[7]

约翰唯一的介绍信——那本上面有主教题字作为奖品的《圣经》——让这位棉花商人对他顿生好感，于是他就留下了这位十几岁的威尔士年轻人。不久之后，现在居住在"新世界"的年轻的约翰·罗兰兹给自己改了一个名字。这件事经历了一个缓慢的过程。1860 年，新奥尔良人口普查时，他登记的名字是"J. Rolling"（J. 罗林）。当时认识他的一个女士记得他的名字叫"John Rollins"（约翰·罗林斯）。她说，约翰·罗林斯"头脑活络，喜欢吹牛、说大话、讲故事"。[8]然而，没过几年，他开始使用雇他干活的那位商人的姓和名。同时，他开始试着使用中间名，他用过"Morley"（莫利）、"Morelake"（莫雷克）、"Moreland"（莫兰），最后固定用"Morton"（莫顿）。就这样，进入圣阿萨夫习艺所时名叫"约翰·罗兰兹"（John Rowlands）的男孩后来成为闻名世界的"亨利·莫顿·斯坦利"（Henry Morton Stanley）。

斯坦利不仅给自己起了一个新名字，而且他接下来一直在给自己创造一个不同的传记。这个后来成为最有名的探险家，以准确观察非洲野生动物和地形闻名的人，在记叙自己早期生活方面，却是善于搅浑水的世界级大师。例如，在自传里，他添油加醋地讲述了离开那家威尔士习艺所的经过：他带领一整个班的孩子反抗那个曾经恶毒地折磨过整个高年级的残暴的管理员詹姆斯·弗朗西斯（James Francis）之后，翻过花园围墙逃跑。"我惊异于自己的鲁莽行为，高声喊道：'不会再这样
24 了。'这话刚说出口，我就被人抓着外衣领口扔了出去，莫名其妙地摔倒在长凳上。那混蛋气急败坏，对着我的肚子拳打脚踢，

直到我仰面摔倒，大口喘气。我再次被从地上抓起，扔向长椅。猛烈的撞击差点将我的脊柱折断。”[9]斯坦利当时正值15岁，力气很大，身体健康，当过矿工，在矿难中失去一只手的弗朗西斯没法轻易打伤他。据其他学员后来回忆说，当时没有任何反叛行为，更不要说是斯坦利带头的反叛。据他们回忆，弗朗西斯是一个很温和的人，斯坦利深受老师宠爱，经常得到老师的优待和鼓励，弗朗西斯不在的时候还让斯坦利代为管理。习艺所的记录显示，斯坦利离开的时候不是逃走的，而是要去学校去上学，就住在了舅舅家。

同样奇怪的是斯坦利讲述的他在新奥尔良的情况。他说他住在那位好心的棉花商人亨利·斯坦利和他那位如圣徒般善良、身体虚弱的妻子家里。后来，这个城市流行黄热病，她身染疾病，死在她那张挂着白色平纹细布床帘的床上。然而，就在生命的最后一刻，“她睁开温和的眼睛，对斯坦利说，‘好好努力。上帝保佑你’”！[10]

不久后，那位因妻子去世而悲痛不已的人拥抱着这位年轻的租客兼员工，对他说：“以后，你随我姓。”[11]斯坦利说，接下来，他和那个被他称为“父亲”的人一起度过了两年田园诗般的公务旅游时光。他们乘船在密西西比河上往返，在甲板上漫步，为对方大声朗读并探讨《圣经》。但是，不幸的是，1861年，这位慷慨的养父追随他挚爱的妻子到了另外一个世界。斯坦利说：“当挚爱的人冰冷的双手被叠放在胸前，长眠不起的时候，我有生以来第一次感到一股钻心的痛苦。我注视着那具尸体，不停地追问自己：‘我的举止是不是像我希望的那样完美？’‘我的表现是不是不够好？’‘我是不是对他还不够尊重？’”[12]

这是一个伤感凄婉的故事，不过资料显示，斯坦利夫妇直到 17 年之后，也就是 1878 年才去世。虽然他们确实收养了两个孩子，但这两个孩子都是女孩。根据该城市的人名地址名录和人口统计文件，年轻的斯坦利并没有住在斯坦利夫妇家里，而是先后住在一些寄宿公寓里。并且，这位作为商人的斯坦利与他的雇员进行了一次激烈的争吵之后永远与后者断绝了关系。之后，他不许别人在他面前提到那个年轻人的名字。

很显然，斯坦利关于自己年轻时期的理想化描写受到了与他同时代的查理·狄更斯的影响，他们都热衷于描写临终时的场景、品行如圣徒般的女性、富有的赞助人。另外，这些描写在很大程度上还受到了他情绪的影响：小时候的生活经历给他
25 蒙上了很深的耻辱感，他必须要编造一个能够呈现给世人的自己。他不仅在自传中编造故事，他还在日记中编造了一个戏剧性的海难和其他子虚乌有的冒险。有时候，他非洲之行的某个事件与他寄回国内的日记、信件、报纸文章，以及他在每次出行之后写的书，存在明显的出入。这些出入让心理历史学家大饱眼福。

斯坦利描述或编造的一个更能说明问题的插曲发生在他到达新奥尔良后不久。当时，他与一个在船上做零工的来自利物浦的小伙子迪克·希顿（Dick Heaton）在寄宿公寓里睡同一张床。“他腼腆得很，如果烛光亮着，他就不上床睡觉，而且……即使上床，也只是躺在床的边缘位置，和我保持着很远的距离。我早上醒来，总是看到他和衣而卧。”一天，斯坦利醒来后，看着睡在一边的迪克·希顿，“惊奇地发现他胸前凸起原先我以为是两个肿瘤的东西……我坐起来……我叫出来……‘我明白了！我明白了！迪克，你是女的’”。承认自己叫艾丽丝之后，那天

晚上迪克没有回来。“我再也没有看见她，也没有听到她的消息。我一直希望命运女神会明智地关照她，就像她将两个年轻而单纯的小青年分开一样，因为如果两人待在一起的话，年轻人没有节制的感性会让我们干出蠢事来。”[13]

像他描写的带有狄更斯风格的临终病榻前的情景一样，这里也有传奇故事的影子——女扮男装去当兵或者女孩从家里跑出来去当海员。不管是真是假，这个插曲透露出来的情感信息与先前的描述是一致的：斯坦利害怕和女人亲近。

美国内战开始后，斯坦利参加了南方邦联军队。1862 年 4 月，他所在的阿肯色州志愿团与北方军队在田纳西州的夏洛（Shiloh）交了火。在战斗打响后的第二天，他被 6 个北方军队的士兵包围，随后被送到芝加哥城外一个拥挤的、斑疹伤寒肆虐的战俘营。他发现，离开那个糟糕透顶的地方的唯一出路是参加北方军队。意识到这一点之后，他立刻付诸实施，结果因为染上了痢疾，不得不因为疾病而退伍。他又设法回到船上当海员，在辛苦地多次往返大西洋两岸之后，他于 1864 年参加了北方海军。他那一手好字让他得到了“明尼苏达号”护卫舰上的一个文书职位。这艘战舰炮轰了南方军队在北卡罗来纳的一个要塞之后，斯坦利成为为数很少的以内战双方的视角见证过战争的人。

1865 年年初，“明尼苏达号”战舰回到港口之后，不安分 26
的斯坦利开了小差。现在，他移动的速度更快了，似乎他对限制行动自由、有规章制度的地方，如习艺所、商船和军队失去了耐心。他先去了圣路易斯，给当地一家报社做自由撰稿人，给报社发回了一系列矫揉造作、辞藻华丽的报道。这些报道发自非常遥远的西部——丹佛、盐湖城、旧金山。在文章中，他透露出对西部边界城镇“花天酒地”、“罪恶的旋涡”的不满。[14]

为了寻找刺激，他去了一趟土耳其，之后又回到美国西部，从此他的新闻记者职业开始起飞。在 1867 年的大多数时间里，他报道了印第安战争（Indian Wars），不仅向圣路易斯发送报道，还向东海岸的报社发送报道。虽然南部平原地区印第安人与入侵其土地的白人长期的殊死斗争几乎已经结束，虽然斯坦利所在的远征队很少与印第安人发生冲突，虽然一年中的大多数时间是在进行和平谈判，但是报社的编辑们还是要斯坦利提供有关激烈战斗的报道。他发给他们的报道是：“印第安战争这回真的要开始了……坚守先前诺言，不改嗜血本性和对白人的满腔仇恨，不忘先辈遗训的印第安人已经踏上征途了。”[15]

这些报道引起了小詹姆士・戈登・贝内特（James Gordon Bennett, Jr.）的注意。贝内特是派头十足，作风强硬的《纽约先驱报》（*New York Herald*）出版商。他委托斯坦利报道一场不同寻常的小规模战斗来提升报纸销量——英国政府组织的针对阿比西尼亚国王的远征活动。在前往战区途中，在苏伊士停留的时候，斯坦利贿赂了电报局的首席电报员，当众多前线通讯员竞相往国内发报道时，让那位电报员第一个发送他的报道。他的这一举动颇具先见之明，他关于英国如何打赢这场重要战斗的生动介绍是整个世界最早看到的有关这件事情的报道。一个非常巧合的事情是，就在电报员发送了斯坦利的稿件之后，穿越地中海的电报电缆就发生了故障。愤怒的竞争对手的稿件，甚至英国军方的官方报道，也要经轮船送到欧洲。1868 年 6 月，在开罗的一个旅馆里，他品味着他的这一杰作和接到的一个好消息——他被《纽约先驱报》聘为永久外派通讯员。这一年，他年仅 27 岁。

* * *

现在，生活在伦敦的斯坦利听到了身边有关不久之后所谓“瓜分非洲”的最早的声音。在自信地迈入工业时代，满怀铁 27
路和远洋蒸汽船带来的力量感的欧洲，涌现出一批新英雄人物：非洲探险家。当然，对于那些在非洲生活了上千年的本地人来说，“这里没有什么可发现的，我们一直都在这儿”（引自一个后来成为政治家的非洲人）。[16]但是，对于19世纪的欧洲人来说，大加赞扬探险家“发现”了某个新的海角是想要将非洲收入囊中的前奏。

在史无前例地紧密依靠电报、巡回演讲、广泛发行的日报进行信息传播的欧洲，非洲探险家跻身第一批国际名人行列，他们和当今的冠军运动员、电影明星一样，声誉超越了国界。英国人理查德·伯顿（Richard Burton）、约翰·斯皮克（John Speke）从非洲的东海岸大胆地进入非洲内陆，发现了世界上最长的淡水湖坦噶尼喀湖（Lake Tanganyika）和非洲最大的水域维多利亚湖（Lake Victoria），这一探险活动最后以两人公开大吵一架收尾——名人的这种事情总是为公众所津津乐道。法国人保罗·贝隆尼·杜·沙益鲁（Paul Belloni Du Chaillu）从非洲的西海岸带回了一些大猩猩的皮和骨骼，在演讲中告诉那些充满好奇的听众，那些体格硕壮的长毛动物如何将女人掳入密林深处的巢穴中去干那让人无法启齿的事情。[17]

欧洲人如此兴奋的背后，很大程度上是希望非洲能够成为工业革命原材料的重要供应地，就像是先前为殖民地种植园经济寻找原材料——奴隶——推动欧洲与非洲最初的商业交易一样。探矿者于1867年在南非发现了钻石，又在大约20年后发现了金矿，这种希望就更加强烈了。但是欧洲人喜欢将自己与层次更高的动机联系在一起。尤其是英国人，他们热切地坚持要把“文明”和基督教传播给非洲人。他们对这个大陆未知的内陆充满好奇，认为反对奴隶制义不容辞。当然，在反奴隶制这一高尚的道德层次上，英国人的资格是可疑的，因为英国长期主宰着奴隶贸易，直到 1838 年，英帝国才正式废除了奴隶制。不过，英国人很快就将这一切抛到了脑后，就像他们忘记了奴隶制的终结在很大程度上是在英属西印度群岛大规模奴隶起义的推动下，以及英国军队的残酷镇压越来越难以奏效的情况下实现的。在他们看来，世界大多数地区奴隶制的结束是出于一个原因：英国人的好心肠。1872 年，在建造艾伯特纪念亭
28 （Albert Memorial）时，其中的一个雕像是一个年轻黑人，除了胯部有树叶遮羞之外，全身赤裸。纪念亭的介绍手册说那位黑人是“未开化种族的代表”，他在倾听一位欧洲女性的教诲。“脚上打破的铁镣象征的是大不列颠在奴隶解放事业中起到的作用。”[18]

值得注意的是，19 世纪 60 年代反对奴隶制的热潮并非指向西班牙和葡萄牙，虽然这两个国家允许其殖民地存在奴隶制，也不指向巴西，虽然这个国家有数百万奴隶。相反，人们将义正词严的指责倾倒在一个遥远、弱小、“安全”的非白人目标上：所谓来自东方想要劫掠非洲的阿拉伯奴隶贩子。在桑给巴尔（Zanzibar）的奴隶市场上，奴隶贩子将掳来的“人货”卖给桑给巴尔岛上种植园的阿拉伯老板，以及来自波斯、马达加斯加、阿拉伯半岛诸多苏丹领地和公国的买主。对于欧洲人来说，这是一个表达其不满的理想靶子：一个奴役另一个“不开化”人种的“不开化”人种。

阿拉伯人这个称呼是不准确的，非裔阿拉伯人更为准确。虽然被他们绑架的奴隶最终被卖到了阿拉伯世界，但是非洲大陆上的奴隶贩子主要是来自当今肯尼亚和坦桑尼亚地区的讲斯瓦希里语的非洲人。虽然他们中的很多人已经接受了阿拉伯装束和伊斯兰教，但只有少数人具有部分阿拉伯血统。虽然如此，从爱丁堡到罗马，充满义愤之词的书籍、演讲、讲道纷纷讨伐罪恶的“阿拉伯”奴隶贩子，而且言外之意是，整个非洲都可能成为其他人而不是欧洲人的殖民地。欧洲人对非洲的所有热情——反对奴隶制、寻找原材料、传播基督福音、纯粹的好奇心——都体现在戴维·利文斯通（David Livingstone）一个人身上。作为一名医生、探矿者、传教士、探险家，甚至一度作为英国领事，他从 19 世纪 40 年代初期开始在非洲各地游走了 30 年。他探寻尼罗河的发源地，谴责奴隶制，发现了维多利亚瀑布，寻找矿物，宣讲福音。因为是第一个穿越整个非洲大陆的白人[①]，他成了英国举国崇敬的英雄。

1866 年，利文斯通踏上了另一个长途探险征程——寻找奴隶贩子、潜在的基督徒、尼罗河，以及其他任何可能需要发现的东西。几年过去了，他音信全无。在人们开始担心他命运的 29
时候，《纽约先驱报》出版商小詹姆士·戈登·贝内特看到了一个天赐良机。1869 年——斯坦利的故事里是这样说的——斯坦利接到了他的老板贝内特发来的一份紧急电报：“来巴黎，有要事。”记者斯坦利，用当时已经成为其公众印象一部分的自命

① 可惜的是，在欧洲文明的“倡导者”中，第一次有记录的穿越非洲中部是斯坦利穿越非洲半个世纪前的事情。那两个人是黑白混血的奴隶贩子佩德罗·巴普蒂斯塔（Pedro Baptista）、安纳斯塔西奥·何塞（Anastasio José），而且，他们走了一个来回。关于这一点，斯坦利和几乎所有其他白人探险家都不知晓。

不凡的笔触写道“就像是竞技场上的角斗士……只要有丝毫的退缩、丝毫的畏惧，就算是完了。角斗士要面对意欲刺向其胸膛的锋利刀剑——外派记者要面对可能要让他陷入绝境的任务”。他火速赶往巴黎的巴黎大酒店（Grand Hotel），去见他的老板。在那里，双方兴奋地交流了有关利文斯通的事情，贝内特的一句话让双方的谈话达到了高潮：“我的意思是，你必须去找他，你打听到他在哪里，就去哪里找他，去打听有关他的任何消息，也许……也许这位老人已经穷困潦倒，如果他提出要求的话，你可以倾囊相助……一切你看着办——务必找到利文斯通！”[19]

这一插曲为斯坦利的第一本书《我如何找到了利文斯通》（*How I Found Livingstone*）提供了一个理想的序言。这让贝内特（他将这本书献给贝内特）看上去是这一伟大探险活动颇有远见的发起人。然而，两人之间的类似谈话很可能是子虚乌有。斯坦利的日记中写有与贝内特这次见面日期的几页被撕掉了。实际上，直到一年多之后，斯坦利才开始着手寻找利文斯通。

不管多么不靠谱，斯坦利有关贝内特戏剧性地将他召到巴黎的叙述还是让这本书销量大增。这正是斯坦利看重的地方。他所追求的不仅仅是作为一个探险家的声誉。正如一位历史学家所说，他极擅夸张的天赋让他成为“后来所有职业旅行作家的鼻祖”。[20]他的文章、书籍、巡回演讲给他带来的财富超过了同时代，甚至下一个世纪的任何一个旅行作家。斯坦利在非洲迈出每一步之前，都想好了回国之后怎样向人们讲述这段经历。他用 20 世纪的典型方式，精心雕琢着自己的声誉。

在寻找利文斯通的过程中，为了不给潜在的竞争对手留下线索，他在前往非洲途中小心翼翼地放出风声，说他打算考察鲁菲吉河（Rufiji River）。他首先前往桑给巴尔，雇用搬运给养的脚夫。在那里，他给家乡登比郡的一位叫凯蒂·高夫－罗伯茨（Katie Gough-Roberts）的年轻女性写了一连串的信。虽然两人之间的情书往来持续的时间不长，书信内容拘谨、生硬，而且经常因为斯坦利外出执行新闻调查任务而中断，但他还是向
她敞开了心扉，承认了他是私生子这一让他痛苦的秘密。斯坦 30
利打算完成寻找利文斯通的任务，回国之后就和她结婚。

最后，1871 年春，他带着一条名叫奥马尔（Omar）的狗，还有脚夫、士兵、翻译、厨子、扛着美国国旗的向导、两位英国水手——总共大约 190 人，这是当时规模最为庞大的非洲探险队——浩浩荡荡地出发了。斯坦利一行从非洲东海岸向内陆挺进，寻找利文斯通。当时，利文斯通已经在所有欧洲人的视线中消失了 5 年了。“不管他在哪里，”斯坦利在纽约报纸上说，“我绝不半途而废。如果他还活着，大家就能听到他讲述所有经历；如果他已经死了，我会把他的尸骨带回来。”[21] 斯坦利一行艰难跋涉了 8 个多月，终于找到了那位探险家，并且对他说了那句众所知周的话——至少斯坦利是这么说的——“恕我冒昧，您是利文斯通医生吗？”斯坦利发回的一系列报道，再加上贝内特意识到他的报纸发表了 19 世纪极有人情味的一篇轰动性报道，让这一漫长的寻找活动成了一个传奇。因为斯坦利是有关这一搜寻活动唯一的信息来源（两个同伴都死于长途跋涉途中，没人去采访活下来的脚夫），这一传奇始终显得有英雄色彩。按照斯坦利的记述，他们经过长达数月的艰苦跋涉，遭遇了可怕的沼泽地、邪恶的阿拉伯奴隶贩子、神秘的致命疾病、鳄鱼的猛烈攻击，最终他成功了，找到了举止温和的利文斯通医生。

斯坦利在文章里给利文斯通戴上了光环，因为他是这位年轻人苦苦寻找，并且在某种程度上确实找到了的德高望重的长者。根据斯坦利的说法，这位人生经历丰富的贤哲和这位勇敢的年轻英雄在一起考察的几个月里迅速成了忘年交（他们在坦噶尼喀湖北端的湖面上荡舟，寻找尼罗河河水流入该湖的地方，但是，让他们失望的是，他们只发现了另一条河流入该湖的入口）。这位老者将他的人生智慧传授给了这位年轻人，之后，他们伤心告别，从此再也没有见过面。此后，利文斯通一直待在非洲，不久后就去世了。这对斯坦利来说不失为一件好事，因为他可以回国后成为万众瞩目的焦点，或编造一系列与事实大相径庭的情节。斯坦利狡黠地给自己的经历添油加醋，绘声绘色地描述了古怪的厨师、异国的苏丹、忠诚的仆人，同时，他在某些地方运用高度概括性的语言让读者感觉到他在陌生世界的轻松惬意："阿拉伯人一点没变"；"巴尼亚人是天生的生意人"（The Banyan is a born trader）；"我非常看不起混血儿"。[22]

利文斯通性格温和，带有某些家长制作风，他游历四处，身边没有大批全副武装的随从保护。斯坦利的情况大不相同，
31 斯坦利是一个严苛而冷酷的监工。他在途中写道："那些黑人给我惹了很多麻烦。他们不知道感恩，不好好表现。"[23]虽然这些文字经过多次修改之后，语气平和了很多，但是仍能看出他动辄大发脾气，暴跳如雷。他驱赶着众人不停歇地爬山，过沼泽。"当泥浆和湿气让那些喜欢偷懒的人精疲力竭的时候，一个打狗的鞭子就会抽在他们后背上，他们就会立刻打起精神来，有时候精神得不得了。"[24]斯坦利从美国海军开小差也就是五六年前的事情，可现在的他却得意扬扬地说他怎样"狠狠抽打那些不可救药的逃兵，再给他们戴上镣铐"。[25]探险队经过村庄，村民

还以为又有一个押送和贩卖奴隶的队伍从那里经过。

和很多在他之后前往非洲探险的白人一样，斯坦利将非洲看作一个实际上很空旷的地方，他用了“人口稀少”一词。“这个山谷对殖民者来说是一个多好的落脚处啊！看啊，那么宽阔，能容下很多人口。想象一下，在那片罗望子树顶着深绿色树冠的地方，矗立着教堂的尖顶。如果那些荆棘丛和橡胶树那里是20幢或40幢漂亮的农舍，该有多好！”[26]还有：“盎格鲁-撒克逊人中当初出了很多……前往美洲传教的清教徒。到美国遍布他们后代的时候，谁敢说，非洲……不会成为他们的下一个安生之地？”[27]

对于他和关注他的人来说，斯坦利的未来和非洲密切地联系在了一起。他一回到欧洲，法国媒体将他找到利文斯通与汉尼拔、拿破仑越过阿尔卑斯山相比较。更有意思的是，因为斯坦利自称，他会开枪射杀探险路上任何阻碍他的人，威廉·特库姆塞·谢尔曼（William Tecumseh Sherman）将军在巴黎与这位探险家共进早餐，并将斯坦利的探险之行与自己率军赶往海边途中的焦土政策相提并论。[28]

相比较而言，英国人对他的敌意更深了。英国皇家地理学会（Royal Geographical Society）派远征队寻找利文斯通的动作过于迟缓，在斯坦利正要登上回国的轮船凯旋之际，他们与斯坦利狭路相逢。感到很不舒服的皇家地理协会的主管们发表了一系列声明。从这些声明的字里行间可以看出，让他们愤怒的是，找到他们本国人的人既不是一个正经的探险家，也不是一个正经的英国人，而是一个靠给美国低级小报写文章糊口的“耍笔杆子的”。另外，一些英国人还注意到，只要斯坦利一激动起来，他的美国口音就变成了威尔士口音。有关其威尔士身

世和私生子身份的谣言让斯坦利烦恼不已，因为供职于一家主张奉行强硬外交政策、反英国的纽约报社，他一直坚称自己出
32 生于美国，并从小在美国长大。（他有时暗示自己是纽约人，有时暗示自己是圣路易斯人。他找到利文斯通后，马克·吐温曾写信给这位“密苏里老乡”表示祝贺。）[29]

斯坦利尝到了被拒绝的味道，尤其是被英国上流社会拒绝的味道，很快他又发现自己被未婚妻拒绝了。在外出期间，他发现凯蒂·高夫－罗伯茨嫁给了一个名叫“布拉德肖”（Bradshaw）的建筑设计师。斯坦利迫切地想收回先前寄给她的那些信件，尤其是有关他出身的那封信。他写信向对方索要那些信件的时候，她拒绝了。她要他亲自去取。一次，他在曼彻斯特演讲的时候，她和她的丈夫坐在听众席上。演讲结束后，她前往他下榻的地方，请管家传话给他，说那封信在她手上。斯坦利打发管家去门口将信取给他。她再次拒绝了，说只将信交给斯坦利本人。他不愿意去门口取信，最后她带着那封信走了。他受伤的自尊心就像是在流血的伤口。没过多久，他再次前往非洲寻找慰藉。

2 狐狸过溪流

斯坦利找到利文斯通的消息在1872年春季经过电报传开之 33
后，一个人怀着强烈的兴趣，热切地关注着这一消息。他身居高位，年龄38岁，留着浓重的络腮胡子，居住在布鲁塞尔近郊的矮山上不断向四周延伸的拉肯庄园里。

7年前，父亲死后，利奥波德二世继承了这个国家君主们的独特头衔——比利时国王。比利时这个国家的建国历史并不比这位年轻君主的年龄长久多少。[1]比利时先后被西班牙、奥地利、法国、荷兰统治，最后在反抗荷兰人的斗争中获胜，刚刚于1830年取得独立。当然，任何受人尊重的国家都需要一个国王，这个刚刚诞生不久的国家四处物色自己的君主，最后选定了一位与英国王室有亲属关系的德国亲王。后来，这位德国亲王登上比利时王位，史称利奥波德一世。

这个小国家由不甚和睦的讲法语和讲佛兰德语（Flemish，当时人们将比利时北部居民讲的荷兰语称为佛兰德语）的人组成。在父亲的宫廷里，这位后来的利奥波德二世从小一直讲法语和德语，很快熟练掌握了英语。但是，虽然他的话里经常蹦出几个佛兰德语的短语，但他从来没有认真地学过这种半数以上国民讲的语言。在这种势利行为方面，利奥波德并不孤单，因为在那个时代，比利时严重的语言分野除了标志着地区差异之外，还标志着阶层差异。即使在北方，商人和专业人士也往
往倾向于讲法语，看不起生活贫困的讲佛兰德语的农场雇工和 34

工厂里的工人。

利奥波德父母的婚姻完全是建立在政治利益基础上的结合，没有任何爱情可言。他们的第一个儿子瘦长而难看，与人交往时总是显得局促不安。父母非常偏爱他的弟弟和妹妹。利奥波德14岁时，母亲在给他的信中说："从上校的报告中得知你又开始懈怠，练习题做得一塌糊涂，我感到很不安。你答应我的事情没有做到。我希望你能够下一些功夫，把家庭作业做好。最近收到的这个报告让你父亲也感到很不安。"[2]这位年轻的王位继承人对学习没有什么兴趣，但在地理学方面明显是一个例外。从10岁起，他就开始接受军事训练。15岁，他获得了比利时陆军的中尉军衔；16岁，获得陆军上尉军衔；18岁，获陆军少校军衔；19岁，获陆军上校军衔。到20岁时，他已经是少将了。在他十八九岁时的一幅正式画像里，他腰挎宝剑，身披深红色肩带，胸戴勋章。画像上，这位拘谨的年轻人身体瘦削，制服上的金制肩章相较于他的肩膀显得过大，脑袋相对于躯干来说也显得太大。

如果利奥波德要见他的父亲，必须提出觐见申请。如果父亲有事情要告诉儿子，也要必须通过助手转达。就是在这种父子感情淡薄的氛围里，作为一个生活在父亲宫廷里的十几岁的年轻人，利奥波德第一次学会了将想要讨好他的人网罗在一起。朝廷官员都想与这位未来的君主交好，于是他们给他看各种文件，向他讲解政府的运作方式，满足他有关地图和世界各个遥远角落信息的渴望。

虽然父子之间感情很淡，但是这位老国王目光敏锐。"利奥波德头脑灵活，心机很重，"他对一个大臣说，"他从来不肯冒险。有一天……我看到一只狐狸想要悄悄地穿过一条小溪：它先把一只爪子伸进水里试探水有多深，然后加着一千个小心，慢慢地穿过那条小溪。利奥波德就是这样的！”[3]利奥波德也不总是那么小心翼翼，有时候他也会不自量力或过早地泄露猎捕目标。但是，他作为一个领土狭小逼仄，越来越民主的国家里受宪法约束的君主，成为另一个大洲里一个领土广阔的帝国的极权统治者，其手段中确实有类似狐狸的某些成分。秘密行动、
精于伪装是他的一贯策略，就像狐狸利用这些手段来躲避猎人 35
和大型天敌一样。

* * *

1853 年，利奥波德年满 18 岁之际，父亲带他去维也纳，迫切地要与奥匈帝国缔结婚约。他父亲做主让他娶了当时的理想人选——奥匈帝国的公主，即哈布斯堡王室年轻的玛丽 - 亨丽埃特（Marie-Henriette）。

这大概是天底下最为不幸的婚姻了。这位 16 岁大的新娘最出名的是她对马匹的痴好，以及最不成皇家体统的尖利沙哑的笑声，而利奥波德生性不善骑马，动辄从马背上坠落，同时也没有什么幽默感。他举止笨拙，性格自负。他的亲表姐，即英国的维多利亚女王觉得他“很古怪”，经常“对人说一些对方不爱听的话”。[4]后来，被封为“布拉班特公爵”（Duke of Brabant）的利奥波德还对商业贸易上的事情极为着迷，这让人们大惑不解。在维也纳，一个女士说，这桩奇怪的婚约是“马童与修女的结合，我说的修女，指的是布拉班特公爵”。[5]

利奥波德和玛丽 - 亨丽埃特从第一次见面便开始讨厌对方，这种讨厌一直没有改变过。婚礼过程中，各种纰漏和疏忽五花八门，不一而足。利奥波德染上了猩红热。准时出发接新娘的

王室亲眷前往比利时边境参加计划周密的欢迎仪式的那趟火车晚点了半个小时，原因是那个十几岁的铁路电报员擅离职守，跑去听庆祝那对新人婚礼的演奏会去了。玛丽-亨丽埃特刺耳的笑声让比利时所有参加市政厅婚礼宴会的人惊诧不已。在威尼斯度蜜月时，当利奥波德不让她乘坐事先为船工和乐师准备的“贡多拉”（Gondola）时，她当众哭泣。利奥波德一连好几天不和她说话。“如果上帝能听到我的祈祷，”她在婚后写给一个朋友的信中说，“希望不要让我活得太久。”[6]

和当时很多年轻夫妻一样，这对新人显然觉得性爱是一件令人恐惧、充满神秘感的事情。但是，和为数很少的人一样，一个以她的名字命名那个时代的女人在这方面开导了他。他前往英国造访表姐维多利亚女王时，女王在写给利奥波德父亲的信中委婉地表达了她的疑虑：这对新人的结婚程序是否都完成了。她将玛丽-亨丽埃特叫到一边，告诉她妻子应该承担什么义务。同时，维多利亚的丈夫，即艾伯特亲王，将那位18岁的未来国王叫到一边，跟他讲丈夫应该承担什么义务。这可能是第一次有人在这方面开导他们，因为玛丽-亨丽埃特几年后怀
36 孕时，利奥波德写信给艾伯特，说“您明智、实用的建议……现在结出果实了”。[7]但是，这桩婚事仍然没有任何感情可言。每天的大部分时间里，玛丽-亨丽埃特溜出拉肯皇家庄园去骑马，而利奥波德则努力在更为宽阔的舞台上让自己从挫败感中暂时得到解脱。

一想到未来要继承的王位，他就抑制不住自己的愤怒。他曾经将比利时概括为“Petit pays，petits gens”（小国寡民）。这个国家领土面积不到西弗吉尼亚州的一半，位于拿破仑三世治下领土辽阔的法国和迅速崛起的奥匈帝国之间。这让这位年轻

的王储恼火不已，坐卧不安。他要继承的这个国家似乎太过逼仄，根本容不下他。

他将目光投向了国外。在 20 岁之前，利奥波德就随身带着笔和笔记本，游历过巴尔干半岛诸国、君士坦丁堡、爱琴海、埃及，还派头十足地搭乘英国、土耳其战舰出行，并就比利时在世界贸易中的潜在角色发表了冗长的演讲。每到一地，他都要寻找缔造帝国的机会。他说服埃及的赫迪夫（Khedive）答应与比利时建立一个连接亚历山大港和安特卫普的联合船运公司。他多方购买尼罗河三角洲的湖泊，为的是排干湖水，将陆地改造成殖民地。他写道："花 3 万法郎可以买下阿比西尼亚的一个小王国……如果议会不成天谈论中立，而是照管好我们的商业贸易，比利时就会成为全世界最富有的国家之一。"[8]

* * *

19 世纪的塞维利亚（Seville）和今天一样，到处是壮观的喷泉、带围墙的花园、红瓦屋顶、白色围墙、铁艺外窗、橘子树、柠檬树和棕榈树。这座西班牙城市鹅卵石铺就的狭窄街道上，到处是前往瞻仰欧洲最大的哥特式教堂的游人。

1862 年 3 月，26 岁的利奥波德抵达塞维利亚，他的目的不是参观大教堂或镶嵌画、砖瓦鲜亮的阿尔卡萨尔（Alcázar）宫殿。相反，他在大教堂对面的四方形建筑 Casa Lonja（旧交易大楼）里待了一个月。这座雄伟的四方形建筑正好位于大教堂的对面。

两个世纪以来，塞利维亚一直是黄金、白银等海外殖民地财富流入西班牙的重要港口。在利奥波德造访这里的 80 年前，国王卡洛斯三世（King Carlos Ⅲ）曾下达一道命令，要求将全

37 国各地存放的所有与西班牙征服美洲相关的法令、政府和宫廷文书、信件、地图、施工图纸保存在这座大楼里。这座建筑收藏的 8600 万页的手写记录，包括哥伦布船队中一艘船的给养清单，让西印度群岛综合档案馆（General Archive of the Indies）成为世界上最伟大的博物馆之一。少年时期的利奥波德对于学业全无兴趣，对艺术、音乐、文学毫不上心，但是在一门课上，他绝对是一个孜孜不倦的优等生，这门课的名字叫“利润”。在塞利维亚的那个月里，他在信里对国内的一个朋友说：“我在这里整天忙着查阅西印度群岛的档案，计算西班牙当时和目前从殖民地获取的利润。”[9]他后来建立的帝国与跨国公司建立了密切的关系，这就发轫于这位王储对征服美洲和西印度群岛的西班牙人的深入研究。

这番研究引发了他的征服欲，让他欲罢不能。他对外宣称医生建议他去热带地区做长时间的海上航游。这样，他可以暂时摆脱让他不快的家庭生活，去往遥远的地方。1864 年，这时他已经 29 岁，比之前任何时候都更加着迷于获得殖民地。他动身前往英国占据的锡兰、印度、缅甸这三块殖民地。他还造访了东印度群岛。让他耿耿于怀的是，占据东印度群岛的是与比利时接壤的荷兰——其狭小的国土面积并没有妨碍它占有物产丰富的殖民地。

一部两卷本的名为《爪哇：又名如何管理一个殖民地》（Java; *or*, *How to Manage a Colony*）的不寻常的专题论述激起了这位王储对荷兰东印度群岛的兴趣。在求知欲的驱使下，利奥波德开始用书信联系那本书的作者。那是一个恰如其分地[①]

---

① 莫尼的姓 money 意为金钱，此处为作者的一语双关。——译者注

叫 J. W. B. 莫尼（J. W. B. Money）的英国律师。莫尼惊异于爪哇的咖啡、蔗糖、靛青、烟草种植园的巨大利润，荷兰用这些产品的利润在国内建造铁路、开凿运河。从利奥波德后来采取的措施，我们可以猜测出这本书中的哪些内容打动了他。例如，莫尼在书中介绍了荷兰提供给私人公司的独家经营特许权。荷兰国王是私人公司的主要股东之一。为了刺激产量，荷兰种植园主根据作物收获量向驻爪哇的主管们支付奖金。最后，莫尼还提到，荷兰从爪哇获取的丰厚利润是基于强迫劳动的。利奥波德同意这一点，他说：“强迫劳动是教化和提升远东那些懒惰、堕落人种的唯一手段。”[10]

比利时国内认同利奥波德殖民梦想的人非常少。一些很实
际的因素，如比利时没有一支商业船队或舰队，让他们不敢有 38
这样的想法。但是，这些困难对于利奥波德来说根本不是问题。一次，他回国之后，送给强烈反对殖民扩张的财政大臣一件礼物——从古希腊卫城废墟中拾回的一块大理石，还有一个里面镶嵌着利奥波德画像的项链坠。项链坠的边缘刻着“Il faut à la Belgique une colonie”（比利时必须要有殖民地）。

去哪里寻找殖民地呢？在 20～29 岁，他找遍了全世界。他在信里对助手说：

> 我对阿根廷的恩特雷里奥斯省（Entre Rios）、乌拉圭河和巴拉那河（Parana）交汇处的那个叫马丁·加西亚的小岛尤其感兴趣。那个小岛的所有者是谁？能不能把那个岛屿买过来，建立一个比利时国王道义保护（moral protection）下的自由贸易港？……将阿根廷联邦中那几个加在一起面积和比利时的三倍或四倍一样大的岛屿弄到手

中，是再容易不过的事情。[11]

他投资苏伊士运河公司。他派一个助手去购买斐济，因为不应该“让这么好的猎物逃脱”。[12]他还研究了巴西的铁路，分析了租赁台湾岛的可行性。

从利奥波德的信件和备忘录中可以看出，他总是在没完没了地纠缠某人，要对方将某块殖民地弄到手，那口气就像是小时候缺少关爱的孩子现在极度渴望一种情感上的替代物，他那样子就像是卷入了一场与兄弟姐妹旷日持久的继承权争夺战，或是跟邻居因为庭院界线没完没了的争吵。人心是难以满足的。初步目标的实现似乎只是加剧了最初的那种匮乏感，刺激了更多的渴望。

在 19 世纪欧洲抢占非洲和亚洲殖民地的热潮中，人们用各种说法为殖民行为开脱。有人说，殖民行为可以让异教徒皈依基督教，或教化那些未开化种族，或者让所有人感受自由贸易不可思议的好处。现在，针对非洲出现了一种新的说法：殖民可以粉碎“阿拉伯人”的奴隶贸易。但是，在他事业的这一早期阶段，这位未来的利奥波德二世并没有用这种冠冕堂皇的语言来掩饰他的野心。对于他来说，获取殖民地只有一个目的：让他和他的国家富裕起来。“比利时不会剥削这个世界，”他对一位顾问抱怨道，“但我们一定要让它尝尝剥削的味道。”[13]

利奥波德不关心他想要的殖民财富是来自西班牙人从南美
39 找到的稀有金属，还是农业产品，还是——后来的实际情况——来自某种潜力大到做梦也没有想到的原材料。对他来说，重要的是利润的多少。但是，他在殖民地上的热情，不仅是因为对金钱的渴望，还处于对国力的考虑。毕竟，在西欧，社会变化很快，国王这一角色已不如先前那样惬意。最让他恼火的是，和周边国家一样，比利时王室的权力也逐渐让位于选举产生的议会。有人曾经恭维利奥波德，说他会成为“一位杰出的共和国总统”。对这种恭维，他颇不以为然。他转身问忠心的御医朱尔斯·赛利尔（Jules Thiriar）：“如果有人跟你打招呼，说你是‘出色的兽医’，你会说什么？”[14]殖民地的统治者不用去担心议会。

1865 年继位之后，他比以前更加烦躁不安。1867 年，一个法国元帅在巴黎的一个宴会上看到他之后，感觉他在那里很显眼：“很高的个子、硕大的鼻子、很大一把胡子；还有佩戴的那把剑，不住地碰撞到他的腿，他看上去像一个刚上任不久的门卫，还不知道该怎么穿制服。”[15]在座的人都对他的鼻子印象深刻。“他的鼻子，”迪斯雷利写道，“就像是童话里被女妖施了魔法的年轻王子的鼻子。”[16]

他的家庭生活越来越糟糕。1869 年，这位国王 9 岁大的儿子失足落入水塘之后患上了肺炎，不治身亡。在葬礼上，利奥波德猛地跪倒在棺材旁，无法控制自己的悲痛，放声哭泣，这是他一生中仅有的一次当众崩溃。然而，他镇定地要求议会通过一条法律，要求国家支付这一王室葬礼的费用。

他心中根深蒂固的一个观点大大加重了失去唯一的儿子带给他的打击。他认为，王位和王室财产只有男性才有资格继承。但是，在他们的婚姻生活中，王后玛丽－亨丽埃特给他生了三个女儿，分别是路易丝（Louise）、斯蒂芬妮（Stephanie）、克莱门蒂娜（Clementine），但再也没有生下儿子。据路易丝说，最小的女儿克莱门蒂娜出生时，“国王大发雷霆，从此再也不理睬那位贤淑的妻子了”。[17]她写道，从一开始，“国王就根本不关心我和两个妹妹”。[18]当时，比利时法律要求个人财产由所有子女继承。利奥波德曾要求法律在这方面给自己一个例外，但是没有成功。

玛丽-亨丽埃特从她喜爱的马匹中寻找安慰，她自己训练
40 那些马匹。路易丝公主曾经看到，一匹马听从王后的命令，进入拉肯庄园，迈步走上台阶，进入王后宫殿，后来又走下台阶。玛丽-亨丽埃特和陆军大臣成了朋友。让军官们惊奇不已的是，有时候在军事演习中，他邀请她带领骑兵冲锋。

利奥波德治下仍然没有殖民地，他将精力放在建设国内项目上。他喜欢纪念碑、大公园、宽阔的林荫大道、宏伟的宫殿。登上王位不久，他就开始在拉肯庄园进行持续其后半生的修葺、改造方案。通过购买和无偿征用，他将王室不动产的面积扩大了好几倍。当地一户居民不愿意搬家，他就命人在那户人家房子周围堆起一道土堤。在拉肯新修的建筑中还有一个接一个的大温室。人们可以从温室中通过长约1000米的步行通道直接进入王室庄园，无须出到室外。[19]在后来的几年里，有一次，这位国王领着外甥艾伯特王子（Prince Albert）参观某个尚未完工的工程时，艾伯特说，“舅舅，这将来就是一个小凡尔赛宫!”利奥波德的回答是：“小?”[20]

* * *

如果利奥波德是小说中的人物，那么作者可能会在故事发展到这一步时，引入一个陪衬，也就是一个次要的人物，一个在实现帝国梦过程中惨遭失败的人物。而在利奥波德的现实生活中也确实有这样一个人物，这个人物比任何小说作者杜撰出来的人物都能更好地扮演这个角色。

一直热衷于与哈布斯堡王室联姻的比利时王室将利奥波德的妹妹夏洛特（Charlotte）嫁给了奥匈帝国皇帝的弟弟马克西米利安大公爵（Archduke Maximilian）。1864 年，马克西米利安和妻子［她后来已适时地将自己的名字改为卡洛塔（Carlota）］被法兰西帝国的拿破仑三世任命为墨西哥的傀儡皇帝和皇后。拿破仑想方设法地在那里建立了一个顺从法国的政权。利奥波德热情支持妹妹缔造一个墨西哥帝国。马克西米利安和卡洛塔动身前往新的封地时，欧洲公众为这对漂亮的年轻夫妇欢呼雀跃，说他们追随了 16 世纪征服墨西哥的西班牙人的脚步。不难想象，大多数墨西哥人不想要这种强加于他们的统治者，于是他们奋起反抗。刚成立不久的傀儡帝国土崩瓦解。1867 年，起义军俘虏并处决了马克西米利安。他死得虽不光彩，却不失优雅：他与行刑队队员握手，将身上的金币都掏给了他们，并指着自己的心脏部位说：“Muchachos（西班牙语，意为年轻人），41
瞄得准一点。”[21]

前一年，卡洛塔回到欧洲，呼吁拿破仑三世支持她丈夫摇摇欲坠的政权。拿破仑三世不愿意动用必要的军队来支持他对于墨西哥的野心，卡洛塔只好前往罗马求助于教皇。在前往罗马的路途中，她的行为开始变得怪异起来。现代精神病学无疑可以做出更为准确的诊断，但是当时的语言看似更为合理：卡洛塔疯了。她认为街头卖艺的手风琴师是乔装的墨西哥上校，形形色色的间谍要害她的命。以防万一，她只吃橘子和坚果，每次吃橘子和坚果之前，她都要仔细查看橘子皮和坚果的硬壳是否被做过手脚。她经常突然让车夫将车停在特雷维喷泉旁边，好让她从水池里打一罐水，她用这种办法防止有人在她的水里下毒。在她下榻的旅店房间里，总是放着一个烧木炭的小炉子，桌子腿上绑着几只鸡。杀鸡和炖鸡必须在她的视线范围内进行。让那些顺从的随从们崩溃的是，她的房间逐渐遍地是鸡毛和鸡屎。

这天，教皇快要吃完早饭的时候，卡洛塔哭喊着冲进教皇的房间，将手指伸入教皇滚烫的巧克力饮料里，然后像是饿了很久一样舔着手指，哭着说："这里至少没有被下毒。他们在给我吃的东西里都下了药。我饿得厉害，简直要饿死了！"[22]一位红衣主教和教皇的侍卫长想尽办法，好不容易才让她离开教皇的房间。随后，卡洛塔给侍卫长列了一个随从的名单，说应该把那些人都抓起来，因为他们背叛了她。

卡洛塔的助手给身在布鲁塞尔的利奥波德发了一封紧急电报。因为他不想让妹妹在这种状态下在欧洲各地胡言乱语，于是，利奥波德将她和照顾她的人接连安排在比利时的几个庄园里，并且经常变换地方，让她远离公众视线。她从此再也没有出现在公众面前。因为担心加剧她的精神错乱，马克西米利安被处决之后的好几个月之内，没有人敢把这个消息告诉她。后来，人们将消息告诉她之后，卡洛塔根本不相信。她继续给他写信，寄送礼物，认为他很快就会当上法国、西班牙和葡萄牙的皇帝。

须臾之间，妹妹和妹夫的帝国灰飞烟灭，然而这并没有打击利奥波德想要建立一个自己的殖民地的热情。他看到了周围殖民主义新时代的躁动。就在那个时代，后来的南非政治家和钻石大亨塞西尔·罗兹（Cecil Rhodes）曾经放言："如果有能力的话，我要吞并所有星球。"1875年，利奥波德试图从西班牙手里买下菲律宾，但再次受挫。那年，利奥波德在给一位官
42 员的信中写道："当下，不管是西班牙人、葡萄牙人，还是荷兰

人都无意出售。”他还说：“我想悄悄地调查一下，看看能否在非洲有所作为。”[23]

* * *

19 世纪 70 年代中期，撒哈拉沙漠以南的非洲成为渴望殖民的国家应该考虑的首选之地。英国和布尔人（Boer，荷兰裔非洲人）控制着南部非洲，衰落的葡萄牙占据着大部分先前属于刚果王国的领土以及东海岸的莫桑比克。沿着非洲西海岸巨大的突出部分，葡萄牙、西班牙、英国和法国分别占据了一些岛屿和小片陆地。此外大约 80% 的非洲大陆地区仍然被掌握在原住民统治者手中。这是进行征服——或者用利奥波德现在的话说，是提供保护——的好时机。

利奥波德详细查阅了《皇家地理学会学报》（*Proceedings of the Royal Geographical Society*），寻找有关这片大陆的信息，密切关注白人探险家的行踪。他搜集了一大抽屉笔记，字迹模糊得几乎认不出来。1875 年，当听说即将成为第一个完成从东到西穿越非洲的白人探险家苏格兰人弗尼·洛维特·卡梅伦（Verney Lovett Cameron）的盘缠即将告罄，利奥波德立刻表示愿意资助 10 万法郎。[24]虽然，后来的事实表明，他们并不缺钱，但是这位国王的这一举动明确表明他愿意赞助非洲的探险活动。

这个时候，亨利·莫顿·斯坦利正在另一趟非洲考察活动途中。1874 年，他和他规模庞大的武装警卫和脚夫队伍从东海岸动身前往内地，朝地图上那片面积最大的空白区域进发。他打算在考察途中，在地图上绘出非洲东部的那几个大湖，然后继续前往那几个大湖西部的那条大河——可能是尼罗河或刚果河——的发源地。虽然斯坦利现在仍在海岸边，但是送信人已经将他的报道送回了国内。之后，人们再也没有他的消息了。

利奥波德看到，利文斯通、斯坦利和其他探险家已经成功地让欧洲人兴奋起来，因为他们生动地描述了“阿拉伯”奴隶贩子怎样将镣铐加身的可怜奴隶押往非洲东海岸。作为一个没有公开表示对殖民有兴趣的一个小国的国王，要想弄到大片的殖民地必须要有一个很有说服力的人道主义的幌子。他想拿如何约束奴隶买卖、提高道德水平、推进科学进步，而不是利润来做文章。1876 年，他开始着手将自己打扮成一个慈善家的形
43 象，积极推进他有关非洲的野心的第一步：他要召开一个探险家和地理学家参加的会议。

他派了一个心腹前往柏林，邀请某些德国探险家和地理学家参加会议，而他自己则悄悄穿过英吉利海峡前往伦敦，住进梅宝尼克拉里奇酒店（Claridge’s）的一个套间。这个时候的他，早已不是蜜月期间造访维多利亚女王时那个腼腆不经事的小年轻了。据我们观察，在伦敦四处活动期间，他举止优雅，颇有四海之内皆兄弟的风范。他谈笑风生，深藏不露。他主要在男性圈子里活动，但也记得他们的妻子和孩子们的名字，经常热情地问起他们的近况。他将自己的挫折隐藏得滴水不漏。他将自己对殖民地赤裸裸的贪欲掩饰得非常好，因为他知道，他必须依靠策略、谄媚来达到他的目的。他前往苏格兰巴尔莫勒尔城堡（Balmoral Castle）看望亲爱的表姐维多利亚，两次与她的儿子威尔士亲王共同用餐，他还拜访了知名的地理学家和军人。精明的他还与女男爵安杰拉·伯德特－库茨（Angela Burdett-Coutts）共进午餐，后者是一个知名的传教士赞助人。最重要的是，他会见了穿越了非洲大陆刚刚回国的探险家卡梅伦，详细询问了后者有关此行的情况。利奥波德兴奋地发现，英国人对

卡梅伦刚刚探索过的那一长条状的广阔土地没有什么兴趣。他们认为那片土地主要是刚果河盆地。虽然卡梅伦沿着那条河向南走了很远，但是和其他所有欧洲人一样，他对它的河道路线仍然知之甚少。现在，这块土地成了这位国王渴望占有的目标。

1876 年 9 月，利奥波德的地理学会议在布鲁塞尔召开。从他向下属提出的指示里可以看出，无论多么不起眼的有关礼仪的细节都没有逃离他的视线："人名必须按照我写的那样拼。G. C. B. 指的是最高十字巴斯勋章。F. R. G. S. 指的是皇家地理学会会员。K. C. B. 指的是高级骑士巴斯勋章……这些大写字母必须放在人名后面。"[25]他派一艘比利时轮船穿越英吉利海峡，前往多佛去接英国客人，并派遣一辆特快专列将下船后的他们接到布鲁塞尔。他吩咐比利时出入境管理人员，免除参会者所有的通关手续。利奥波德还分别用英语、法语或德语得体地问候所有欧洲主要国家的代表。

在参加会议的 13 个比利时人、24 个外国人中，有著名探险家，如法国的贡比涅侯爵（Marquis de Compiegne，此人曾经上溯加蓬的奥克维河）、德国的格哈德·罗尔夫斯（Gerhard
Rohlfs，此君找人切除了自己的包皮以冒充穆斯林探寻撒哈沙漠 44
深处）；有地理学家，如费迪南·冯·李希霍芬男爵（Ferdinand von Richthofen，柏林地理学会主席）；有慈善家，如托马斯·福韦尔·巴克斯顿爵士（Thomas Fowell Buxton，英国反奴隶制协会会长）、约翰·肯纳韦爵士（John Kennaway，圣公会会长）；有企业高管，如英国印度航运公司（British India Line）的威廉·麦金农（William Mackinnon）；还有军人，如英格兰海军少将利奥波德·希斯爵士（Leopold Heath，此君是皇家海军印度洋反奴隶制舰队的负责人）、海军中将德·拉·洪熙耶－拉－诺里男爵（de la Roncière-le-Noury，巴黎地理学会会长）。19 世纪这么多探险领域的名人破天荒地汇聚一堂，因此人们乐得在王宫豪华的陈设中间相互交流，增进了解。与非洲相关的欧洲名人中，没有出席这次会议的几乎只有斯坦利了。在这次会议形成的正式决议里，与会者一致认可斯坦利的贡献。人们希望他仍旧活着，就在那个大洲中部的某个地方。人们已经一连几个月没有他的任何消息了。

利奥波德知道，即使是有钱人和社会地位高的人也喜欢住在一座宫殿里。唯一麻烦的是，王宫位于布鲁塞尔市中心，其实是国王办公的地方，王室成员居住的地方在市郊的拉肯庄园。因此，王宫工作人员的住处被临时改成了供客人下榻的卧室。为了给客人腾地方，一些仆人睡在日用织品柜里，桌子、书籍、文件柜都被搬到了地下室或马厩里。在会议开始的第一天，惊羡于王宫豪华的与会者排成一行，站在白色大理石新铺成的巴洛克风格的宽敞楼梯上，等着依次进入由 7000 只蜡烛照亮的宫室，与利奥波德见面。这位国王向他邀请的每位客人授予了利奥波德十字勋章。“我一个人住在一个豪华瑰丽的王室套间里——满眼都是深红色锦缎和黄金，”皇家地理学会（Royal Geographical Society）的少将亨利·罗林森爵士（Henry Rawlinson）在第一个晚上写给太太的信中说道：“一切都是红色的，连墨水和‘弹药’（手纸）都是红色的！”[26]

利奥波德的欢迎辞可谓精彩绝伦。他给整个计划披上了高贵的色彩，阐述了自己接下来的任务，并且确保他接待的所有人能够认可他的想法。

我想说的是，要让这个世界上唯一尚未有文明之光进

> 入的地方向文明敞开大门，要刺破这个地区各民族头顶上
> 笼罩的黑暗，值得我们投入长达一个世纪的艰苦努力……
> 在我看来，比利时，一个位于大陆中部的中立国家，是召
> 开这一会议的理想之处……是否需要声明一点：将大家接 45
> 到布鲁塞尔来没有任何自私的目的？没有，先生们，虽然
> 比利时是一个小国家，但是我们快乐并满足于这种命运。
> 除了认真效力于我的祖国，我没有任何其他野心。[27]

最后，他说出了他希望本次会议能够完成的具体任务，其中包括确定“将来要陆续开通的通往非洲内陆的路线，确定中途停留的地点、科研基地、冲突调停地点，以便废除奴隶交易，调解非洲内陆首领之间的矛盾，为他们提供合理公正的裁决”。

在奢侈豪华的宴会之余，参加会议的人们还展开他们带来的地图，在中部非洲的空白处标出“中途停留的地点、科研基地、冲突调停地点”。这些思想高尚的人认为，每个基地或营地的管理人员应该由五六个不携带任何武器的欧洲人来担任——这些科学家、语言学家、艺术家还可以教授当地非洲人一些实用的技巧。每个地方都设有实验室，可以分析土壤、气候、动物、植物，可以为探险者提供很多东西：地图、货物、备用的衣物、修理科学仪器所用的工具、备有所有最新药物的医务室。

主持这次会议的人——利奥波德低调地待在幕后——是俄国地理学家彼得·谢苗诺夫（Pyotr Semenov）。为了表彰谢苗诺夫勇敢地探索天山，沙皇赐予他将“天山”一词加在他名字中的权利，然而，谢苗诺夫对非洲几乎一无所知——这正符合利奥波德的意图。他可以任意摆布谢苗诺夫，让这次会议通过的这些基地或营地分布从利奥波德最感兴趣的刚果流域无主土地

的一边延伸到另一边。之前，英国参会者希望这些站点中的一部分能够靠英国属地近一些。

在参会者告辞回国之前，他们通过表决决定建立国际非洲
协会（International African Association）。利奥波德主动且慷慨地
在布鲁塞尔为这个组织的总部提供了办公的地方。除了国际委
员会之外，协会还要在各个参与国建立全国委员会。利奥波德
在大家的热烈要求下当选国际委员会的第一任会长。他低调地
说，他只担任一年，好让这个职位由来自各个参与国的人轮流
46 担任。在这些身份显赫的高官和知名探险家回国之前，利奥波
德向每位客人赠送了一幅镶着镀金边框的他身穿军礼服的画像。

这一新成立的协会让整个欧洲欢呼不已。重要人物，从罗斯柴尔德（Rothschild）家族到苏伊士运河的建设者斐迪南·德·雷赛布子爵（Ferdinand de Lesseps）急忙送去各种捐赠。虽然该协会在各国的全国委员会听上去名头挺响亮，并且计划由各地大公爵、王子和其他王室成员牵头负责，但是这些委员会中的大多数从来没有真正地运转起来。在接下来的一年里，国际委员会确实开了一次会，虽然利奥波德先前保证不会连任，但他再次被选为会长，之后，这个委员会便无疾而终。

虽然如此，利奥波德狐狸般地向前迈出了一步。多次购买殖民地的尝试让他明白：谁也不愿意出售自己手里的殖民地。他必须靠征服来获得。但是，这样做的话，肯定会惹恼本国人和欧洲强国。要从非洲有所斩获，必须让这个世界相信他这样做没有任何私心。借助国际非洲协会，他出色地做到了这一点。德·雷赛布子爵就断言，利奥波德的计划是“当代最为人道的方案”。[28]

如果我们退后一步，以目前的眼光来审视利奥波德，我们

可以将他看作政坛上颇具野心的戏剧制作人。他具有组织天赋和良好的公众形象。这两者可以从他成功召开地理学会议看出来。他有一种特殊的资本：国王宝座提供的强大的公关优势。他有自己的戏剧脚本，这就是从十几岁开始一直萦绕在他脑海里的殖民梦想，不过他还没有舞台，没有演员。然而，1877 年 9 月的一天，当这位国王/制作人正在策划下一步行动时，非洲西海岸一个小镇刊登在伦敦《每日电讯报》（*Daily Telegraph*）上的一则公告宣布了一条不寻常的消息。这正是利奥波德一直在等待的开场。舞台和明星都有了，好戏可以开始了。

3 大蛋糕

47 博马（Boma）镇位于刚果河北岸，距离大西洋约 50 英里。居住在这里的除了非洲原住民之外，还有 16 个白人，大多数是葡萄牙人——习惯于用鞭子和枪解决问题的粗暴、冷酷的男性——他们经营着几个小货栈。[1]和之前几个世纪里的欧洲人一样，这些生意人从来没有沿着长约 220 英里、时急时缓一直流入大海的震耳欲聋的激流，穿过大河岸边的一簇簇危险的乱石，上溯到非洲内陆。

1877 年 8 月 5 日，太阳落山已有一个钟头，4 个风尘仆仆、满身泥污的黑人从博马的荒野中走出来。他们来自步行两天路程的内陆村庄，捎来一封信。这封信的收信人是“伊姆博马地区任何会讲英语的人”。

> 敬启者：
>
> 我已经从桑给巴尔到了这个地方。和我一起的还有 115 个人，其中包括男人、女人和孩子。我们马上面临挨饿之忧……如果你们的补给能够及时到来，我就能够在 4 天内到达伊姆博马……最好是 10 个人或 15 个人能够携带的大米或谷物的数量……这些补给必须在 2 天内送到，否则我们将面临不测境遇，包括死亡……谨上，H. M. 斯坦利，英美联合非洲考察队指挥官。[2]

第二天的黎明时分，这些商人派脚夫给斯坦利送去了土豆、 48
大米和罐装食品。他们马上意识到这封信意味着什么：斯坦利已经自东到西穿过了整个非洲大陆。但是和在他之前唯一完成这种穿越的欧洲人弗尼·洛维特·卡梅伦不同的是，斯坦利最后出现在刚果河河口。因此，他肯定是沿着这条河过来的，他成为第一个绘出了它的河道走向，解决了它的源头之谜的白人。

及时获得补给之后，斯坦利和形容枯槁的考察队幸存者得以迈着艰难的脚步走到博马。他们从距离东海岸不远的桑给巴尔动身，曲曲折折跋涉7000多英里，耗时两年半以上。

虽然在这个“英美联合考察队”中，冒充土生土长美国公民的威尔士人斯坦利既算是英国人，也算是美国人，但是，从考察队名称中的“英美”可以看出，这趟在费用支出和任务艰巨程度方面远远超过寻找利文斯通的考察，赞助人是小詹姆士·戈登·贝内特的《纽约先驱报》和爱德华·利维-劳森（Edward Levy-Lawson）在伦敦的《每日电讯报》两家报纸。他用这两个报社老板的名字来命名穿越非洲过程中经过的山川、河流：戈登-贝内特山脉、戈登-贝内特河、利维山、劳森山脉。他用自己的名字来命名位于非洲中部、刚果河下游的一个瀑布——斯坦利瀑布。此处距离上游大约1000英里，激流倾泻而下，刚果河在此变宽，成为一个大湖。他说，后者的命名是副手弗兰克·波科克（Frank Pocock）提出来的。他“高声叫道：‘啊——这片辽阔的水域应该叫斯坦利池塘（Stanley Pool）！’”[3]波科克已经无法确认这一点了，因为他在给刚果河的这一段命名（或许他根本没有给刚果河的这一段命名）后不久就淹死在这条河里了。

在艰苦地横穿非洲大陆前夕，斯坦利再一次坠入爱河。这一次，对方是艾丽丝·派克（Alice Pike），是一个很快就要继承一大笔财产的17岁女子。在3年远行之前爱上一个年龄相当于他一半的十几岁心浮气躁的年轻女子，并非实现美满婚姻的最可靠方式。不过，这可能是最吸引斯坦利的地方——他现在仍然对女人心存畏惧。他和艾丽丝商定，等他一回来两人就结婚。他们签订了婚约，确定了婚礼日期。

斯坦利用新爱人的名字来命名了考察队的关键运输工具。“艾丽丝号”这艘船长40英尺，船体由西班牙雪松制造。斯坦利将这艘船拆为五大块。将5个部分组合在一起之后，可以用
49 桨划行于非洲的江河湖泊。分拆之后，脚夫可以用杆子抬着这五大块，在陆路上行走数百英里。

斯坦利对才能超过自己的人多有忌惮。在申请参加这次考察的1200个人里，不乏探险游历经验丰富者，可是他选择了3个条件很差的人做帮手：一对既做过水手又做过渔民的兄弟——弗兰克·波科克（Frank Pocock）和爱德华·波科克（Frank Pocock）；一个名叫弗雷德里克·巴克尔（Frederick Barker）的年轻旅店接待员。爱德华·波科克的主要技能似乎就是吹号。3个人都没有任何探险经验。

英美联合考察队向西，向非洲内陆进发。这4个白人走在最前头，后面跟着的队伍人数接近寻找利文斯通时的探险队伍的两倍——总共是356人，其中46人是女人和孩子。资深的非洲人可以偕同家人前往。这一小型军队携带着1.6万磅重的武器、设备，以及一路上用来换取食物的货物。行走过程中，队伍绵延半英里。队伍这么长，需要爱德华·波科克通过吹号来发出停止的信号。

吹号是对的。对于斯坦利来说，持续不断的交火往往是探

险活动司空见惯的一部分。他从来懒得去数探险队杀死了多少人，不过数量肯定有好几百。斯坦利一行携带着最先进的来复枪和一支使用爆炸弹的猎捕大象的枪。和他们交手的那些人使用的是梭镖、弓箭，最好的武器不过是从奴隶贩子那里买来的原始的滑膛枪。“我们已经袭击和攻下了28个城镇、60~80个村寨”，[4]他在日记中写道。战斗大都发生在湖泊和河流上。斯坦利和部下朝着岸上挥动英国和美国国旗，从“艾丽丝号”和独木舟上射击。生性敏感的斯坦利毫不隐瞒地表示，对方稍许的敌意举动都会被他看作不共戴天的侮辱，好像他横穿这个大洲就是为了报仇来的。例如，当他指挥“艾丽丝号”驶向坦噶尼喀湖上的各个岛屿时，“沙滩上到处是设法激怒和嘲笑我们的人……我们发现，有几条独木舟在尾随我们，船上的人向我们晃动着手里的梭镖……我用温彻斯特连发步枪向他们开火。六枪打死四人之后，他们立刻老实了”。[5]

在出发后的最初几个月里，斯坦利派通讯员将有关这种小规模冲突的文章送往非洲东海岸，然后再通过海船或电报发回
英格兰。文章见报之后，在英国引发了原住民保护协会 50
（Aborigines Protection Society）、反奴隶制协会（Anti-Slavery Society）等人道主义组织的强烈抗议。探险家兼撰稿人理查德·伯顿（Richard Burton）谴责说，斯坦利“就像他们是猴子一样向黑人开枪”。[6]但是，英国外交大臣似乎对这位供职于大众化报纸，自称为美国人，却使用英国国旗的做法更为怒不可遏。他给斯坦利写了一封言语傲慢的信，告诉后者，英国没有授权他使用英国国旗。

对于《纽约先驱报》那位具有强烈反英情绪的出版人小詹姆士·戈登·贝内特来说，这场争议给他带来的只是快乐。他

强烈抨击那些批评斯坦利的人，说他们是“文明世界里仍然坚持在礼拜仪式上声嘶力竭喊叫的托钵僧……他们身处安全的伦敦……”[7]“这些慈善人士……［他们］不切实际地以为，带头人……就应该允许下属被那些土著人杀掉，自己也被杀掉，让探索活动中途夭折，但绝不能对人形害虫扣动扳机。”[8]

斯坦利声称，旅途第一阶段取得的一项成就是，向乌干达皇帝介绍了《十诫》，让他皈依了基督教。但是，据后来一位在这不久之后碰巧造访乌干达的法国军官说，斯坦利说服那位皇帝皈依基督教的方法是，告诉皇帝基督徒有 11 条戒律；第 11 条戒律是：“崇拜和尊重国王，因为国王是上帝派来的使者。”[9]

携带沉重负荷艰难跋涉数月之后，考察队的很多脚夫集体造反，偷窃给养后逃走。斯坦利一次又一次迅速进行惩戒：“杀害门贝（Membé）的凶手……”他在日记中写道，“我叫人抽了他 200 鞭子……抽了两个醉鬼每人 100 鞭子，罚他们戴镣铐 6 个月。”[10]后来，他写道：“他们（那些脚夫）一点也不可靠，满口谎话，偷窃成瘾，又懒惰又流氓，这些人让我为自己的愚蠢——带这么一群奴隶去做一件极其重大的事情——懊悔不已。”[11]

说到未婚妻艾丽丝·派克，斯坦利完全是另一种口气。在出发后的第一个圣诞节，他在信中写道：“你那温柔善良的心不知该怎样可怜我……营地条件极为糟糕，人们好像打定主意要寻短见，或者坐等死亡来解脱他们。”[12]斯坦利用油布将她的相片小心翼翼地包起来，一直带在身上。他将地图上的一个岛屿和一处激流命名为“艾丽丝岛”和“艾丽丝激流”。

“我非常喜欢跳舞……”艾丽丝在给他的信中说，“与参加
51 派对相比……我宁愿去听戏……几乎每天晚上都有一些小伙子过来——我讨厌死他们了……因为弹竖琴，最酸痛的那个手指

都起了泡。现在我的手指好多了，只是不能再练琴了。”她显然不清楚斯坦利在哪里，不知道如果斯坦利的信即便投递出去，走出非洲荒原也需要好几个月。“你再也没给我写信，”她埋怨道，“我想知道为什么？我好讨厌非洲中部。”[13]

* * *

斯坦利在后来写的关于这次探险的《穿越黑暗大陆》（*Through the Dark Continent*）一书中，开始运用写作后来几本书时采用的一些做法：将内容拉长成上下两卷（本书一共960页）；标题中运用“dark”一词（接下来的两本书是 *In Darkest Africa*, *My Dark Companions and Their Strange Stories*）；运用能够运用的一切媒介来讲述这段经历。书中运用前后对照的照片来证明这次探险让他头发变白了；运用了“日记摘录内容”（比较过斯坦利真正写下的日记后发现根本就是子虚乌有）、夹在书中间标有这次考察路线的详细的折叠地图、100多幅画——画的是战斗场面、戏剧性的会面、被卷入旋涡的独木舟、非洲房子的俯视图、村寨的街道图、给养清单。大量图表诠释了从非洲国王世系到各种独木舟船桨不同形状的方方面面。精明的斯坦利知道，对非洲的一无所知会让读者对那些没完没了的细节更感兴趣，如一张价格表上显示，在 Abaddi，一只小鸡的价格等于一颗珠子的项链，而在 Ugogo 六只小鸡的价格等于十二码长的布。读者感觉大开眼界。虽然斯坦利的书问世于电子时代之前，但也可以说是“多媒体”作品。

今天，我们阅读斯坦利的书后可以看出，他的考察在很大程度上是一种欺骗行为。一路上，他好像在不停地测量数据、绘制图表：温度、英里数、湖泊深度、纬度、经度、海拔（通过计算水的沸点来计算）。他让忠实可靠的脚夫替他携带着易碎的温度计、气压计、手表、罗盘、步程计。好像他是一个测绘员，受这个大洲未来的主人委托，为后者绘制地图。

这次非洲之行的后半部分让这次考察成为一个史诗般的探险壮举。从数年前他找到利文斯通的坦噶尼喀湖开始，他和人
52 数日渐减少的脚夫，包括一些因为先前造反而被戴上镣铐的脚夫，向西部内陆挺进。跋涉了几天之后，他们抵达一条大河岸边，当地人称这条河为卢阿拉巴（Lualaba）。先前沿着这条河顺流而下探索这条河的欧洲人中，没有一个人比斯坦利他们所在的位置走得更远。没有人知道卢阿拉巴河流向哪里。利文斯通曾认为它是人们一直在寻找的尼罗河的源头，因为卢阿拉巴河从这里向北流去，径直流向埃及。

但是，斯坦利坚持认为，卢阿拉巴河水面宽阔，不可能是尼罗河的源头。有时候，他觉得它可能是尼日尔河。和尼罗河一样，尼日尔河的入海口在很远的北方。后来，他顺流而下，越来越觉得它是刚果河。但是，他不敢打包票，因为刚果河注入大西洋的河口远在半个非洲之外，从天体方位来看，应该在他当时位置的南面，而在他面前，卢阿拉巴河却向北流去。在欧洲地图上，这两条河流之间是一片空白。

据斯坦利说，他站在那条神秘的河流的岸边，向集合在一起的随从们说：“不管这条大河汇入哪个大洋，我们都要一路沿着它走下去……你们的性命与我的性命绑在了一起；如果我拿你们的性命冒险，就是拿自己的性命冒险。我会像父亲照顾自己的孩子一样照顾你们……因此，孩子们，像我一样下定决心。还有，因为我们现在正处在这个大洲的中间位置，掉头回去和往前走没什么两样，所以，我们要继续往前走。我们要沿着这

条河走下去，执着地走下去，一直走到海边。”

那位忠诚的副手弗兰克·波科克问：“先生，在我们决定动身之前，你是不是真的从内心里相信我们能成功？”

斯坦利的回答是：“相信？没错，我真的相信我们都会再次看到希望的亮光。没错，前景就像这夜晚一样黑暗……我相信［这条河］肯定是刚果河；如果是刚果河，那么肯定有很多大瀑布……不管是刚果河、尼日尔河，还是尼罗河，我都有思想准备……相信？我仿佛看到我们顺利地经过高塔和城镇，我一点也不怀疑这一点。晚安吧，小伙子！晚安！希望你做个好梦，梦见大海、轮船、快乐、舒适、成功！”[14]

斯坦利是不是真的站在河岸上，说了哪怕与上边那些仅仅只有丝毫相似的话？我无从得知，因为考察队里另外的 3 个白人都没有存活下来。距离弗兰克·波科克被淹死很久之前，弗雷德里克·巴克尔（Fred Barker）就死于“一阵阵的疟疾”。当时，他的病情很严重，“血管里的血液好像凝滞了”，最后，“凝滞的血液不再流动……那位可怜的年轻人就这样死了”。[15]爱 53
德华·波科克神智混乱起来。“我朝他那里直奔过去，”斯坦利说，“结果看到的只是他咽下最后一口气的瞬间。”[16]

斯坦利知道，如果卢阿拉巴河就是刚果河的话，这条河肯定在什么地方拐了一个 180 度的大弯。在他和队员们顺流而下期间或利用开始时有时候在岸上行走的时间，他频繁地测量纬度和经度。这条河居然一直向北流淌了数百英里。但是，后来，它向西沿顺时针方向转了一个巨大的弯，最终折向西南，进而形成气势磅礴的瀑布，注入大西洋。

斯坦利的考察还解决了另一个地理之谜。刚果河的头尾都在赤道以南，但是它巨大的半圆形河道最重要的部分在赤道以北。在中部非洲，赤道是旱季和雨季的大致分界线：赤道以北是一个季节，赤道以南就是另一个季节。因此，一年中的任何时候，刚果河的一部分都处在大雨的浇灌下，而另一部分则流经干旱地区。这就解释了为什么一整年里，刚果河相较于其他热带河流，流量变化要小得多。

斯坦利发现，这条水量巨大、在面前越来越宽的河，对于附近的居民来说是一个丰富的食物来源。在他那个时代，科学家们已经发现那条河里生活的鱼类超过 500 种。这些鱼以各种昆虫、同类为食，也以落入河中的水果、树叶为食，尤其是在洪水季节，河水漫过河堤，冲入两岸的森林和草地的时候。

令人沮丧的是，我们能够听到的非洲人的声音也只是来自斯坦利本人的记录。他会间或记下或想象这种声音，好像他忙里偷闲停了下来，以略怀愧疚的心情照了一下镜子。下面是他在 1876 年 9 月 12 日的“一瞥”。巧合的是，那天恰逢地理学大会在布鲁塞尔开幕，那些身穿晚礼服的显赫人物在王宫的大理石楼梯上排队，等候国王利奥波德二世召见。

> 瓦格人（Waguhha）对这位白人的看法：
>
> 他和其他人都不一样，来这里是为了做生意，永远穿着鞋子，永远以衣蔽体，他怎么可能是个好人？不，他让人感觉怪异，也许是邪恶的，或许他是个魔术师，不管怎样，最好离他远点，不要招惹他。[17]

54 斯坦利一行以枪弹开路，沿河而下的进程成为当地人口述历史的一部分，有时候还夹杂着一些传奇元素，因为对于那些从来没有见过他手中来复枪的当地人来说，它的射击距离和精确度如同超自然存在。若干年后，一位途经这里的游人听到了这样的叙述：

> 那群陌生人的首领用布遮着身体，长着一张白色的脸。那张脸泛着亮光，就像是阳光照耀下的河面……那位陌生的首领只有一只眼睛……长在前额中央……当巴索科人（Basoko）冲进河中，划着独木舟战船去抵挡和抓捕那些陌生人时，那些人高喊："肉！肉！"因为他们要吃掉巴索科人，不过，巴索科人抓不住他们，他们用手中那些能发出巨大声响和火光的棍子杀死了很多巴索科人。他们讲一种奇怪的语言。他们继续顺流而下，经过身体强壮的巴索科人身边时面带嘲笑的表情。[18]

巴索科人眼中一只眼睛的斯坦利可能是某个巴索科人的记忆经过多次转述的结果——当时他可能正眯起眼睛使用望远镜或用来复枪瞄准。奇怪的是，这一只眼的印象居然和某些中世纪欧洲地理学家对于非洲人的想象相同。从后来这种口述历史的零星片段，我们了解到，之前的非洲人认为欧洲人长着蹄子，因为之前从来没有见过鞋子，所以生活在这条河两岸的一些非洲人认为他们脚上穿的鞋子是他们白色身体的一部分。[19]

顺流而下数百英里之后，斯坦利一行不得不暂时上岸，扛起船和物资从陆路绕过他命名为"斯坦利瀑布"的激流。此后直至"斯坦利池塘"的 1000 英里的路程上，他们再没有遇到其他自然障碍。对于"艾丽丝号"和考察队从岸边居民那里买来或偷来的大约 24 只独木舟组成的船队来说，这段路程畅通无阻。

斯坦利和他从赞兹巴里（Zanzibari）雇来的脚夫、士兵怀着敬畏的心情望着眼前的大河逐渐宽阔起来，有时候甚至一眼望不到对岸。浩渺的水面上散布着4000多个岛屿，不少岛上有居民居住。在两岸居民的语言中，这条河不叫刚果河，因为支流众多，他们称之为“Nzadi”或“Nzere”①，意思是“吞并万
55 河之河”。虽然斯坦利没有深入这些支流的上游，但是在经过这些支流时——每条支流都有数百码宽——宽阔的水面让他深感震撼。这一点也不奇怪：仅仅其中的开赛河（Kasai）就和伏尔加河的水流量相当，其长度相当于莱茵河的一半；另一条支流乌班吉河（Ubangi）则更长。斯坦利发现，蒸汽船可以在这一河道网上做长距离航行。他就像是发现了一条绵延数千英里的铁路一样。“控制了刚果河……”他写道，“就会获得背后的刚果河流域巨大的贸易量。这条河现在和将来是中部非洲西部经济发展的大动脉。”[20]

接下来的情况说明，斯坦利这一不寻常的长途考察活动最后一程是到目前为止最为困难的部分。在220英里长的最后一段激流的开始处，河道向一侧突出，形成了斯坦利池塘，这位探险家轻松省力的顺流而下到此画上句号。他本已做好了携带船只和物资上岸行走，绕过激流和瀑布的思想准备，但是他没有料到的是，河水在奔流进入大海之前会在水流骤急，飞溅着白色泡沫，船只根本无法航行的岩石峡谷中穿行多久。

他越来越心灰意冷。他通过计算水中树干漂过的时间，推测水流速度为每小时30英里。

---

① 奇怪的是，刚果独裁者蒙博托·塞科在1971年给国家改名时，采用的赞比亚（Zaire）这个词含有葡萄牙语的成分。

> 想象飓风席卷一个长条形的海域……就可以很好理解它蕴含的翻滚的巨浪……水流先是跌落幽深的谷底，完全靠着自己的力量，巨大的水流将自己径直托起，形成一道巨浪，而后突然向上飞溅出 20 英尺或 30 英尺高，进入另一个波谷……两岸的岸基都由一长列巨石组成，现在都已没入滔滔巨浪之中。深涧中的河水轰隆作响，震耳欲聋。只有快速穿过岩石隧道的火车产生的声音能够与之相比。[21]

斯坦利总是一厢情愿地希望这些激流中间会有平静的河段，因此他不听非洲当地人的建议，在几乎要命的一段时间里，没有放弃"艾丽丝号"和那些独木舟。带着独木舟在陆地上行进是一件极度痛苦的事情，因为独木舟无法像"艾丽丝号"一样被拆开携带。遇到难行的路段，人们不得不砍树枝铺在地上，然后将独木舟拉过去。有时候，他们用原木铺成两条"轨道"，然后将另外一些原木放在"轨道"上面交叠固定，用作滚轴。 56
他们用了 37 天走了一段 34 英里的路。乱石耸立、崎岖不平的水晶山（Crystal Mountains）抛给了他们一个又一个意外的障碍。一次，疲惫憔悴的人们不得不将独木舟拉上 1200 英尺高的山坡，在相对较为平坦的地面上走了 3 英里之后再下坡。进入雨季之后，瓢泼大雨每天连续下五六个小时。

日夜不绝于耳的激流声让人们越来越无法忍受。不少人因为饥饿而晕倒。斯坦利最后的一双靴子也磨烂了。一个最得力的助手疯掉了，飞跑入荒野里，手里只拿着一只鹦鹉。最后，因为拖拽当时已经毫无价值的独木舟耽误了几个月之后，考察队完全放弃了它们。斯坦利在日记里绝望地记录了一个队员的死亡，很多人中途逃跑，人们不断罢工。他先前漂亮的书法变得潦草难认，表达前后矛盾。从斯坦利池塘到博马海港之间250英里的陆路，斯坦利和他那些饥肠辘辘、身染疾病的随员走了四个半月。

这位探险家提供的数字模糊不清，前后矛盾，考察队成员的死亡数字却惊人的高。很多人死于伤口溃烂、痢疾、天花、斑疹伤寒，时常面临的极度饥饿让情况更加恶化。斯坦利不让染上天花的人停下来慢慢恢复，甚至不让他们进入树林寻找最后的葬身之地。他逼着他们背扛着给养或装备一直走下去，直到他们倒地而死。他对自己几乎和对别人一样狠。一路上，他的体重减少了60多磅。好几次，考察队一度面临极度危险的缺水境地。蟒蛇、河马攻击着他们。野草的芒刺扎着他们。蠕虫钻入脚夫脚底的皮肉。山路上的石头如利刃般锋利。幸存下来的人走到博马时，过度的疲惫已经让他们麻木了，他们患上了我们今天所说的“创伤后心理压力紧张综合征”。不久后，在等着乘船回家时又有一些人死亡，死亡没有任何明显的原因。

“我怎样才能让你知道我对你的满腔爱恋呢?”斯坦利在从非洲腹地写给艾丽丝·派克的信中说，“要知道这封信到达海边之前要经过1000英里的野人栖息区，要经过洪水、大火、军事冲突等重重风险……请相信，我对你的爱不会改变，你是我的梦想、我的寄托、我的希望、我的灯塔，我会一直这样将这份爱深藏心中，直到看到你为止。”[22]

当他带着剩下的脚夫和士兵由海路回到桑给巴尔的出发点时，斯坦利大吃一惊。长达2年的通信，等待他的是18个月前报纸上的一篇豆腐块大小的消息，说是艾丽丝·派克嫁给了一个名叫艾伯特·巴尼(Albert Barney) 的俄亥俄州一个铁路公

司的继承人。斯坦利深受打击，再也没有去看她。[①] 57

在那次考察之后的公开声明中，斯坦利照例谴责那些“阿拉伯人”的奴隶买卖，呼吁传教士前往非洲传教，斥责光着身子到处走的非洲人“赤身裸体不成体统”，[23]宣称非洲之行的目的是“给这个‘黑暗大洲’的西半部分带去光亮”。[24]但是他从来没有放弃过做生意的念头。当离开一个遍地泥沼，不少人开小差的地方后，他在日记中写道：“再见吧……除非某个慷慨、有钱的慈善人士允许我或其他人带一支军队来扫除这块与中部非洲开展贸易的绊脚石。”[25]

此时，他期待的那位慈善人士正在等待时机。

* * *

实际上，这位慈善家喜出望外。在斯坦利出现在博马之前的几个月里，利奥波德就已经开始急切地浏览伦敦《泰晤士报》，寻找有关他下落的消息。有一次，他写信给一个助手：“日程表上的第一件事……对我来说就是再次查阅是否有斯坦利到达卢阿拉巴的消息。”[26]斯坦利一出现，这位国王立刻发去贺电。

现在，利奥波德可以看到斯坦利发表在《每日电讯报》上的有关这次考察的长篇文章，还有有关那位探险家在开普敦、

---

① 这位探险家一直不知道的是，看着他声名鹊起，这位巴尼夫人在其后半生相当长的时间里一直在后悔她当初没有嫁给斯坦利。斯坦利去世之后，在一个从未出版的具有极强浪漫色彩、带有小说成分的回忆录里，她认为斯坦利之所以能够穿越刚果，也有她的功劳：“她让这件事成为可能。如果没有她的精神在激励他，他根本不可能做到这一点，甚至都没有穿越那些极度黑暗之地的愿望……‘艾丽丝号’征服了非洲！”（引自 Bierman，第214页）

开罗，以及返回英格兰途中其他停留地点获得的赞扬和参加的宴会的长篇累牍的报道。美国国会参众两院通过共同决议案，向他表示庆贺。探险同行赞扬他抵达刚果是19世纪最伟大的探险成就。现在，利奥波德可以确定，非洲中部的广阔地域——当时尚没有任何欧洲强国提出对其拥有所有权，这简直是一个奇迹——可以成为他渴望的殖民地。最后，他梦寐已久的大戏就要上演了，斯坦利就是主角。

这位国王指示布鲁塞尔驻伦敦公使随时向他汇报有关斯坦
58 利的消息。在国际非洲协会这一高超的“烟幕弹”背后，利奥波德运筹帷幄，精心安排。他要求这位外交官一定要谨慎行事：“我敢肯定，如果我直截了当地给斯坦利布置这样的任务——以我的名义占领部分非洲——英国人肯定会阻止我。如果我向他们寻求建议，他们也一样会阻拦我。因此，我想不如给斯坦利找个探险的事情做，这样，不但不会冒犯任何人，探险还会给我们提供日后使用的基地和总部。”最重要的是，利奥波德告诉派往英国的那位公使：“我不想冒险……不想失去这么一个给比利时争取一块巨大的非洲蛋糕的好机会。”[27]

通过一连串电报，利奥波德勾勒了一个计划：在斯坦利回国途中截住他，用优厚的条件将他请到布鲁塞尔来。在斯坦利在亚历山大港停留数日期间，利奥波德派人将这一打算透露给了他。当时，他作为一位贵客，正在一艘游艇上与美国前总统尤里塞斯·S. 格兰特（Ulysses S. Grant）共进晚餐。利奥波德接下来的一步是，请当时在布鲁塞尔的美国朋友亨利·谢尔顿·桑福德（Henry Shelton Sanford）将军帮忙。这是精明的选择：斯坦利巴不得让人们相信他是美国人，这个时候派一个美国人去，不是比派一个出身高贵的本国人更好说话？

桑福德将军巴不得接受这一很有挑战性的任务，为利奥波德效力。桑福德出身于一个富有的康涅狄格州家族，先前被亚伯拉罕·林肯任命为美国驻比利时公使，在这个位置上一直待到8年任期结束。他和比他年轻很多的漂亮的交际花妻子经常在布鲁塞尔郊外的，有角塔的三层乡间别墅里极尽铺张地招待宾客。大礼帽、顶部镶金的拐杖、夹鼻眼镜、栗色胡子是他的标志，桑福德是这个城市顶级社交圈里的公众人物。他从来没有当过兵，“将军”这一头衔、他身上携带多年的剑，以及蓝色和金色相间的制服是他向内战中的北方军队提供了一些大炮而获得的奖励。

桑福德先前曾投资美国铁路和西部的房地产开发，并向佛罗里达州的柑橘园和其他企业投入巨资。[①] 他将这些企业的工人生活的迅速兴起的城镇命名为桑福德。但是，和他的军衔一样，他的投资水平也有名无实。他的举止中有富家子弟的优雅， 59
但没有赚取财富所需要的精明。他做什么都赔钱。他投到一系列古怪专利上的大笔资金从未收回本钱。这些专利是纺毛机，一种新式的威士忌酒蒸馏器，一种使用水而不是油脂来润滑火车车厢轮轴的小箱子。他对内华达州一个银矿和阿肯色州一个锌矿的投资简直颗粒无收。他投资的明尼苏达州的铁路公司以破产告终。他投资的南卡罗来纳州的棉花种植园里的棉花被毛虫吞噬殆尽。[28]

随着桑福德看到自己继承来的家业日渐枯竭，他在比利时

① 佛罗里达州桑福德市75年后曾经在一段短暂的时间里身负恶名。该市警察局局长援引一条不同种族的人不得在该城市公共场所一起打球这一禁令，命令参加一场春季训练表演赛的杰基·罗宾逊（Jackie Robinson）中途退出比赛。

王宫的人脉显得越来越重要。他甚至给一个儿子起名叫“利奥波德”。利奥波德国王精于识人，深切地知道来自王室的资助对于桑福德意味着什么。他没完没了地恭维桑福德，知道某一天他会用到桑福德。当桑福德多次谋取一个美国外交职位没有结果之际，利奥波德的助手尤勒斯·格莱茵德尔（Jules Greindl）男爵给他写信说：“国王很希望您继续留在我国。我们都喜欢和看重您。”[29]和很多美国人一样，桑福德很喜欢和王室打交道，他觉得他的国家没有像利奥波德那样器重他。

1878 年 1 月，利奥波德秘密派遣桑福德和格莱茵德尔赴法国拦截斯坦利。那位探险家将在那里返回伦敦，准备接受又一轮的奖章和宴请。在马赛火车站，两位特使瞅见了斯坦利。斯坦利消瘦、憔悴、一脸疲惫。两人尾随着他到了巴黎。到了巴黎之后，他们正式邀请他去国际非洲协会工作。虽然斯坦利拒绝了他们的邀请，但明显看得出来，他感觉很受用。总是渴望受到社会上层认可的斯坦利一直没有忘记，比利时国王派来的两位奉承者——一位男爵、一位将军——在他返回欧洲的途中四处找他。

最后，斯坦利从法国回到伦敦，受到了如同英雄般的欢迎。虽然声称自己是美国人，但他的心仍在英格兰。他在一次又一次的宴会或正式晚宴上说，飘扬在那条大河流经地区的应该是英国国旗。在威尔士亲王听他讲话的时候，他强烈呼吁英国对刚果河流域有所行动，但是听他把话说完之后，亲王只是说，他把胸前那些奖章的顺序搞错了。虽然世界地图上到处都有英
60 国的领地、殖民地、受保护国，但是国内经济衰退，海外的殖民地危机和反抗风起云涌，没有多少英国人对主要交通要道被难以逾越的瀑布所阻隔的陌生土地感兴趣。

“我一点也不了解英国人，”斯坦利写道，“要么他们怀疑我怀有私心，要么他们不相信我……解救利文斯通，他们说我是骗子；穿越非洲大陆，他们说我是海盗。”[30]美国也对殖民刚果没有什么热情。现在，纽约的小詹姆士·戈登·贝内特想派斯坦利去寻找北极。

利奥波德没有放弃。他派驻伦敦公使邀请斯坦利一起吃午饭，还派桑福德穿越英吉利海峡，再次与这位探险家面谈。他让他们暗示斯坦利，如果他不接受的话，利奥波德可能会另找他人。利奥波德很了解这个人。回到欧洲的 5 个月之后，斯坦利接受了邀请，前往比利时。

4 “条约必须承认我们提出的所有条件”

61 1878 年 6 月 10 日，一艘蒸汽船载着亨利·莫顿·斯坦利穿过英吉利海峡，他踏上第一次会见比利时国王的路途。我们不知道，在王宫的办公室等待那位探险家期间，利奥波德在做什么，毕竟一连数月的耐心等待就要开花结果了。不过，如果说这位精通地理学的国王可能又在端详地图的话，这种推测不是没有道理。

这时候端详地图，他可以清楚地认识到当时的形势：只有在非洲，利奥波德才有希望实现占领一块殖民地，尤其是比比利时大很多的一块殖民地的梦想。美洲已经没有未被占领的地区了。马克西米利安和卡洛塔在墨西哥的悲剧提醒人们，执意去控制那个独立国家，将是什么下场。亚洲也没有空白区域了：俄罗斯帝国已将领土一路延伸到了太平洋，法国占据了印度支那，荷兰占据了东印度群岛。南亚其他大部分地区，从亚丁到新加坡，都是英帝国控制的区域。现在，只剩下了非洲。

之前，斯坦利循着刚果河深入内陆大约 1500 英里。虽然如此，很明显，他没有看到整个刚果河，因为他第一次见到刚果河时，是在距离下游很远的上游，他看到的河面已经将近 1 英里宽。对这条河的全面考察在多年之后才完成，但是如饥似渴地翻阅了大量报纸文章之后，利奥波德大致了解了这位探险家有了哪些发现。

后来，这些数字被人们所知晓。刚果河上游流域面积为

130 万平方英里，超过印度国土的面积。水力发电潜力大约是
全世界的六分之一。对于一位 19 世纪的帝国缔造者来说最重要 62
的是，这条大河和它的扇形支流网络构成了大约 7000 英里长的航运网络，世界范围内能与之比肩的内陆运输网络极其少见。如果将蒸汽船拆解后，通过陆路运输绕过那些湍急的激流，进入这一水运网，就很容易从码头附近生长迅速的雨林中找到烧锅炉所需的木材。大多数适航河段都经过植物生长迅速的雨林区。雨林区的面积占了整个流域的一半。

当时，关于那些生活在刚果流域的人，欧洲人仍然知之甚少。在与他们作战的间隙，斯坦利也曾经想要了解他们，主要是为了从他们那里获得给养，用小装饰品、布匹与他们换取食物。虽然如此，关于这个地区的居民，他获得了两个重大发现。第一个发现是在军事方面，他们不构成威胁：在 30 多次交火中，他们的梭镖、弓箭、破旧的滑膛枪根本无法对抗后膛装弹的新式施耐德来复枪。第二个发现是，沿着刚果河这个至关重要的运输动脉，没有一个力量非常强大的国家需要被征服。进一步考察这条大河的几条支流之后，他们发现了几个领土面积很大的王国，但是一连几个世纪从非洲东西海岸两个方向进行的奴隶劫掠让这些国家元气大伤。刚果河流域的大多数民族人口很少。后来一轮的考察很快发现，这里生活的 200 多个民族讲着 400 多种语言或方言。潜在的反抗力量如此零碎，征服相对来说很容易。

1878 年的那一天，利奥波德坐在那里，等待着与斯坦利的期盼已久的会见，那时利奥波德已经 43 岁。他早已不是年轻时那个拘谨局促的年轻人，他早已学会了怎样圆滑得体地扮演国王的角色。虽然 37 岁的斯坦利比这位国王低一头，对自己蹩脚

的法语没有信心，但是他也已经声名鹊起。虽然不争气的他从海军当逃兵也仅仅是13年前的事情，不过现在他已是一位畅销书作家，人们眼中最伟大的在世的探险家。他严肃的、留着卷须的面孔出现在各地的杂志上。他戴着一顶他发明的“斯坦利帽”。这个帽子很高，顶部周围有一排通风孔，眼部上方有帽檐，帽子后面有一块布垂下来，可以为耳朵和脖子遮阳。在我们看来，这帽子就像是法国的外籍军团（French Foreign Legion）所戴的帽子与旅店或剧院看门人所戴帽子的结合——这在某种程度上集中诠释了斯坦利的个性：一方面他是一个具有超强体
63 力和磐石般信心的优秀人物，另一方面他是一个出身劳动阶层的内心敏感的私生子，迫切地想要获得权力阶层的赏识。

第一次会面过程中，利奥波德一口流利的英语让斯坦利马上放松下来。那年6月，在王宫里第一次见到对方的两个人各自代表了一个后来很常见的阶层。带领地面部队夺取非洲大片土地的指挥官——带领士兵进入未开发的荒野，命令部下动用来复枪和机枪，手持测绘设备，勇敢面对疟疾、痢疾和伤寒的白人——往往像斯坦利那样，出身底层或中低层家庭。对于他们来说，非洲是一个帮助他们向财富和社会上层移动的机会。但是，那些从“瓜分非洲”中获得最多财富的人，比如利奥波德，往往是那些出身富裕的人。

虽然利奥波德在游艇上和王宫里过着极为奢侈的生活，但是在这两个人中间，他相对来说城府更深。他早已摸清了斯坦利的想法、吃苦耐劳的巨大能力、对没完没了的赞誉之词的渴望，知道他急需赞助人。当时斯坦利仍在因为英国对刚果没有兴趣而难过不已，遇到一个仰慕他的成就，想让他继续从事老本行的君主，他自然喜出望外。

那次会面之后，在 1878 年剩下的时间里，斯坦利在欧洲各地宣传推广《穿越黑暗大陆》一书。他与巴黎新建立的“斯坦利书友会”成员见面，接受各地授予的荣誉。利奥波德不时向他传递消息，派使者与他联系，为的是始终牢牢地控制他。在当年年底之前，两个人达成协议，斯坦利再次前往刚果，这一次他为这位国王效力。协议有效期为 5 年。如果人在欧洲，斯坦利每年的报酬为 25000 法郎。如果人在非洲，他每年的报酬为 5 万法郎（大约为今天的 25 万美元）。[1]当然，利奥波德还负责出资组建考察过程中负责保护他的远征队。

他们商定，斯坦利首先在刚果河河口附近建立一个基地，然后修建一条绕过大激流，穿越崎岖不平的水晶山的大路——后来一条重要铁路的前身。脚夫可以利用这条路来搬运好几艘拆解的蒸汽船，随后斯坦利将这些船重新组装起来，向刚果河的上游航行，在长度超过 1000 英里的刚果河主要适航河段上建立一系列贸易站。事后，他可以写一本有关这段经历的书——但是根据协议，利奥波德有权修改这本书。

在利奥波德希望在刚果找到的所有值钱的东西里，他最向
往的东西是象牙。欧洲和美洲商人已经开始在桑给巴尔市场上 64
疯狂地收购非洲象牙。因为容易雕刻成型，象牙成为当今的塑料在 19 世纪的稀缺和昂贵的版本，同时还因为它是“外国货”而更受追捧——而这种追捧随着人们对非洲探险家日益崇拜而与日俱增。象牙可以做成刀柄、台球、梳子、扇子、餐巾环、钢琴和风琴的琴键、棋子、十字架、鼻烟盒、胸针、小雕像。与象牙最初的用途略有关联的是，将其加工成假牙。虽然象牙要从非洲内陆的大象猎场长途贩运，但是这个链条上的所有经销商都有利可图，因为像毒品和贵金属一样，它价值高，占用

空间小。一头普通的非洲象象牙重达数百磅，可以制作数百个琴键或几千个假牙。相较于印度象牙，象牙贩子更青睐非洲象牙，非洲赤道地区（包括刚果流域）的象牙是最大的。斯坦利发现非洲的象牙非常之多，有的人家竟用象牙做门柱。

眼下，对于利奥波德来说，这些财富至少是数年之后的事情，因为斯坦利首先要把路修好。他提交给那位国王的预算事无巨细地列出了所有需要的东西：小船、建造木制房屋需要的所有材料、绳子、工具、非洲脚夫、欧洲监工（European supervisors）。这些欧洲监工中有两个英国小伙子——这符合斯坦利选用没有经验的下属的一贯传统——从来没有跨出过英国国门。雇用生手，他可以日后抱怨他们的笨拙："每次探险，我都没有一个朋友，没有一个人能真正称得上是我的同伴，除了利文斯通……一个久经沙场的人怎样能指望一个见过最可怕的事情就是流鼻血的人理解他呢？"[2]

精明的斯坦利要求利奥波德预支款项，因为虽然双方签订了大量协议，但他一直搞不清他的雇主到底是谁：是那位国王自己，还是那位国王建立的当前正在走下坡路的国际非洲协会，还是刚建立不久的那个叫作"上刚果研究委员会"（Committee for Studies of the Upper Congo）的神神秘秘的组织。表面上，这个委员会的股东是几个荷兰商人和英国商人、一个比利时银行家，但是，那个比利时银行家实际上是利奥波德的代理人，掌握着相当大比例的股份。国王忠实的追随者马克西米利安·施特劳赫（Maximilien Strauch）上校是委员会的会长。

65 虽然他和斯坦利的计划雄心勃勃，但是利奥波德下定决心，一定不能让人们看出这些计划除了做慈善之外有其他任何目的。斯坦利与欧洲下属签订的协议不许他们泄露有关他们工作真实目的的任何信息。[3]利奥波德向一个记者打包票：“我们的目的就是科学考察。”[4]如果有人继续追问，他会指给对方看委员会章程的一个条款，上面明确禁止委员会从事任何政治活动。另外，当时比利时国内有一种很普遍的看法：对于一个小国家来说，开辟海外殖民地是一件劳民伤财的事情。利奥波德想避开这种思潮的干扰。同时，他还要尽量避免竞争对手注意到非洲这块诱人的蛋糕，尤其是当时已经开始显现出兴趣的法国。

1879 年 2 月，斯坦利化名“M. 亨利”（M. Henri）悄悄登上一艘蒸汽船，再次远赴非洲。在他身后的欧洲，一件事情正在发生。一家荷兰公司破产了。据说，这家公司的老板逃到了纽约，打算在那里做出租马车的车夫。这家公司是上刚果研究委员会的核心股东。利奥波德并不在意这家公司的破产和那位股东的去向。他利用这家荷兰公司的破产所引起的震动，向该委员会的其他股东提出收购其全部股份的要求。几位股东感恩戴德地答应了。这个委员会在那年年底之前就在法律意义上解散了。但是，这个委员会仍旧发挥着烟幕弹的作用。利奥波德依然经常提起这个委员会，好像它还在正常运作，好像这个委员会的那些股东——而不是他一个人——仍在为斯坦利提供资金、拿主意。斯坦利本人也直到该委员会解散一年多之后才知道它早已不存在了。

为了进一步混淆视听，给非洲的各项活动找一个可以服务于政治实体的名字，这位一流的导演成立了一个新的幌子组织——国际刚果协会（International Association of the Congo）。成立这个组织是为了让人们混淆其与主要成员为王储和探险家，当时已奄奄一息的“慈善性质的”国际非洲协会之间的关系。“一定要小心，不要让人们一眼看出这个国际刚果协会和国际非洲协会是两个不同的组织，”利奥波德嘱咐一个助手，“公众弄不清楚这一点。”[5]为了进一步把公众搞糊涂，新成立的国际刚果协会，和已经解散的上刚果研究委员会一样，都使用了国际非洲协会的旗子。上刚果研究协会曾经在该协会的第一次和最后一次会议上大张旗鼓地使用过国际非洲协会的旗子。那面旗子在蓝色背景下有一颗金色的星星，象征众所知周的黑暗非洲中闪耀的希望之光。

甚至在与斯坦利达成协议之前，利奥波德就已经开始从桌
66 子的另一边向他事先看好的那块非洲蛋糕伸出了手——资助了一个从非洲东海岸出发考察刚果河流域的活动。另外还有三次这样的考察，但都是虎头蛇尾。其中的一次考察动用了四头印度大象来驮行李和辎重。他们给每头大象都起了一个独特的外国名字，分别是桑德格鲁德（Sundergrund）、纳得卜克思（Naderbux）、索散嘉里（Sosankalli）、布玛拉（Pulmalla）。后来他们发现，需要50个壮劳力手持斧子和砍刀走在前面，将树木和树枝砍倒之后，驮着行李和辎重的大象才能通过①。[6]这些大象因为各种各样的疾病轰然倒地死亡之前的经历一度成为新闻记者大书特书的素材。了解那些大象所有痛苦经历的那些欧洲读者根本不知道，真正的故事正在非洲海岸的另一侧展开。在那里，斯坦利正在秘密地修着绕过刚果河激流的道路。

人们几乎察觉不到的是，“刚果”开始成为一个不仅指一条河，还指一片广袤地域的名字。当公众最终开始关注这片正

① 甚至，将大象赶上岸的过程也几乎是一场灾难。运送印度大象的船用吊绳将大象吊过船舷之后，大象没有顺从地游向海岸，而是拼命爬回甲板。当从大船上放下的小船要将水中的大象拉往岸边时，大象开始将小船拖向大海。

在形成的殖民地时，这位国王的魔术表演水平上了一个新台阶。他和手下的“舞台布景师”完全根据台下的观众决定拉起哪出戏的幕布。亨利·谢尔顿·桑福德是利奥波德成立的这一协会董事会成员中国际非洲协会的化身。他让这一协会听起来就像是旅行者援助协会（Travelers Aid）。1879 年，桑福德前往纽约打理亏损的投资时在纽约发表演讲，说利奥波德的目标是“建立一系列贸易站，既可以为游客提供住宿，也可以用于科学考察，既可以用来交流信息，也可以为过路人提供帮助……最终，借助教化作用，切断奴隶买卖通道”。[7]利奥波德以“一名比利时记者”的名义在《泰晤士报》上发表了一篇文章。在文章中，他坚称，新建立的国际刚果协会类似于“红十字会”。该协会的崇高目标是“为进步事业做出持久、无私的贡献”。[8]面向尚武的德国人，利奥波德适时地更换了“布景”，将他派往刚果河的人比作十字军远征队伍中的骑士。几乎所有人都被蒙蔽了。以资助传教士闻名的英国女男爵伯德特 - 库茨为他的人道行为捐助了 5 万法郎。一位美国作家说，利奥波德的出色方案“足 67
以让美国人永远相信拥有国王的好处”。[9]

同时，利奥波德派人告诉斯坦利，他要求后者为在刚果组建一个“自由黑人共和国联邦”做一些基础工作。[10]管理黑人部落的总统平时将居住在欧洲，在比利时国王的指导下行使总统权力。这一障眼法类似于联邦制，可能会赢得美国人的好感。另外，对于欧洲人，这位国王大谈城市自治。“不来梅、吕贝克、汉堡很久以来就是自治城市，”利奥波德的一个助手写道，“为什么刚果的一些城市不能自治呢？”[11]但是，这些幕后策划者知道，在两种情况下，自治只是一个幕布一合上就会被拆掉的道具。利奥波德的一个下属在信中直言不讳地告诉斯坦利：“不可能给黑人一点点政治权力，否则太荒唐了。白人，也就是基站的负责人，将掌握所有权力。”[12]斯坦利先是不同意，后来还是默许了。

* * *

斯坦利在刚果为利奥波德效力了 5 年。这位探险家先前用在打仗上的精力现在用在了征服刚果禁地上。他手下的工匠凿出了一条绕过激流的崎岖小径，而不是大路。有的地方可以利用现成的小路，有的地方则需要砍掉灌木丛和森林，填平沟壑，在山谷中架木桥，然后将 50 多吨的给养和设备沿着小路拉上去。拉车用的马、牛等牲畜无法在刚果的气候和疾病环境中生存，因此给养主要靠脚夫顶在头上进行搬运。

经过两年时间的修路和搬运工作，人们在激流上游组装好了两艘小型蒸汽船。两艘蒸汽船在轰鸣声中逆流而上，将人们运往沿岸，去建立更多基站。这些基地的命名明确地反映出殖民地的主人是谁。在大激流的上游，在能够听到震耳欲聋的水流声的地方，有一个基地修建了拥有坚固防御工事的堡垒和一个菜园。这个基地的名字叫“利奥波德维尔”。不远处是高耸的利奥波德山。不久，地图上又标出了“利奥波德二世湖”、“利奥波德河”。后来抵达的一条蒸汽船——刚果河上最有名的船长曾经短暂地驾驶过它——被命名为“比利时国王号”（Roi des Belges）。

斯坦利监督人们干活时非常严厉。“最好的惩罚是用镣铐，”他在寄往布鲁塞尔的一封信中说，“因为如果不让他们受点伤，破点相，受点折磨，他们就会带来耻辱和不舒服。”[13]
68 （当然，白人是不用戴镣铐的，只有黑人戴。）疾病和其他危险比斯坦利的暴怒更加致命。仅在第一年里，他手下就有 6 个欧洲人和 22 个非洲人死了，其中 1 个人被鳄鱼吃掉了。

第一次，我们终于能够看到别人眼中在非洲的斯坦利是什么样的。一个名叫保罗·内弗（Paul Nève）的蒸汽船工程师病了，他在寄回国的信中写道：

> 斯坦利先生在我患病的这些天精心“照料”了我……就像一位铁匠精心修复一件至关重要的、因为粗暴使用而损坏的工具一样的“照料”……他愤怒地咬着牙，在砧板上一次又一次地敲打，盘算着是不得不将它扔掉，还是可以像以前那样继续让它派上用场。[14]

几个星期后，内弗死了。

斯坦利本人可能并不介意自己被比作铁匠。“我遇到的每个表情热忱的原住民……”他写道，“我都很看重他们……就像农民看重自己身体强健的孩子；将来我可以招募他们当士兵和劳工。”[15]就在这段时间里，他对手下人的催逼非常严厉，给他干活的当地人称他为“Bula Matadi”或“Bula Matari”（Break Stones，打碎石头），而斯坦利自己更倾向于“Breaker of Rocks”（意为碎石者）这一更为自负的翻译。[16]他说，这是那些敬畏他的非洲人对他的尊称，因为他教会他们怎样用大锤，并且，他们看到了在修建穿过水晶山的小路时他怎样将巨大的山石炸碎。

在斯坦利有关手下劳工的描述里，他对非洲人嗤之以鼻，说他们天生懒惰；他也看不起白人，说他们“意志薄弱”。他倡导“努力上进的信条”，宣称“家在欧洲而心在非洲的中间人是他最需要的人……这些人是对做生意感兴趣的传教士，他们来刚果河流域最适合不过了。这里有太多的闲人”。[17]当他将赚钱本能和维多利亚时代的谈性色变关联起来时，他的语言就会变得无比兴奋。让“无衣遮体、遍体文身”的非洲人不再“赤身裸体且毫不羞耻”，让他们穿上欧洲样式的衣服，是他梦寐以求的事情：[18]

69 我看到了非洲的光明未来，如果靠着奇迹般的好运气，能说服非洲内陆数百万黑人扔掉身上草做的衣服，穿上……二手的真正的衣服……这里的旧衣服市场该有多大啊！欧洲战斗英雄、俱乐部待从、现代法老仆人的制服，以及律师、商人或一个叫罗斯柴尔德的人穿的大衣，还有和我合作的那些出版商穿的严肃装扮，刚果的酋长们可能喜欢穿。[19]

在斯坦利不停地徒步往返于崎岖、潮湿的乡间，检查监督工程进度的过程中，他一直很注意自己的仪表，每天修剪胡子，并且将胡须染黑。在这一次非洲羁留的时间里，以及所有在非洲的时间里，他结实矮壮的身体让他从将很多欧洲人送入坟墓的各种疾病中幸存。好几次，高烧让他神志不清，有两次差一点送了命。他写道，有一次患疟疾，体重减到了 100 磅，身体虚弱得没有力气说话，抬不起胳膊。他在帐篷里躺了两个星期，以为自己不行了，于是将戴着他发明的那种遮阳帽的欧洲军官和非洲劳工叫到病床前，向他们做最后的嘱托，并且——（据他后来说）最后一次表达忠心：“告诉国王……很遗憾，我没有最终完成他委托的任务。”[20]

后来，他的病好了。几个月之后，他再次病倒。他被送到刚果河的下游，在利奥波德维尔被抬上岸的时候一直昏迷不醒。1882 年，他勉强能走路之后启程回欧洲养病。他乘坐了一辆速度很慢的葡萄牙蒸汽船。他严词斥责船上的工作人员，竟然让“没有教养”的二等舱乘客跑到一等舱的甲板上，他们在那里“吐痰、抽烟，在那里用最社会主义的方式伸展着四肢”。更为糟糕的是，三等舱的“女人，还有十来个半裸的白人孩子”也上了甲板。[21]

轮船到达欧洲之后，他终于从这种怠慢中解脱了出来。医生警告斯坦利，要是再去刚果，他可能就会没命，但利奥波德坚持要他去，说是还有很多事情需要做。国王不仅想将这块殖民地弄到手，还想将这位探险家远远地打发到一个闭塞的地方去，因为斯坦利经常在公共场合口无遮拦，念念不忘希望英国控制刚果。利奥波德充分施展了王室的魅力。“斯坦利先生，”
他说，“现在是我最需要你的时候，你绝对不会弃我不顾吧？”[22] 70
当时，疾病的复发让斯坦利很痛苦。在治病的同时，斯坦利订购了大量新设备和补给品。仅仅间隔两个月之后，斯坦利再次回到刚果。

眼看这块肥肉就要到手了，利奥波德想要获得尽可能多的刚果土地，而且他现在就想弄到手。这些年来，他给斯坦利的指示和信函始终离不开他对土地的渴望。

> 利用一个安全的机会，用我蹩脚的英语和你说几句……你一定要尽量多买土地……能买多少就买多少。你要尽快让从刚果河河口到斯坦利瀑布之间的所有酋长一个接一个地接受……宗主统治，一分钟也不能耽搁……如果

> 我获知你要立即执行这些命令，我就会派人给你送去更多人手和物资。也许还有中国苦力。[23]

虽然利奥波德竭力打消英国驻布鲁塞尔公使的疑虑，说他在非洲的项目“没有任何商业性质，没有从事贸易活动”，[24]但是利奥波德事先已经通过信函告诉斯坦利：“我非常希望你将刚果的所有象牙都买下来。告诉施特劳赫上校，换取这些象牙需要些什么货物，以及需要什么时候运到。我还建议在你修建的道路的某些地段设置障碍，收取过路费。这是很合理的事情，符合所有国家的惯例。”[25]

利奥波德和斯坦利知道，一些其他国家的欧洲人在刚果河流域出没。他们最担忧的是法国探险家兼海军军官皮埃尔·萨沃尔尼安·德·布拉扎（Pierre Savorgnan de Brazza）伯爵。德·布拉扎从刚果河北部的海滩上岸之后，向非洲内陆进发。一天，当斯坦利在忙着修建绕过激流的道路时，他惊讶地发现那位谦和而威严的法国人头戴白色遮阳帽，身穿蓝色海军服出现在他的帐篷前。在斯坦利池塘，一件让他更为震惊的事情在等着他。在那里，他发现德·布拉扎与一位酋长签订了一份协议，对方将沿北部海岸线的一片土地割让给了法国。德·布拉扎在那里设了一个哨所，派一位中士负责指挥。他们在那里插上了法国国旗。

斯坦利是一个容不下任何竞争对手的人。在接下来的几年里，他和德·布拉扎之间的公开争吵不断。斯坦利指责那位法国探险家的协议是靠耍手段签订的，而竞争对手则指责斯坦利到非洲是来打仗的，根本不是非洲人的朋友。巴黎媒体纷纷报
71 道对德·布拉扎的指责。当利奥波德与斯坦利秘密策划怎样以

计取胜时，这位国王却背着斯坦利，邀请德·布拉扎前往布鲁塞尔，并授予他利奥波德勋章，在说服他为自己效力时，被对方拒绝了。

斯坦利和德·布拉扎的你来我往引起了其他方面的兴趣。孱弱的葡萄牙重申了它一度放弃的先前对刚果河河口周围土地的所有权。英国担心法国插手刚果，因此转而支持葡萄牙。利奥波德感觉自己已经没有时间可以浪费了。

压力之下，斯坦利对手下的催逼更加紧迫。他对那些酗酒或者任由河边基站周围野草生长的白人大发脾气。“这些人现在给我添的麻烦比那些非洲部落加在一起惹的麻烦还要多。我宁愿给人擦一辈子鞋，也不愿意给一群根本……算不上男人的家伙当保姆。”[26]虽然在美国内战中效力于战争双方的简短经历不甚光彩，但是斯坦利内心深处仍是一个军人。他喜欢条理和纪律，是一个虽然让人害怕但效率很高的指挥者。到目前为止，他已经招募了一支强大的私人军队，配备了1000支速射来复枪、12门克虏伯大炮、4挺机枪。在他雇来的赞兹巴里士兵中流传着一句斯瓦希里语谚语：“Bunduki sultani ya bara bara（枪支是内陆的苏丹）。”

同时，利奥波德还雇了一位牛津大学的学者特拉弗斯·特威斯（Travers Twiss）爵士，就私人公司像主权国家那样与当地酋长缔约的权利问题征求专业的法律意见。斯坦利受命带着他全副武装的队伍沿刚果河上下游走就是在做缔约这件事。“条约越短越好，”利奥波德吩咐道，“用一两个条款将所有权利都拿到手。”[27]

斯坦利和他手下的军官们就是这样做的。据斯坦利说，任务完成之后，蓝色金星旗开始飘扬在450个刚果酋长的村寨和领地上空。虽然条约文字表述各不相同，但是很多条约授予了国王贸易垄断权。如果有欧洲人或美国人质疑他们的行为，斯坦利就会说，他是让非洲打开自由贸易的大门。更为重要的是，那些酋长在协议里将土地转让给利奥波德，几乎什么也得不到。据斯坦利的记载，在靠近大瀑布的以桑吉拉（Isangila）地区，他用“很多漂亮的衣服、男仆制服、装饰有金色穗带的制服，以及各种销路不错的货物……还有两瓶杜松子酒，就买到了建
72 一个基站所需要的土地”。[28]非洲的征服者和北美西部的征服者一样，发现酒精和机枪一样好使。

“条约”或“协议”是一个委婉的说法。很多酋长根本不知道自己签的是什么。他们之中以前见过纸上文字的人很少，他们只是按照对方的要求在一份份写满深奥法律术语的外语文件上画上一个“×”。当时，两个部落之间签订友好条约的做法很常见，但是他们想不到一纸条约就会将土地割让给大洋另一边的某个人。那些酋长，如 Ngombi 和 Mafela 的酋长知道他们在 1884 年 4 月 1 日答应了什么吗？“除了手中作为礼物奉上的一块布料外，每月送给每个签约的酋长一块布料”的代价是，保证“完全出于自愿……无论是自己，还是继承人、接任者都保证永远……将所有土地的主权，以及所有最高权力、管理权让渡给上述协会……并在上述协会需要时，随时在这些领土的任何地方向上述协会提供体力劳动或非体力劳动，工程、修葺和探险工作……该地区的所有陆路和水路，在这些路上的收费权利，以及所有狩猎、捕捞、采矿、森林使用权完全归属上述协会所有”。[29]

体力劳动和非体力劳动。斯坦利的一块块布不仅换来了土地，还换来了人力。这一交易比当初印第安人割让曼哈顿的交易更不公平。

* * *

究竟这片土地上存在的社会是什么样的，才能在其大多数居民浑然不知的时候，让斯坦利已经开始忙碌于给比利时国王圈地？这片土地上存在哪些社会群体呢？这个问题无法简单地作答，因为刚果河流域辽阔，如果我们将刚果河流域的地图放在欧洲地图上做一个比较的话，刚果河流域相当于从苏黎世到莫斯科，再到土耳其中部，其面积和密西西比河东部的美国领土相仿。虽然大多数地区属于热带雨林和热带稀树草原，但也有不少覆盖着积雪和冰川的火山和山脉，有的山脉顶峰高度超过阿尔卑斯山。

生活在这片辽阔土地上的群体与这片土地上的地形地貌一样丰富多彩。其中有体制成熟、政府机构完备的庞大王国的公民，也有伊图里（Ituri）雨林中的俾格米人（Pygmies）。后者以人数很少的群体为单位生活在一起，没有首领，也没有正式的管理结构。那些庞大的王国，首都在大城市，国土大都是热带稀树大草原，人们长途出行很方便。而在热带雨林，人行进其中，必须不停地挥刀从生长迅速的浓密丛林中砍出一条路来。
这里的村寨一般都非常小。森林居民有时处于半流动状态：如 73
果一群俾格米人杀死了一头大象，那么，在一两个星期里，大象倒下的这个地方就成为一个临时的吃喝场所，因为将整个村子搬到这里要比将死象搬到村子里容易。

虽然一些刚果民族的人性格极好（如俾格米人），但是将他们中的大多数人看作性本善的典范，你就错了。很多民族还实行奴隶制，有的民族在进行某些仪式时还有吃人的习惯。和世界上其他地方的人一样，他们也可能向其他家族或民族发动战争。在这个地方的传统战事中，士兵有时候用砍下的头颅或手的数量证明自己杀死了多少敌人。在这里，战争的残酷性和其他地方相比毫不逊色。[30]在刚果河流域非常靠北的地区——这种做法在某些地方仍有残留——一些女性在传统成人仪式上要被强迫切除阴蒂，这种具有当地文化特点的成人礼非常残忍。

和很多其他地方的原住民一样，刚果流域的居民已经学会了平衡生活与环境的关系。一些族群也在进行类似的生育控制，例如，夫妇在男人长期外出打猎期间，或者在女性哺乳时期，就放弃性生活。他们发现草木或树皮中的一些物质可以用来引产或具有避孕作用。所有这些人口控制措施，与远隔重洋的另一片广袤的热带雨林亚马孙盆地的人们使用的避孕措施有惊人的相似之处。

关于刚果人传统社会，最突出的地方是他们那些不同寻常的艺术品：篮子、垫子、陶器、铜器、铁器，尤其是木雕。欧洲人在踏上非洲大陆20年之后才真正注意到这些艺术品。这一发现后来对布拉克（Braque）、马蒂斯（Matisse）、毕加索影响极大——毕加索后来将非洲艺术品放在画室里，直到去世。立体主义对于欧洲人是一个陌生的东西，因为它是在某种程度上受到非洲某些艺术品启发后产生的。启发他们的那些作品中，一些来自彭德族（Pende）和松耶族（Songye）的人之手。这两个民族生活在刚果河重要支流开赛河（Kasai River）流域。

我们很容易看出，让毕加索及其同行在1907年的巴黎展会上第一次看到时就对它着迷不已的这种艺术的独特、精妙之处。在这些中部非洲的雕塑中，人身体的一些部位被放大，一些部位被缩小：眼部突出，双颊深陷，口部消失，四肢细长，眼眶几乎扩展到整个脸部。在这之前，欧洲传统的现实主义者没有注意到人的五官和四肢还可以用这种新颖的方法和比例来诠释。

这种艺术起源于多个方面，一个重要方面是相较于伊斯兰 74
教和基督教，他们对今生与来世、人类与动物之间的界限有更为模糊的认识。例如，刚果河流域的波利阿人（Bolia）是怎样遴选国王的：先由长老委员会选；接着由先人选，看先人会托梦给谁；最后一步，由野兽来选，即将入围的候选人放在雨林里的某个地方，如果夜间听到野兽吼叫，就表示野兽认可这个人做君主。[31]也许就是这种今生与来世、人与兽界限的不稳定，为中部非洲的艺术家提供了一种欧洲同行尚未发现的自由。

* * *

1884 年 6 月，斯坦利完成了利奥波德委托的事情，他将一捆签好的协定藏在行李中，乘船回到欧洲。他对雇主的贪婪略有微词。他抱怨说：“这位国王的喉咙咽不下一条鲱鱼，却贪婪得要吞下 100 万平方英里。”[32]但是，让国王的这一野心得以实现的正是斯坦利自己。

当斯坦利在英格兰安顿下来，准备照例写 1000 来页的考察经历时，他发现这时候的欧洲已经觉醒，它意识到了非洲的重要性。对非洲的瓜分开始了。德·布拉扎与当地酋长在斯坦利池塘签订的条约很快为法国在刚果河西北岸获得了一块殖民地。德国首相奥托·冯·俾斯麦（Otto von Bismarck）也想在非洲建立殖民地。英国人，作为在这一大洲立足最稳的局外人，开始对竞争对手产生了担忧。

利奥波德确信无疑的是，以上这些更大的势力没有一个会主动承认斯坦利一个人圈出的殖民地，但是，外交上的承认在很大程度上取决于先例。只要有一个大国承认了另一国家的存在，其他国家就会效仿。利奥波德决定，如果没有一个欧洲大国愿意迈出这至关重要的一步，他就去其他地方重新物色殖民地。在他所在的大洲没有察觉的情况下，这位国王不动声色地施展手段，用一种令人眼花缭乱的方式快速在欧洲发起了迂回进攻。

5　从佛罗里达到柏林

那一年，一场大雪在晚春不期而至。大雪在白宫的草坪上 75
覆盖了厚厚的一层。美国总统切斯特·A. 阿瑟（Chester A. Arthur）戴着一顶丝质的高礼帽，登上一辆宾夕法尼亚铁路公司借给他的私人火车车厢，准备去南方度假。他告诉工作人员，高血压和其他疾病让他感到疲惫不堪，他想去佛罗里达好好休息一下。1883 年 4 月 5 日那天，离开华盛顿时，和总统一起上车的有海军部的秘书，以及阿瑟的男仆、私人秘书和法国厨师。火车上的一位记者说那位厨师“是一位肚子发福的先生……一看就知道他有一个餐餐不落的好胃口”。[1]火车向南方驶去的时候，总统的一位朋友也在车上，总统已故妻子的几位表亲也加入进来。驶过弗吉尼亚的彼得斯堡之后，这节私人车厢驶上一段新铺的铁轨时，一位白胡子乘务员惹得人们哄堂大笑——他走进这节车厢，数了数乘客人数，然后非要收取 47.50 美元的车票钱。很快，下一站他就收到了一封电报，要求这位列车员不要向总统一行收费。[2]

在佛罗里达的杰克逊维尔市（Jacksonville），总统及其随行人员受到 21 鸣礼炮的热烈欢迎。接着，一行人登上一艘用桨轮划水的蒸汽船，在蜿蜒的圣约翰斯河逆流而上。岸上柏树成行，水中苍鹭和仙鹤成群。沿途有更多的朋友和亲戚加入爱交际的总统一行，两岸不时升起漂亮的焰火。第二天，蒸汽船停泊在距离当今迪士尼乐园大约 35 英里处的一个地方。在那里，大伙

76 爬上几辆马车，参观这家贝莱尔柑橘种植园（Belair orange plantation）的豪华别墅。人们品尝了柑橘园各种上好柑橘。那位海军部秘书还爬到树上，摘下了几个他一眼看到的橘子。晚上，总统一行还观看了由当地6个黑人小伙子组成的乐队表演的、由班卓琴伴奏的歌舞节目。

平易近人的切斯特·A. 阿瑟是美国历史上一位令人印象深刻的总统。就任总统之前，他担任的级别最高的职位——仅仅是几年之前的事情——是纽约港的一位关税征收员。后来，他因为贪污、管理不善这两项指控而被迫辞职。不久后，阿瑟与纽约州共和党强大的竞选机器的密切关系为他赢得了副总统候选人的提名。总统詹姆斯·A. 加菲尔德（James A. Garfield）死在暗杀者的枪下之后，阿瑟被任命为总统，进入白宫，这事几乎让举国上下所有人都感到沮丧不已。阿瑟擅长讲故事，经常光顾时尚场所，喜欢威士忌、雪茄和高档衣服。他仪表整洁，一脸络腮胡子。人们因为他的一句话而对他记忆深刻："虽然我是美国总统，但是我的私人生活无须任何人操心。"但是，其佛罗里达之行正好和某个人操心的事情相契合。贝莱尔柑橘种植园的所有者是亨利·谢尔顿·桑福德将军，也就是帮助利奥波德雇用斯坦利的那个人。

桑福德没有舟车劳顿离开比利时的家，前往佛罗里达迎候这位总统的光临。他自恃富有，身在异地，便命人代为招待。他命令自己的代表迎接总统及其一行人，并安排总统一行入住桑福德酒店（Sanford House hotel）中最好的房间。该酒店位于桑福德市棕榈树环绕的湖边。在总统及其客人捕捞鲈鱼、鲑鱼，猎杀鳄鱼，或乘蒸汽船探索周边区域的间隙，他们在桑福德酒店里度过了大半个星期的时光。至于旅店费用是谁支付的，没有任何记录，但是很可能和来到南方的火车费用一样，不是由总统掏腰包的。

具有讽刺意味的是，令这些华盛顿客人羡慕的、桑福德的那个巨大的柑橘种植园，和桑福德的其他投资一样，都打了水漂。从瑞典雇来的合同制工人发现工作条件太艰苦，藏身在一艘蒸汽船上离开了。桑福德投资的一个屠宰场，屠宰能力超过了当地市场消化能力的 50 倍，最终也宣告破产。他投资建设的一个边上有仓库的 540 英尺长的码头在一场洪水中被冲毁。桑福德的一个酒店经理卷款跑路。因为柑橘种植园的工头没有及 76
时在种植园周围弄起篱笆，柑橘树被到处游荡的牛群啃食了不少。但是，如果说桑福德作为生意人做什么都是竹篮打水一场空的话，但作为利奥波德的助手，他倒是做得风生水起。

桑福德是阿瑟总统的共和党的长期支持者。之前的两年来，他一直与阿瑟，以及其他美国高官保持着书信联系，就利奥波德的非洲计划进行游说。现在，总统的佛罗里达之行之后，桑福德相信阿瑟会关注这件事，于是继续给他去信。几个月之后，利奥波德派桑福德穿越大西洋，将后者与白宫之间便利的关系派上用场。这位曾经的美国驻比利时公使现在是比利时国王派往华盛顿的私人特使。

这次前往华盛顿，桑福德随身带着给布鲁塞尔发电报用的一套密码：“Constance”（康斯坦茨湖）的意思是“谈判进行得很顺利，成功在望”；“Achille”（阿喀琉斯）是指斯坦利；“Eugénie”（尤金妮娅）指的是法国；“Alice”（艾丽丝）指的是美国；“Joseph”（约瑟夫）是指“王权”；“Émile”（艾米丽）是指主要目标，即总统；[4]“Bonheur”（快乐）的意思是“今天已签协议”。利奥波德想要美国签署一份在外交上完全承认他对刚果所有权的协议。

桑福德给总统带去了国王的一封信。这封信由桑福德亲自修改和翻译。“掌握最高权力的各位酋长让渡出的所有领地，在其之上我们将帮助当地人建立独立的国家（independent States）”，利奥波德在信中这样说。如果让斯坦利听到这话，他准会大吃一惊，然后结束他在刚果河流域的工作。在阿瑟看来，利奥波德只是要求“美国政府正式宣布……［将］该协会为了教化数百万人口而插在 17 个基站、很多领地、7 艘蒸汽船上，有金星的蓝色旗帜视为友好的旗帜”。[5]

1883 年 11 月 29 日，桑福德乘坐的那艘船到达纽约仅仅两天后，他就登上前往华盛顿的一趟夜班火车。阿瑟总统在华盛顿接待了桑福德。桑福德向总统和他在华盛顿遇到的所有人大谈利奥波德在非洲的教化成就，他说利奥波德的教化工作很像是美国在利比里亚的慷慨工作。从 1820 年开始，被解放的美国奴隶迁往不久后独立的利比里亚。这个例子选得非常巧妙，因
78 为在利比里亚重新安置那些被解放奴隶的不是美国政府，而是一个像利奥波德的国际刚果协会这样的私人团体。

和利奥波德强大演员阵容里的所有演员一样，桑福德也运用了很好的“道具”。他声称，利奥波德与那些刚果酋长签订的协定类似于因主张印第安人权利而闻名的清教牧师罗杰·威廉姆斯（Roger Williams）于 17 世纪第一个十年里在罗得岛上签订的那些协定。桑福德正好随身携带着威廉姆斯签订的那些条约的副本。另外，利奥波德在写给阿瑟总统的一封信中，承诺美国公民可以自由购买刚果土地，美国商品在刚果无须缴纳关税。为了让对方相信这些承诺，桑福德给总统看了一份利奥波德与一位刚果酋长签订的条约。但是，这份条约在布鲁塞尔

被动过手脚，删去了将贸易独占权出让给利奥波德的所有内容。这一改动不要说阿瑟不知道，就连桑福德都不知道。[6]桑福德一直大力主张自由贸易，希望刚果能对像他这样的美国商人开放。

在华盛顿，桑福德声称，利奥波德的教化作用将有助于抵制那些可恶的“阿拉伯”奴隶贩子的恶劣行径。在该协会慷慨保护下的这些“独立的国家”在某种意义上不就是“刚果合众国”吗？况且，桑福德在给国务卿弗雷德里克·弗里林海森（Frederick Frelinghuysen）的信中说，刚果河“是一个美国人发现的”。[7]（斯坦利当时仍旧极力宣称他在美国出生并长大。）桑福德到达华盛顿仅一周之后，总统将桑福德起草的有关利奥波德在刚果的高尚行为的文字稍做修改，就欣然将它用到了年度咨文中。

> 刚果河流域物产丰富、人口稠密。一个由比利时国王担任会长的、名为国际非洲协会的组织正在那里开辟通往外部世界的道路。当地酋长将大片土地让渡给该协会。人们在那里修建道路，将蒸汽船放入河中，新建各省各州的中心区……他们所悬挂的旗帜承诺贸易自由，禁止奴隶买卖。这个协会是慈善性质的协会，它不谋求永久的政治控制，寻求在该流域保持中立。[8]

利奥波德很高兴听到他想要宣传的东西这么顺利地从总统 79
口中说了出来。助手马克西米利安·施特劳赫上校给桑福德发电报说：ENCHANTED WITH ÉMILE（艾米丽很着迷）。[9]

桑福德接下来要做国会的工作。他在距离白宫几个街区的1925 G 大街租下一处大房子，然后发电报给妻子和家里的厨师，让他们从比利时去他那里。两人到来之后，他就开始大举宴请两院议员、内阁成员。这是桑福德的光荣时刻。他那对谁都谦恭有礼的性格让他活得很快乐，但又让他成了一个糟糕的商人，不过正是这个性格让他在游说方面如鱼得水。他有一个非常好的酒窖，并被人称为“美食家外交官”，他进行了一场“美食外交”。[10]一位客人事后写信给他说：“在你家里参加了多么美妙的一场宴会，并有幸见到一位如女王般雍容优雅的人。”[11]之后，国务卿弗雷德里克·弗里林海森成了他的常客；阿瑟总统、国会和内阁成员则经常收到一箱箱佛罗里达柑橘。

在为利奥波德对刚果的所有权寻求国会支持期间，桑福德意外发现了一个同盟。来自亚拉巴马州的前美国南部联邦军队准将约翰·泰勒·摩根（John Tyler Morgan）是参议院外交关系委员会主席。和那个时代的大多数南方白人政治家一样，他非常害怕数百万被解放的奴隶及其后代怀有可怕的平等梦想。这位参议员相貌凶恶，留着带卷的络腮胡子。他个子不高，但说起话来咄咄逼人，嗓门很高。他用极其担忧的口气历数“执行黑鬼法律”的种种危险后果，说黑人“偷偷混入……白人家庭”，就会“让无辜的女人生不如死”。[12]摩根多年因为黑人人口不断增加这个“问题”而苦恼。很多人赞同他的解决方案。他的方案很简单：把他们送回非洲！

摩根一直呼吁南方黑人“大批离开”。[13]虽然在漫长职业的不同时期，他还提出将他们送往夏威夷、古巴和菲律宾——也许是因为这些岛屿距离美国本土相当遥远，所以被他称为“黑鬼的老家”。[14]但是，非洲大陆一直是第一选择。在摩根看来，利奥波德的新国家（new state）来得正逢其时。那块土地不是正需要人力去开发吗？如果刚果人看到面前的美国人和他们肤色一样，不是

正好会积极和美国做生意吗？刚果河流域不是正好能成为南方剩
余棉花的市场吗？他后来在参议院发言说，非洲“就是为黑鬼准
备的，就像伊甸园是为亚当和夏娃准备的……在刚果河盆地，我
们发现了最出色的黑人，美国黑鬼……可以在这里发现适合其生 80
活的地方。①”[15]

桑福德完全同意摩根的观点。虽然他出生在康涅狄格州，曾经在南方投资，但是他很快就接受了当地白人商人将他们送回非洲这种想法。他曾经说过，刚果流域可以成为“美国有色人种在经营活动和比政治更加适合他们的领域里施展能力的出口”。[16]他决心直到生命最后时刻都坚持宣传这一时期“美国版现代以色列人的迦南之地”，[17]它可以成为“将南部各州上空乌云中聚集的雷电引下来的地方”。[18]桑福德和摩根一拍即合。随即，摩根也开始收到成箱的佛罗里达柑橘。

1884 年年初，摩根在参议院提出一个议案，以支持利奥波德的要求。在正式提出议案之前，他将一份粗略的草稿发给了桑福德。和其他游说者一样，遇到这种机会，桑福德也会得陇望蜀。针对摩根草稿中“刚果河流经”的地区，他增加了“及其支流和周边河流”几个字。[19]经过这一更改，人们就可以将其理解为整个中部非洲地区了。参议院就这一点进行了某些口气上的缓和之后，很快通过了摩根的议案。参议院还分发了 1000 份作者为摩根（其实该报告主要出自桑福德之手）的有关刚果地区的长篇报告。“可以说，”该报告宣称，“从来没有哪一个未开化民族像那些刚果部落那样乐意接受慈善项目的扶植和关怀。之前从来没有一个

① 摩根做这番演讲，为的是支持用联邦资金将南方黑人运往非洲。作为回应，在芝加哥召开的非裔美国人大会通过一条决议，敦促联邦政府为南方白人（尤其是参议院的摩根）的出境提供资金。（Corroll，第 337 页）

更为实质和实际的方案来……确保他们的幸福。”[20]

听说阿瑟总统的共和党内阁非常重视企业界的看法后，桑福德游说纽约商会通过了一个支持美国承认利奥波德那个协会的决议。关于这位国王的慈善事业的积极报道开始出现在美国各大报纸的版面上。当然，和今天一样，这是因为背后有人出钱。出钱的这个人是桑福德。桑福德的多层次公关可能是 19 世纪一个美国人代表一个外国元首游说华盛顿的最高水平案例。
81 1884 年 4 月 22 日，这一系列游说活动结出了硕果。国务卿宣布，美利坚合众国承认国王利奥波德二世对刚果河流域的所有权。就这样，美国在这件事上开了先例。

利奥波德知道这一巨大成功是桑福德的功劳，他还知道，对这位“将军”来说，王室的夸赞比金钱来得更重要。于是，他邀请回到比利时的桑福德夫人格特鲁德（Gertrude）吃早饭。“我激动得不知道说什么好，”她事后在给丈夫的信中说，“在国王所说的所有夸赞你的话中……亲爱的，没有比说我们夫妇仿佛国王和皇后更让你我更开心了。”[21]

在他灵活机敏地游说华盛顿期间，桑福德到处散发一些彻底混淆了国际刚果协会和国际非洲协会的文件。国际刚果协会完全被利奥波德控制在手里，而国际非洲协会这时候虽然已经解散，但在人们的模糊印象中，它是一个由知名探险家、王储、大公爵组成的慈善协会。人们都兴奋且糊涂着。国务卿弗里林海森在他的正式声明里，居然将这两个名字用在同一句话里：

> 美国政府宣布支持和认同国际刚果协会，如同它目前在做的一样，出于人道和慈善目的，管理那里的自由国家（Free States）的利益，并将命令美国的军人，不管是陆军

还是海军，将国际非洲协会的旗子视为友好政府的旗子。[22]

和大多数此类官方文件一样，这一文件很快就淹没在政府的文件柜里。于是，在没有人注意到的情况下，这份文件后来被莫名其妙地改得面目全非。当这一声明出现在斯坦利第二年出版的，后来被翻译成多种语言风靡全世界的畅销书《刚果及其自由邦的建立：一个工作和探险的故事》（*The Congo and the Founding of Its Free State*：*A Story of Work and Exploration*）中，其文字表述发生了改变。[23]关键的变化是，那份声明中提到了利奥波德全资控制下的国际刚果协会。做出这一更改的很可能是国王本人。他仔细逐章校对了斯坦利的手稿。在斯大林之前很久——斯大林也亲自改动过作家的手稿——利奥波德就知道了 82
篡改历史的好处。

* * *

“美国的承认让该协会重获新生”，斯坦利写道，他说的是事实。[24]就在桑福德准备凯旋比利时的时候，利奥波德在法国又签署了一个类似的协议。如同在华盛顿一样，这位国王在巴黎也有一个得力帮手。这是一个名叫阿瑟·史蒂文斯（Arthur Stevens）的艺术品商人。很有影响力的《世界报》（*Le Temps*）的一位记者在利奥波德每月提供的一笔可观报酬的推动下，发表了一系列支持他在刚果地区活动的文章。[25]在这期间，史蒂文斯直接找法国总理朱尔·费里（Jules Ferry）商谈。

比利时这一弹丸小国和利奥波德所要求的广阔土地没有让法国感受到威胁。法国担心的事情主要是，如果这位国王在修建绕过那些激流的铁路时资金短缺——法国认为这种情况肯定会出现——那么他就会将那里的土地全部卖给法国在开辟海外殖民地方面的主要对手，即英格兰。毕竟，斯坦利先前不是多次提出希望英国控制刚果吗？

利奥波德揣测，斯坦利冲动的亲英言论现在可能对他有所帮助。“我推测，”几个月之前，在斯坦利又一次在这方面大放厥词之后，国王私下里和施特劳赫上校说，“我们现在不应去纠正他。巴黎害怕刚果存在一个英国保护下的地区，这对我们没有坏处。”[26]为了缓解法国的焦虑，利奥波德提出了一个补救方案。如果法国尊重他对刚果要求的所有权，他将向法国提供刚果地区的优先受偿权（droit de préférence）——当今的律师称之为“优先购买权”。法国的顾虑被打消了，并立即接受了这一方案。他们确信利奥波德的铁路修建计划会耗尽他的资金，然后他不得不将那片土地卖给法国，因此觉得这个交易非常划算。

美国人被桑福德的敦厚友善深深打动，竟然懒得去弄清楚他们含蓄承认是利奥波德领地的那片土地的具体边界。正相反的是，法国却十分愿意在地图上将那片土地的边界画出来——他们将刚果河流域大部分地区都划归在内。

利奥波德在给阿瑟总统的信中用的词是 independent States（独立的国家），但是，在接下来几个月的正式声明中，上述措辞变成了 State（国家）。至于那个协会，1884 年一位比利时记
83 者在解释国王的想法时说，它“完全是一个临时的组织，它在自己的使命完成之后就解散了”。[27]通过这种手腕，接下来被越来越多国家承认的那个实体慢慢从一个慈善团体保护下的联邦（federation of states）变成了一个人统治之下的殖民地。

利奥波德发现，最难啃的骨头是德国首相俾斯麦。开始的

时候，这位国王的贪婪给他惹了麻烦。在写给俾斯麦的信中，除了刚果河流域，利奥波德含糊地提出还想要“埃及放弃的，奴隶交易仍旧猖獗”的地区。“将这些［省］合并成一个国家并由其管理是弄清楚根本原因并彻底解决这些问题的最好办法。”[28]精明的俾斯麦在这句话的边上写了一个词：“欺诈(Swindle)。”在谈到各地区的联邦那段话旁边，写上了“幻想”一词。看到利奥波德信中说新成立的国家（new state or states）准确边界将在晚些确定的说法，俾斯麦对身边的助手说：“这位国王陛下的狂妄和自私让人想到自以为魅力和相貌可以让他随心所欲的一个意大利人。”[29]

虽然如此，利奥波德最终还是摆平了这位铁血宰相，办法依然是找最合适的中间人。格尔松·布莱希罗德（Gerson Bleichröder）是俾斯麦身边的银行家，为阿尔卑斯山圣哥达隧道和很多其他项目提供资金。[30]在柏林，他拥有强大的幕后影响力。国王在多年之前就和他在比利时奥斯坦德市（Ostend）时髦的海滨度假地见过面。当时，国王就看出这个人将来可以派上用场。布莱希罗德曾经不动声色地给柏林的国际非洲协会德国分会转去4万法郎的王室捐款，表示对利奥波德的祝愿。他还经常向布鲁塞尔汇报柏林宫廷的最新动向，最终说服了他的朋友俾斯麦接受利奥波德对刚果要求的所有权。作为回报，布莱希罗德从利奥波德的顾问那里获得了一些融资业务，有机会以个人身份投资刚果河流域。听说布莱希罗德喜欢一位女钢琴师后，利奥波德派人邀请这位女钢琴师前往比利时宫廷做独奏表演，之后亲自授予她一枚奖章。

1884年夏季，在斯坦利回到欧洲不久，国王与俾斯麦的谈判进入了高潮。回国后的5天里，斯坦利一直在利奥波德那里做客，利奥波德当时正在奥斯坦德的皇家度假木屋里度假。这是一片点缀着角楼和高塔，向周围不规则延伸的海边别墅。国王专门派了一位厨师，每天早晨给斯坦利做传统的英国早餐；每天晚上两个人一直畅谈到深夜。正当斯坦利要告辞离开时，
84 他们收到了俾斯麦询问有关新成立的刚果国边界问题的来信。于是，斯坦利又花了几个小时，在国王书房墙壁上挂着的那幅巨型地图上将边界画了出来。俾斯麦相信，刚果落入国力弱小的比利时国王之手，对德国商人开放，比落入戒备心很重的法国、葡萄牙，或者力量强大的英国手中要好。为了回报对方的自由贸易承诺（和其他所有人一样，俾斯麦也不知道利奥波德签署的那些条约的原文），俾斯麦同意承认这一新国家。

* * *

欧洲国家对非洲土地的欲望开始变得显而易见。现在迫切需要解决有关非洲领土要求方面的矛盾，制订进一步分割非洲蛋糕的基本原则。俾斯麦提出在柏林召开一次外交会议，讨论出现的一些问题。对于利奥波德来说，这次会议是又一个进一步将刚果河流域牢牢掌握在手里的机会。

1884 年 11 月 15 日，欧洲列强代表聚集在一个巨大的马蹄形会议桌旁开会，从中他们可以俯视威廉大街上俾斯麦黄砖官邸外的花园。在房间的拱形屋顶和闪闪发光的枝形吊灯下就座的是一位位身着礼服的部长和全权大使。他们中间有伯爵、男爵、上校，还有一位土耳其帝国的元老。俾斯麦身着猩红色宫廷服，用法语（当时的外交语言）向人们打招呼。他在一幅巨型非洲地图前落座之后，各国代表开始进入会议正题。

斯坦利是点燃非洲土地争夺热潮的主要发起人，但即使是

他，也对会议氛围中的贪婪感到不安。他说，当时的情况让他想起“在考察途中，我的黑人队员常常提着寒光闪闪的刀奔向即将被杀死的猎物”。[31]柏林会议充分诠释了那个时代的特点——人们对新出现的民主思潮的热情明显有限，被屠杀的猎物没有投票权。即使是约翰·穆勒（John Stuart Mill），这位研究人类自由的伟大哲人，也在《论自由》（*On Liberty*）中写道：“专制是对野蛮人的合法的治理方式，只要是为了让他们进步。”[32]当时，柏林的会议桌前没有一个非洲人。

这个处于雏形阶段的国家被美国、德国，以及通过优先购买权协议被法国承认了，这就使利奥波德占据了有利的位置。
他建立的国际刚果协会不是一个政府——实际上，参会代表也 84
搞不清楚它是干什么的——因此没有正式代表参加柏林会议。但是，柏林会议的一举一动尽在利奥波德的掌控之中。首先，在德国首都帮助他密切注意各种动向的是他的朋友布莱希罗德，他负责让这些代表享用丰盛餐食。另外，这位国王在不少于三个国家的代表团中安插有耳目。

第一，布鲁塞尔代表团是他的忠实党羽。其中的一个人被任命为会议的秘书。第二，利奥波德对英国外交部的机密了如指掌，因为英国外交大臣的私人助理欠了这位国王的一位商人朋友一大笔钱，而国王的这位朋友是将斯坦利派遣到刚果的最初的共同投资人。[33]另外，英国代表团的法律顾问特拉弗斯·特威斯（Travers Twiss）爵士不久前还为利奥波德与刚果酋长签署的协定指点迷津。最后，你猜猜，出席这次会议的两个美国代表中的一个是谁？不是别人，正是亨利·谢尔顿·桑福德。他几乎每天都要给利奥波德发送信息量丰富的报告。有一个人虽然领着利奥波德的薪水，却被任命为美国代表团的技术顾问。

猜猜他是谁？亨利·莫顿·斯坦利。在会议间隙，利奥波德派桑福德去巴黎，派斯坦利去伦敦，去执行外交游说任务。

虽然斯坦利在柏林会议上主要扮演的是利奥波德刚果计划象征性人物的角色，但是，斯坦利被众人当作名人追捧，着实风光了一回。“那天晚上，我有幸与俾斯麦亲王及其家人一起吃饭，”他在日记中写道，“亲王是一个很不错的人，对儿女很和蔼，在家里直率得可爱……亲王问了我很多关于非洲的问题。他向我证明，他相当了解那个大洲的情况。”[34]要给德国在非洲建立一个庞大帝国的俾斯麦已经占有了一些非洲土地，他很想让这位有名的探险家将德国国民对这个大洲的兴趣调动起来。他在科隆、法兰克福和威斯巴登给斯坦利安排了一系列宴会和演讲。

在多雪的柏林，除了斯坦利外，其他与会者看到过的非洲仅仅是俾斯麦宴会菜单上的那几张风景画。因此，只要有谁不清楚为什么利奥波德想要那么大一块非洲土地，斯坦利就可以作为一个为这位国王在刚果效力了 5 年的权威人物进行解释。早先，据一位外交官说，斯坦利走到一幅非洲地图前，他“生
86 动地介绍了刚果流域的地形，后来又详细地描述了它（与周边地区）需要在同一政权管理下才能最大限度地确保沟通上的自由。他的发言立刻激起了每位代表的兴趣”。[35]

通过频繁往来于柏林和布鲁塞尔之间的电报，利奥波德时刻关注着会议上的每一步进展。与一些错误认识相反，柏林会议并没有瓜分非洲。非洲太大了，需要签订很多协定和条约才能把它瓜分妥当。但是，柏林会议（和利奥波德与法国单独签订的协定）解决了很多有关非洲领土要求方面的矛盾，在一个重要方面帮助了这位国王：比利时、法国、葡萄牙都得到了刚

果河河口的一块土地，但是利奥波德得到了他最想要的那块，即位于河流下游的马塔迪（Matadi）港口和周围的土地。他要从这里建设一条绕过那些激流，直达斯坦利池塘的铁路。

对利奥波德来说，更为重要的是他在这次会议前后与其他国家签订了诸多双边条约。这些条约承认了他未来的殖民地，明确了它的边界。比如，在和英国谈判时，他会暗示，如果他得不到他想要的所有土地，他就会彻底放弃非洲。这意味着，根据之前的优先购买权协定，他将要把刚果出售给法国。这种恫吓起了效果，英国让步了。

欧洲人仍旧习惯于主要依靠海岸线的长短来考虑非洲的价值，因此，在将广袤的内陆地区让给利奥波德这一点上，分歧出奇地少。他之所以能够将这么大的土地收入囊中，是因为其他国家认为，他们认可的是某种“国际殖民地”——这块殖民地虽然由比利时国王投资建设，但是向所有欧洲商人开放。另外，除了对自由航行、分歧仲裁、传播基督教等方面达成例行的一致之外，柏林会议达成的重大一致是中部非洲的一大块长条土地应成为自由贸易区，包括利奥波德在刚果河流域的土地在内。

柏林会议结束于 1885 年 2 月。各国代表在协议上签字之后，发表了最后一轮演讲。在这次会议上没有一个人获得的利益超过那个没有参加会议的人。这个人就是国王利奥波德二世。在签字仪式上提到他的名字时，所有人起立并鼓掌。在给会议致闭幕词上，俾斯麦首相对各国代表说：“新成立的刚果国将成为我们未来各项工作最重要的执行人。我衷心祝愿它能够迅速发展，实现其卓越缔造者的崇高愿望。”[36]两个月之后，就像是俾斯麦讲话的一个迟到的惊叹号，美国海军战舰“兰开斯特号”出现在刚果河 87
河口，鸣炮 21 响，向上面绘有金星的蓝色旗帜致敬。

* * *

大多数比利时人并不关注国王那一阵子忙碌的非洲外交活动。事后，他们惊讶地发现，他获得的那块殖民地比英格兰、法国、德国、西班牙、意大利五国领土加在一起还大。它相当于非洲大陆的1/13，是比利时领土的76倍还多。

为了明确他两个职位的不同之处，这位比利时国王起初想称自己为“刚果皇帝”（Emperor of Congol）；他偶尔琢磨是不是该照着伦敦塔（Tower of London）红衣卫兵的制服款式给那些忠诚的酋长配备制服。后来，他决定只做刚果河流域的“主权君主”（King-Sovereign）。在随后的几年里，他自称为——更准确地说，是因为他对这片土地的主要兴趣是尽可能地获取金钱——刚果的“经营者”（proprietor）。[37]他完全将比利时政府排斥于殖民地的管理权之外，当比利时政府的内阁部长们从报纸上获知刚果又颁布了一部法律或签署了一项国际协议时，他们和普通民众一样意外。

虽然柏林会议和各国政府有的承认的是国际非洲协会，有的承认的是国际刚果协会（被搞晕的美国国务院两者都承认），但是利奥波德打算再改一次名，让人们头脑中非洲有一个慈善“协会”的认识慢慢消失，但有金星的蓝色旗帜仍旧保持不变。1885年5月29日，王室颁布法令，国王将他个人刚开始控制的国家称为 État Indépendant du Congo，即刚果自由邦。很快，国歌诞生了，名曰《向着未来》（*Towards the Future*）。最终，在50岁时，利奥波德得到了他长期以来梦寐以求的那块殖民地。

6 在游艇俱乐部的旗帜下

虽然他的海外实力日渐上升，但是在国内，利奥波德的家 88
庭生活却每况愈下。他越来越频繁地从各种情妇的床上寻求慰藉。其中的一个女人很快被比利时公众戏称为“刚果王后”。1885 年 4 月，柏林的外交胜利仅过去 6 个星期时，一个英国法庭指控在“控制英国少女往来欧洲大陆伦敦委员会”（London Committee for the Suppression of the Continental Traffic in English Girls）的督促下，调查了伦敦的一家高档“风化场所”之后，提到了这位国王的名字。[1]上述场所先前的一位仆人做证说，利奥波德每月支付 800 英镑，要求该场所给他源源不断地提供年轻女性，其中一部分女性的年龄为 10～15 岁，必须保证都是处女。一家巴黎报纸披露了一些流言，说是利奥波德曾经悄悄乘坐私人游艇前往英格兰，给那位鸨母付给了一大笔钱，要对方保证不许任何人提起他的名字。更有可能的是，这个案子结案速度出奇地快据说是因为威尔士亲王也是这个地方的常客。这位英国内政大臣给法庭派去一位特别观察员。很显然，这是在委婉地向所有相关各方透露一个信息：说得越少越好。那个鸨母认罪之后，只是缴纳了一笔金额少得出奇的罚款了事。

长女路易丝（Louise）17 岁时，利奥波德将她嫁给了年龄比她大很多的一位奥匈帝国亲王。全城的庆祝活动结束之后，这对新人在拉肯庄园的新婚之夜让路易丝痛苦不堪，以至于她穿着睡袍逃入庄园的花园里，被一个仆人找了出来之后，她的

母亲斥责了她，并要求她恪守为人妻的责任。若干年后，她债
89 台高筑，并和一个骑兵军官发生了婚外情。这位军官与她丈夫决斗之后，奥地利当局将他投入监狱，要路易丝做出选择：要么回到丈夫身边，要么进入疯人院。她选择了疯人院。利奥波德从此再不和她说话。因为害怕再发生什么丢人的事情，利奥波德命人对她严加看管。后来，那位骑兵军官出狱，戏剧性地将路易丝从重重看管中救了出去，结果之后没多久他就死了。在抑郁的余生里，路易丝像他父亲着迷于购买殖民地一样着迷于购买新衣服。她不仅花光了属于她的那份王室财产，还欠下巨额债务。后来，债主们忍无可忍，想办法扣留和拍卖了她的一部分衣物：68 张面纱、90 顶帽子、27 件晚礼服、21 件丝绸或天鹅绒斗篷、58 把雨伞和遮阳伞。[2]

对于二女儿斯蒂芬妮（Stephanie），他也没有做得更好。在她仅仅 16 岁的时候，他就将她许配给一脸黑色胡子的奥匈帝国王储鲁道夫（Rudolph），为的是将来她可以成为奥匈帝国的王后。利奥波德尤其嫉妒哈布斯堡王室，因为，和他不一样，他们可以不受议会、政府的妨碍。然而，鲁道夫第一次前往布鲁塞尔相亲时，竟然带着情妇同行。后来的情况证明，这是一个不祥的征兆。

让这位国王从家庭不幸中解脱出来的主要慰藉是他新获得的殖民地。据路易丝回忆，刚果是“当时我听到的唯一话题”。[3]相较于家里的事情，刚果的事情更为顺利。正当利奥波德发现了获取新领土的天赐政治良机时，他也看到了加紧控制这块土地的技术良机。他准备开发这一广阔的殖民地时，发现自己可以运用很多先前的帝国缔造者不曾掌握的工具。这些工具至关重要，因为有了这些工具，这位国王利用几千名白人就可以控

制大约 2000 万名非洲人。

首先是武器。刚果人手上最先进的武器不过是原始的前膛枪，这种枪在性能上和乔治·华盛顿的军队当年使用的枪相差无几。但是，从 19 世纪 60 年代开始，欧洲人就开始使用后膛装弹的来复枪。这种枪在美国内战中显示出了极大的杀伤力，射程和射击精确度都有了很大程度的提升。而且，它不再使用无法在雨中派上用场的散火药（loose gunpowder），而使用可以迅速填装的带有黄铜色弹壳的防水子弹。

很快，又出现了更具决定性的进步——连发步枪。这种枪 90
可以连续射击 12 发或更多发子弹，中途无须再次装弹。不久又出现了机枪。诗人西莱尔·贝洛克（Hilaire Belloc）在一首诗中写道：

> 不管风云变化，利器在手
> 马克沁重机枪，他们没有。[4]

帮助欧洲人在柏林会议之后的 20 年里几乎占领了热带非洲全部土地的另一个工具是医学知识。19 世纪中叶的探险家将疟疾归咎于从吸入“沼泽气体”到月光下露天睡觉的各种因素，但是不管疟疾的诱因是什么，他们发现奎宁是一种有效的抗疟药。在 20 世纪之初，人们对疟疾和血尿症有了深入的认识，研究人员还控制了黄热病和其他疾病，欧洲人在非洲热带地区奇高的死亡率开始下降。

最后，由于刚果地形特殊，有一种工具对于利奥波德，比对于拓展海外殖民地的其他人更为重要——我们在前文提到过这种工具的运用——这就是蒸汽船。刚果流域的非洲人称之为

“水上的房子”，或者根据它发出的声音，称之为“kutu-kutu”。在整个 19 世纪，蒸汽船成了一个殖民工具，它运载过印度恒河上的英国人、西伯利亚鄂毕河和额尔齐斯河上的俄国人。刚果的蒸汽船分为桨轮位于侧面的和位于尾部的两种，都有遮挡赤道太阳的遮篷。蒸汽船往往又细又长，因为吃水线与船体底部之间的距离很短，所以它能够越过主河道以及支流上的沙洲。有时候遮篷下面还要挂上一个金属网，为船长和舵手遮挡对面飞来的箭。

当时，在公海上，蒸汽船已经在相当大程度上取代了帆船，它让从欧洲到非洲沿岸各地的航行更快、更准时。这些蒸汽船将利奥波德的另外一大批代理人送到了非洲。到 1889 年年底，在刚果工作的白人达 430 人，其中包括商人、士兵、传教士，以及这位国王派往非洲管理这个处于雏形阶段国家的行政人员。[5]比利时人的比例不到一半，因为利奥波德的国民对国王新获得的这一殖民地不怎么感兴趣。值得注意的是，利奥波德派往刚果的所有代理人几乎都是从比利时和欧洲其他国家的军队中请了长假的军官。

有了人手和工具之后，利奥波德开始建设从这块殖民地中
91 攫取利益所需要的基础设施。组建一个简单的刚果运输系统是首先要解决的问题。这个问题不解决，这个土地中蕴藏的宝藏——不管将来这里能发现什么宝藏——都无法运到海边，除非靠肩挑背扛。1887 年，一队测绘员出发，准备绕过那个众人皆知的 220 英里长的大激流，设计一条铁路线。很多人殒命于蚊子、炎热、高烧、高山、深谷。三年之后，工人们才开始铺设铁轨。

这一工作开始之后，刚果的行政班子也分别在比利时和刚

果两方面组建起来。亨利·谢尔顿·桑福德设法给自己在布鲁塞尔谋了一个刚果最高级行政主管的差事。他在信中满怀希望地跟妻子说："这正是我喜欢的工作，做善事既能得到名誉和金钱，而且还有成就感……我要……提交一个工作方案，努力工作。"[6]他的希望落空了，因为利奥波德觉得，就桑福德在华盛顿举办豪华宴会的能力，让他做一个行政管理人员有些屈才，他也不具备国王需要的那种冷酷。于是，国王准许他在刚果收购象牙和其他产品，并答应在脚夫、施工、蒸汽船运输方面提供帮助（后来他没有完全兑现这一诺言）。但是，桑福德探险队（Sanford Exploring Expedition）——这是当时的委婉称呼——很快遭遇了与桑福德其他生意相同的命运。[7]和平常一样，他在比利时打理刚果的所有事务。当时，不断攀升的债务让他不得不卖掉他收藏的一些艺术品，并搬到了一个小庄园里去住。同时，他委派的刚果业务负责人耽于饮酒，蒸汽船的锅炉被弃置路边，任由它们生锈。

论经商才能，利奥波德要远远胜过桑福德，但是，他发现自己也开始面临资金压力。他继承了一笔可观的财产，但是 19 世纪 80 年代晚期，探险家、蒸汽船、雇佣兵、武器装备，以及刚果的其他支出几乎耗尽了他继承来的所有财产。但是，所有这些开销不能停下来——甚至还要增加——如果他想从这块土地上赚到利润的话。接下来的资金从哪里来？向比利时政府开口借钱是一件很困难的事情，因为，这个国家的宪法要求，如果利奥波德要当另一个国家的君主，必须征得议会的同意。而要征得议会的同意，他必须承诺绝不将比利时的国库资金用于刚果。他已经向议会的立法委员做了保证，他自己有足够的开发那片土地的资金，虽然这不是真的。[8]

从1885年到1890年，这位国王将相当一部分时间用在了寻找资金上。有一段时间，他可以向银行家贷款，但后来，即使是他的主要债主罗斯柴尔德家族也不再借钱给他。这期间他
92 寄出的数百封信显示出他对资金的极度焦虑。他瘦了很多，还失眠。大臣们看到他头发变白，精神恍惚。之前，他的胃口之大是出了名的（他经常在吃完很多饭菜之后还会点一道主菜，有一次，在巴黎的一家饭馆，他一个人吃了两整只烤野鸡）。但是，为了争取公众的同情和资金，他放出消息，说自己将午饭减少了一道主菜。一天，玛丽-亨丽埃特惊呼："利奥波德，你那个刚果会毁了我们。"[9]

国王通过出售债券筹集了一些钱，但是和他想要的数目相去甚远。他写信给教皇，请求天主教会购买一些刚果债券，以鼓励他传播上帝的福音。至于铁路和一些其他项目，他虽然能够吸引私人投资者，但条件是将他在肯定能够带来丰厚回报的事业中的投资份额降低。最后，他决定，解决这一财务危机的唯一方案是大额借款。考虑到他已经债台高筑，借到大额款项最可能的渠道就是比利时议会。利奥波德希望随着时间的推移，那些立法委员会忘记他先前的承诺，因此在向议会张口之前，他需要等待。在他等待过程中，他再一次打磨着自己作为慈善家和人道主义者的声誉。

这时候，欧洲人仍然愤怒于盘踞在桑给巴尔和非洲东海岸的"阿拉伯"奴隶贩子。可以说，那些奴隶贩子在跨越东部和中部非洲相当大的地区一个很宽的长条形地域内的活动，确实引起了当地人的极大恐惧，他们仍在将奴隶卖往印度洋和波斯湾的整个东北沿岸。但是，欧洲人对这件事的道德判断比以往任何时候都更多地夹杂了对非洲殖民地的渴望。更为"便利"

的是，那些奴隶贩子大多数是穆斯林，这让欧洲人感觉自己的目标更加高尚。利奥波德因为资助这个殖民地上的传教士而备受赞扬。他对奴隶贸易的猛烈批评又让人们敬重有加，他因此被选为原住民保护协会（Aborigines Protection Society）的名誉会长。该协会是英国一个口碑很好的人权保护机构。[10]

让这位国王极为满意的是，布鲁塞尔被选为西方大国反对奴隶制大会的举办地。这个会议从 1889 年 11 月开始，断断续续地开了 8 个月。这位“博爱”的国王热情地招待了各国代表。在他们开会的比利时外交部会议厅里陈列着一个用树杈做成的用于控制奴隶的轭。“简直吃不消，”英国的高级代表向英国外交部汇报说，“那么多宴会、招待会、舞会，没完没了。”[11] 93
出于外交原因，土耳其也不得不参加反奴隶制大会，虽然奴隶制在土耳其是合法的。当会上有人发言谴责伊斯兰后宫的女眷推动了奴隶贸易时，土耳其代表哈哈大笑。

对于那些外交官来说，这次会议不啻一个长期派对。会议室正好俯视一条时尚的市区大街。一位官员回忆到冯·克芬许勒伯爵（Cownt von Kevenhuller）时说，那位奥匈帝国的代表“一看到下面的马路上有女人的帽子，就立刻站起来，一溜烟地跑到窗户前，好像脚下有弹簧似的。他每次都会引发大家的一片欢腾。最后，人们担心他错过这种开心的事情，从铺有绿色绒面的会议桌旁的这一边到那一边的人都会高声提醒他，又有一个漂亮妞过来了”。[12]

反奴隶制大会给利奥波德帮了忙，与会代表们对着下面马路上走过的女性挤眉弄眼半天之后，回过头来就批准了这位国王提交的打击奴隶贩子的方案——这些方案与那些他打算在刚果实施的耗资巨大的基础运输设施建设方案，具有显著的相似性。国王列举了建设军事据点、公路、铁路、蒸汽船的必要性，因为这些设施可以帮助军队追击奴隶贩子。他豪爽地表示新成立的刚果国将致力于实现这一崇高目标，接下来，作为回报，他请求大会授权他征收进口税，以便为打击奴隶制筹集资金。这些国家最终同意了他的要求，实际上等于偏袒利奥波德，修改了柏林协定，不再承诺自由贸易。

这让作为美国代表出席反奴隶制大会的亨利·谢尔顿·桑福德吃惊不小。6 年前，他在承诺自由贸易的协议上的亲笔签名，换来了美国对利奥波德的刚果国的承认。现在，利奥波德突然要求征收关税。他对利奥波德的满腔敬仰被彻底击碎了，他感觉那位国王欺骗了他。[13]在痛风和失眠的折磨下，他栗色的胡须现已发白，脸上显现出衰老的迹象和财务上的忧虑，这些让桑福德与 6 年前那个戴着大圆礼帽、容光焕发的外交官判若两人。他去世于会议结束之后的一年。去世时，他对利奥波德失望至极，他本人也负债累累。桑福德在刚果的投资颗粒无收，他在那里留下的唯一痕迹是那艘 6 吨重的“桑福德将军号”蒸汽船。

会议期间，利奥波德邀请斯坦利前往比利时待一个星期。
94 斯坦利对与会代表发表演讲，利奥波德给他授予了刚果国大十字勋章，安排了欢迎宴会和盛大的戏剧表演，并请他下榻王宫里平时专门为到访的王室成员准备的金碧辉煌的房间。投桃报李，斯坦利在一次演讲里热情赞扬了东道主：

> 君王的伟大体现在哪里？如果是领土的面积，那么俄国皇帝当属第一。如果是军事建制的庞大和实力，那么[德国的]威廉二世无与伦比。但是，如果说，君王的伟

大主要在他用看护羊群的善念引导他的子民体现出来的智慧和仁德，那么天下最伟大的君主非你们的君主莫属。[14]

利奥波德使用斯坦利就像是现代美国总统在各地拉选票时要带上一位电影明星一样。让斯坦利造访布鲁塞尔是他纪念自己继位25周年而进行的计划周密的公关活动的一部分。利奥波德还为2500位比利时上层人士，在拉肯庄园里举办了一次派对。他向那些位高权重的与会者展示了城堡里新建的设计有玻璃圆顶的巨大温室。温室中琳琅满目的异国花草和树木是当时世界上品种和数量最多的个人植物收藏。即使是成员一直不愿意给国王的非洲项目投资的布鲁塞尔股票交易所，现在也为利奥波德举行了一个大型招待会。他们用非洲梭镖、一个史上极不寻常的插花作品——茂密的枝叶中“长出”400只象牙——来装饰交易大厅。

利奥波德的公关活动的目标只有一个——钱。在这一努力接近高潮时，他与内阁一位重要成员达成协议，这位内阁成员隐约开始意识到，国王的非洲殖民地有朝一日可能很有价值。利奥波德郑重保证，如果议会如数借给他钱，他将来会在遗嘱中将刚果赠给比利时。这时候——这位慷慨大方的国王成了人们心目中的反奴隶制斗士，知名探险家斯坦利在高度赞扬他，忠诚于他的国民又经常宴请他——他才向议会提出2500万法郎（相当于当今1.25亿美元）的借款请求，以支持他当时在刚果从事的人道主义工作。他得到了这笔贷款，而且是无息贷款。

也许，没有任何一件事情，比他漫不经心地将治下的一个国家作为遗产赠给另一个国家的那份古怪文件，更为明显地表现出利奥波德令人目瞪口呆的傲慢。

95 我，利奥波德，比利时国王，刚果自由邦的最高统治者，希望我挚爱的祖国能够获得我多年不辞劳苦、孜孜不倦努力下的非洲结出的果实……我宣布，这些财产将在我死后赠送和转交给比利时，还有我拥有的对刚果自由邦的所有王权。[15]

这里有一个小伏笔。国王在向公众公开这份遗嘱时，在落款处将日期提前，这样，这笔遗赠看上去就像是慷慨的捐赠行为，而不是某个财务交易的一部分。

* * *

对于莫顿·斯坦利来说，在他 1890 年于布鲁塞尔受到热烈接待之前的 5 年里，日子过得并不惬意。从柏林会议在 1885 年结束那一刻起，利奥波德就一直在想，该让斯坦利做点什么。为了不让这位探险家去给英国效力，利奥波德一直在给他发薪水，让他当自己的顾问。但是，国王眼下需要的不是探险家，而是测绘员、采矿工程师、铁路施工人员、蒸汽船船长、士兵和行政人员。几年前，利奥波德曾答应斯坦利，让他担任未来刚果的总督（director general)。但是，后来，为了让法国承认他对刚果的所有权（法国讨厌斯坦利，因为他抢在德·布拉扎之前考察了刚果河流域，还诋毁后者)，利奥波德暗地里答应他们不再将斯坦利派往刚果工作。在公共关系以外的任何事务上，沉不住气的斯坦利对于国王没有任何用处。一位比利时首相曾经说，利奥波德“对待人就像对待柠檬，榨干之后就扔掉了”。[16]

斯坦利猜到利奥波德可能背着他和法国达成了秘密协议，

生性敏感的他再次感到异常痛苦。非洲探险的装备早已打包就绪，可是他一直没有接到任何任务。他不需要受雇于利奥波德而得到的薪水，因为他靠演讲和出书赚的钱要比这多得多。虽然如此，他仍然对这位国王保持着满腔的忠诚，虽然斯坦利在1886年的一封信中抱怨利奥波德让他继续等待的说辞："我们不知道具体什么时候需要你，但是亲爱的斯坦利先生，我们会提前告诉你，好让你有足够的时间去准备。"[17]

一如往常，斯坦利在憧憬前往非洲考察之前，都要考虑结婚问题，虽然他自己也绝望地承认："事实是，我无法和女人交流。"[18]在一年多的时间里，他进行着另一场羞涩、笨拙的求爱。 96
这次，对方是伦敦上流社会的一个画家，名字叫多萝西·坦南特（Dorothy Tennant）。她画希腊神话中的小仙女、伦敦街头的孩子，也给斯坦利画像。两人看起来很般配，因为她和男人相处时也局促不安，举止生硬，和斯坦利面对女人一样。即使到了34岁，她还和母亲在同一个卧室里睡觉，每篇日记的抬头都是她那早已去世的父亲。斯坦利向坦南特吐露了他被艾丽丝·帕克抛弃的不幸往事，然后向她求婚。但是，她拒绝了他。他觉得多萝西·坦南特之所以拒绝他，是因为她看不上他的阶层出身。"那个女人的煽情让我上了当，"他在写给朋友的信中说，"还有她没完没了的恭维，写着'勿忘我'的小饰物、喷了香水的情意绵绵的纸条。"[19]

在斯坦利因为这段经历而痛苦的时候，利奥波德的野心继续膨胀。他对殖民地的欲望更加强烈，现在的他梦想着占有尼罗河流域。"我亲爱的大臣，"他在写给极力让他打消这种念头的比利时首相的一封信中说，"你认为当法老的荣耀一文不值吗？"他坚持道，和它相比，刚果"不算什么"。但是，关于尼罗河流域，他激动地说："它就像是我的羽饰，我绝不放弃！"[20] 1886 年，机会来了。利用这个机会，他可以同时实现三个目的，即推进他的尼罗河梦想，给斯坦利找到活儿干，以及巩固对刚果的控制。

虽然位于尼罗河上游的苏丹处于英国和埃及的共同控制之下，但是因为苏丹幅员辽阔，所以这种控制并不严密。19 世纪 80 年代中期，一个反叛的伊斯兰宗教激进主义组织（Mahdist，"马赫迪"）的成员发动叛乱，杀死了英国总督（governor general），击退了派来镇压他们的英国军队。英格兰朝野震动，但是，因为当时其他很多地区的殖民地战争已经让英国应付不暇，所以它不再派大军来镇压。不久，叛军向南部推进。在那里，抵挡他们的是苏丹最南部省份的总督。对利奥波德最为便利的是，这个省份与刚果接壤。

这位名曰艾敏帕夏（Emin Pasha）的南方总督向欧洲各国求援。他的一封信被刊登在《泰晤士报》上，很多人倡议派一个私人远征队前去解围。《泰晤士报》说："帕夏已被野蛮、敌意的部落包围，切断了文明世界进入和提供救援物资的通道……解救帕夏是仁义和勇敢之举。"[21] 再加上反对伊斯兰教热潮的推波助澜，这一计划获得了大批支持者。马赫迪的领导者
97 要求英国维多利亚女王亲赴苏丹，向他们投降，并皈依伊斯兰教。此举更加激怒了英国民众。

现在，英国人不仅看到了国人中有信仰伊斯兰教的坏人，还看到了艾敏，一个白人英雄。虽然拥有"帕夏"这个头衔（另外，emin 的含义是"忠诚的人"），陷入包围的这个人是一个体型偏瘦的、个子不高的德国犹太人，原名叫爱德华·施尼策尔（Eduard Schnitzer）。在照片中，艾敏有一张明显的欧洲人

脸庞，再加上浓密的胡子、红色的菲斯帽（fez）①，他看上去像是参加共济会会议的眼睛近视的代表。这位帕夏学过医，还是一个出色的语言学家和古怪的人。在忙于政府工作之余，他给人看病，抵御马赫迪叛军，还不辞辛苦地为大英博物馆搜集了很多动植物样品，收集和制作了各种鸟类的标本。

远征救援计划有眉目之后，各种捐赠源源不断地涌进来。福特南·梅森食品店（Fortnum and Mason）捐赠了很多箱美味食品；发明家海勒姆·马克沁（Hiram Maxim）捐赠了他发明的最新式的机枪；艾敏还收到了一种新式军礼服。还有谁比亨利·莫顿·斯坦利更合适带领一支远征军救援艾敏帕夏？这位探险家迫不及待地接受了这一邀请。他尤其喜欢马克沁机枪。他在发明人的住处试用过这种机枪。他非常满意，这种枪真的像广告里说的那样，一分钟可以射出600发子弹。[22]

当斯坦利向利奥波德辞掉顾问工作，专心带领远征队时，后者同意了，但是他提出了两个条件。第一，前往艾敏那里时，他不能走那条更近、更方便的道路，即途经非洲东部海岸，穿过德国、英国所占的丘陵地带，而必须经过利奥波德控制下的刚果。这就意味着他必须穿过伊图里雨林区。第二，斯坦利找到艾敏帕夏之后，必须请求艾敏继续担任后者所处省区的总督——但是，那个省要被纳入刚果国管辖范围。

利奥波德此举的目的是让这支远征队顺便帮助他考察（也许还能顺便扩大）刚果领土中那片未知的角落。他希望借助别人的资金来完成这件事。为这一考察活动提供资金的有英国皇家地理学会、对艾敏私藏了价值6万英镑象牙的诸多

① 伊斯兰国家男性戴的一种平顶无边的毯帽。——译者注

传闻感兴趣的英国商人、认为斯坦利远征的新闻报道会提升报纸销量的报业巨头。这位探险家在1887年年初动身的时候，机智地满足了所有出资人的要求。一位在刚果河大激流
98 下游位置偶遇斯坦利一行的欧洲人惊讶地看到这样一幕：走在队伍最前面的旗手——应《纽约先驱报》老板小詹姆斯·戈登·贝内特的要求——扛着纽约游艇俱乐部（New York Yacht Club）的旗子。

斯坦利照例写出的两卷本总共2000页的畅销书，后来成为随后众多有关艾敏帕夏的远征救援行动书籍中的一本。（在招募远征队军官时，斯坦利要他们每个人都签了一份协议，保证在他的“官方”记叙出版之前，其他人不得撰写和出版关于这一远征救援经历的书。）但是，除了媒体和出版行业从中受益之外，对于参与这一远征的所有人来说，这一远征几乎都是一场灾难。那个纽约游艇俱乐部可能是个唯一的例外，至少他们的旗子被举着穿过了那个大洲。

斯坦利照旧动辄暴跳如雷。他4次辞退贴身仆人，又4次将他们请回来。他和白人军官吵得面红耳赤——其中的几个军官详细描述了斯坦利的种种无聊和乏味。“鸡毛蒜皮的小事，”其中的一位军官写道，“就会让他勃然大怒。”[23]让亨利·桑福德在刚果的生意雪上加霜的是，斯坦利征用桑福德还没有完全建造好的蒸汽船当作驳船来运送部队，数月之后归还的时候那条船已经被严重损坏。更重要的是，斯坦利犯了战略性的错误：他将士兵、脚夫以及随军流动的平民（总共800多人）分为两队，他自己带领人数较少的、前进速度较快的一支队伍，为的是救出艾敏帕夏，完成这一戏剧性的、能够成为头条的救援任务。

和往常一样，斯坦利胡乱挑选自己的部下。他委托管理后面那支队伍的军官是埃德蒙·巴特洛特（Edmund Barttelot）少校，后者很快失去了理智。他将斯坦利个人用的行李放到河中，让它顺流而下。他还派了一名军官去执行一个奇怪的任务：跋涉3000英里，耗时三个月前往最近的一个电报局，为的是给伦敦发一封没有什么意义的电报。接下来，巴特洛特觉得自己被人下了毒，看谁都像是叛徒。他命人将一名部下抽了300鞭子（后来的情况证明，这是一个致命的错误）。他用带铁尖头的手杖戳非洲人，命人将几十个非洲人戴上镣铐，还咬了一个村妇。要不是一个非洲人开枪打死了他，他还要继续胡作非为下去。

在这同时，斯坦利走在先头队伍的最前面，努力在那片雨林区跋涉。他命人绞死了一名逃兵，下了大量的鞭笞令。其中一些鞭笞令由他自己亲自执行。给养供应上的严重失误意味着，在相当长的时间里，脚夫和士兵们处于极度饥饿状态。对于那些不幸地居住在这一远征队前进道路上的当地人来说，这一远
征队就像是侵略军，因为他们时常绑架妇女和儿童当人质，向 99
当地酋长勒索食物。斯坦利手下的一名军官在日记中这样写道：“我们今天吃完了最后一根香蕉……当地人既不跟我们交换东西，更不会送东西给我们。没办法，我们只能再抓一些当地女人来。”[24]另一名军官回忆说，当他们感觉可能要受到袭击时，“斯坦利就会下命令，纵火烧掉好几个村子”。[25]另一名军官用若无其事的口气描述屠杀，仿佛他们是在围猎：

> 最有意思的是，趴在草丛中，悄悄地观察当地人劳作。几个女人……将晒干的香蕉捣碎，做成香蕉粉。我们看到，

> 男人在搭建房舍，或做其他活计。男孩、女孩跑来跑去，唱着歌……我开始了这场游戏，开枪打穿了一个男子的胸膛。他像一块石头一样扑倒在地……随后，一阵弹雨降临了那个村庄。[26]

远征队的一个成员将一个非洲人的头割下来，塞入一个放盐的盒子里，派人送往伦敦，请皮卡迪利大街上的标本制作师填充后做成标本。[27]

在斯坦利先头部队的389个人中，超过半数的人死于挥舞砍刀穿越伊图里雨林区的路上。有时候，他们一天只能前进400码。食物耗尽之后，他们就烤蚂蚁吃。他们爬过巨大的树根，不得不顶着热带的瓢泼大雨在泥泞的地面上搭帐篷（有一次，一场大雨一刻不停地下了17个小时）。很多人逃跑，有的人在丛林中迷路、被淹死，不少人死于破伤风、痢疾、坏疽性溃疡。还有人死于流矢或布有有毒尖桩的陷阱——那些森林居民被这些全副武装、横冲直撞的饥饿的陌生人吓坏了，他们拿起武器进行反抗。

历尽千辛万苦见到艾敏的时候，斯坦利和剩下的人已经饥肠辘辘、精疲力竭。因为大多数给养在距离他们数百英里的后卫部队和那个发疯的指挥官那里，除了一些弹药、崇拜者的信件、几瓶香槟、几套新军装（后来发现，这些军装的尺寸太大了）之外，探险家能给对方接济的东西少得可怜。实际上是斯坦利开口请对方提供一些给养。据斯坦利回忆说，那位帕夏见到他们的时候，“身穿一套干净雪白的斜纹粗棉布衣服，熨烫得很整齐，非常合身”，脸上“没有一丝……病态或焦虑；倒是有点养尊处优、气定神闲的架势”。[28]仍热衷于为大英博物馆收

集标本的艾敏，委婉地将拒绝了利奥波德要他将治下的那个省 100
并入新成立的刚果国的建议。让蓬头垢面的远征救援队最为尴尬的是，艾敏的求救信发出于数年之前，叛军的威胁早已缓解，现在的他并不那么急需救援。

斯坦利非常害怕艾敏不和他一起回国。那位帕夏在日记里写道："对于他来说，一切都取决于他是否能带着我一起回去，因为只有那样……他的这次远征才算是十全十美的……如果不能带我走，他就不想活了！"[29]斯坦利最后还是说服这位不情愿的帕夏跟他一起回欧洲，其中一部分原因是一路滥杀的远征救援队的大队人马到来之后，再度激起了马赫迪的大规模反抗。因此斯坦利、艾敏以及随行的人们，开始向非洲东海岸进发。跋涉好几个月之后，他们在位于今天坦桑尼亚的一个小型德军驻地那里看到了大海。

一个德军炮兵排齐鸣礼炮，向他们致敬。德军军官在军人餐厅里宴请他们两个人。海军乐队为他们演奏乐曲；斯坦利、艾敏和德国少校先后发言。"酒水是上等的，都是精挑细选并加了冰的"，[30]斯坦利写道。后来，高度近视的艾敏在宴会桌周围走来走去，推开二楼的一个窗户一脚踏了出去，他以为窗户外面是一个走廊。他坠到楼下的马路上，摔得不省人事。他在当地的德国医院里待了两个月。斯坦利没法如愿将他带回欧洲。最让斯坦利尴尬的是，艾敏帕夏出院之后，既没有给劳师远征救援他的英国效力，也没有给利奥波德效力，而是投靠了德国。

1890 年，在斯坦利回国的几个月之后，英格兰爆发了一场争论，焦点是他带领的远征队损失了一半以上的人，以及该远征队在他的命令下实施的种种暴行。一家周报这样讽刺他：

非洲的骄阳，
令人无精打采，
嗜血的马克沁机枪，
欢叫得多么畅快！[31]

远征救援队确实残暴。但是，谴责它的人们不知道的是，与当时刚刚在非洲中部开始的杀戮相比，这根本微不足道。

7　第一个异端分子

在利奥波德的遗嘱中，刚果似乎是一块没有人居住的地产， 101
其所有者可以随意处置。在这一点上，这位国王与那个时代的其他欧洲人没有什么不同。不管是探险家、新闻记者，还是帝国的缔造者，在他们的口中，非洲好像从来就没有人似的，仿佛那里是一片广袤而空旷的土地，等待着欧洲工业的巨大力量来建造城市和铁路，来填充这一空旷的空间。

将非洲看作各种社会群体组成的有机体，而且每个社会群体都有其各自的文化和历史，需要我们在同情心方面提升一个层次。这种提升，最初造访刚果的那些欧洲人或美洲人中即使有人能够做到，人数也很少。做到这一点意味着，不能将利奥波德的政权看作一种进步，或者是教化，而是看作一种对土地和自由的窃取。但是，第一次有一个踏上刚果土地的访问者用这样的目光看待身边的这块殖民地。1890 年他第一次将自己的感受付诸纸笔的时候，正是闷热的 7 月中旬，当时他身在刚果河岸边一个基站（station）里。我们来了解一下当时的情况。

整个刚果河水运网上散布着很多利奥波德的基站，每个基站既是军事基地，又是象牙收集点。一般来说，每个基站都有一些带有茅草房顶和阴凉走廊的建筑，这些建筑旁边有高大的棕榈树遮挡风雨和烈日，这是为那些白人官员提供的休息区。一个旗杆上飘着带有金星的蓝色旗子。人们的一些食物来自香蕉树，以及种有木薯和其他蔬菜的菜园。牲畜圈里养着鸡、山羊、猪。在一个人工堆起的小土堆上，矗立着带有来复枪射击口的木堡，这是基站的防卫设施。另外，一般还有一个用于防卫的栅栏。象牙堆放在持枪哨兵看护的窝棚里或露天场所，等
102 待定期被运到海边。多条非洲独木舟停靠在河边，旁边堆放着烧蒸汽船锅炉用的劈好的成堆的短木棒。最重要的基站位于斯坦利瀑布附近，在距离利奥波德维尔 1000 英里的上游，那里是刚果河主航道上适航河段的终点。

7 月的这一天，在斯坦利瀑布基站，一位出奇愤怒的 40 岁男子坐在那里。他写着什么，字体优美而有力。也许他坐在室外，背靠一棵棕榈树；也许写字的桌子是跟基站雇员借来的。从我们手中掌握的有关他的一系列拘谨、庄重的个人照片来看，他的头发理得很短，唇上的胡须越来越细，最后在末端形成很长的尖儿。他系着领结，上过浆的衬衣的衣领又白又高。也许这一天在河岸边系领带穿衬衣太热了，也许不是：一些刚果游客一年四季的穿着都很正式。

在接下来的一两天里，从这个人笔端产生的这份文件是人权文献和调查类新闻报道的里程碑。它的标题为《美利坚合众国上校乔治 · W. 威廉姆斯致比利时国王和刚果自由邦君主陛下，尊贵的利奥波德二世的公开信》。

乔治 · 华盛顿 · 威廉姆斯（George Washington Williams）虽然是一位地道的美国人，但他却不是上校，假称上校这件事后来给他惹了不少麻烦。他是一位黑人。很大程度上因为这一点，在很长一段时间内没有人注意到他。在利奥波德开始开发刚果地区时，大批游客慕名而来。在这些造访者中，威廉姆斯是第一个大唱反调的人。和很多发现自己置身于道德地狱的游客一样，他也曾设法寻找某些他希望更像是天堂的东西。

* * *

威廉姆斯来刚果走的那条路线几乎让他经历了各种不同的人生。[1]1849 年出生于宾夕法尼亚州，他没怎么上过学。1864 年，他报名参军——不认识几个字，未成年，并且还使用了化名——在北方军队中的第 41 “美国有色人种部队” 服役。他在战争最后几个月里参加了里士满战役和彼得堡战役的几场战斗，并在战斗中负了伤。

战争结束后，和一些其他内战退伍军人一样，他也开始找工作。他参加了墨西哥共和国的军队，对战的另一方是国王利奥波德二世那个虽然野心很大但运气不佳的妹夫马克西米利安 103
皇帝。回国之后，除了当兵之外没有工作能力的威廉姆斯再次参加了美国军队，在与大草原印第安人（Plains Indians）作战的一个骑兵团里待了大半年。在 1867 年下半年，威廉姆斯可能与一位名叫“亨利·莫顿·斯坦利”的年轻的报社通讯员有了交集，因为两人都在堪萨斯州的很多军方驻地待过。

第二年离开军队之后，威廉姆斯在霍华德大学（Howard University）短暂地学习了一段时间。后来，他在提到这所大学的时候，有时候让人听着很像是在说哈佛大学。另外，他还说自己拿到了事实上从来没有拿到过的博士学位。[2]不过，他在学习上确实极为出色。后来在波士顿城外的牛顿神学院（Newton Theological Institution），他两年内修完了三年的神学研究生学位的课程。在他刚离开军队时写的信件中，几乎没有一个单词能拼对，很多句子不知所云。但是，几年之后，他的文章流畅，颇具 19 世纪牧师布道的抑扬顿挫感。1874 年，他在牛顿神学院毕业时的发言说出了 16 年后促使他远赴刚果的那个想法。

> 近三个世纪以来，非洲母亲黑色皮肤的儿子屡遭劫掠……这个国家的黑人可以求助于撒克逊兄弟，对他们说，就像是约瑟夫对阴谋出卖他的兄弟们说：“……我们，学习了你们的艺术和科学之后，就要回到埃及，将众兄弟从奴隶之家带出来。”这一天一定会到来！[3]

威廉姆斯早已开始大声疾呼，深入揭露这种类似奴役的现实，即当时美国黑人的处境——内战之后滥用私刑和三 K 党暴力行径的死灰复燃，以及白人特权法律在整个南方地区的回归。作为一个退伍兵，他尤其感到愤怒的是，通过战争终结奴隶制的愿望基本上没有实现。

从神学院毕业那年，威廉姆斯结婚了，并就任第十二浸信会（Twelfth Baptist Church）的牧师。这是波士顿最大的黑人教区。在这一职位以及后来的其他职位上，他都没有待很长时间。他的人生似乎被注入了某种不安定的成分，因为虽然他在他从事的每个职业上都获得了相当不错的成就，但他很少能够持之以恒。

104 仅仅当了一年牧师之后，他就搬到了华盛顿特区，在那里创建了一家全国性的报纸，名曰《平民》（*Commoner*）。报纸第一期自豪地刊发了著名废奴主义者弗雷德里克·道格拉斯（Frederick Douglass）和威廉·劳埃德·加里森（William Lloyd Garrison）两人发来的贺信，但是这家报纸很快倒闭了。威廉姆斯再次去做牧师，这一次是在辛辛那提。不久后，他开始为当地一家报纸写专栏文章，再一次自办报纸。接下来，他又一次突然改变主意，辞掉了神职工作，开始学习法律，给一个律师当学徒。1879 年，在他 30 岁时，他被选为俄亥俄州立法委员会的第一个黑人委员。在那期间，他因为呼吁废除一项禁止种族间通婚的法令而引发众怒。一个任期结束之后，他离开了立法委员会。

在接下来的一个职业中，威廉姆斯做得更为出色。等到他再次辞职时，他将某种更有意义、更为持久的东西留在了身后。这是一部鸿篇巨制，名为《1619～1880年美洲黑人历史：黑人作为奴隶、士兵、公民，关于建立和睦人类大家庭的初步考虑，非洲历史简介，以及塞拉利昂和利比里亚的黑人政府介绍》(*History of the Negro Race in America from 1619 to 1880. Negroes as Slaves, as Soldiers, and as Citizens, together with a preliminary consideration of the Unity of the Human Family and historical Sketch of Africa and an Account of the Negro Governments of Sierra Leone and Liberia*)。该书分上下两卷，分别于1882年和1883年出版。这部书为读者讲述了从早期非洲王国时期，直到美国内战、南方战后重建的历史。

威廉姆斯是美国历史学家中使用非传统资料的先驱。他当时已经发现了大多数学者将近100年之后才开始承认的一个事实：在撰写弱势民族的历史时，仅仅使用常规的已公开出版的资料是远远不够的。在游历美国各地时，威廉姆斯不但走访了不计其数的图书馆，查阅资料，还做了大量其他工作。他写信给一家全国性的黑人报社，请求读者寄给他“任何有色人种教会组织的会议记录”和类似的其他文件。他写信给威廉·特库姆塞·谢尔曼（William Tecumseh Sherman）将军，询问他对自己麾下的黑人部队的评价。他采访了美国内战的退伍兵。他长达1092页的作品一问世，就收到了各界读者的如潮好评。《纽约时报》在几十年前曾经以傲慢的口气说过一句令人印象深刻的话："人们普遍怀疑，那个人种的人是否能够写出需要很高天赋的作品。"[4]W. E. B. 杜波依斯（W. E. B. Du Bois）后来称威廉姆斯是"那个人种中最伟大的历史学家"。[5]

威廉姆斯开始在各地做巡回演讲。他向老兵团体、兄弟会组织、教堂会众演讲，听众有黑人也有白人。他似乎不管遇到什么场合都要登台讲上一番，从 7 月 4 日的国庆活动到华盛顿的科学爱好者协会（Philomathian Literary Society）的会议。很快，他与当时著名的演讲代理商詹姆斯·B. 庞德（James B.
105 Pond）签约（斯坦利是庞德的一个客户）。他竭力去结交所有人，从亨利·沃兹沃斯·朗费罗（Henry Wadsworth Longfellow）到格罗弗·克利夫兰（Grover Cleveland）、拉瑟福德·B. 海斯（Rutherford B. Hayes）两位总统。很多认识他的人对他的印象不错，认为他是一个做事认真的年轻人。对他不太满意的是很多美国黑人，说他一见到有权有势的人就急忙上去结交，把他们晾到一边。

虽然事业上取得了不少成就，但是威廉姆斯花钱如流水，不少债主追着他要钱。他始终在各种项目上倾注大量精力。他写了第二本书，讲的是黑人士兵在美国内战中的经历。他跑到新墨西哥州，去给黑人农民找一块定居的土地。他给报社写了大量文章。他给科德角运河公司（Cape Cod Canal Company）当律师。他还写了一个有关奴隶买卖的剧本。他积极参与北方军队退伍兵组织的工作，接受了其中最重要一个的退伍兵组织"大共和军"（Grand Army of the Republic）授予的荣誉上校头衔。他还在国会做证，呼吁为参加内战的黑人老兵竖立一座纪念碑。他被总统切斯特·A. 阿瑟提名为美国驻海地公使（之前，他在总统竞选中为阿瑟出过力）。但是，阿瑟卸任之后，他的政敌到处散布有关威廉姆斯债务问题的谣言，该任命最终没有落实。[6]

威廉姆斯与阿瑟在白宫会面之际，另一个人选择了同样的时间来见总统。他就是亨利·谢尔顿·桑福德。他来华盛顿是为了游说美国承认利奥波德对刚果的所有权。总统介绍两个来访者互相认识了对方。从桑福德描述的当时处于雏形阶段的刚果国，威廉姆斯看到了追求他在神学院毕业发言中第一次提到的那个梦想的机会。他写信给利奥波德的一位助手，建议他招募美国黑人前往刚果工作。非洲肯定能够给这些黑人提供当时的美国无法提供的创业和发展机会。他还上书美国参议院外交关系委员会（Senate Committee on Foreign Relations），督促其承认国际刚果协会，并将刚果列入他的演讲主题。

1889 年，威廉姆斯找到了一个前往欧洲为一家报业辛迪加撰写系列稿件的工作。他还争取让美国政府任命他为布鲁塞尔反奴隶制大会的代表，但是没有成功。虽然如此，他仍然假冒美国代表去了伦敦。[7]他发现，布鲁塞尔到处是争先恐后谴责奴隶制的欧洲人。在这种氛围中，这位来自美国的年轻的奴隶后
裔给公众留下了很好的印象。但是，虽然自己已经成就斐然， 106
威廉姆斯还是忍不住要添枝加叶：

> ［据《比利时独立报》（*L'Indépendance Belge*）报道］在美国内战中荣获上校军衔的威廉姆斯……至少写了 5 ~ 6 部有关黑人的作品……他是第一个建议美国政府正式承认刚果国，并获准就此向美国参议院外交关系委员会做重要演讲的人。最后，他大获成功。[8]

威廉姆斯从比利时发回国内的第一篇稿件是针对利奥波德的一篇采访文章。在文章中，他说对方“让人感到轻松，有趣，很健谈。他的头发和所有的胡子都经过了精心的修剪，基本上已经花白了。他五官鲜明，棱角硬朗，为人热情。他的眼睛明亮而敏锐，在眼镜后面闪着睿智的光”。[9]

当威廉姆斯问这位国王在开发刚果方面投入了那么多资金，希望得到什么回报时，利奥波德回答说：“我在那里所做的一切是出于基督徒对穷困的非洲人的责任；我不期望从投入的所有资金中获得一法郎的回报。”这第一次会面，威廉姆斯和其他很多人一样，对被他称为“世界上最高尚的君主之一；一心服务于基督教教化事业，提升民众利益的有智慧、仁慈和公正的皇帝”崇拜不已。

利奥波德一眼看出，迷惑这位来访者的最好办法就是表现出同情的样子听他讲述他的项目，因为在同一篇文章里，威廉姆斯说这位国王“很善于倾听”。很显然，他倾听的是威廉姆斯一直念念不忘，想让美国黑人回非洲生活的计划。威廉姆斯与一家比利时公司达成了一项协议，签约雇用40个工匠去刚果工作，他还计划写一本关于刚果的书。但是，他回到美国，在弗吉尼亚的一所黑人大学做招聘宣传时，听众提出的很多有关非洲生活的问题让他无法回答。于是，他暂缓了招募计划，决定先去刚果，为计划中有关刚果的书收集材料。

107 这样，威廉姆斯就面临着一个筹集资金的问题，因为他需要钱购买蒸汽船的船票和食品等给养，雇用长途跋涉绕过大激流所需要的脚夫。他联系的主要赞助人是美国铁路大王柯里斯·P. 亨廷顿（Collis P. Huntington），后者是酝酿中的刚果铁路的投资者之一。威廉姆斯好不容易找到了他，并在造访之后，给对方写了大量曲意奉承的信。最终，这让他的非洲之行获得了一小笔资助。

1889 年 12 月，威廉姆斯在白宫见到了本杰明·哈里森（Benjamin Harrison）总统。虽然目前尚不清楚的是，哈里森是否只是祝他非洲之行一路顺风而已，但是，威廉姆斯后来——他一贯如此——经常利用与大人物的会面暗示他在为对方执行一项重要的秘密任务。

在威廉姆斯准备非洲之行期间，他经常在与人交流时，提及与总统和亨廷顿的密切关系，结果这引起了利奥波德及其助手的担心，他们怀疑他在秘密为有意进入那片土地的美国商人做事。后来，关于前往刚果途中在布鲁塞尔逗留的日子，威廉姆斯说：

> 他们动用一切渠道让我打消完成这一任务的念头。国王禁卫军的一位军官前来劝说我不要去刚果。他长篇大论地细数刚果雨季的要命之处，组织一个商队一起跋涉的种种危险和痛苦，一路上的巨大支出……之后，国王派人来找我过去，［并］说……在那个国家出行很困难，更困难的是吃到适合白人的健康食品。他希望我将刚果之行推迟至少 5 年，说我需要的所有资料都可以在布鲁塞尔找到。我跟国王陛下说，我马上就要去刚果，几天之内就动身。[10]

在 1890 年 1 月到第二年年初，威廉姆斯乘船在非洲各地游历，定期向亨廷顿发出资金方面的紧急求助。他想办法见到了从布尔人建立的德兰士瓦共和国（Transvaal Republic）的副总统到桑给巴尔的苏丹等各种各样的人。他还获得了桑给巴尔英语俱乐部的荣誉会员头衔，并受邀在开罗的赫迪夫地理学会（Khedival Geographical Society）演讲。但是，他去的最重要的地方还是刚果。他在那里待了6个月，跋涉于大激流的下游地带，乘蒸汽船沿
108 宽阔的刚果河逆流而上，中途多次停留，最终到达斯坦利瀑布。

* * *

当时，乘坐蒸汽船在这条河上行进，每天前进的路程大约也就是30英里，在逆流而上的情况下，有时还走不了30英里。蒸汽船每天傍晚才停止前进，有时候停泊在国家的邮局（state post）前，有时候停在布道所前，但大多数情况下，它停泊在河岸边过夜。船长布置几个哨兵在周围警戒，派一些黑人去砍树，为的是给第二天的航行准备燃料。一位游客是这样描述一个典型场面的：

> 傍晚，一堆堆巨大的篝火被点燃了。在火光的照亮中，男人们将树干砍成一小段一小段的，每段长三四英尺……眼前的情景很是……壮观，伴随着……耳边斧子砰砰砰的砍斫声、大树哗哗哗倒下的声音、熊熊的火光、大锯锯木头的声音……收拾好的大块木头从一个人的手里扔到另一个人的手里，直到将其全部装到蒸汽船上。[11]

欧洲人和美国人睡在船上的客舱里，一般是上铺；伐木工睡在岸边的地上。黎明时分，一声哨音响起，人们纷纷登上蒸汽船、独木舟、蒸汽船牵引的平底船。接着，船尾的桨轮徐徐将蒸汽船向上游推去。

在缓慢地向上游进发的途中，威廉姆斯有充足的时间来了解之前一直让他魂牵梦绕的非洲。作为一位敏锐的观察者和经验丰富的采访者，他能够——这在新闻记者和历史学家中一样难得——不受其他人言论的影响。在河岸边的村庄、镇公所（state posts）、布道所，他发现的不是斯坦利和一些其他人所描述的仁政下的殖民地，而是被他称为“非洲大陆的西伯利亚”的地方。[12]在斯坦利瀑布时，他再也无法控制胸中的怒火，用那篇不同凡响的作品向世人集中揭示了非洲给他留下的印象。

在致国王的公开信的开篇，威廉姆斯表现出了充分的尊重：“尊贵的朋友，我荣幸地告知陛下，经过我深入研究之后的一些有关独立刚果邦的情况，望您明察。”在第二段，虽然他在称呼上将利奥波德抬高为“万王之王”，但是很显然，上帝并不喜 109
悦于目前在刚果发生的一切。[13]

看起来，这封公开信的作者的恐惧来自两个方面：其一是他看到的情况，其二是之前“我自己在演讲和文章里提到的，关于刚果这块土地、这个国家、它的君主那么多值得赞誉的事情”与“现在我从幻想中彻底清醒，极度失望和灰心”之间的强烈反差。接下来，威廉姆斯直奔主题，采用了他从事过的很多职业中的一种职业——律师的措辞。

“本人接下来提出的针对陛下个人的刚果政府的所有指控都进行过深入的调查；我已经认真准备了合格可信的证人、文件、信函、正式记录和数据的清单。”这些文件已被妥善保管，“直到有权召见证人、获取文件、主持宣誓、验证上述指控真伪的国际委员会的成立”。不难想象，被一个外国人用控告的语气和他说话，而且还是一个他最初奉劝不要去刚果的人，甚至还是一个黑人，利奥波德是怎样的恼火。

如果将这封公开信全文刊登出来，也只不过占用大约 10 来页的篇幅，但是，在这么有限的篇幅里，威廉姆斯却预见了十多年后有关刚果问题的国际抗议运动提出的几乎所有重要的指控。虽然到 1890 年时，对利奥波德的零散批评已在欧洲见诸报端，但是大多数指控集中于这位国王对外国商人的歧视上，而威廉姆斯关心的是人权，这部作品是第一次对利奥波德的殖民政权的全面、系统的指控。他提出的主要指控如下。

- 斯坦利和他的白人助手动用了各种各样的伎俩，让非洲人以为他们具有超自然的力量，逼刚果的酋长们将土地交出来。例如："他们事先从伦敦买了大量电池，将电池绑在衣服下面的手臂上，用一条绕过白人兄弟手掌的彩带将这些电池连接起来。当他热情地和黑人兄弟握手时，对方就会惊奇地发现这位白人
110 兄弟如此有力，以至于自己几乎被击倒……这位本地人询问两人之间的力气为什么区别这么大时，对方就会告诉他，白人可以将大树拔起来，拥有极其巨大的力量。"另一个把戏是用放大镜将干草点着后点烟，然后"那位白人吹嘘他和太阳的关系很亲密，还说，要是他让太阳把黑人兄弟的房子烧掉，太阳马上就会照办"。另一个花招是，白人夸张地给枪里装上子弹，但悄悄地将这发子弹滑到他的袖子里。接下来，他将枪交给面前的黑人酋长，然后走开一段距离，让那位酋长向他开枪。然后这位白人毫发无损地弯腰从鞋里取出那发子弹。"用这种伎俩……还有几箱杜松子酒，整个村子就成了陛下您的。"威廉姆斯写道，用这种方式买来的土地，"陛下您声称对它们具备所有权的法律效力和我自称是比利时陆军总司令的法律效力是一样的"。

- 斯坦利根本不是什么大英雄，相反，他是一个暴君。"一听到他的名字，这位淳朴的老乡就会浑身发抖。他们清楚地记

得，他如何背信弃义、满口污言秽语、动辄乱发脾气，殴打村民、滥施刑罚，靠着这些手段大肆掠夺土地。”（注意，威廉姆斯认为非洲人有权拥有非洲的土地，这对于他那个时代的白人来说是无法想象的。）在刚果国刚成立的几年里，到过刚果的欧洲人、美国人有数百人，但是，深入询问非洲人对斯坦利的看法的，威廉姆斯是有记录的第一人。

- 利奥波德沿河设立军事基地导致很多人死亡并破坏了建筑，因为为他们效力的那些非洲士兵也要填饱肚子。“这些强盗式的驻军用枪逼着村民上交鱼、山羊、家禽、蔬菜；稍有不从……白人军官就会带着远征队士兵过来，烧掉村民的房子。”

- “陛下的政府对待被抓来的村民残暴无比，稍有过错，他们就会遭受刑责，镣铐加身……颈上的铁项圈往往深深勒入囚犯脖子的皮肉，溃烂的伤口招来苍蝇飞舞，让伤口恶化。”

- 利奥波德一直宣称他新建立的这个国家提供英明的统治和公共服务，这完全是谎言。这里没有学校，没有医院，只有几个“连养马都不够格的”小窝棚。这片殖民地上几乎找不出
一个懂一点非洲语言的官员。“陛下治下政府的法院是一场闹 111
剧，冤案成堆，毫无公正可言。”（和其他方面一样，威廉姆斯提供了一个鲜明的例子：总督的一个白人仆人偷了一瓶酒却逍遥法外，而几名黑人仆人却被诬告受尽折磨。）

- 白人商人和官员绑架非洲女性做自己的小妾。

- 白人军官射杀村民，有时候强掳他们的妻女，胁迫幸存者给他们干活，有时候完全是为了取乐。“两个比利时军官从蒸汽船甲板上看到远处的独木舟上有一个村民……两个人就赌5英镑，看谁能开枪打中那个人。三声枪响之后，那个村民倒下了，头部被子弹打穿。”

● 利奥波德并不是他自我宣传的反奴隶制的斗士，“陛下的政府在从事奴隶的买卖，包括批发和零售。它买卖和劫掠奴隶。陛下的政府以每人 3 英镑的价格购买四肢健全的奴隶服兵役……为陛下位于刚果河上游的政府基站干活的劳力也是奴隶，各个年龄段的男女都有。”

威廉姆斯的行动还没有结束。在完成这封公开信之后的三个月里，他又写了《就刚果政府和刚果国致美利坚合众国总统的报告》（*A Report upon the Congo-State and Country to the President of the Republic of the United States of America*）。哈里森总统可能和利奥波德一样，不想再收到他的来信。在给总统的信中，威廉姆斯重复了他指控的内容，然后说美国对刚果负有特殊的责任，因为美国“将这一非洲政府引入了各国的姊妹关系中”。[14]和公开信一样，他在这份报告里运用个人案例来支持他提出的指控。“在斯坦利瀑布，有人在光天化日之下要送奴隶给我。晚上，我发现独木舟里挤满了奴隶，被紧紧地绑在一起。”威廉姆斯呼吁用一个“本土的而不是欧洲的，国际的而不是民族的，公正的而不是残忍的”新政权来代替这一“人压迫人的、残暴的政府”。

不管威廉姆斯呼吁非洲实施本土自治还是国际托管，欧洲和美国真正有人愿意将他的主张付诸实践是很多年之后的事情了。在威廉姆斯写给美国国务卿的一封信中，他似乎借用了一
112 个看似来自半个多世纪之后纽伦堡审判使用的词语。威廉姆斯在信中说，利奥波德的刚果国犯了“危害人类罪”（Crime against humanity）。[15]

* * *

这封公开信被印成了小册子。在 1890 年年末之前，当时这

位作者还没有结束他的非洲环游，这个小册子已经在欧洲和美国广为分发。不知道分发活动是谁组织的，但很可能是荷兰一家名为“新非洲贸易协会”（Nieuwe Afrikaansche Handels Vennootschap）的贸易公司。该公司在刚果设有贸易站，拥有一艘名为“荷兰号”的蒸汽船。威廉姆斯就是乘坐这艘船在非洲考察的。据说该公司的主管们对利奥波德在他的新殖民地上排挤外国商人，让国王自己和合作伙伴垄断高利润的象牙生意的做法颇为不满。但是，威廉姆斯不让这家公司影响自己的观点：公开信中提到自由贸易问题的篇幅很小，而且出现在指控列表非常靠后的地方。

公开信发表之后，曾经派斯坦利前往非洲的《纽约先驱报》以“非洲自由邦政府被一位美国公民指控为残暴政府——呼吁展开调查”为标题投入整版篇幅刊登了这份公开信。文章还引用了斯坦利的评论。斯坦利说这封公开信“蓄意敲诈”。[16]对威廉姆斯更为不妙的是，他的赞助人柯林斯·P. 亨廷顿认为他在造谣中伤利奥波德。他认为国王“对那个国家的民众关怀备至”。[17]

狂怒的利奥波德告诉驻布鲁塞尔的英国公使不要相信威廉姆斯的话。“国王对威廉姆斯上校的各种评论或许都是事实，”这位公使向内政部报告说，“不过，我怀疑威廉姆斯的小册子里有很多让人不悦的事实。”[18]利奥波德的一个顾问在回忆录里写道，利奥波德召开了一个紧急会议，商讨怎样应对“威廉姆斯的小册子”，因为巴黎媒体正在将它变成一桩“真正的丑闻”。[19]

利奥波德和助手迅速策划了一轮反击。有人在《布鲁塞尔报》（*Journal de Bruxelles*）提出“首先，威廉姆斯先生是何许人也？此君根本不是什么美国上校”。该报在随后的几篇文章里就用“所谓‘上校’”、“那位冒充的上校”、“一位精神有问题的黑人”、“那位假冒上校的威廉姆斯先生”指代威廉姆斯。[20]（当然，这家比利时媒体从来没有质疑亨利·谢尔顿·桑福德“将军”头衔的真伪。）与利奥波德的刚果项目关系密切的《地理运动报》（*Le Mouvement Géographique*）也攻击威廉姆斯说，
113 虽然刚果原住民没有得到完全公正的待遇，但是美国的印第安人也没有得到这一点。

但是，其他比利时报纸郑重地对待了威廉姆斯提出的指控。不带偏见的《改革报》（*La Réforme*）说：“在一个由商业投机行为主导的刚果，加上一个没有约束的个人专制政权，而且这个政权的大独裁者从来没有涉足他治下的那个国家，肯定要催生那个美国游客指出的大部分严重行为。”[21]《布鲁塞尔信使报》（*Le Courrier de Bruxelles*）说：“我们不会把刚果政府辩词中所有内容都看作绝对的事实。”[22]其他国家的报纸也报道了这件事，他们有的刊登了威廉姆斯的所有指控，有的摘录了其中的大段内容。

1891 年 6 月，公众的不满情绪震动了比利时议会。一些议会代表和首相站起来为国王辩解。几个星期之后，刚果自由邦发布了一篇长达 45 页，上面有几位最高行政官签字的报告。英国驻布鲁塞尔公使馆向伦敦汇报说，这篇报告的目的明确，就是要“反驳威廉姆斯上校和其他人提出的指控”。[23]

在此期间，威廉姆斯已经结束了非洲的考察行程，在埃及停留。在那里，他因肺结核而病倒。他又陷入了拮据的窘境。他照例拿出在为某位大人物执行紧急任务的派头，居然说服英国驻开罗公使伊夫林·巴林（Evelyn Baring）爵士给他派去了一个医生。他用身上仅剩的 14 英镑不顾一切地向亨廷顿发了几

封请求接济的求助电报。等到身上有了一些力气之后，他巧妙地说服一艘英国蒸汽船将他免费带往英国。在这艘船上，他认识了一个先前给印度的一个英国家庭当家庭教师的年轻英国女子。等到船抵达英国之际，两人已经订婚了。就这样，威廉姆斯在伦敦住了下来，虽然他还没有解决上一次造访伦敦引起的债务纠纷。不久，他的肺结核又严重起来。他的未婚妻和未婚妻的母亲将他带到布莱克普尔（Blackpool），希望那里的海风能治好他的病，让他可以继续撰写关于利奥波德的刚果的那本书。

他们没有如愿。1891 年 8 月 2 日清晨，乔治·华盛顿·威廉姆斯去世了，当时陪在身边的有他的未婚妻及其母亲、一位牧师、一位医生。他享年 41 岁。在比利时，《地理运动报》幸灾乐祸地报道了他的死讯，将他与焚毁德尔斐（Delphi）的暴徒相提并论。当代研究外交的历史学家 S. J. S. 库基（S. J. S. Cookey）在文章中写道："他的早逝让刚果政府无须再去费心琢磨怎样对付一个让他们极为头痛的对手。"[24]他被葬在布莱克普 114
尔，坟前没有墓碑。直到 1975 年，他的坟前才有了一块像样的墓碑——给他竖碑的是为他立传的历史学家约翰·霍普·富兰克林（John Hope Franklin）。

很显然，葬礼结束之后，威廉姆斯的英国未婚妻才知道，他在美国还有妻子和一个 15 岁的儿子。从这桩隐瞒事件和其他伎俩，从赖账到吹嘘子虚乌有的博士学位，可以看出他具备骗子的某些特点。但是，在某种意义上，这是他具有极大勇气的另一面，这种勇气让他敢于挑战一国之君和他的官员，以及当时的整个种族制度。其他人，如乔治·格伦费尔（George Grenfell）和他形成了鲜明的对比。格伦费尔是一位资深的英国传教士，曾经在刚果河上接受过威廉姆斯的采访。格伦费尔亲眼看见了各种暴行，包括利奥波德的政府雇员购买戴着镣铐的奴隶，但是他在与威廉姆斯交往的几天里给国内写的信件中，感到他无法“公开质疑这个国家的行为”。[25]不管威廉姆斯在简历中如何添枝加叶，他写下的有关刚果的所有内容，后来几乎都被其他人用详尽的材料充分证实。

威廉姆斯的公开信是来自内心的愤怒呼喊。这封信不但没有给他带来任何利益，还因此得罪了他的赞助人亨廷顿，让威廉姆斯无法落实他的计划——将美国黑人带到刚果。这封信也没有为经常缺钱的他带来一个子儿的回报。在他弥留于国外海滩景区的最后几个月里，它给他带来只是诽谤和中伤。在他1890年远赴刚果时，将近1000个欧洲人和美国人先后去过刚果或在那里工作过。威廉姆斯是唯一大声疾呼并坚持不懈地多次深入揭露其他人否认或没有注意到的情况的人。后来几年发生的事情更加证明了这篇文字的预见性。

8 没有《十诫》的地方

利奥波德将新成立的刚果国的首都定在港口城市博马，它 115
就在距离大西洋不远的刚果河岸边。就是在这里，斯坦利 1877
年最终完成了他横穿非洲大陆的艰辛壮举。在 19 世纪 90 年代
初，博马港完成建设时还有了一辆窄轨火车——一台蒸汽机牵
引着几节车厢——往来于繁忙的码头、贸易公司的仓库和凉爽
的高原之间。这里矗立着政府办公楼、在政府机构里上班的欧
洲人的住宅。博马还有一个钢铁结构的天主教堂、一个为欧洲
人设立的医院、一个邮局、一个向任何刚刚抵达这里的重要人
物鸣炮致敬的军事基地、一个两层的旅店。75 名白人官员每天
三次，分别是早上 6:00、中午 11:45、下午 6:30，乘坐火车从
山上下来，穿过橡胶种植园，前往旅店的餐厅用餐。唯一不在
这里吃饭的白人是总督。他在他气势恢宏的，有圆形屋顶、法
式落地窗和门廊的维多利亚式官邸里用餐。每年，这里都要通
过一些活动，如阅兵仪式、射击大赛、天主教黑人儿童唱诗班
音乐会，来庆祝国王的生日。[1]

虽然有气势不凡的官邸，有身穿蓝色制服、头戴红色非斯帽的卫兵保护，刚果总督拥有的权力远不及英国、法国或德国的殖民地总督。与其他非洲殖民地相比，刚果更多地由欧洲直接管理。刚果自由邦的真正总部不在博马，而是在布鲁塞尔的办公套间里，一个套间在王宫内，其他套间不是在隔壁就是在
马路对面。刚果的所有高级和中级行政人员都由国王亲自任命 116

和提拔。最上层是由三四个比利时人组成的微型内阁。他们在比利时办公，直接向利奥波德汇报工作。

利奥波德对这块辽阔土地的独裁统治与他在国内越来越小的权力形成鲜明对比。在他晚年时，有一次他在书房与几个内阁大臣谈话。他的外甥艾伯特王子，也就是法定的王位继承人打开了窗户，一阵风将桌子上的几页文件吹落在地。利奥波德让艾伯特将文件捡起来。这时，一位大臣急忙要替艾伯特去捡文件。国王对这位大臣说："让他捡，将来宪政制度下的国王必须学会弯腰。"[2]但是，在刚果，利奥波德根本不必弯腰。他的权力是无限的。

在最底层，国王对这块殖民地的统治由遍布这片广阔土地的行政区和河边基站的白人来执行。有的人连续几个月看不到蒸汽船的到来。在偏僻的内陆，一些规定的执行很不到位。不过，至少根据书面规定，即使是级别最低的基站负责人每天也会分配到一瓶红酒和大量的英国酸果酱、丹麦黄油、罐装午餐肉、汤、调味品、肥鹅肝酱，以及斯特拉斯堡市（Strasbourg）菲舍尔饭店（Fischer's）的其他肉酱。[3]

针对这些行政人员，利奥波德设计了数量庞大的奖章。这些奖章的级别可以反映出帝国统治等级的迅速增加。例如，非洲之星勋章有6个等级，从大十字级（grands-croix）到高级骑士勋章（commandeurs）再到低级的普通勋章（médaillés）。利奥波德设计的用以"表彰和感谢为王室效力"的王室雄狮勋章也分为6个等级。针对与利奥波德政权合作的非洲酋长，他也设计了专门的勋章——根据"效力"的程度颁发铜、银或金质勋章。勋章的一面是利奥波德的侧面像，另一面是刚果国的盾徽和文字"LOYALTY AND DEVOTION"（忠诚和奉献）。

利奥波德的刚果政府里的白人官员一般都是单身汉，很多人在非洲本地纳了一个或多个小妾。但是，在世纪之交，一些官员开始带妻子过去。一些不带妻子过去的人求助于一家“有进取心”的英国婚姻介绍机构，从欧洲“邮购”新娘。[4]

19 世纪 90 年代拍摄于偏远的刚果驻地的照片，基本都属于同一个类型。从长长的影子判断，很可能是黄昏时分。照片中的两三个白人男子身着西服打着领带，戴着大帽檐的遮阳帽，
这种帽子很像是白色的伦敦警察帽。他们坐在柳条椅上，脚边 117
有一条狗，他们的背后是一顶帐篷或茅草顶的房子。他们面露笑容。他们身后是没有笑容的非洲仆人，手里是某个标志着他们地位的东西：一个托盘、一条搭在胳膊上的毛巾、一个准备斟酒的酒瓶。餐桌上放着酒杯或茶杯，象征着家里的舒适惬意。白人男性总是一袭白衣。

* * *

支撑这些场景的是布鲁塞尔王室颁布的诸多法令。第一个也是最重要的法令发布于 1885 年刚果国正式宣布成立的那一天。那份法令宣布，所有“闲置土地”都是国家财产。该法令没有说明造成土地闲置的原因。当然，看上去闲置的土地往往是人们将庄稼种在别的地方，而专门让田地休耕的，尤其是在热带，因为那里的降雨会冲走土地里的肥料。

一切可以快速收获的东西都是利奥波德攫取的对象。在这个意义上，他将闲置土地和非闲置土地都看作自己的财产。他有权获得每一块土地产出的东西。不管是在荒野游荡的大象的象牙，还是可以供给士兵的村民种的蔬菜，统统都是他的。

但是，他没有足够的资源去攫取这片土地上的所有财富。

于是，他又颁布了一连串法令，将刚果划分为几个面积广大的地区。这些地区里的“闲置土地”以特许使用的方式，长期出租给一些私人公司使用。这些特许公司的股东大多数——但不是全部——是比利时人；并且，这些公司的联合董事会中有很多人是刚果的高级官员。但是，在每个公司中，国家——实质上就是利奥波德本人——往往拥有50%的股份。在建立这种架构的过程中，利奥波德就像是今天的风险投资者。他实际上是让别人给他的运作方案投资，而他则获得一半的投资收益。如果算上公司上缴国家的各种税费，他的收益要超过一半。

但是，与市场上的风险投资者不同的是，国王除了投入资金之外，还部署军队和政府官员。他动用军队和政府官员将不同意让他分得一杯羹的大多数企业排斥在这片土地之外。那家为威廉姆斯游历非洲提供蒸汽船的荷兰公司发现，象牙生意面临来自刚果国官员的激烈竞争。那些官员经常拦截他们的蒸汽
118 船，有一次还动用了枪炮。根据该公司的历史事件可知，有一次，“政府宣布某一地区进入戒严状态，商人不得进入该地区。等到戒严状态解除之后，那里的所有象牙都不见了”。[5]

这个时候，这位国王仍然说，赚钱是他最后才会考虑的事情。“我感谢你昨天针对刚果国的敌人散布的谣言、针对有关保密能力和趋利的指责说了公道话，”他在1891年的一次议会辩论之后写给首相的一封信中说，“刚果国绝对不是商业机构。如果它在某些地区收集象牙，那只是为了减少政府赤字。”[6]

而且他还说，即使是让非洲人帮忙收集象牙，那也——他居然好意思这么说——不是为了赚钱，而是为了将这些愚昧无知的人从懒惰中解救出来。有关非洲人多么懒惰的言论在欧洲列强瓜分非洲土地的过程中一直不绝于耳，就像先前被用来充

当对美洲的征服的辩解之词一样。利奥波德曾对一位美国记者说："对于有几千年食人历史的人种，有必要动用各种手段改变他们的懒惰习性，让他们意识到工作的圣洁之处。"[7]

从 19 世纪 90 年代开始，利奥波德认为最"圣洁"的事情就是获取能够找到的所有象牙。刚果国官员和非洲下属（African auxiliaries）在乡野进行大搜索，他们把象牙洗劫一空，射杀大象，用极低的价格从村民手中收购象牙，或者干脆没收充公。刚果各民族捕猎大象已有数个世纪，但是现在，除了利奥波德的代理人之外，他们不能将象牙卖给或送给任何人。一个严格设计的象牙收集方法为后来的很多事情埋下了伏笔。这个方法就是国王在 1890 年强制推行的佣金结构。根据这一方法，收购象牙的代理人可从象牙的市场价值中获得一定比例的利润——不过这一比例是浮动的。如果象牙的收购价是每千克 8 法郎，代理人获得的利润是比这个价格高很多的欧洲市场价格的 6%。佣金是逐级增加的，如果象牙的收购价格是每千克 4 法郎，那么代理人的利润就提高至 10%。[8]这样，代理人就有强大的动力——如果必要的话，动用枪——强迫非洲人接受极低的价格。

这些比利时法郎几乎一个子儿都没进入刚果猎象者的腰包。他们只是得到了数量很少的诸如布料、珠子这类东西，或者是国家法令颁布的主要货币——铜棒。对于非洲人，现金交易是不允许的，因为现金的自由流通会削弱当地实质上的指令性经济模式。

这种指令首先是征集劳动力。起初，国家最需要脚夫。和 119
斯坦利一样，官员如果要离开刚果河航运系统进入荒野地带——去收集象牙、建立新的贸易站、镇压叛乱——就需要大量的脚夫搬运从机枪子弹到红酒、肉酱的所有东西。这数万名脚夫一般会得到薪水，虽然这份薪水有时只是让他们能够继续走路所需要的食物，但是大多数脚夫是被征入军队服役的士兵。孩子甚至也被招来干活：有人看见一些 7 ~9 岁的孩子每人扛着重达 22 磅的东西。[9]

“一队可怜的家伙，脖子上拴着链子，扛着我的大小箱子向码头走去”，一个刚果官员在他的回忆录里淡然地说。[10]在行程的下一站，他需要更多的脚夫在陆路上搬运东西：“那里有大约 100 来个脚夫，在挥舞着鞭子走来走去的监工面前浑身发抖，战战兢兢。每个身材健壮、后背宽阔的脚夫，像木乃伊一样骨瘦如柴，皮肤都磨破了……结了很厚的痂，上面是化脓的伤口……没有关系，他们完全能把这活儿干好。”

在航运水道被激流隔断的地方最需要脚夫，尤其是在铁路建好之前，港口城市马塔迪和斯坦利池塘之间那段需要步行三个星期的道路。这条路是供应品送往内陆，内陆的象牙和其他值钱物品运往海边的必经之路。将拆开的蒸汽船运往刚果河上游河段是所有工作中最耗费体力的活儿：一艘蒸汽船需要 3000 名脚夫。[11]下面是比利时参议员埃德蒙·皮卡德（Edmond Picard）描述 1896 年他在大激流附近的路上看到的一队脚夫：

> 我一路上见到的脚夫越来越多……身体黝黑，表情痛苦，身上只有腰部一块脏得可怕的布遮体，头发卷曲，没有帽子，扛着重物——箱子、包裹、象牙……大桶。大多数人面带病容，身上的重荷，再加上劳累和饥饿——每顿饭是一把稻米和一些发臭的鱼干——让他们一个个无精打采；他们好可怜，就像是支撑房梁的人肉柱子，用猴子般

> 的细腿扛着牛马的重担。他们形容憔悴，因为要全力让自己保持平衡，加上过度疲惫产生的恍惚感，他们大睁着的眼睛呆滞而无神。这样来回往返的脚夫有数千人……拥有全副武装的军队的国家可以命令他们做事，作为他们先前主人的酋长可以将他们送给别人，可以侵吞他们的薪水。这些脚夫弯曲着双腿向前小跑着。他们肚子前倾，抬起一只胳膊扶着肩上扛着的重物，另一只手倚靠在一个很长的拐杖上，身上满是尘土和汗水。他们就像昆虫一样，一队
> 队散布于高山、峡谷间的小路上，做着传说中西西弗斯 120
> (Sisyphus) 做的艰苦劳役。他们不是因为长途奔波劳累倒毙路上，就是在回到家里之后，因工作过度累死在村子里。[12]

被迫长途搬运重物的脚夫死亡率尤其高。1891 年，地区长官保罗·勒玛里内尔（Paul Lemarinel）招募了 300 名脚夫，强迫他们步行扛运物资到 600 英里之外的地方去修建新哨所，这 300 名脚夫一个也没有回来。[13]

* * *

虔诚的天主教教徒和君主制的拥护者斯坦尼斯拉斯·勒弗朗（Stanislas Lefranc）是一位比利时的检察官。他曾经在刚果做地方治安官。一天清晨，住在利奥波德维尔的他听到很多孩子在拼命哭叫。

于是，勒弗朗开始寻找这些叫声的来源。他发现“大约 30 个小孩子，有几个只有七八岁大，所有人排成一队等着受罚。他们惊恐万分地看着他们的同伴被人鞭打。因为身上的剧痛，

被打的人大多数吓得要命……不住地乱踢，监工只得命人按住他们手脚将他们提起来，让他们身体悬空……每个孩子身上挨了25鞭子”。[14]后来，勒弗朗得知，这些孩子之所以挨打，是因为前一天晚上有几个孩子在一个白人男子面前大声笑。那位白人命人将城里所有做仆人的男孩每人抽50鞭子。剩下的部分定在第二天早晨的6点钟执行。勒弗朗设法让它中止了，但他也被告知不能再进行这种抗议，因为抗议会扰乱纪律。

勒弗朗看到的是利奥波德治下的刚果使用的最重要的一种工具，在当地人的眼里，它和蒸汽船、来复枪一样，很快就和白人的统治密切联系起来。这种工具被称为“chicotte”——用太阳下晾干的生河马皮裁剪出的边缘锋利的硬皮，做成的形状如螺旋拔塞器的鞭子。Chicotte一般用来抽打“犯人”裸露的臀部。这种鞭子抽下去，会留下永久性伤疤。抽25下就会让人失去知觉，100下或100下以上——这种惩罚并不罕见——往往会置人于死地。

勒弗朗后来又目睹了很多chicotte鞭刑。虽然他在比利时出版的小册子和在报纸上发表的文章里描述了chicotte鞭刑，但是没有在读者中引起较大反响。

121 > 该打谁，由基站的负责人说了算……即将被打的人浑身颤抖，脸色苍白地趴在地上……他的两个搭档，有时候是四个，按住他的手脚，褪去他的内裤……每一鞭子抽下去，被打的人皮肤上就会产生一道红色的鞭痕。不管被按得多牢，被打者都会大口吸冷气，身体剧烈扭动……刚开始，被打的人还会发出撕心裂肺的喊叫声，但很快就会变成无力的呻吟……更为可恶的是，我亲眼看见在被打的人站起来之后，有的军官还命令喘着粗气的他们敬一个标准的军礼。[15]

勒弗朗披露光天化日之下的恐怖事件，结果只是让人们觉得他是一个怪人，或者在故意捣乱。他“对由于工作关系本应该知道的事情表现出一种令人惊讶的无知。一个二流的代理人”，[16]代理州长在一份个人评价中写道。为了不让他再抱怨，勒弗朗写道，官员们下令将那个基站的行刑地点换到了一个地方，而不是在他住处的旁边。

除了勒弗朗，为这个政权工作的欧洲人很少留下目睹这种官方认可的恐怖行为之后感到震惊的记录。造访这片土地的白人有军官、蒸汽船船长、国有公司或特许公司的主管，他们大都不假思索地认可了 chicotte 的使用，就像是半个世纪之后，几十万身穿军装的人接受了上级交代的任务，去纳粹的集中营中工作一样。“坏人什么时候都有，”普里莫·莱维（Primo Levi）在回忆他当年在奥斯维辛集中营的经历时说，“但是这种人数量很少，无法造成真正的危险。更为危险的是……国家公务人员（functionaries）开始相信并不带任何问题地执行命令。”[17]

是什么让刚果的国家公务人员开心地目睹 chicotte 的挥舞，并且，如我们亲眼所见，还用其他方式折磨和杀害非洲人？第一，当然是人种。对于欧洲人来说，非洲人是劣等人种：懒惰，未开化，比动物高级不了多少。实际上，给他们分配的最常见的活儿就是将他们当动物，像牛马一样使用。在任何恐怖政权中，国家公务人员首先不能将受害者看作人，维多利亚时代的人种观念正好提供了这样的基础。

第二，刚果的恐怖统治受到了政府的认可。对于一个白人来说，反对就意味着挑战为你提供饭碗的制度。你身边的所有人都参与其中。与这一制度同流合污，你就能拿到薪水，获得 122
晋升，得到勋章。因此，看到布鲁塞尔、巴黎、斯德哥尔摩街头有人用 chicotte 打人会感到无比震惊的人会认为发生在不同背景下的相同行为是一件很正常的事情。我们可以从半个世纪之后的另一个背景中听到这种思维的回声："说实话，"佛朗兹·斯坦格尔（Franz Stangl）在谈到他担任索比堡（Sobibor）、特雷布林卡（Treblinka）纳粹死亡集中营的指挥官期间发生的大屠杀时说，"人们确实会慢慢习惯。"[18]

在这样的体制里，经常帮助政府公务人员"慢慢习惯"的是一点点象征性的距离。这种距离无关乎受害者，而指的是主管官员和实施这一恐怖做法之具体行为之间的距离。二战之后受审的纳粹战犯经常引用这种距离为自己辩护。例如，约翰·保罗·克雷默（Johann Paul Kremer）医生。克雷默是党卫军里的一名内科医生，他喜欢在新鲜的人体组织上做病理学研究。他这样为自己辩解：

> 病人被放在解剖台上时仍然活着。我走近解剖台，问了那人和我医学研究有关的几个具体问题……我了解了想要了解的情况之后，勤务兵过去在他心脏的位置打了一针，他就死了……我本人从来没有注射过那致命的一针。[19]

"我本人从来没有注射过那致命的一针。"虽然刚果的一些白人很喜欢用 chicotte，但是大多数人让自己和那个可怕的对象保持类似的象征性距离。"起先，我……感觉自己应该为吩咐人处罚那些其行为似乎应当受此惩罚的人负责任，"曾经给开赛河流域的一家公司工作的拉乌尔·德·普雷摩里尔（Raoul de Premorel）回忆说，"但是很快……我发现，吩咐他们按照我的意思行刑是一件很惬意的事情。看起来最好的办法是让每个非洲监工（capita）给他自己的同胞行刑。”[20]

因此，大多数的 chicotte 鞭刑是一些非洲人在另一些非洲人的身上执行的。这对征服者来说，具有另外一层意义。这种做法可以从被征服者中产生一个工头阶层，就像是纳粹集中营里的“犯人头目”（kapo）和苏联古拉格里的“模范囚犯”（predurki）。就像让人产生恐惧感是征服的一部分，强迫某些人 123
实施让绝大多数人产生恐惧感的行为也是征服的一部分①。[21]

最后，当恐惧成为官方认可的、不容置疑的工具时，充分使用这一工具就和男子气概联系在一起，就像是战场上从容镇定的士兵就是好士兵一样。这就是“慢慢习惯”的极致。举个例子，一个叫乔治斯·布里克斯（Georges Bricusse）的基站负责人在日记里描述了 1895 年一个偷了一支来复枪的男人在他的命令下被绞死的情景：

> 绞架放好了。绳子系得太高。他们将那个黑人抬起来，将套索绕在他的脖子上。绳子扭曲了一会儿，然后砰的一声断了。那个人在地上扭动。一颗子弹从脖子后面打入，问题一下子就解决了。这一次我一点感觉也没有！想起第一次看到用 chicotte 实施鞭刑的时候，我吓得脸色发白。非洲毕竟还是有一些用处。我现在可以像走入一场婚礼一样走入一片大火中。[22]

① 如果部下靠不住，这些征服者有时候会采取某些预防措施。1900 年，在 18 名参加兵变的黑人士兵被处决的时候，一位摄影师记录下了这一幕：兵变士兵被绑在一排柱子上，一个由黑人士兵组成的行刑队一起开枪行刑。如果行刑队士兵一旦有所犹豫，博马的所有白人就会成一长列站立在相对于上述两队士兵的一个恰到好处的角度上，每个戴着遮阳帽的白人男子手里都紧握着一支步枪。

* * *

利奥波德在幅员辽阔的刚果部署的控制框架具有很强的军事性质。毕竟，没有军队，你就无法强迫人们离开村子和家人，一连几个星期或几个月去背扛 65 磅重的东西。国王对于在非洲调动他自己的军队乐此不疲，因为在比利时，他一直和立法委员相持不下。后者不像他那么热衷于修建坚固的堡垒，增加军费支出以及大规模征兵。

自从 1879～1884 年派斯坦利去非洲圈地以来，利奥波德就已经开始在非洲使用雇佣军。1888 年，他将非洲雇佣军改编成“公安军”（Force Publique），这是一支专门为这一新国家组建的军队。在接下来的 12 年里，这支军队扩大到拥有 19000 名军官和士兵的规模，成为中部非洲实力最强大的军队。[23]19 世纪 90 年代，它消耗了这个国家一半以上的预算。[24]这支军队兼有围剿
124 游击队、充当占领军、担任公司保安部队的职责，它平时以小股守备部队的形式存在——一般由一两个白人军官带领几十个黑人士兵驻守在河岸上。最初的几个军事据点迅速在 1900 年成长到 183 个，到 1908 年时已有 313 个。

公安军忙得不可开交。国王的很多“子民”属于不服输的好战民族。十几个少数民族组织了大规模的起义，反对利奥波德的统治。[25]亚卡人（Yaka）在 1906 年被镇压之前，抗击白人超过 10 年。乔克韦人（Chokwe）的起义坚持了 20 年，沉重打击了利奥波德的军队。博阿人（Boa）和布贾人（Budja）动员了 5000 多人在雨林深处进行了一次游击战。就像是 70 年后美国人将绥靖（pacification）一词用于越南战争一样，公安军的围剿活动被官方称为侦察绥靖（reconnaissances pacifique）。

欧洲人抵达之前的非洲到处是战争和冲突，一如欧洲本土。即使是在利奥波德统治期间，刚果的暴力活动也不局限于殖民者与被殖民者之间。因为在这之前，很多刚果民族之间就有战事，所以公安军往往可以与一个民族结盟来打败另一个，第一个民族迟早会发现自己也被征服了。当发现兵力在广袤的土地上过于分散时，利奥波德的指挥官就会灵活地运用这种结盟方式。尽管如此，还是先进的武器最终确保了战争的胜利——并留下一段由胜利者书写的历史。

但是，即使是从以上资料里，我们也可以一瞥那些起义军的果敢。在非常靠南的加丹加地区（Katanga），桑加族（Sanga）的武士们在酋长穆鲁姆·尼阿马（Mulume Niama）的率领下奋起抗击。[26]虽然政府军拥有大炮，但他的部队进行了激烈的抵抗，杀死1名军官，打伤3个士兵。后来，他们躲进一个名叫“Tshamakele”的白垩质山洞。公安军的司令官命令部下在山洞的3个出口处点火，想把他们熏出来。一个星期之后，他派人去劝穆鲁姆·尼阿马投降。但是，这位酋长和部下拒绝投降。公安军再次点着了洞口的火，围了山洞3个月。他们后来进去后发现了178具尸体。因为害怕留下烈士墓的痕迹，公安军士兵引发了山体滑坡，将Tshamakele山洞和穆鲁姆·尼阿马及其部下的遗体掩埋得看不出任何痕迹。

另一场起义发生在刚果河大激流下游的商业要道沿线。一个臭名昭著的政府代理人，即一个名叫尤金·隆美尔（Eugène Rommel）的比利时人，在那里建立了一个基站，为政府招募从 125
马塔迪到斯坦利池塘之间三个礼拜的崎岖道路的脚夫。19世纪90年代中期，政府在这条路线上需要5万名脚夫。[27]不像是自己雇佣脚夫并和其议定薪水的新教传教士和一些个体商贩，刚果政府——根据利奥波德的相关命令——使用强迫劳动（forced labor）。隆美尔将他的工作站命名为“Baka Baka”，意思是“抓人，抓人”。

一个名叫那苏（Nzansu）的当地酋长领导了一场起义。1893年12月5日，他们伏击和杀死了隆美尔，并将他的工作站一把火烧为平地。起义军还放火烧了镇公所，抢劫了附近的两个镇公所，并杀死了这两个镇公所的两个白人官员，打伤了几个白人。但是，他们放过了穆金班谷（Mukimbungu）——这条路上的一名瑞典传教士。那苏甚至将这条路上被遗弃的一些给养送给他，还将部下从布道所缴获的一些东西还给了他。一位名叫卡尔·西奥多·安德森（Karl Teodor Andersson）的牧师在写给瑞典其他教友的信中说：

> 如果国内教区的朋友看了信里或报纸上有关这些地区动乱的消息而担心我们是否安全的话，那么，我在这里报个平安……叛军的领袖，即卡西（Kasi）的那苏酋长告诉我们，他不会伤害我们中的任何人，因为我们的所有表现都证明我们是黑人的朋友。但是，对于政府的人，他发誓不放过他们。任何人了解这里情况的人都不会对此感到意外。[28]

这一起义对政府的震动尤其大，因为它完全阻断了通往斯坦利池塘的那条至关重要的运输路线。为了平息这次起义，政府调派了一支由15名白人军官和200名黑人士兵组成的部队。另外一位瑞典传教士C. N. 博利森（C. N. Börrisson）几周之后给家里写信说：“起义军没有逃跑……而是集结在领头人的村子里。他们在那里拼死苦战，虽然其他人的村子都已化为灰烬。”[29]

博利森继续坚决替那些我们无法听到声音的起义军说话：

> 种瓜得瓜，种豆得豆。实际上，政府才是引起这些起
> 义的真正原因。奇怪的是，那些自诩文明人的人以为他们
> 可以任意处置他们的同类——虽然对方的肤色和他们不一
> 样——［那些官员中］名声最差的绝对是已故的隆美尔。[30] 126
> 人不应该说死去的人的坏话，但是我还是要简单地说一些小事情，证明这场冲突是有原因的……当村里的人拒绝给他搬运［给养］，不愿意以低于市场价的价格卖给他东西时，他就把村里的女人囚禁起来……他不顾廉耻地跑到我们布道所来，绑架教会学校的女学生，用非常下流的方式对待她们。一个星期日的早晨，安德森修士和我去邻村解救被他手下的士兵拘禁起来的三个可怜的女人。他将她们关起来，是因为其中的一个女人向他讨要之前隆美尔从她手里拿去的一个石头水罐……
>
> 先前被他拘禁的那些女人怎么样了？一部分被救了出来……她们的丈夫用尽办法，竭尽所能，终于让他们最亲爱的人回到他们身边。其他人被迫到田野中劳作，还被迫做娼妓……我们这里最受大家尊重的几个人……泪流满面，万分焦急地告诉我们，他们看到 700 多个女人被链子拴在一起，被带［到海边的蒸汽船上去了］。“还有，”他们说，“对他们来说，砍掉我们的头，就像是砍掉了一只鸡的头……”
>
> 现在，还有人对这种不满的最终爆发感到惊讶吗？那

> 苏，也就是这场起义的领导者，杀死［隆美尔］的那个人，只是想做刚果的奥格尔布雷希特（Engelbrekt）和民众眼中的古斯塔夫·瓦萨（Gustaf Wasa）。他的追随者对他很忠诚，就像当年的瑞典人对他们的领袖一般。

这位传道士将那苏与15～16世纪瑞典的两位保卫国家、抵抗外敌的英雄相比较。两个瑞典人都是贵族，他们率领农民起义军反抗残暴的外国国王。瓦萨成功了，他后来被选为瑞典的国王。那苏没有那么幸运，他带领他的武士们坚持与国王的公安军作战达8个月之久。虽然敌人几次对他们实施了焦土政策，但他们与公安军之间的零星战斗又持续了5年。关于那苏最后的命运，似乎没有确切的记录。

127 公安军所有正式获得军衔的军官和一些中士是白人，他们中大多数是比利时人，但也有一些人来自其他国家。他们自己的部队往往十分乐于给他们提供在别处获得几年作战经验的机会。普通士兵都是黑人。在最初的几年里，来自桑给巴尔和英国西部非洲殖民地的雇佣兵迅速超过了招募的刚果本地士兵，后者大多数是义务兵。即使是那些自愿应征入伍的人也经常造反。为什么会有人自愿入伍，其原因正如一个士兵向一个欧洲游客说的，他与其“和被围捕的在一起，不如和猎人在一起”。[31]薪水低，伙食差，经常因为最微小的过错遭受chicotte毒打，很多人想了各种办法逃跑。最初，军官不得不将大量时间花在抓逃兵上。后来，为了防止士兵开小差，政府开始将新兵送到距离家乡非常远的地方去服役。7年兵役结束之后，可能要走几百到1000英里，才能回到家乡。有时候，即使7年期满士兵也未必被允许回家。

士兵的不满很容易发展成为兵变——有的规模大，有的规模小。第一次大规模兵变爆发在中南部热带稀树大草原的卢卢阿布尔（Luluabourg）军事基地，时间是 1895 年。这一军事基地的最高指挥官马蒂厄·佩尔泽（Mathieu Pelzer）是一个因欺侮部下而出了名的人。他经常对部下拳脚相加，动辄命人用 chicotte 对犯错的士兵狠抽 125 鞭子。他发现他的非洲小老婆偷汉子之后，命人打死了她。[32]一次，佩尔泽下令惩罚一个士兵，但是行刑的人刚刚举起 chicotte，一个名叫冈多鲁（Kandolo）[33]的中士走上前去，从他手里夺下了鞭子。[34]不久，针对佩尔泽的兵变爆发时，首领是一群愤怒的没有军衔的黑人军官，冈多鲁是他们的首领。

士兵们向佩尔泽的住所进攻。佩尔泽负伤逃入荒原。叛军找到并杀死了他。叛军在冈多鲁的带领下，身穿白衣，骑着公牛，进攻公安军的其他驻地。一路上，他们从黑人士兵中争取了很多支持者，杀死了好几个欧洲军官。在大半年里，叛军控制了开赛的大部分地区。在荒原中，他们化整为零，多次成功躲过和打败了前来围剿的全副武装的政府军。一年后，公安军军官担忧地估计仍然有 400~500 个叛军士兵在逃，担心他们会召集新成员，与当地酋长联合起来，共同对抗政府。镇压这场兵变让公安军损失了数百名黑人士兵和脚夫，15 名白人军官和军士，其中一个人是美国人林赛·伯克（Lindsay Burke）中尉。 128
这是一个 26 岁的奥尔良人，来非洲还不到一年。1897 年年初，他和 27 名士兵中了埋伏，全部被杀。虽然冈多鲁在战斗中受了致命伤，但两名在兵变中起到作用的部下，雅姆巴-雅姆巴（Yamba-Yamba）和金普吉（Kimpuki）带领队伍继续打游击，直到他们战死于 1908 年，也就是发动兵变后的第 13 年。[35]

1897 年，在这个国家的另一端，也就是这个国家的东北部，爆发了一场大规模的兵变。参加兵变的有 3000 名士兵和同样数量的脚夫和后勤人员。按照利奥波德的要求，这些人要长途跋涉前往尼罗河的源头。在森林、沼泽里艰难跋涉了好几个月之后，人们终于受不了了。这场兵变持续了 3 年，一队又一队忠于政府的公安军被派到刚果东部边界一连串湖泊周围绵延大约 600 英里的森林和热带稀树大草原里去围剿叛军。在红白色旗帜下，来自各民族的叛军联手作战。他们纪律严明，通过伏击敌人来补充武器和弹药。同情他们的酋长帮助他们，包括用传讯鼓为他们通风报信。即使公安军的官方历史记载也承认："那些叛军展现的勇气可以用在一个更好的事情上。"[36]

兵变开始的两年后，叛军集结了 2500 人的队伍，进攻一个重兵把守的防御阵地。在这次战斗中，一个编制为 300 人的忠于政府的公安军雇佣军分遣队被消灭得只剩下 3 个人。叛军一直坚持战斗到 1900 年。那一年，2000 名叛军穿过刚果边界，进入德国在非洲的领地，也就是今天的卢旺达和布隆迪。在那里，他们放下武器，换取在那里落脚的权利。

在利奥波德治下的刚果，旷日持久的兵变是历史上我们可以亲眼看见兵变者后方情况的唯一案例。1897 年，叛军抓住了法国的奥古斯塔·阿赫特（Auguste Achte）神父。后者不小心走入了他们的手中，他以为他看到的"巨大的军营"肯定是公安军远征军的军营。最后发现自己周围是大约 2000 名叛军，叛军首领身上饰有金色穗带的军装和手枪都是缴获来的之后，阿赫特吓坏了，认为这下必死无疑。开始时确实有一些叛军士兵打过他，还对他说发誓要消灭所有白人。但是，他们的头领说

服了他们，要区别对待那些可恶的为刚果国政府做事的白人和 129
其他白人。阿赫特说，这群叛军的首领穆拉姆巴（Mulamba）告诉阿赫特他们不会杀他，因为“我没有来复枪，我传播的是神的话语，我照顾过生病的本地乡民，（至关重要的是）我从来没有打过黑人”。在认真盘问当时听过这位神父布道的十来个年轻的非洲人之后，叛军得出了这一结论。

让阿赫特神父感到意外的是，叛军最后还杀了一只羊慰劳他，为他泡了一杯咖啡，还送他一根象牙作礼物，以此来对他们没收了神父的货物做出一点补偿，“这样，你回到欧洲后就不会说我们偷过你的东西”。几天后，他被放了。叛军告诉他，他们打死了比利时军官，因为那些军官对待他们就像对待动物一样，而且，他们已经好几个月没领到薪水了，而且不管是普通士兵还是长官，都会因为最微小的过错被鞭打或绞死。他们说道，因为人们不愿意在星期天加班，一个白人军官一天就射杀了60名士兵。另一个军官“亲手往别人被chicotte鞭打之后血淋淋的伤口上撒盐和辣椒，还让人将基站里生了病的士兵扔到卢阿拉巴河里去”。[37]

“3年来，我心中淤积了对比利时人的仇恨，我一直在忍着，”穆拉姆巴对阿赫特说，“当我和起义的弟兄们面对面看到达尼（弗朗西斯·达尼男爵，那个地区的公安军指挥官）时，我兴奋得发抖：报仇雪恨的时候到了。”其他叛军告诉阿赫特，他们已经选择穆拉姆巴当他们的国王，并推选另外两个人做他的副手，他们要建立摆脱白人统治的自由的国家。这次起义和公安军士兵的其他反抗不仅仅是因为不满而进行的兵变，他们是开始于20世纪60年代震动了中部和南部非洲的反殖民游击战的先驱。[38]

* * *

在利奥波德大张旗鼓地颁布了禁止奴隶贸易的法令之际，到过刚果的所有游客中，除了乔治·华盛顿·威廉姆斯之外，没有人说出这一很明显的情况：不仅是那些脚夫，甚至连公安军的士兵，实质上都是奴隶。另外，在这一国王亲自批准的系统之内，白人代理人可以根据他们交给公安军的男子的数量获得奖金。有时候，代理人从与他们合作的酋长那里获得用铁链
130 拴在一起的男子。[根据一个地区长官做的记录，在1892年的某次交易中，两个邦加塔（Bongata）的酋长送来的6个十几岁的孩子，价格是每人25法郎。][39]刚果国官员如果能够“降低招募费用”，就会获得一笔额外的奖金——这几乎是不加掩饰地怂恿他们通过直接绑架而不是用钱购买的方式，为政府节省资金。[40]

但是，即使是基层的军官，也往往用委婉的话来装饰奴隶制度。“两艘船……刚刚运来了伦斯（Lens）中尉和从恩格瓦拉（Engwettra）带来的用铁链拴着的25名志愿者；2个人在途中试图逃跑时淹死了”，一个名叫路易斯·鲁索（Louis Rousseau）的军官在1892年10月的月度报告里写道。[41]同一年，一位忧心忡忡的高级军官写道，事实上，即使在到达公安军驻地之前，这些“志愿者”的死亡比例就会达到大约四分之三。他提出了很多解决这一“损耗”的方案，其中包括提升运输速度，用分量轻的铁链取代粗重的铁链。[42]从这一时期的官方文件里经常能看到刚果官员订购铁链的内容。一位军官提到了一队队新兵走过丛林溪流上的独木桥的问题：“那些自由人（libérés）被脖子上的链子拴在一起，过桥时，如果一个人掉下

去，会把整队人带下去。所有人很快就被水冲得没了踪影。”[43]

白人军官为了获得“志愿”的士兵和脚夫而与村寨首领讨价还价，同时，也和为东部沿海非裔阿拉伯奴隶贩子提供奴隶的人有来往。在桑给巴尔，最有势力的奴隶主是相貌英俊，长着络腮胡子，身体硕壮的本·穆罕默德·莫杰比（bin Muhammed el Murjebi），人们一般称其为蒂普·蒂珀（Tippu Tip）。这一绰号据说是来自奴隶贩子的主要工具（滑膛枪）的声音。

蒂普·蒂珀是一个精明的、很有办法的人，他靠贩卖象牙和奴隶发了大财。自从斯坦利发现了刚果河上游的运输路线之后，蒂珀的这两种业务发展迅猛。① 利奥波德知道，靠着他的势力和管理才干，蒂普·蒂珀几乎已经成为东部刚果事实上的 131
统治者。1887 年，国王请他担任刚果国东部省份的总督（省会设在斯坦利瀑布一带），蒂普·蒂珀接受了这一请求，任命一些亲戚在他手下担任要职。刚开始的时候，利奥波德的军队过于分散，无法顾及这一地区，所以这一安排对双方都有好处（国王还出钱为蒂普·蒂珀的几千名奴隶赎身，但是这些“被解放”的奴隶和其他很多人很快发现，他们获得自由的一个条件是，他们必须在公安军中服役 7 年）。虽然利奥波德一生中的大部分时间里竭力照顾所有人的利益，但是人们心中的这位反对

① 蒂普·蒂珀为斯坦利提供过脚夫，精明的斯坦利没有细问那些脚夫为什么有时候被用铁链子拴着。在斯坦利其中的两次探险过程中，蒂普·蒂珀和他的随从跟着走了一段路。这位探险家没有成功救援艾敏帕夏（Emin Pasha）招致欧洲众多批评声音，其中一个原因是在探险过程中，斯坦利专横地征用了一艘传教士的蒸汽船向刚果河上游运送军人。皈依上帝的传教士惊骇地看到，那艘船上的远征队成员中赫然包括蒂普·蒂珀，以及后者的 35 个老婆和小妾。

奴隶制的斗士与非洲最有名的奴隶贩子大做生意，使得欧洲第一次出现了对这位国王的议论之声。

最后，两人分道扬镳。刚果东部的一些白人官员野心勃勃，未经布鲁塞尔上司的同意，就多次对这一地区的非裔阿拉伯人用兵并打败了对方，这些战斗最后被说成是打击可恶的“阿拉伯”奴隶贩子的正义战争。[44]鼓吹殖民英雄主义的文学作品将这场战争拔高到这一时期官方历史的核心位置，在比利时，至今还可以听到这方面的回声。然而，在那些年里，刚果国军队以血腥的手段镇压了此起彼伏的非洲人起义，其中包括与他们级别相同的战友的叛乱。另外，这场名不副实的打击奴隶贩子的战争一结束，利奥波德就安排指挥这场战争的很多人继续回去当政府官员。

* * *

如果被刚果的白人征服者抓住和奴役的话，会是什么样子？从一个罕见的例子中，我们可以听到一个非洲人如何描述那种遭遇。记录这一经历的是一个会讲斯瓦希里语的美国人，名字叫埃德加·卡尼修斯（Edgar Canisius），他来刚果担任政府代理人。卡尼修斯发现自己竟然被“一个非常有头脑的，名叫伊兰加（Ilanga）的女子”讲述的经历给打动了。他后来认识了当初抓她的军官和士兵之后，确定她说的都是真的。她描述的事情发生在刚果国的东部，靠近尼扬圭（Nyangwe），就是斯坦利第一次看到他后来才知道是刚果河的那条大河时所在的镇子。这里，我们摘录了卡尼修斯记录的有关伊兰加的经历：

我们的村寨叫瓦尼恩度（Waniendo），取自我们酋长

的名字尼恩度（Niendo）……这是一个很大的村子，旁边有一条小溪，周围是大片的木薯（mohago）、玉米
(muhindu) 和其他庄稼。因为我们都在地里辛苦耕作，所 132
以从来不缺吃的……我们国家也从来没有打过仗，除了刀以外，男人们也没有其他武器……

那天，我们在忙着锄地，因为当时是雨季，野草长得很快。这时候，一个送信的人来到村子里，说是一大队人马上就要来了，他们戴着红色的帽子，穿着蓝布衣服，扛着枪和大刀。和他们在一起的还有很多白人，为首的是 Kibalanga［一个名叫奥斯卡·米肖（Oscar Michaux）的军官的非洲名字，该军官曾获得利奥波德亲自赠予的佩剑］、尼恩度立即将所有族长召集到他家里，用鼓声召集所有村民回村。大家在一起商议了很长时间，最后决定安静地回到地里，将地里的花生、大蕉、木薯弄回来，呈给即将到来的黑人士兵，并且为白人预备羊和家禽。于是，女人们带着篮子下了地，回来时将装满的篮子放在路边……尼恩度以为，奉上这么多粮食，就可以让这些不速之客离开，不会伤害我们。而事实证明……

白人和他们带领的黑人士兵离开之后，我们回到地里继续干活，希望他们不要再回来。但是，没过多长时间，他们又回来了。和上一次一样，我们给他们奉上了大堆的粮食。但是这一次，Kibalanga 没有径直离开，而是在我们村子附近扎下营地。他们的士兵跑来偷走了我们的家禽、羊，拔走了我们的木薯。只要他们不伤害我们，这都没有关系。第二天上午，太阳爬上山头之后，一大队士兵闯进村子里，我们都躲进屋子里坐下来。我们坐下没有多长时

间，就听见他们冲进房子里大喊大叫，还用枪威胁尼恩度。三四个当兵的冲进我们家，一把抓住我，还有我的丈夫乌勒加（Oleka）、我的妹妹卡廷加（Katinga）。他们把我们拖到路上，又给我们的脖子套上绳子，把我们拴在一起，为的是不让我们逃跑。我们都在哭泣，因为现在我们知道自己即将被作为奴隶带走。当兵的用从枪上取下来的铁棍打我们，强迫我们去往 Kibalanga 的营房。Kibalanga 命人将抓来的女人单独拴在一起，每根绳子上拴 10 个，男人也是
133 如此。等到人们到齐之后——后来我们看到很多从其他村子带来的人，再加上瓦尼恩度的很多人——那些当兵的拿来一些装着粮食的篮子让我们背上，有的篮子里放的是熏制好的人肉……

上路之后，队伍行走速度非常快。我的妹妹卡廷加怀里抱着婴儿，所以没有被强迫背篮子，但是我丈夫乌勒加被强迫替他们扛一只羊。我们一直走到下午，来到一个溪流边宿营。在那里，我们非常开心能喝口水，因为我们都渴坏了。我们一点东西都没有吃，因为那些当兵的没有给我们任何吃的东西……第二天，我们继续走路，到了中午宿营的时候，我们拿到了一些玉米和大蕉，这些东西是从附近的一个村子里找来的，那个村子里的人都跑光了。每天都是这种走法。到了第五天，当兵的将我妹妹怀中的婴儿抢了过去，把它扔在草丛中等死，然后强迫她背负从附近没有人的村子里找到的几个煮饭的罐子。到了第六天，因为缺少吃的，再加上马不停蹄地赶路，睡在潮湿的草地上，我们一个个都很虚弱。我丈夫一直扛着那只羊走在我们后面，这时候累得站不起来，于是就坐在路边，不想再

> 走了。不管当兵的怎么打他，他就是不动。然后一个当兵的用枪托猛击他的后脑，他倒在地上。一个士兵去抓羊，另外两三个士兵用枪头上的长刀猛刺我丈夫。我看见血喷射出来，然后再也没有看到他，因为我们越过了那个山脊，再也看不见他了。很多年轻男人都是这样被杀的。很多婴儿被扔到草丛里，任其死掉……赶了10天路之后，我们来到那片巨大的水域……然后被押上独木船，前往对面的白人城镇尼扬圭。[45]

* * *

即使是孩子也没有逃脱利奥波德政权的严苛管理。[46]“我认为我们必须设立三个儿童聚居区（children's colonies），”这位国王在1890年4月27日写道，“一个聚居区设在赤道附近的上刚果地区，主要以军事训练为主，同时派牧师进行宗教教育和职业教育。一个聚居区位于利奥波德维尔，由神职人员管理，安 134
排一个士兵负责军事训练。另一个设在博马，类似利奥……设立这些聚居区的目的首先是为我们培养士兵。因此，我们要建三个大兵营，地点分别在博马、利奥、赤道附近……每个兵营能容纳1500个儿童和管理人员。”[47]总督负责执行利奥波德的命令，他在6周后要求辖区内的地区长官“从现在开始，尽可能多地网罗男童”给这三个聚居区。[48]

随着时间的推移，天主教传教士建立了很多儿童聚居区。不同于刚果的新教传教士，天主教传教士大多数来自比利时，并积极支持这位国王和他的政权，而新教传教士主要是外国人，利奥波德无法控制他们。［比利时的一个宗教团体——斯格脱神父（Scheut fathers）甚至用一个大型特许公司的董事的名字来命名一个布道所。］利奥波德为这里的天主教教徒提供了大笔资金，有时候用国家财政资金将牧师派到需要强化国王影响的地方，仿佛他在调遣手下的士兵。

这些传教士送进来的孩子理论上说，应该是“孤儿”。但是在大多数没有经过外界破坏的当地社会，家族成员多，家族内部之间关系非常密切，欧洲人观念中的孤儿并不存在。说那些孩子是孤儿，往往是因为他们的父母亲都被公安军杀害了。每逢公安军进行全国范围的血腥战争之后，当兵的往往能找到大批幸存者，不管是成年人还是孩子，都被送到天主教传教士那里。

> 德沃（Devos）先生给我们带来了5个犯人。他们的脖子被绳子拴着，为我们挖黏土制砖。此外还有来自艾比姆博（Ibembo）的25个劳工，他们负责收集木材（据1899年一位天主教牧师提交给上级的报告）……在上一次从布塔（Buta）送来的那批孩子之后，又来了25个孩子……我们经常给一些很小的孩子洗礼，以防他们死掉……7月1日，我们庆祝了刚果自由邦国庆节。8点钟，我们带领所有孩子，面对着升起的国旗，站在峭壁上开凿出的山路的最下面的一个台阶上，欢迎德沃司令官和他的士兵。返回布道所的路上，孩子们列队走在前面，士兵们跟在后面……做弥撒时……在举行圣体礼时，军号吹出的是“举枪致敬”的调子。[49]

135 这些儿童聚居区通常就是用chicotte和铁链管理的。这里的暴动很多。如果经历绑架、长途运输、学校生活之后还能活下来，那么政府资助的儿童聚居区的男性毕业生就会按照利奥波德先前的要求，参军入伍。这些政府资助的聚居区是利奥波德治下的刚果唯一针对非洲人的政府资助学校。

被塞入政府兴办和天主教兴办的儿童聚居区里的受创伤且营养不良的儿童中，疾病肆虐，死亡率很高，往往超过50%。[50] 数千名儿童死于前往聚居区的路上。1892～1893年，一批被强迫前往博马的政府兴办的儿童聚居区的108个男孩，最后到达目的地的只有62个。在后来的几个星期里，又有8个死在聚居区里。[51]一个天主教女童聚居区的女负责人在1895年写给一名刚果高级官员的信中说："几个很小的小女孩来的时候病得很厉害……虽然我们善良的修女无法挽救她们，不过，他们可以幸福地接受圣洗；他们现在是天堂里的小天使，正在给我们英明的国王祈祷。"[52]

* * *

虽然有小天使祈祷，但这位英明国王在国内面临着更多的麻烦。一件事是，希望看到女儿斯蒂芬妮当上奥匈帝国皇后的想法彻底破灭。她的丈夫，皇储鲁道夫后来变成了一个酒鬼和吸食吗啡的瘾君子。1889年，有人发现他和情妇死在一个猎场小屋里，明显是一同自杀而亡——虽然坊间多年传言说他死于政治仇家之手。不管他的死因如何，斯蒂芬妮是不可能当皇后了。利奥波德火速赶往维也纳，他抵达维也纳之后，比利时内阁给他发去了一份吊唁电。这位国王那段时间正在筹集开发刚果的资金。他的回复是："感谢你们对降临在我们身上的这一噩耗给予安慰。我们了解各位部长的感受，在上帝降下可怕考验之际，我们可以依靠他们的同情之心。请尽力帮助范·诺伊斯（Van Neuss）先生（刚果国财务官）向市场多出售一些股票，这是让我最感欣慰的事情。再次感谢大家。”[53]

丈夫死了之后，斯蒂芬妮后来嫁给了一个匈牙利的伯爵。利奥波德认为他的血统不够尊贵。这位国王经常用“那个牧羊人”指代他的那位女婿。[54]和对待她的姐姐路易丝一样，利奥波德再也不理斯蒂芬妮了。

136 除了不听话的女儿让他心烦之外，国王命人将自己疯了的妹妹卡洛塔关在布鲁塞尔郊外的庄园里——这时的她还觉得自己是墨西哥皇后。她的结婚礼服、已经凋谢的花、一个带有羽毛的墨西哥玩偶仍挂在墙上。据说，她成天对着一个真人大小、穿着黄袍的玩偶说话。有关她幻觉的谣言为欧洲各地通俗小报的编辑们提供了取之不尽的素材。据说，有一次她的庄园着火了，卡洛塔靠着护墙，对着大火大叫道：“不许这样！不许这样！”[55]

但是，家庭问题一点也没有影响利奥波德的精力，就好像他早已认定他生活的这一方面不会如意，于是他找到了其他寄托，尤其是作为刚果兼任君主（King-Sovereign）的这一职责。19 世纪 90 年代，当他环顾四周时，发现先前毫无兴致的比利时人也开始像他一样渴望征服与荣耀。因为当时深受有关黑人印象的影响，这些想法甚至慢慢发展成写给校园里男生的故事。其中的一个故事美化了一个年轻的比利时中尉如何为了帝国事业而在镇压 1897 年的兵变中牺牲：

> 形势万分危急。一切似乎已经无法挽回。但是，勇敢的德·勒·考特（De Le Court）毅然主动担任起了指挥官

> 的角色。
>
> 他和两个比利时军官以及他们排的其他剩余兵力，让冲上来追击他们连队的黑皮肤贼兵无法前进一步……凶恶的黑色脑袋从各个隐蔽处露出来，愤怒地紧咬白色的牙齿……
>
> 他倒下了……他知道死亡的最后时刻已经来临……脸上浮现出笑容、无畏、庄严，他想到了国王，想到了他的旗帜……最后望了一眼号叫着冲上来的黑皮肤的恶魔……
>
> 就这样，正值青春年华的查尔斯·德·勒·考特牺牲在杀敌的前线。[56]

让很多欧洲小伙子沮丧的是，欧洲那些年没有战争供他们大显身手。对于想要打仗，尤其是和武器装备很差的敌人打仗的年轻人来说，刚果是一个理想的地方。对于白人，刚果还是一个发横财、掌大权的地方。作为地区长官，你可能会管理跟整个荷兰或比利时一样大的地区。如果当基站负责人，可能距离下一个白人官员驻地有 100 英里远，你可以就劳作、象牙或其他任何事由 137
征任何税，用任意方式惩罚任何人。万一失手，如果有惩罚的话，也只是敷衍了事。1890 年，大激流附近曼尼扬加（Manyanga）的基站负责人，将两个贴身仆人打死了，只被罚了 500 法郎。[57]重要的是，要让象牙源源不断地流入比利时。你送回去的象牙越多，你赚得越多。“刚果万岁！再没有这样的好事了！”一个年轻军官 1894 年在一封家信中这样说，“我们有很大的自由权，可以自己拿主意，让自己见世面。在这里，你很自由，不用伺候人……在这里，一个人身兼多职，战士、外交官、商人，什么都要做！为什么不做呢？”[58]对于这样的人，就像是出身卑微的斯坦利一样，刚果提供了一个大幅提升社会地位的机会。有的人在欧洲的小城镇里一辈子只能做一个银行职员或管道工，来这里的话，可以做军阀、象牙商人、高级猎人，可以拥有三妻四妾。

例如，利昂·罗姆（Léon Rom）出生于一个偏僻的比利时小镇蒙斯（Mons）。[59]虽然 16 岁就应征入伍，但因为学历不够，他一直没能当上军官。退伍后他给一家关税经纪事务所记账，但很快厌烦了那份差事。1886 年，他来到刚果碰运气，当时他 25 岁。当时，整个刚果地区仅有几百个白人，他进步很快。罗姆很快担任了马塔迪的地区长官。在那个位置上，他主持了刚果国的第一个白人市政婚礼。接下来，他还当了几天法官。那么少的白人要管理地域辽阔的殖民地，所以市政职能和军事职能之间没有明显的界线。罗姆很快被派去给公安军训练黑人士兵。薪酬也是不错的，提升到上尉之后，他的薪水比国内比利时陆军上校还要高出 50%。

罗姆获得了不少勋章，他还从一场与“阿拉伯人”作战的小插曲中获得了一些赞扬。他大胆地进入敌人据守的堡垒去商谈投降的条件。有人这样叙述当时的情况：“罗姆二话不说，立即主动要求前往……他什么武器也没带，身边只有一个翻译。在约好的见面地点后，大队阿拉伯人马埋伏在防御工事后面，准备随时向他们开枪。对方的谈判人，手里捧着苏丹的《古兰经》作为通行证，请他进碉堡内商谈。两个小时的谈判之后，罗姆离开了敌人的碉堡，举着一面表示对方愿意投降的阿拉伯
138 旗子。”[60]罗姆自己的描述更富戏剧性：之所以能够说服那些狡猾的阿拉伯人，是因为他的“态度起了决定性作用”，当时身边的那位翻译吓得浑身发抖，说道：“长官，他们会杀了你的！”[61]当初接受对方投降是不是有风险，我们不知道。但是，在公安军里当官的一个很大的好处是，距离他们最近的记者往

往在几千英里之外，因此你和身边的朋友可以在很大程度上编造你的英雄壮举。

罗姆社会地位的上升不仅仅体现在军衔上，还体现在其对学问的装饰上。每次回到欧洲，他都要带回很多蝴蝶的标本，于是他被选为比利时昆虫学会的会员。[62]这种荣誉，再加上他的佩剑和饰有刚果国金星的军帽，与当年小城镇里的记账人完全 139
不可同日而语。

在那些被人津津乐道的白人小伙子到非洲后财富、名誉双丰收的故事背后，往往隐藏着其他东西：这暗示着你可以将资产阶级道德准则留在欧洲。（我们可以看到，利昂·罗姆的情况就是这样。）对于当时的欧洲人来说，世界上的所有殖民地都可以提供一个摆脱现实的好去处。吉卜林（Kipling）这样写道：

> 送我去往苏伊士以东，
> 那冰与火交融的远方，
> 挣脱了《十诫》的束缚，
> 让我燃起心中的渴望。[63]

在刚果，人们比大多数殖民地更不遵守《十诫》。比利时狭小逼仄，刚果领土辽阔，非洲赤道地区的白人死亡率仍旧出了名地高。（官方竭力隐瞒这些数字，但 1895 年前，非洲有足足三分之一的白人政府代理人死在那里；另外还有部分政府代理人回国后死于疾病的延后影响。[64]）因此，为了给疟疾丛生的刚果庞大的河边基站网络找到足够的管理人手，利奥波德除了招募利昂·罗姆这样的比利时人，还不得不在整个欧洲范围内招募白人男性，用诸如象牙业务高佣金等能暴富的激励措施来吸引他们。当时很多来刚果工作的人很像是加入法国外籍军团的雇佣兵，或是在当年淘金热潮下涌向南非和克朗代克（Klondike）的人。对于欧洲人来说，刚果既有打仗的机会，也有发财的机会，是淘金热和外籍军团的结合。

利奥波德派出的第一批代理人包括一些经历过沧海桑田，逃避婚姻、破产和有酗酒问题的人。一支流行歌曲唱出了当时人们的心情。在回忆录中，一位官员描述了刚到刚果，住在一家破烂的海港旅店里时，怎样被旅店的酒吧里那些醉酒的代理人没完没了地唱同一首歌吵得彻夜难眠。这首歌的第一段如下：

> 他们对家人歇斯底里，
> 他们债台高筑，做无益的蠢事，
> 在一个晴朗夜里厌烦了他们的女人，
> 他们远走高飞，满心忧伤，前往刚果……[65]

同时，在刚果的非洲人唱的是完全不同的歌曲。一位传教士翻译了这首歌：

> 啊，母亲，我们多么不幸……
> 但是，太阳会杀死白人，
> 但是，月亮会杀死白人，
> 但是，巫师会杀死白人，
> 但是，猛虎会杀死白人，
> 但是，鳄鱼会杀死白人，
> 但是，大象会杀死白人，
> 但是，河水会杀死白人。[66]

9 遇到库尔茨先生

1890年8月初，也就是他给国王利奥波德二世写了那篇愤 140
怒的公开信的几个星期之后，乔治·华盛顿·威廉姆斯完成了沿着刚果河顺流而下的长途行程，来到斯坦利池塘的金沙萨（Kinsasha）基站。在斯坦利池塘的水域里，或是在金沙萨河岸的码头上，威廉姆斯的蒸汽船可能与开始向上游航行的另一艘船不期而遇。这艘船名字叫“比利时国王号”（Roi des Belges），这是一艘长方形的后桨轮蒸汽船，上层甲板上有一个烟囱和驾驶室。如果威廉姆斯留意一眼对面船上的船员，他可能就会看到一个身材敦实、留着黑色络腮胡子的军官。那人的眼睛——就像我们在照片里看到的——好像在赤道的阳光下总是眯着。这位年轻军官刚刚抵达刚果，在船逆流而上的整个过程中，他一直待在船长旁边，为的是了解这条河的水流情况，准备自己将来当船长。

这位见习军官在很多方面具备当时远赴刚果的白人的典型特点：年轻小伙子、未婚、想要找个活儿干、渴望冒险、遇到过某些麻烦。康拉德·科尔泽尼奥夫斯基（Konrad Korzeniowski）出生在波兰，从小到大都生活在非洲这块未知土地的朦胧诱惑中：“9岁左右，看一张非洲地图时，我把手指放在当时代表那片大陆未解之谜的空白区域上，自言自语……‘等我长到后，我要去那儿。’”[1]他后来说，年轻时——一部分时光是在法国度过的——因为走私枪支欠了别人的债，他曾经

试图自杀。后来，他在英国商船船队上当了10多年军官。在这
141 期间，他一直在学英语，虽然一直没有丢掉很重的波兰口音。19世纪90年代早期，科尔泽尼奥夫斯基想找一个船长的职位，但是没有如愿。在伦敦找工作期间，听到满城的人们都在谈论斯坦利即将成功解救艾敏帕夏的消息，他开始再次想起孩童时期幻想的那片异国土地。他前往布鲁塞尔，申请到刚果河上工作。正当斯坦利在这个城市频繁出席欢庆会，即将离开之际，科尔泽尼奥夫斯基再次前往比利时，参加最后一次面试。[2]

从参与这一新工作之前的对话中可以看出，32岁的科尔泽尼奥夫斯基和几乎所有欧洲人一样，相信利奥波德在非洲的使命是崇高的，是为了“教化”非洲人。后来，他告别了家乡的亲友，登上一艘给非洲铁路运输第一批铁轨和固定件的船。和其他要去往非洲内陆的白人一样，他们首先需要从马塔迪出发，然后长途跋涉，绕过大激流，随行的还有一队黑人脚夫。抵达刚果河之后，他立刻开始像一位专业海员一样在日记里做记录，详细描述了水中的浅滩、补给燃料的地点，以及当时的原始航行图所没有标注的其他内容。这位雄心勃勃的蒸汽船船长用了将近10年，终于将刚果地图上没有标明的其他元素也填上了——当然了，他后来为人所知的名字是约瑟夫·康拉德（Joseph Conrad）。

他在刚果前后一共待了大约6个月，随身带着他写了一部分的第一部小说的手稿——《阿尔迈耶的荒唐事》（*Almayer's Folly*）。见习期间从斯坦利池塘到斯坦利瀑布之间逆流而上长达1000英里的航行仅用了4个星期，这在当时来说算是相当快的。沙洲、岩石、浅水给航行增添了很多困难，尤其要在旱季里逆流而上行走很远。“远处，斯坦利瀑布低沉的轰鸣声久久回

荡在上刚果地区最后一段适航河段的沉闷空气中……”他后来写道，“我悲怆地对自己说：‘这就是我孩提时夸口要去的地方。’……少年时梦想中的理想化现实就这样结束了！”[3]

在斯坦利瀑布，康拉德和蒸汽船的船长都病倒了。康拉德痊愈得早一些，在向下游航行（也就是顺流航行）的第一段，船速几乎达到了先前的两倍——驾驶“比利时国王号”的是康拉德。但是，在船抵达目的地的几星期后，他中止了见习合同，开始踏上返回欧洲的长途旅程。

几件极其令人失望的事情让康拉德的梦想彻底破灭了。首先，他和自己工作的那家公司的一位主管合不来，这意味着他根本无法当上蒸汽船的船长。其次，那次顺流而下之后，他再 142
次病倒，这次患上了疟疾和痢疾，不得不进了斯坦利池塘附近的一家美国浸礼会布道所，接受一位苏格兰传教士医生的治疗。[4]他仍旧很虚弱，不得不让人将他抬回海边。后来，他的身体一直没有完全恢复。最后，在刚果见识的白人的贪婪和残暴让他极为震撼，从此改变了对人性的看法。他曾经对他的评论人朋友爱德华·加尼特（Edward Garnett）说，要不是在非洲待了6个月，他“从来不认真琢磨事情”。[5]

他反复思考了8年之后，康拉德将他在刚果的经历加工成了《黑暗的心》（*Heart of Darkness*），这可能是再版范围最广的英文短篇小说。他的军官手册里简要的航行记录——“卢隆加河航道……东北至北偏东北。左舷：障碍物。深度（英寻）：2，2，2，1，1，2，2，2，2”[6]——现在已经成为多年来任何游记作家都无法超越的有关刚果的作品：

> 沿着刚果河逆流而上就像是穿越到了远古时期，那时

> 候百草暴动，大树为王。干涸的溪流、万籁俱静、无法穿越的丛林。空气闷热、浑浊、沉闷、停滞，明亮的阳光感受不到一丝兴奋。眼前向前伸展的水流淌着，遁入阴暗远方的忧郁。沙洲上银色的河马和鳄鱼挨在一起晒太阳。越来越宽的水面流经众多树木繁茂的岛屿。置身这条河上就像在沙漠里，很容易让人迷路。你会整天不停地碰撞到沙洲，竭力寻找向前的航道，最后感觉自己好像被施了魔法，再也见不到先前熟悉的一切。[7]

马洛（Marlow）是《黑暗的心》中故事的讲述者，也是康拉德的第二自我。马洛受雇于一家象牙贸易公司，工作是驾驶一艘蒸汽船沿着一条没有名字的河流逆流而上。那条河在地图上的形状很像“一条伸展着身体的巨蛇，头伸入大海，身体呈曲线静静地蠕动于一个地域辽阔的国家，尾部消失在内陆深处”。[8]他的目的地是一个基站。公司一位非常优秀、很有抱负的明星代理人库尔茨先生（Mr. Kurtz）就在那里工作。库尔茨收集的象牙数量已经成了一个传奇，但是，马洛一路上也听说了库尔茨动用了一些没有明说的粗暴手段的传言。马洛的蒸汽船
143 遭遇了黑人的一次攻击，抵达要塞后，他们将一批象牙和生了病的库尔茨先生弄上船。在驶往下游的路上，库尔茨跟人们谈论了他的宏伟计划，不久，他死在船上。

虽然只是粗线条的寥寥数笔，库尔茨的形象仍然存在于数百万读者的记忆中：那个工作于那条大河遥远上游的孤独的白人代理人、他的宏大计划、他搞到的数量庞大的贵重象牙、他费尽力气从非洲丛林里开辟出来的一小片田地。也许，我们印象最为深刻的是，马洛在蒸汽船上用双筒望远镜遥望他一开始

觉得是库尔茨大房子前的篱笆柱顶上圆球装饰的东西，后来才发现那每一个都“发黑，干枯，凹陷，眼皮紧闭——那是一个个仿佛在篱笆柱子上睡觉的人头，干燥的嘴唇缩拢，露出一排白牙”。[9]

这些年来，在上万堂课上讨论过这本书的中学老师和大学教授倾向于用弗洛伊德、荣格、尼采的理论，用经典神话、维多利亚时代的纯朴、原罪，用后现代主义、后殖民主义、后结构主义等诠释这本书。欧洲和美国读者不愿意承认非洲在世纪之交发生的灭绝种族的大屠杀，因为他们对《黑暗的心》的理解脱离了具体的历史背景。我们可以将这本书看作针对所有时代和地域的寓言，而不是针对特定时代和地域的书。这本书讲述的故事两三次被拍成电影，最有名的是弗朗西斯·福特·科波拉（Francis Ford Coppola）执导的《现代启示录》（*Apocalypse Now*），虽然这部电影的拍摄地不是非洲。但是，康拉德自己写道：“《黑暗的心》是一次体验……它超越了真实的情况一点点（也只有一点点）。”[10]不管这本书作为一个文学作品寓意有多么丰富，就我们的目的而言，重要的是它准确、详细地描述了“真实的情况”：1890 年，利奥波德国王控制之下的刚果，对那片土地上财富的攫取进入了狂热阶段。

在这篇小说中，马洛和康拉德本人一样，首先要长途步行绕过大溪流：“身后一阵轻微的金属撞击声让我不由得转过头去。6 个黑人排成一列艰难地沿着小路走过来。他们的腰挺得笔直，步伐很慢，为的是头顶上装满土的篮子不掉下来。金属撞击声随着他们的脚步传出……我可以清楚地看到他们的每一根肋骨，四肢的关节像绳结那样突出。每个人的脖子上都套着一个铁项圈。所有人被一根铁链拴在一起。人与人之间的链子在松弛处左右摆动，发出有节奏的撞击声。”[11]他们是开始给利奥波德修建铁路的劳工。

在几页之后，马洛描述了一些饥饿的铁路工人如何在生命
144 的最后一刻，爬着去寻找最后的死亡之所。继续向前赶路，他看到“时而有身上带着铁项圈的搬运工，长眠于路边的深草丛里，身边是空的水葫芦和长拐杖”，他还提到很奇怪的“一个中年黑人的尸体，前额上有一个弹孔”。[12]这仅仅是康拉德在绕过大溪流前往斯坦利池塘的路上亲眼所见的记录。在1890年7月3日的日记中，他写道：“遇到一个政府视察官；几分钟之后，在一个宿营地点看到了一个刚果人的尸体。被枪杀的？味道很难闻。”第二天：“看到路边躺着另一具尸体，神态安详，像是在沉思。”7月29日：“今天看到路边的一个柱子上绑着一具骷髅。”[13]

在大溪流一带徒步行进时，马洛还描述了人们怎样逃跑，以避免被征召做脚夫的情景：“人们早就跑光了。要是大批来历不明的黑人拿着各种可怕武器突然出现在［英格兰的］迪尔（Deal）和格雷夫森德（Gravesend）之间的大路上，到处抓乡民给他们背扛很重的东西，我猜想，沿途所有农场和村庄的人很快就会跑光的……我走过了好几个无人村。”[14]这也是康拉德亲眼所见的。跟着这位小说家一路走的那些脚夫几乎要造反了。三四年后，这条路线上就爆发了一场声势浩大的起义，首领那苏和他的部下与公安军进行了旷日持久的斗争并以失败告终。

在描述这条路上的商队脚夫的时候，马洛言简意赅地介绍了利奥波德治下的刚果经济：“质量低劣的棉线、珠子、铜丝源源不断地送入黑暗的深处，出来的是一个个价值不菲的象牙。”[15]1890年，象牙仍然是这块殖民地上最有价值的商品。“人

们高声谈论的是象牙，悄声低语的是象牙，叹气时讲的还是象牙。你可能以为他们在向象牙祈祷”，马洛说道。他甚至提到了利奥波德制定的针对代理人的佣金制度：“它让人产生的唯一真实感受是，真希望自己可以进入收购象牙的贸易站工作，去赚取高额佣金。”[16]

在创作具有超凡魅力的手段毒辣的小说中心人物，也许是20 世纪文学作品中最有名的反面人物时，康拉德刻画得相当真实。库尔茨先生这个人物很显然受到了现实中一些人物的启发，其中包括乔治·安托万·克莱因（Georges Antoine Klein）——给斯坦利瀑布附近一家象牙收购公司担任代理人的法国人。克莱因后来病得厉害，死在了船上，就像是在小说里，康拉德在刚果河上驾驶“比利时国王号”蒸汽船时，库尔茨死在船上那
样。另一个更类似库尔茨的原型人物是埃德蒙·巴特洛特少校， 145
就是被斯坦利派去指挥营救艾敏帕夏的远征队后卫队的指挥官。就是这个巴特洛特，后来发了疯，咬人，用鞭子打人，杀人，最后被人打死了。库尔茨的另一个原型是一个名叫阿瑟·霍迪斯特（Arthur Hodister）的比利时人。这个人出名的地方是他纳了一大堆非洲女人做妾，弄到了大量象牙。[17]霍迪斯特还肆无忌惮地闯入当地非洲裔阿拉伯军阀和象牙贩子的地盘，被这些人抓住后砍了脑袋。[18]

但是，众多给康拉德写传记的人和评论人几乎都完全忽视了最类似库尔茨的人。这个人我们之前介绍过，就是公安军中具有传奇色彩的利昂·罗姆上尉。从罗姆身上，康拉德找到了他笔下的反面人物的标志性特点：在库尔茨房子周围摆放了不少非洲人头颅。

《黑暗的心》提到的“内陆基站”（Inner Station），也就是

马洛通过双筒望远镜看到库尔茨摆放很多皱缩的非洲“反叛者”头颅的地方，大致位于斯坦利瀑布一带。1895年，也就是康拉德造访那个基站5年后，利昂被任命为那里的基站负责人。同年，一个走过斯坦利瀑布的英国探险家兼新闻记者这样描述对非洲叛乱者进行军事围剿的事后影响：“很多妇女和孩子被抓走了，21颗人头被带到瀑布那里，被罗姆中尉用来装饰房前的花圃！”[19]如果康拉德没有看到这一文章——这篇文章发表在发行量很大的《世纪杂志》（*Century Magazine*）——他几乎肯定注意到他所喜爱的每期必读的杂志《周六评论》（*The Saturday Review*）在1898年12月17日的转载。[20]那一天距康拉德开始动笔写《黑暗的心》没几天。

另外，在刚果，罗姆和康拉德可能见过面。[21]

1890年8月2日，康拉德在另一个白人和一队脚夫的陪伴下，完成了从海边到内陆长达一个月的艰苦跋涉。在距离斯坦利池塘边上金沙萨村（“比利时国王号”在那里等他们）5英里的地方，他们必须穿过利奥波德维尔的基站。这两个茅草屋顶建筑之间的路程仅为一个半小时的步行距离。（这两个地方很快合并成一个城镇，当时被比利时人称为利奥波德维尔，如今的名字是金沙萨。）当康拉德的商队沿着河岸边上一条小路艰难跋涉，经过利奥波德维尔之际，该地的基站负责人是利昂·罗姆。康拉德的日记中没有记录8月2日的内容，而罗姆的笔记
146 本——向来会工整、认真地记录可能给他带来每一块奖章的搜查或战役——并没有记录那一段时间从利奥波德维尔出发进行的军事行动。如果罗姆当时在基站的话，他肯定会欢迎有欧洲新来者加入的商队，因为利奥波德维尔和金沙萨的白人总共就几十人，并不是每天都有白人到来。我们无法知道，他们之间

有什么包括言语和非言语方面的交往。罗姆摆放 21 个头颅是在另外的时间和地点——是在罗姆到访的 5 年之后，但是康拉德看到 1898 年 12 月有关罗姆的报道之后，他可能会联想到曾经在刚果遇到的某个年轻军官。[22]

* * *

《黑暗的心》是对帝国主义批评最为尖锐的文学作品之一，可是奇怪的是，这位作者却热情支持英国的帝国主义活动。康拉德完全清楚利奥波德对刚果的烧杀掳掠："好恐怖！好恐怖！"[23]——小说中的人物库尔兹在临死前这样说。小说中康拉德的"替身"马洛思考着"征服世界，大都意味着将那些肤色与你不同，鼻子略微比你平一点的人的土地夺走。仔细想一想，这不是什么光彩的事情"。[24]但几乎在同时，马洛又说地图上涂成红色的英国领地"怎么看都漂亮，因为我们知道那里在做着一些很有意义的事情"；[25]英国殖民主义者是"持有一部分圣火的人"。[26]马洛还为康拉德说话，认为康拉德无限热爱他入籍的第二故乡：康拉德感觉"自由……只存在于世界各地的英国国旗之下"。[27]就在他的小说揭露欧洲人对非洲财富贪欲之前的几年里，他几乎将全部的积蓄都投到了南非的一个金矿里。

在时代和地域方面，康拉德也有他的局限性。在某种程度上，他没有走出马克·吐温在另一种背景下提到的一种看法，即"白人以为自己没有其他野蛮人那么野蛮"。[28]最近几年来，《黑暗的心》受到了一些有理有据的抨击，原因是康拉德在书中对黑人的刻画。书中的黑人一共也没说几个词。实际上，他们不说话：他们只是咕哝；他们有节奏地喊叫；他们发出一种"奇怪的声音很低的咒语"[29]和"旁若无人地大声嚷嚷"；[30]他们一口气说出“一大串奇怪的话，不像人类说话的声音……就像是某种邪恶的祈祷”。[31]尼日利亚小说家奇努阿·阿切贝（Chinua Achebe）认为，这本书传递的真正信息是“离开非洲，
147 否则会很惨！库尔茨先生……本应该听从这一警告。他心里的恶就像是被关着的猛兽一样在那里踱来踱去，他就应该让它待在原处，用链子将它拴在巢穴里，但是他愚蠢地将自己暴露于丛林无法抵御的诱惑中，你瞧！黑暗的非洲暴露了他深藏的兽性”。[32]

不管维多利亚时代的种族主义是多么严重，《黑暗的心》仍然是有关欧洲人瓜分非洲的小说中刻画得最为深刻的一部作品。在担任新职位之前，马洛去向他的姑姑辞行，“她大谈‘让那数百万人远离各种恶习’，后来，我受不了了，就试探着委婉地告诉她，公司是要赚钱的。①”[33]康拉德手下的白人在那个大洲四处烧杀抢掠，他们认为自己在改进当地的风气，在给那里带去文明，从事着“高尚的事业”。[34]

这些错觉在库尔茨的性格上得到了充分的体现。他既是一个极其残忍的收集人头的人，也是一个知识分子，“一个科学和进步的……使者。”[35]他是一个画家，创作了“一小幅油彩速写画”，画面上一个女人举着马洛在中部非洲发现的一个火把。[36]

---

① 获利最多的人，即利奥波德二世，没有出现在《黑暗的心》中，虽然他出现在了康拉德与福特·马多克斯·福特合著的一部次要的作品《继承人》中。《继承人》一书的中心人物是留着浓密络腮胡子，控制着格陵兰岛领地的默斯公爵（Duc de Mersch）。这位公爵的“北极地区复兴协会”的宗旨是，通过铺建铁路，让他们穿上得体的衣服，给他们其他文明社会的好处，教化生活在愚昧中的爱斯基摩人。公爵投资了一家英国报纸，为的是获得关于他“人道”活动的有利报道。他说：“我们保护原住民，一直将他们的最高利益放在我们的心中。”格陵兰岛富含石油和黄金。（Conrad and Hueffer，第165页）

他还是一个诗人和新闻记者，写了不少书，其中包括一份给国际消除野蛮习俗协会（International Society for the Suppression of Savage Customs）的报告——“文笔极佳……一篇佳作”。[37]在这篇充满高尚情操的报告的结尾处，库尔茨用颤抖的手写下了几个潦草的字：“消灭一切野蛮人！”

从库尔茨自诩的兴趣爱好中，康拉德看到了白人征服刚果的一个显著特点——笔墨上的征服往往会“巩固”来复枪和机枪的征服。斯坦利一路用枪弹开路，沿着刚果河顺流而下，很快写出了一部两卷本的畅销书之后，象牙贩子、士兵、探险家纷纷效仿——写书，或者为有关殖民探险的地理学日报、杂志投稿。当时，这些日报和杂志收到了数千篇这样的稿件。19 世纪后期，这些日报和杂志的受欢迎程度不亚于当今美国的《国家地理杂志》。当时，将非洲之行付诸纸端这一行为好像是欧洲 148
文明优越性的终极证据。库尔茨的这个行为可能还有其他原因，那就是，在塑造这个人物的时候，康拉德在某种程度上受到了利昂·罗姆的启发。我们看到，罗姆是一个显示出了某些天分的昆虫学家。他还是一个画家。在收集蝴蝶、人头之余，他还画肖像画、风景画。其中的 5 幅画至今仍保存于比利时博物馆。[38]最有意思的是，他还是一个作家。

1899 年，罗姆当时还在比利时，他自己出版了一本书。《刚果黑人》（*Le Nègre du Congo*）是一本很薄、很怪异的书——志得意满，傲慢自大，肤浅得要命。每一章都很短，介绍了“黑人的整体情况”，包括黑人妇女、食物、宠物、当地药材，等等。罗姆酷爱打猎，他得意扬扬地站在一头死象上照了一张照片。他关于打猎的那一章和介绍刚果人的宗教信仰、安葬仪式、酋长继承三章的内容加在一起一样长。

我们从罗姆的书中看到的话语很像我们想象中的库尔茨先生给国际消除野蛮习俗协会写报告时所采用的。罗姆说，黑人这个人种是“蒙昧状态的产物：他们情感粗糙，趣味低级，本能是残忍的，另外，他们还骄傲自大，目空一切。黑人做得最多的事情，也是他们一生中投入时间最多的事情，就是像在沙滩上的鳄鱼一样，伸展四肢躺在垫子上……黑人没有时间概念，如果欧洲人向他们打听时间，他们的回答往往是些不着边际的蠢话”。[39]

书中的这种话很多。例如，罗姆在描写刚果人被征作脚夫时，他说他们非常喜欢这一差事。商队早晨动身时，脚夫们个个吵吵嚷嚷，每个人都争着要“在队伍中找一个好位置，比如说，和一个好朋友挨着，这样两人可以大谈昨天夜里的梦，或者没完没了地谈论下一次吃饭时的饭菜品种是否单调，味道是否合胃口”。[40]

在非洲的时候，罗姆肯定就已经开始计划写书。罗姆发现康拉德的法语纯熟之后，是否向后者透露了自己的文学梦？就像是马洛看到了库尔茨的作品，康拉德在利奥波德维尔是否看到了罗姆挂在墙上的油画？现实中收集人头的罗姆，和文学作品中收集人头的库尔茨，两人都会画画和写作，是否完全是巧合？我们无从得知。

利昂·罗姆和库尔茨先生之间还有其他几个有趣的相似之
149 处。在小说里，库尔茨成功地让“内陆基站”的非洲人“崇拜他”[41]：酋长们要见他就要爬行向前，当地人对他死心塌地，奉他如神明；他显然有一个漂亮情妇。1895 年，公安军中的一个中尉在日记中用不屑的口气谈到一个同僚的类似情况：

> 他让自己的代理人忍饥挨饿，而把大量食物给了他的黑人

> 情妇（因为他想表现得像一个伟大的阿拉伯首长）……最后，他在屋里穿上军礼服，把所有情妇叫到一起，拿起一张纸，装模作样地读给她们听，说是国王任命他为大首领，基站里的其他白人都是小喽啰……他命人将一个不愿意给他做情妇的可怜的黑人小女孩抽了50鞭子，然后将她赏赐给了手下的一个士兵。[42]

意味深长的是，这个写日记的军官描述那位同僚时的第一句话是："这个人想做第二个罗姆。"

最后，库尔茨的嗜杀成性也呼应了有关罗姆的另一个细节。罗姆在斯坦利瀑布担任基站负责人时，总督给布鲁塞尔发了一份报告，告发了那些"出于琐碎原因大量杀人而出名"的代理人。他提到了罗姆众人皆知的，周围摆了一圈人头的花圃，接着说："那个基站前面一直竖立着一个绞架！"[43]

我们不知道在康拉德1890年经过利奥波德维尔的时候，罗姆是否实现了他有关权力、杀人和荣耀的梦想，他是否只是说一说而已。不管事实如何，《黑暗的心》反映的道德图景和该图景中心的那个位于阴影中的人不仅是一个小说家的创造，还是一个目光敏锐的观察者看到那个时代和区域的精神后用精准的文字进行的创作。

10 流泪的树

150 1890年7月12日，伦敦的雨下个不停，但是聚集在威斯敏斯特大教堂外面的人群根本不理会头顶上的倾盆大雨。数千人在光滑的人行道上挤来挤去，急于一瞥走出马车、在两行警察隔离出来的通道中鱼贯进入大教堂的那些显要人物：前任首相格莱斯顿（Gladstone）、下议院的发言人、大法官、各路公爵和亲王，还有珠光宝气的女性和戴着勋章的将军。大教堂里挤满了达官贵人，有的还站在过道里。

最后，一辆马车停了下来，众人等待的那个人从车里挪了出来，他一身病态，面色苍白，拄着一个拐杖。亨利·莫顿·斯坦利要做一件对他来说比非洲探险更有挑战性的事情。他要结婚了。

新娘多萝西·坦南特（Dorothy Tennant）就是那个性格古怪，曾经拒绝过斯坦利的上流社会肖像画画家。当那位探险家艰难跋涉于丛林中，寻找艾敏帕夏时，坦南特改变了主意。斯坦利一回到英格兰，她就开始给他寄去激情澎湃的信。“假如有一片没有开垦过的荒地，假如有一天这块土地被耕耘后种上了小麦。假如这块土地会说话的话，它会说：‘我从来没有产过小麦，我不会产小麦，我永远不要产小麦。’但是，一直有麦子藏在它的深处……我的爱就像永不熄灭的火焰，开始的时候它就是一颗你看不到光亮的小火星，现在它熊熊燃烧，如祭坛的火焰。”[1]

现在，他们真的走到了祭坛前。消息传出之后，坦南特的
画作价格飞涨，来自世界各地的祝贺纷至沓来。维多利亚女王 151
送给坦南特一个镶嵌着34颗钻石的盒式挂链。托马斯·爱迪生（Thomas Edison）将一部新发明的电话机送给他们。利奥波德从布鲁塞尔派代表阿尔什伯爵（Count d'Aarche）来当伴郎。

就在新婚那天，胃炎让斯坦利痛苦不堪，这是一种胃黏膜炎症。虽然他之前犯过这种病，但这一次的复发可能不是偶然的。他虽然能够蹒跚走过威斯敏斯特大教堂的侧廊，但是婚礼仪式间隙，他不得不在扶手椅上坐一会儿。婚礼结束之后，有人将他扶上他们夫妇二人坐的马车。在骑警的护送下，马车从嚷嚷着、相互推挤着、几乎堵塞了道路的人群中走过。在婚宴期间，斯坦利在一个单独的、光线暗淡的房间里躺着，忍受着疾病的折磨。这场病一直持续到蜜月时期。

斯坦利一生一直处于渴望女性接受又害怕亲昵行为的纠结中。这种害怕非常强烈，对斯坦利研究最为透彻的传记作者弗兰克·麦克林（Frank McLynn）认为，斯坦利可能从来没有和妻子行过房。证据大多是间接的。多萝西·坦南特没有生下一男半女。而且，虽然她给斯坦利写了那么多热情奔放的信，但她自己有严重的神经衰弱症。关于这对夫妻的瑞士蜜月之旅，斯坦利做了一个最煞风景的决定——坚持带上年轻的男助理。最后，斯坦利在蜜月期写下的日记有好几段被墨水涂抹了，很显然是他妻子在他去世之后做的。但是，一篇日记的末尾仍然清晰可辨：“我认为，为了追求这些快乐而娶妻让我感觉像一只笼子里的猴子，不是一件可取的事情。”[2]麦克林推测，斯坦利对女人的恐惧如此强烈：“妻子要他满足她时，斯坦利几乎就会崩溃，他会说性爱是野兽的行为。”[3]

不管这种推测是正确的还是错误的（另一位传记作者就认为是错误的），斯坦利痛苦的自我压抑让我们想到，这些帮助欧洲国家占领非洲的冒险家们往往不是那种大胆自信、大大咧咧、不惧苦难的传奇人物形象，而是一个个烦躁不安、抑郁寡欢、急功近利的人，急于摆脱过去或自己内心深处的某些东西。帝国扩张的经济方面的解释——寻找原材料、劳动力、市场——都能站得住脚，但推动他们的还有心理方面的刺激因素。

斯坦利结婚标志着他探险生涯的结束，现在的他一心想保持出名。终于进入了上层社会之后，他开始夸张地模仿上层社会的行为习惯。他前往世界各地游历，到处发表演讲和餐后演
152 说，接受荣誉学位，为铁路工程开幕典礼剪彩，接受记者采访。他严厉抨击怠工行为、社会主义、不道德行为、“普遍平庸”（general mediocrity）[4]、工会、爱尔兰民族主义、8 小时工作制、女记者、美国旅店服务员（不专业、没有规矩、没教养）。[5]他获得了骑士爵位，被选入议会。他在美国和加拿大各地演讲时，再次全程带着年轻男助理随行。他的妻子陪着她母亲。在这种双重保护下，斯坦利以王室的派头在这个大洲四处游览，他包了一节私人火车车厢，车厢里摆放了一个大钢琴。那节车厢后来被命名为“亨利·M. 斯坦利”。

* * *

斯坦利蹒跚地走过威斯敏斯特大教堂仅两年之后，另一个人也在刚果探险方面完成了一项了不起的壮举。和斯坦利不同，他广受人们尊重，没有动用暴力。但是威廉·谢泼德（William Sheppard）很少出现在探险史册中，因为他不符合传统的白人非洲探险家形象，首先，他不是白人。[6]

荒谬的是，谢泼德这位美国黑人不顾一切前往刚果，在一定程度上是鼓吹种族优越论的亚拉巴马州白人参议员约翰·泰勒·摩根（John Tyler Morgan）的功劳。摩根曾经促使美国承认利奥波德的刚果，希望美国黑人移居刚果。摩根和支持这一想法的其他议员早就考虑过将黑人送回非洲，第一步就是派美国的一些黑人传教士前往那个大洲。摩根希望他们能成为之后数百万美国黑人效仿的排头兵，后者去得越快越好。早在 1865 年——那一年南方的白人已经失去将黑人继续留在那里做奴隶的希望——南方的基督教长老会大会经过投票，同意“从这个大洲的非洲裔中招募一些传教士，让他们在祖先的家乡传播上帝的恩典福音”。[7]

在内战刚结束几年后，这些计划才开始见效。首先，对奴隶制热情完全不同于北方基督教长老会的南方长老会中的黑人成员寥寥无几（这也无须惊讶）。虽然如此，坚持将黑人送回非洲的白人种族主义者（如摩根），与一些非裔美国人在利益上存在某些共同之处。虽然很少有非裔美国人想永久地回到非洲，但是乔治·华盛顿·威廉姆斯并非当时唯一想回非洲生活的人。威廉·谢泼德也有同样的想法，也许同样是出于一个没 153
有说出口的原因：这可能是一个逃离令人屈辱的种族隔离藩篱的办法。

谢泼德 1865 年出生于弗吉尼亚州，后来毕业于这个州的汉普顿大学（Hampton Institute）。这是为数很少的一所面向南方黑人的高等教育机构。在亚拉巴马州塔斯卡卢萨（Tuscaloosa）的有色人种神学院（Colored Theological Seminary）深造之后，他在蒙哥马利郡和亚特兰大市的长老会当牧师。在那里，他获得了精力充沛、满腔热情和不畏危险的声誉。有一次，他跳进水中救了一个快要淹死的人；还有一次，他冲进一个燃着熊熊大火的房子，一口气跑上三段台阶，救出一个女子，而他本人在救人过程中被烧伤。[8]19 世纪 80 年代后期，谢泼德开始向南方长老会提出申请，请求后者派他去非洲传教。

长老会让谢泼德等了两年：在给他找到一个白人上司之前，长老会的决策者不让他单独去非洲。最后，在做参议员的摩根的鼓励下，一个胸怀抱负的白人传教士出现了。他就是塞缪尔·拉普斯利（Samuel Lapsley）牧师。他比谢泼德小一岁，是摩根先前的法律合作伙伴的儿子。虽然一个是奴隶的后代，一个是奴隶主的后代，但是两个年轻人很合得来，准备一同动身前往刚果。这期间，在摩根和亨利·谢尔顿·桑福德的引荐下，拉普斯利在华盛顿拜见了总统本杰明·哈里森，在布鲁塞尔见到了国王利奥波德二世。因为谢泼德是黑人，所以他被排除在觐见名单之外。桑福德坚持拉普斯利去王宫会见利奥波德时戴一顶丝绸帽子。和其他人一样，拉普斯利也被国王的话所迷惑。[9]

1890 年 5 月，谢泼德和拉普斯利到达刚果。他们在马塔迪城外的一个布道所里停留了好几个星期。在两个人为接下来绕过刚果河下游的大激流物色脚夫、准备给养的过程中，另一个人在这个山坡小城的大街上做着同样的事情。这个人就是约瑟夫·康拉德。在这两个美国人出发的 11 天之后，康拉德和他的商队开始沿着小路前往斯坦利池塘。

在斯坦利池塘和刚果河上游与几个有经验的传教士进行一番探讨之后，拉普斯利、谢泼德决定在很远的开赛河上游建立南部长老会的第一个布道所。谢泼德进入丛林，花好几个星期招募了一些非洲帮手。拉普斯利待在利奥波德维尔的美国传教士布道所里。在那里，他再次遇到了康拉德。[这位小说家不仅忍受了疟疾和痢疾，还忍受了一些人的传道。拉普斯利在家信中写道，康拉德“在院子另一端的屋子里养病。我坐在屋里……从果树和棕榈树这边望过去，正好可以透过他的窗户看 154
到他的屋里。他是一个绅士。他很有绅士风度。我希望他桌子上的那本英文版《圣约》（*Testament*）可以帮助我说服他皈依基督教。”][10]

准备工作就绪之后，两个年轻的传教士向开赛河上游行进。从这几个月里拉普斯利寄回国的信中可以看出他对谢泼德的崇敬，想让在美国本土的白人为黑人如此发声几乎是不可能的事。“巴特克人（Bateke）认为，没有人像 Mundéle Ndom（意思是白人中的黑人，或是黑人中的白人，指的是谢泼德[11]）那样……聪颖、平和，他是真正风度不凡，性格有很多优点的男人。感谢上帝让谢泼德来到这里。”[12]他说谢泼德是一个“天生的买卖人……买东西的事情我一般让他去做”。[13]他用赞赏的口气说到谢泼德的吃苦耐劳和打猎技巧，说到后者怎样应对几乎要将他们帐篷吹跑的暴风雨，说他怎样寻着锚链潜到水下 15 英尺深处解开被卡住的锚。有一次，谢泼德射杀了一头河马，跳进水里往河马身上系绳子时，险些遭到一只也在觊觎那头河马的鳄鱼的袭击。虽然按道理说，这位黑人是这一传教使命中地位较低的人，但是读拉普斯利的信，人们就会想起詹姆斯·巴里（James Barrie）的剧本《可敬的克莱顿》（*The Admirable Crichton*）。在那个剧本里，一个坐满英国上流人士的游艇在一个岛屿附近触礁沉没，机警老练的管家成了他们的指挥者。

威廉·谢泼德是刚果的第一个黑人传教士。我们从他接下来 20 年里写的书、信件和发表在杂志上的文章，以及在休假期间于汉普顿和其他地方做的演讲中可以得知，他与几乎所有在他之前去过非洲的美国人和欧洲人截然不同。没错，他是一个传播基督福音的人，在非洲生活的20年期间，他一直是这样一个人。虽然，他偶尔也会发表一些习惯性的对“未开化的极度黑暗”、[14]“野蛮，一丝不挂，崇拜偶像，满脑子迷信和罪恶念头的野人”的不屑的言论。但他的口气完全不一样。“过去，我一直想在非洲生活，”谢泼德在给美国的一位朋友的信中写道，“当时，我觉得我肯定会很快乐，现在我确实很快乐。”[15]他急切地想了解开赛河沿岸的新环境：“我们马上开始学习他们的语言。我们指着不认识的东西，将他们告诉我们的名称记下来。”[16]他还养了几只宠物鹦鹉和一只小黑猴子，他开玩笑地给那只猴子起名叫蒂普·蒂珀，就是那个非裔阿拉伯奴隶贩子的名字。他的声音更加坚定，更加自信，他有某种回到了家的感觉。
155 虽然这种感觉也许在政治上和宗教上风险太大，他不敢细想。“我的同胞”[17]和“在我的祖先的国家”[18]在一起让他觉得很开心。

1892年年初，因为传教的事情，拉普斯利需要去这个国家的首都博马一趟，谢泼德需要单独在开赛待几个月。到了约定的日子，谢泼德兴高采烈地去河边的蒸汽船那里接拉普斯利，结果，让他大为震惊的是，有人捎给他一封另一个传教士的信。

> 尊敬的谢泼德教友：
>
> 不得不告诉您一个令人震惊和悲伤的消息：您的朋友兼同僚，S. N. 拉普斯利牧师因在海边染上了黄疸血尿热(bilious hematuric fever)，于3月26日去世。[19]

美国南方的长老会尴尬地发现他们派到刚果布道团的实际

负责人是一个黑人，于是又派了几个白人教友前往刚果。在这些白人教友抵达时，谢泼德已经在这里有了好几年的工作经验，已经（据一位比利时商人说）“和那些巴库巴人（Bakuba）混得很熟，在那里的所有欧洲人中，只有他会说当地的语言”。[20]

谢泼德在不断进步。他喜欢打猎，人们还倾慕他那具有领袖魅力的口才和力量。他喜欢骑自行车，得意扬扬地说他骑的是中部非洲的第一辆自行车。他对生活的热爱让他深受众人爱戴，无论是黑人还是白人。一件事情可以说明他的受欢迎程度：他在婚姻中出轨，和一个村妇交好，后者给他生下了一个儿子，这一罪过居然没有终结他在教会的职业生涯。[21]那个男孩叫沙比特（Shapit，当地人也用它称呼自己的爸爸），后来负责操作布道所的印刷机。

和其他那些总是一脸忧郁的传教士不同，照片里的谢泼德看上去很享受，他不是摆着姿势和被他猎杀的动物在一起，就是得意扬扬地展示个头硕大的死蛇或拨弄班卓琴。在一张照片里，身材高大魁梧的他站在一群手持梭镖和盾牌的黑人武士中间，他本人手里拿着一个梭镖。在另一张照片里，他手里拿着一支来复枪开心地笑着，一排手持弓箭的人站在他身边。照相时，他经常摆出一种很独特的姿势。他头戴白色遮阳帽，身穿白衬衫，系着白领带，穿着白色亚麻外衣，甚至还穿着白鞋。他挺着胸，双手自信地叉在腰间。在一群非洲人中间，他的笑容亲切而自信，几乎只有他才有这样的笑容。他那神态，就像是一个足球教练在炫耀一支打赢了比赛的球队。

谢泼德传道的地方和库巴人（Kuba）的定居地相邻。库巴 156
人是非洲人中最出色的艺术家，他们制作面具、雕塑、纺织品，雕刻精美的工具。谢泼德收集的库巴艺术品——相当一部分最终保存于他那位于弗吉尼亚州的母校——是第一套由外来人收集的、数量丰富的库巴艺术品。他做了一些有关库巴人和开赛河地区其他民族的人种学方面的记录，并记录了这些地区的远古神话、宗教仪式、庄稼收成。虽然他直言不讳地承认，一些习俗——如说杀人献祭、将女人当作女巫杀掉——让他深恶痛绝，但是他的文字显示出，他在对非洲风俗感到好奇的同时也心存理解和尊重，这与某些人（如斯坦利）尖刻、草率的判断截然不同。谢泼德尤其钦佩库巴人，他们“让人感觉又回到了文明社会……也许他们的文明来自埃及——也许埃及文明来自库巴人！”[22]看到一个库巴人在正式仪式上用来喝棕榈酒的碗时，谢泼德大为惊奇——碗上刻着一张人脸，五官像极了古代埃及艺术品上人脸的五官。“这杯子是桃花心木的，”谢泼德写道，“杯子上的那张人脸似乎可以证明他们的一个传统看法，即很多很多年之前，他们的祖先从一个遥远的地方迁徙至此。”[23]

因为地处偏僻的刚果内陆，所以库巴王国没有受到来自东西两岸的奴隶贩子的侵扰。库巴人非常重视这种与世隔绝的状况，想尽办法不让外面的人进来。他们的定居地位于欧洲各国承认的利奥波德领地的边界之内，但是在这片殖民地的初建阶段，利奥波德对偏远地区的统治权还仅仅停留在纸上。在将近10年的时间里，比利时商人曾经设法进入库巴王国，但多次无功而返，他们送给国王的礼物被退了回去。

谢泼德做了大多数人类学家只能在梦中做到的事情。1892年，谢泼德成为外面世界里第一个进入伊夫卡镇（Ifuca）的人。[24]库巴国王考特·阿木比维基二世（Kot aMbweeky Ⅱ）的王宫就坐落在这里。国王一再申明，谁胆敢帮助外人进入城里，就砍掉谁的脑袋，因此没有人敢给谢泼德指路。他和一小群非洲人花了3个月才找到通往库巴王国首都的道路。最后，他们暗中循着一个象牙商队的足迹找到那里。谢泼德仍然穿着一身白，包括白色帆布鞋，和“先前的”（他之后沮丧地写道）白色亚麻外套。

国王怒不可遏，命人将谢泼德和跟随他的人，以及帮助过
他们的所有人送到法庭，让法庭判处他们杀头的刑罚。后来， 157
他发现这位闯入者也长着黑皮肤，会说一些库巴语。法院的长老们认为，从这些迹象上看，他是一个转世的神灵。随后，他们宣称他们知道他是谁了：鲍珀·梅克比（Bope Mekabe），一个驾崩了的国王。[25]谢泼德后来说，关于那位圣明的国王生前的事情，他一点也说不上来，然而那些长老认定他就是先前的国王转世①。[26]

这次造访是谢泼德一生中的亮点之一，它为后来的学者提供了极其丰富的信息，因为库巴拥有中部非洲最为完备的政治制度。[27]谢泼德在库巴王宫待了4个月，他看到的一切都让他充满兴趣，他详细记录了从朝廷礼仪到王室警察处理偷盗和其他犯罪行为的程序。每次觐见国王时，仆人要在谢泼德面前铺上豹子皮，让他踩着豹子皮走到国王面前。对方坐在象牙宝座上，戴着饰有珠子和羽毛的王冠。

“我喜欢上了库巴人……”他写道，“他们是我在非洲见过的相貌最好的民族，他们气宇不凡，举止优雅，勤劳勇敢，诚实守信，总是面带诚恳的笑容，而且热情好客。他们拥有赤道

---

① 知名人类学家简·范西纳（Jan Vansina）持有不同看法：因为“鲍珀·梅克比”这一名字不属于库巴王室族系，所以他认为，库巴人其实知道谢泼德是谁，他们只是借奉承谢泼德来从他口中套出其他欧洲人进入这个王国的计划。

非洲地区最渊博的纺织、刺绣、木刻、冶炼方面的知识。”[28]谢泼德参加了一次该王国各城镇酋长和首领的年度大会。在会上，每个酋长和首领依次汇报所在地域的出生人数、死亡人数、收成情况以及其他事件，之后表演了仪式性的舞蹈。他后来写了一本关于非洲经历的书，书名为《刚果的长老会先驱们》(*Presbyterian Pioneers in Congo*)，但是书中浓墨重彩地介绍了那些显然不属于长老会的库巴人。[29]他亲自深入观察了最后一批没有受到欧洲人影响的伟大非洲王国中的一个。谢泼德说，库巴人有关他们民族的创世神话说：“他们民族的第一批先人，包括男人和女人，是由天上垂下的一根绳子放下来的。他们下来后，解开身上的绳子，绳子又被收回天上去了。”[30]

第一次造访库巴之后，谢泼德休假回到美国。在途中，他受邀在伦敦埃克塞特大厅（Exeter Hall）做演讲。因为他去过库巴王国，并发现了一个欧洲人知之甚少的湖泊，因此他被选入英国皇家地理学会，成为第一个获此殊荣的长老会传教士。该协会还将他发现的那个湖命名为“谢泼德湖”。在华盛顿，谢泼德向格罗弗·克利夫兰（Grover Cleveland）总统赠送了一
158 张库巴人做的竹席。在后来的一次造访中，他送给西奥多·罗斯福（Theodore Roosevelt）一个烟斗和一个棕榈纤维的床罩。在国内期间，谢泼德发表了无数次演讲，有时是在大学里，有时是在教堂里。他热情洋溢地赞美非洲，为长老会招募了一批黑人传教士。其中的一个人是露西·甘特（Lucy Gantt）。她是一位老师，也是一位很有天分的歌手，谢泼德在神学院上学的时候就认识她。后来，他们结婚了。为了筹建后来的几个布道所，又有一批长老会成员来到非洲，但最高负责人一直是白人。在美国出版的南方长老会（Southern Presbyterian）海外传道会

官方名册中，谢泼德和其他新招募的成员名字的后面往往标有“(colored)”(有色人种) 或“(c.)”。但是，在非洲，他没有感觉自己被当作二等公民：他以当时库巴国王的一个儿子的名字“马克萨马林格”(Maxamalinge) 作为自己的一个儿子的名字。

无须惊讶的是，库巴人对自己的生活方式很满意。虽然他们对谢泼德很友好，但他们对基督教没什么兴趣。谢泼德主持的布道所从他们中间吸收的新教徒寥寥无几。但是，谢泼德因为他关于非洲的新发现在国内名声大噪，所以长老会担心，如果关闭他的布道所派他到别处的话，会在公众之中产生负面影响。

整个开赛地区和刚果其他地区一样，最终都屈服于刚果邦的武力征服。在谢泼德历史性的造访的 8 年之后，利奥波德的军队最终开到那里，洗劫了库巴王国的首都。

* * *

利奥波德的军队进攻库巴首都，和刚果地区的其他事件一样，都是由万里之外的一个发现触发的。就在威廉·谢泼德第一次登船前往非洲的几年前，一位长着威严的大胡子的兽医在爱尔兰贝尔法斯特的家里摆弄他儿子的三轮自行车。约翰·邓洛普 (John Dunlop) 绞尽脑汁想解决一个困扰骑车人多年的问题：如果不用弹簧，怎样才能让自行车骑起来不那么颠簸？最后，邓洛普想出了一个一劳永逸的实用的解决办法——使用可以充气的橡胶轮胎。1890 年，邓洛普公司开始制造轮胎——从此引发了一股骑自行车热潮，并催生了一个新的产业，在时间上恰到好处地推动了汽车的出现。

自从克里斯托弗·哥伦布在西印度群岛发现橡胶之后，欧洲人就对橡胶有所了解。在18世纪第一个10年后期，一位英国科学家看到它能擦掉铅笔画出的痕迹之后，就给它起了这个
159 英文名①。1823年，这位名叫查尔斯·麦金托什（Charles Macintosh）的苏格兰人让自己的名字成为一个专有名词——他发明了一种工业化生产防水布的方法，取代了美国印第安人长期手工将橡胶涂抹在布料上制作防水布的做法。16年后，美国发明家查尔斯·古德伊尔（Charles Goodyear）无意中将硫黄洒到了炉子上滚热的橡胶里。他发现这样产生的混合物遇冷后不会变硬，加热后不会产生臭味，不会发黏。这帮助那些生产橡胶靴和雨衣的人们解决了困扰他们的重大问题。但是，直到19世纪90年代早期，也就是邓洛普给儿子的三轮车轮子上安装了充气轮胎的5年之后，世界范围的橡胶热才真正开始。所有工业国家对橡胶产品的需求量大增，不仅包括橡胶轮胎，还包括粗细不同的橡胶软管、密封垫等类似产品，还有当时迅速遍布全球的电报线、电话线以及电源线的绝缘层。一时之间，工厂无法获得足够的橡胶原料，在整个19世纪90年代，这种原料价格飞涨。橡胶热对全世界都产生了戏剧性的影响，但受影响最大的，莫过于生活在赤道雨林地区的那些人。在那里，野生的橡胶藤蔓植物覆盖了利奥波德国王治下刚果将近一半的领土。这些植物可以沿着树木，弯曲攀缘到树上很高的地方。

对于利奥波德来说，这股橡胶热简直是天赐之福。刚果投资让他债台高筑，危机四伏，但是现在他看到，将来的回报绝对超乎他的想象。虽然人们对象牙的热情犹在，但到了19世纪

① 擦、蹭的英文动词是“rub”，橡胶的英文名为“rubber”，字面意义为“用以擦或蹭的东西”。——译者注

90 年代后期，作为来自刚果的主要收入的野生橡胶远远超过了象牙带来的收入。这一下，他胜券在握，热切地向从刚果回来的政府官员没完没了地询问橡胶的收成。他如饥似渴地审阅从那块领土不断发来的电报和报告，在空白处做批示后，交给助手付诸行动。他这一时期写的信件里充斥着大量的数字：来自世界市场的商品价格、贷款利率、运往刚果的来复枪的数量、运往欧洲的橡胶吨数、他要用新获得的利润在布鲁塞尔筹建的凯旋门（triumphal arch）的具体尺寸。[31]阅读这一时期国王的往来信函就像是阅读公司 CEO 的函件，好像公司刚开发出一种高利润新产品，要抢在竞争对手的生产线开始运转之前大赚一笔。

利奥波德担心的竞争是来自人工种植橡胶的竞争。这种橡胶不是藤蔓植物，而是一种树。不过，橡胶树需要精心照料，而且需要生长多年才能割取汁液。国王气急败坏地要求将刚果野生橡胶的产量提升到一个新的高度，因为他知道，一旦拉丁美洲和亚洲种植园的橡胶树成熟之后，价格就会下降。这种情
况肯定会发生，但到那时，刚果已经享受野生橡胶热潮将近 20 160
年之久。在这段时间里，他们可以不断寻找新的橡胶来源。

和提供象牙的人一样，那些向刚果国和私人公司供应橡胶的人也会根据提供的橡胶数量获得相应报酬。1903 年，某个“高产”的代理人获得的佣金是他年薪的 8 倍。[32]不过，更多的利润直接流入了安特卫普和布鲁塞尔。流入首都的利润主要去了布雷德里大街（Bréderode）的两侧。这条街道的一侧是王宫的后墙，另一侧是刚果国政府部门办公大楼和一些刚果公司的总部。

虽然利奥波德私人控制的刚果政府可以拿到那些特许公司利润的一半，但是这位国王通过刚果政府直接攫取这块土地上

的物产获得的利润要比这多很多。但是，因为那些特许公司在管理上并非事事保密，所以，我们可以从他们那里获得更准确的统计数字。例如，1897 年，其中一个名为“英国 - 比利时印度橡胶和探险公司”（Anglo-Belgian India Rubber and Exploration Company，简称 A. B. I. R.）的特许公司，在刚果以每千克 1.35 法郎的价格收购橡胶后，装船运到安特卫普的公司总部，在那里，售价有时候能达到每千克 10 法郎，利润率超过了 700%。1898 年，A. B. I. R. 的股票价格涨到了 6 年前的 7 倍。[33] 1890 ~ 1904 年，刚果橡胶的利润增加了 96% 以上。[34] 到世纪之交，刚果绝对是非洲最赚钱的殖民地。从刚果获得的利润之所以这么高，除了运输成本较低之外，还因为割取野生的橡胶没有种植成本，没有肥料成本，无须在昂贵的设备上投资。需要的只有劳力。

去哪里找这样的劳力？对于刚果的统治者来说，这是一个问题。他们没法像强迫脚夫那样，将人们聚拢起来，用铁链子把他们拴在一起，然后监工手持 chicotte，盯着他们干活。要割取野生橡胶，人们必须在雨林里分散干活，而且经常需要爬树。

橡胶是一种凝结的树液。橡胶在法语中叫“caoutchouc”，它来源于南美印第安人的一个词语，意思是“流泪的树”。在刚果，这种“流泪的树”属于一种吸水性很强，能够生长得很长的胶藤属藤蔓植物。它地面上的根部直径最大为 1 英尺，缠绕在树上的藤蔓可以向上生长到 100 英尺或更高的地方。在那个高度上，它可以接受阳光的照射。在充足的阳光下，藤蔓会分叉，并在周围其他五六棵树高处的树枝上缠绕数百英尺。要
161 想割取橡胶，必须用刀割开藤蔓的皮，将一个木桶或陶罐挂在割口的下面去接缓慢滴下的黏稠的乳状汁液。你可以只在藤蔓上割一个小口，也可以——虽然政府禁止但人们在广泛应

用——将它彻底割断，这样虽然可以弄出更多橡胶，但是会把这个藤蔓弄死。一旦村寨附近的橡胶汁液被取尽之后，人们就不得不往森林深处走。很快，大多数收割工不得不走一两天才能找到没有被割取过的藤蔓。当近地面的藤蔓汁液被割取完之后，人们就不得不爬到树上去割取汁液。“我们……在路上看到一个人。他……在割取一些藤蔓上的汁液时，从树上掉下来摔断了腰”，一位传教士这样写道。[35]另外，热带地区司空见惯的瓢泼大雨经常将橡胶藤蔓生长的大片雨林变成泽国。

廉价的小装饰品或铜丝根本不足以让人每次一连好几天待在洪水浸泡的森林里，做那么艰苦并且让身体极其痛苦的工作。一个橡胶收割工必须将糖浆似的橡胶汁液晾干，好让它凝固，而做到这一点的唯一办法往往是将这种物质涂抹在他的胳膊、大腿和前胸上。“最初的几次，将凝固的橡胶从长着体毛的身上揭去，会十分痛苦，”1892 年，公安军军官刘易斯·查尔廷（Louis Chaltin）在日记中写道，“非洲人不喜欢割取橡胶，必须逼着他们做。”[36]

怎么逼他们做？某些消息和谣言慢慢传到了欧洲。“例如，有人告诉我乌班吉（河）上游是怎么做的，”一位英国副领事在 1899 年的报告中说，“军官（们）的办法是……划独木舟到村寨里，村寨的居民肯定闻风而逃，然后士兵上岸，开始抢劫，他们把所有的鸡、米、面等都拿到屋子外面，然后，他们开始追击村民，只需将他们的女人抓住就行。把这些女人押作人质，让该地区的酋长交纳规定数量的橡胶。交来橡胶之后，家里的男人为每个女人再交两只羊就可以将自己的妻女领走。这位军官将这种办法用在一个村子又一个村子上，直到收到数量足够的橡胶。”[37]

被押作人质的有时候是女人，有时候是孩子，有时候是老人或酋长。橡胶产区的政府或公司的每个基站都用栅栏关着很多人质。男性村民如果敢抵制割取橡胶的命令，他的妻子很可能会没命，因为栅栏里几乎没有什么可以吃的东西，生活条件非常恶劣。“上次突袭恩格瓦拉（Engwettra）时抓回来的那些女人真是让我伤脑筋，”公安军军官乔治斯·布里克斯
162 （Georges Bricusse）1895年11月22日在日记中写道，“每个士兵都想要一个。负责看守她们的哨兵把最漂亮的女人身上的铁链子打开并强奸了她们。”[38]

当然，利奥波德从来没有宣布挟持人质是官方政策。如果后人就此指控政府，当局会愤怒地予以驳斥。但是在远离人们视线的乡村，他们根本无须装模作样。有关怎样挟持人质的说明居然出现在半官方的指导手册里。《刚果游客和居民手册》（*Manuel du Voyageur et du Résident au Congo*）透露了很多鲜为人知的信息。政府给每个代理人和镇公所都发了一本。这个五卷本的指导手册的内容囊括了从怎样让仆人听话到鸣礼炮的正确方法的所有事项。挟持人质也是日常工作的一部分：

> 在非洲，挟持人质是……一件很容易的事情，因为如果村民躲起来的话，他们不会离开村子很远，肯定要去村子周围的菜园里找吃的。只要盯紧这些菜园子，用不了多久，你肯定能抓住他们……如果你觉得抓到的人已经不少了，就可以从他们中间找一个岁数大一些的人，最好是一个老太太。送她一件礼物，打发她到酋长那里，去和酋长沟通。村子的酋长也希望村民能被放回来，于是往往会派代表来谈判。[39]

历史很少让我们有机会看到，为那些实施恐怖统治的人提供的如此详细的指导方法。有关如何挟持人质的建议出现在一本叫作《实用问题解答》的操作手册里。这本手册出自一个由约 15 人组成的编辑委员会之手。其中的一个成员——在斯坦利瀑布担任基站负责人时曾经收集过黑人人头，任期结束后投入两年时间撰写这本书——就是利昂·罗姆。

* * *

挟持人质让刚果有别于其他大多数的强制劳动政权。但是，在其他方面，刚果与它们大同小异。和几十年之后的苏联古拉格一样（另一种采集原材料的奴隶劳动制度），刚果采用的也是配额制。在西伯利亚，配额指的是砍下的木材的立方米数，或者人质每天开采的金矿石的吨数，而在刚果，配额指的是橡胶的千克数。以 A. B. I. R. 为例，这个占有一片富饶土地的特许公司正好位于刚果河巨大的半圆形转弯的下游。这里给每个 163
村寨确定的标准配额是每个成年男性每两周上缴 3 ~ 4 千克晾干的橡胶——这实际上意味着这些人要在两周内将全部工作时间投入这项任务。[40]其他地方的配额更高，并且可能随着时间的推移而增加。位于遥远的刚果北方的蒙加拉河（Mongala River）流域被控制在一家名为安特卫普刚果贸易公司（Société Anversoise du Commerce au Congo）的特许公司手里。这家公司的一位主管估计，要完成配额，橡胶收割工必须每月在森林里忙碌 24 天。晚上，他们要钻进自己编的粗糙的笼子里睡觉，以防止豹子袭击，虽然这种保护措施不是常常有效。[41]

为了够到藤蔓高处的部分，不顾一切要弄到藤蔓中每一滴橡胶的人往往会把整条藤蔓都扯下来，将它砍成几段，把里面的橡胶都挤出来。[42]虽然刚果政府颁布了严格的法令，禁止用这种方式使藤蔓死亡，但政府同时也用 chicotte 鞭打那些没有如数上交橡胶的村民。两者相较，还是 chicotte 的威力更大。有人看到村民为了完成橡胶配额，甚至将藤蔓的根挖出来。

整个体系都是军事化的。公安军的游击队遍布各地，经常为与他们签订协议的公司提供火力支持。另外，每个公司都有自己的保安队，他们委婉地称之为“哨兵”。和几乎其他所有方面一样，各个公司在军事方面的运作好像是政府职能的延伸。在抓人质或者镇压暴动的村寨时，公司哨兵往往和公安军士兵协同作战。

橡胶藤蔓生长的所有地方，人口流动都被严格控制起来。一般来说，要是去另一个村寨走亲访友，必须从政府代理人或公司代理人那里申领一个许可。在有的地区，你必须佩带一个上面写有数字的金属盘，用一根绳子挂在脖子上，这样公司代理人就可以跟踪了解你是否完成了配额。数量可观的非洲人被征入这一劳工大军：1906 年，单是 A. B. I. R. 的劳工名册里就登记了 4.7 万名橡胶收割工，这仅占整个刚果国橡胶生产劳动力很小的一部分。[43]

河边的路上到处是一队队疲惫不堪的村民，头顶上的筐里装着一大团的灰色橡胶。他们有时候需要走 20 英里或更长的路去欧洲代理人的宅邸附近集合。欧洲代理人坐在阳台下面，给人们交来的每筐橡胶称重。在某个收集点，一个传教士数了一
164 下，顶着筐来的有 400 人。[44]橡胶汁液交上来之后，要将它做成粗糙的厚板（rough slab），每个厚板和小型手提箱大小相同，然后将它们放在太阳下晾干。橡胶板晾干后，就被装上由蒸汽船拖着的驳船顺流而下。这是前往欧洲的漫长旅程的第一段。

政府和公司一般会以一块布、几颗珠子、几小勺盐，或一把刀的形式向收割橡胶的村民支付报酬。这些东西的价值接近于零，只是刀子是收割更多橡胶的重要工具。至少有一次，一位逼着村民割取橡胶的酋长得到的报酬是几个人。1901 年，斯坦利瀑布附近两个白人官员之间的法律纠纷给我们留下了以下庭审记录。接受法官询问的证人是利亚姆巴（Liamba），他是一个名叫马林达（Malinda）的村子的酋长：

> 问：M. 霍迪奥克斯（M. Hottiaux）［一位公司官员］是不是给过你活着的女人和孩子？
>
> 答：是的，他给过我 6 个女人和 2 个男人。
>
> 问：为什么？
>
> 答：作为我带到基站的橡胶的报酬。他告诉我，我可以吃掉他们，或杀掉他们，或让他们给我当奴隶——随便我怎么处置。[45]

* * *

开赛河附近的雨林富含橡胶，谢泼德和其他美国长老会教友发现自己置身于大灾难的现场。开赛河也是反抗利奥波德的统治最为激烈的地方之一。[46]一个武装首领带领手下士兵，集结政府军队，在谢泼德传道的那个地区大肆搜捕和镇压反抗者，抢掠和烧毁了十几个村庄。潮水般的难民拼命拥向谢泼德的布道所避难。

1899 年，在上司的命令下，谢泼德冒着危险硬着头皮前往未开发地区，调查这场骚乱的起因。在那里，他发现了血迹斑斑的地面，被破坏的村寨以及大量死尸。空气中充斥着浓重的腐肉臭味。在进入镇压者营地的当天，他就看到他们用火熏烤着大量东西。那位首领“把我们领到一堆用木棍架起来的木柴旁边，木柴下面燃着小火。在小火上熏烤着的是很多的右手。我数了数，一共是 81 个”。[47]那位首领告诉谢泼德：“看！这就是我们的证据。我们一般必须把我们杀掉的那些人的右手砍下来，为的是让政府知道我们杀了多少人。”[48]他骄傲地给谢泼德
165 看了他们砍下右手的那些尸体。熏烤可以让这些手在炎热、潮湿的气候里得到长期保存，因为这位首领在几天或几周之后才能给有关官员展示这些手，并受到对他的杀戮的奖赏。

谢泼德撞见了利奥波德的橡胶收集系统最残忍的方面之一。和劫持人质一样，砍掉手掌也是一项经过仔细考虑之后出台的政策。甚至一些高级官员后来也承认了这一点。“在刚果的那段时间里，我是赤道地区的第一任地区长官，”查尔斯·勒迈尔（Charles Lemaire）退休后回忆说，“橡胶供应一出现问题，我就给政府写信，‘要想在这个地区收集橡胶……必须用砍掉手、割下鼻子和耳朵的手段’。”[49]

如果村子不臣服于橡胶统治，政府或公司的部队或者他们的同盟部队有时会开进村子，屠杀全村，让附近村子的人获得这个消息。不过，在这种情况下，有的欧洲军官也不放心。针对发给士兵的每一发子弹，他们都让对方提供证据，让后者证明这些子弹都用在了杀人上，而没有“浪费”在打猎，或更糟糕的是，被攒下来用在将来的兵变上。这方面的证据一般是从尸体上砍下的右手——有时候，右手不是从死尸上砍下来的。“有时候”，一位军官对一个传教士说，士兵“将子弹用在猎杀动物上，然后从活人身上砍下手来”。[50]在一些连队里，甚至专门有人负责“保管砍

下来的右手”，这个人的职责就是熏烤这些手。[51]

谢泼德不是第一个见识刚果砍手暴行的外国人，也不是最后一个，然而，只有他给传教士杂志撰写的有关这一可怕发现的文章获得了广泛转载和引用，不但欧洲人转载和引用它，美洲人也转载和引用它，而且在一定程度上，也是因为他，海外读者开始将刚果与砍手暴行联系在一起。在谢泼德惊人发现的6年之后，社会党领导人埃米尔·范德维尔德（Émile Vandervelde）在比利时议会抨击利奥波德用从刚果获得的利润建造耗资巨大的公共建筑时说：“纪念性拱门有朝一日会被人称作‘砍手拱门’。”[52]威廉·谢泼德的直言不讳终于惹恼了刚果当局。一名叫范德维尔德的律师未来会在刚果法庭上给谢泼德辩护。不过，这是后话了。

有关橡胶收集的恐怖行为传遍整个雨林地区之后，给人们的记忆中留下了永远无法愈合的创伤。一位在半个世纪之后记录了口述历史的天主教神父在记录中提到了一个叫茨瓦姆比（Tswambe）的人。这个人让斯坦利池塘北部沿河岸300英里的
人们感到极其恐惧，他是一个极其被痛恨的政府官员。他的名 166
字叫利昂·费夫兹（Léon Fiévez）。

> 所有黑人都把这个人看作“赤道地区的魔鬼”……士兵在战场上打死的所有人的尸体，都要砍掉右手。他要亲自清点每个士兵砍下的右手的数目，士兵们必须用筐把砍下的手送到他面前……不给他割取橡胶的村子的人就会被杀光。当时我还年轻，我看到（费夫兹）手下那个叫莫利里（Molili）的负责看守博耶卡村（Boyeka）的士兵拿来一张大网，将10个抓来的村民套在网里之后，给大网系上几

> 块大石头，让大网滚进河里……橡胶给人们带来了这些苦难，这就是我们不愿意再听到人们说起这个东西的原因。那些当兵的逼着年轻人杀死或强奸自己的母亲和姐妹。[53]

一位在1894年经过费夫兹的驻地的公安军军官引述了费夫兹本人的话。费夫兹描述了如果周围村民不按要求给他的部队提供鱼和木薯的话，他会怎么办："我就向他们宣战。一个例子就足够：砍掉100个人的头，从此这个驻地就吃喝不愁。我的目标是终极人道主义。我虽然杀了100个人……但饶了500个人的命。"[54]

如果说砍掉手和头也算是"人道主义"原则的话，那么费夫兹这样的虐待狂可以无所顾忌了。姆比玛（M'Bima）基站的负责人用左轮手枪给村民的耳垂打洞；[55]在开赛河沿岸工作的代理人拉乌尔·德·普雷摩里尔喜欢给他怀疑装病的人喝大剂量的蓖麻油。[56]要是代理人阿尔伯里克·迪迭戈（Albéric Detiége）发现村民为了完成橡胶配额的重量要求，铤而走险给橡胶里掺泥土或卵石的话，他就让他们吃掉那些橡胶。[57]得知两个脚夫没有在营地制定的公共厕所如厕，地区长官让·韦尔杜森（Jean Verdussen）就命令那两个人脸上抹上粪便，在士兵们面前走正步。[58]

随着有关白人手下的士兵、他们砍下一筐筐人手的新闻在刚果地区传开，与先前白人认为黑人吃人的传言正好相反，非洲人越来越相信另一个传言：他们在白人的屋里看到的牛肉罐头里的并不是标签上显示的动物的肉，那里面装的都是剁碎的人手。[59]

11　秘密杀人团伙

有一次，当利奥波德和德国皇帝威廉二世（Kaiser Wilhelm Ⅱ）在柏林观看一场游行表演时，利奥波德感慨王室权力的衰微，对威廉二世说："除了金钱之外，我们这些国王真的一无所有了！"[1]虽然不久之后，橡胶给利奥波德带来了超乎想象的利润，但是刚果已经完全无法满足他的胃口了。他憧憬建立一个能将刚果河、尼罗河这两条具有传奇色彩的非洲大河囊括在内的帝国，他想修建一条长长的铁路，将这两条大河连起来。19世纪90年代初，他派了几个远征队从刚果出发，沿东北方向朝着尼罗河流域进发。其中一个远征队要求占有古代加扎勒河地区的铜矿（Bahr-el-Ghazal），他们小心翼翼地说，自己将以个人名义替利奥波德占有这个铜矿，同时，刚果政府会为这一铜矿提供军事保护。 167

最后，法国人阻止了这位国王前往尼罗河的进一步行动，不过他已经开始梦想在其他地方寻找殖民地。"我要让人口为600万的、狭小的比利时成为一个庞大帝国的首都，"他说，"荷兰、西班牙、葡萄牙都处于衰退期，他们有朝一日会出售手里的殖民地。"[2]他向英国首相威廉·格莱斯顿（William Gladstone）打听是否可以租用乌干达。

利奥波德很快着手用当时流行的人道主义情怀来修饰他的帝国计划。1896年，他向另一个英国首相——索尔兹伯里侯爵（Lord Salisbury）提出建立一支由刚果国军官指挥的苏丹部队，

168 专门用以“侵略和占领亚美尼亚，以阻止正在向欧洲腹地推进的（土耳其人对亚美尼亚的）大屠杀”。[3]（维多利亚女王认为她的这位堂弟患了妄想症。）克里特岛爆发危机之后，他提议让刚果军队前往恢复秩序。美国赢得美西战争之后，他提议可以找一家公司将西班牙剩余的殖民地租下来，如大西洋的加那利群岛、南太平洋的加罗林群岛。他建议，这家公司可以注册在一个“中立”国家，如刚果自由邦。

这些梦想都没有妨碍利奥波德管理他的主要收入来源。但是，他尽可能地不让外人知晓刚果利润的不断增加，以免有人要求他偿还比利时政府的大笔借款。刚果政府百般拖延之后，最后公布了一份预算报告。在这份报告里，政府将利润数字大大地缩小了。[4]

控制属于自己的国家的一个优势是，你可以发行债券。债券最终给利奥波德带来的收入几乎和橡胶不相上下。总共算起来，这位国王发行了价值超过 1 亿法郎的债券，相当于今天的 5 亿美元。[5]他卖掉了一部分债券，一部分送给了亲朋好友，一部分留作自己的投资资产，还有一部分代替现金支付比利时的公共建设项目。因为这些债券的期限是 99 年，所以利奥波德很清楚，支付这些债券的本金是其他人的事情了。按理说，这些债券募集来的资金应该用于刚果的建设，但是真正用在这方面的资金少得可怜。

利奥波德更倾向于将这些钱，还有来自刚果的橡胶利润花在欧洲。对于这样一个精明并有野心的人来说，他在品位方面显著缺乏想象力。他将新获得的巨额资金投入了与其说让他留名青史，不如说让他留名旅游手册的地方。一系列的纪念碑、宫殿的副楼、博物馆、展览馆在比利时各地拔地而起。在他最喜欢的海边度假地奥斯坦德市，利奥波德耗资数百万法郎修建滨海小道、数个公园，给他经常光顾的赛马场修建了一个精心设计了角度的顶层看台（剪彩那天动用了 8.5 万株天竺葵作装饰）。他还用橡胶获得的利润在 Raversijde 的一个名为 Klemskerke 的王室度假屋附近修建了一个高尔夫球场，并对拉肯庄园进行无休止的修葺和扩建。利奥波德大张旗鼓地正式将这些建筑中相当一部分作为王室礼物（Royal Gift）捐赠给了国家，不过，他和先前一样继续住在城堡和王宫里。他将财产以王室礼物的名义赠送给国家的真实用意是让国家来支付这些财 169
产的维护费用，同时不让 3 个女儿获得这些财产，因为根据比利时法律，他的女儿有权继承他的个人财产。

1895 年，利奥波德年届 60 岁，随着年龄的增加，他患上了忧郁症。助手如果在他面前咳嗽，就可能被勒令好几天不许出现在他面前。因为总是担心感冒，所以雨天外出或者在海里游泳时，他要给胡子套上一个防水袋。他要求王宫里的桌布每天都要用沸水煮一遍，为的是杀死病菌。[6]

如果不外出，他大都待在拉肯。他每天早早起来之后，冲一个凉水澡，修剪大胡子，然后享受仆人的按摩，阅读早上送来的邮件，吃一份量很大的早餐——6 个煮熟的鸡蛋、一摞烤面包片、一大罐橘子果酱。之后，他在喜欢的花园和温室里走上大半天，往往一边走一边看信件，一边口述回复。秘书们不得不学着一边走路一边做记录。午餐持续时间为雷打不动的半小时。吃饭过程中，国王会阅读报纸和信件，有时候还在信件旁边的空白处写上批示。他的笔迹潦草得几乎无法辨认，工作人员不得不每天花好几个小时焦急地辨认他到底写的是什么。吃饭时，其他家庭成员都不许说话。

下午，司机开车送他到布鲁塞尔市中心区的王宫去会见政府官员和来访者，下午回到拉肯吃晚餐。一天中他情绪最好的时候是伦敦《泰晤士报》送到的时候。每天下午，当奥斯坦德-巴塞尔的快速列车经过拉肯这个挂有皇家盾徽的私人火车站时，车上就会扔下一份精心包裹的当天早上的报纸。一个仆人用熨斗将这份报纸熨一遍——也是为了杀菌——供国王晚上在床上看。（后来《泰晤士报》加入了批评他的媒体队伍，于是利奥波德愤怒地对外宣布不再订阅这份报纸。不过，他秘密地打发贴身仆人每天前往布鲁塞尔火车站去给他买一份。）

也许利奥波德之所以喜欢看《泰晤士报》，是因为它不是写给小国的报纸，而是针对强国的报纸。无论如何，他对殖民地的贪欲仍在向世界各个角落延伸。1897 年，他开始将刚果的利润投向中国铁路，后来大赚了一笔。他觉得这个国家就像是先前的“巨大的非洲蛋糕”，是一场不容错过的盛宴，他像先前那样随时准备坐到餐桌前。他在谈及希望能够铺设的那条铁路时说：“这是中国的脊柱。如果他们把这条路线交给我，我还可以从骨架上弄下一些肉来。”[7]他竭力促成了一笔交易——让中国劳工去刚果，让刚果士兵去中国——这样，他就可以让他的
170 军队将一条腿跨进中国的大门，就像是当今西方强国在远东的运作一样。他以刚果独立邦的名义在中国买下几块土地。当利奥波德派遣一个刚果国代表团——当然，所有代表都是比利时人——前往中国谈判时，中国的总督李鸿章故作惊讶地说：“我以为非洲人都是黑皮肤，不是这样吗？”[8]

* * *

在刚果，橡胶热给地区的主要建筑项目增加了一份紧迫感。

这个项目就是从马塔迪绕过大激流到斯坦利瀑布的窄轨铁路。这个项目需要的工人曾经多达 6 万人。虽然这条铁路仅有 241 英里长，轨道宽度略微超过美国标准轨道宽度的一半，但气候、疾病、地形等问题让它成为历史上最为艰巨的铁路工程项目。最初的 3 年时间仅仅修了 14 英里长的一段。这一艰巨路段的测绘员先前描述这段路为“一堆堆巨石的堆叠，有些地方就像是巨人将巨石从上面一块块扔下来堆砌成的”。[9]这条路需要架 99 座铁桥，加在一起的长度超过 12 英里。[10]

建筑工人来自英国和法国的西部非洲殖民地，中国香港、澳门以及英属西印度群岛。利奥波德仍旧对让中国工人来刚果干活念念不忘。“需要投入多少成本?”[11]他在写给一个幕僚的信中说，“如果在刚果建立 5 个大型中国村，一个在北部，一个在东北部，一个在东部，一个南部，最后一个在马塔迪和利奥波德维尔之间。派 2000 个中国人在边界地区工作，需要投入多少成本?”后来，建 5 个中国村的想法烟消云散了，但利奥波德的梦想让 1892 年远赴刚果修建铁路的 540 个中国人中的很多人命丧他乡。其中 300 人死在工地上或逃入丛林的过程中。后者中的大多数人后来一直杳无音信，虽然后来有人在 500 英里之外的内陆地区看到过他们中的几个人。他们一直朝着日出的方向走，想走到非洲东海岸，然后从那里乘船回家。[12]

在招募加勒比海巴巴多斯岛的几百名劳工时，他们被明确告知不是去刚果。1892 年 9 月，当船在博马系好缆绳之后，他们意识到自己是在刚果，于是愤而反抗。士兵开了枪，当场打死两个人，很多人受伤。剩下的人当天就被送往位于马塔迪的 171
铺设中的铁路的起点，被要求干活。

这条铁路在工程上的成就一般，在人性上却是一个大灾难。

很多人死于意外事故、痢疾、天花、脚气、疟疾，这一切又因为恶劣的饮食、200 名铁路保安队员的无情鞭打而雪上加霜。火车头出轨；装满炸药的运货车厢爆炸后将工人炸成碎片——白人和黑人都有。有时候，人们找不到遮风挡雨的睡觉处，倔强不从的劳工还要带着铁链子干活。欧洲工头和工程师可以单方面中止协议回国，他们中确实不断有人这样做。然而，黑人和亚洲工人不可以。早上军号响起的时候，一群群愤怒的劳工就会将昨天夜里死掉的工友的尸体放在欧洲监工的面前。

非洲其他地方也使用过这一比喻：铁路沿线的当地人说，每根枕木的铺设都牺牲了一个非洲人的生命，每根电话线杆子的竖立都牺牲了一个欧洲人的生命。[13]甚至在粉饰过的官方数字中，为修建这条铁路而丧命的都有 132 个白人和 1800 个非白人。然而，有人估计，在条件最为艰苦的前两年，非白人的死亡人数每年都接近 1800 人。铁路线两侧一片片墓地随处可见。[14]工人频繁地想办法逃跑。来自塞拉利昂的 300 个劳工挥舞着锤子、铁锹、镐占领了马塔迪港，想要从码头征用一只船送他们回家。挥舞着棍棒的警卫——这些警卫是从桑给巴尔招募来的——逼着他们回到工地。[15]另外一些人继续罢工或逃往附近的葡萄牙人的领地。

1898 年，铁路工程动工 8 年后，第一辆又短又粗的蒸汽机车，上面插着旗子，拉着两节车厢沿着狭窄的轨道，从马塔迪一路驶向斯坦利瀑布。一个装饰着鲜花的大帐篷等候在终点处。政府官员、军人、铁路主管和一位主教出席了庆祝会，用香槟遥祝利奥波德身体健康。各界要人共同举行了最后一节铁轨的铺轨仪式。一门大炮鸣放 21 响致敬。斯坦利池塘上停泊的所有蒸汽船拉响了汽笛。官员们在过去的商队路线上竖起了一个纪念碑——一个人头上顶着一个很大的箱子，另外两个人累倒在他身边。碑上的题字是："铁路让他们不用再做脚夫。"（THE RAILWAY FREED THEM FROM PORTERAGE）最先是谁让他们做脚夫的，碑文只字未提。

虽然急转弯和陡坡让从起点到终点的行驶时间拉长到两天，172
但这条铁路极大地增加了这个国家的国力和财富。刚果在世纪之交每年产生的1100多万磅橡胶现在可以通过斯坦利池塘的蒸汽船码头直接运抵海边，而无须脚夫顶在头上跋涉3个星期。[16] 走相反方向的火车车厢能运载的蒸汽船零件可以运送比脚夫能够搬运的大很多的蒸汽船零件。利奥波德维尔迅速成为中部非洲最为繁忙的河港，成为最大载重可达500吨的众多蒸汽船的聚集地。一艘名叫"巴黎小镇号"（Ville de Paris）的60吨侧桨轮蒸汽船最初是塞纳河（Seine）上的一艘游船，也被弄到了这里。

* * *

除了政府雇员或者是为铁路这种项目招募的劳工，利奥波德对去刚果的外国人都心存戒备。然而，他也没法将他们中的一群人拒之门外，这群人就是包括威廉·谢泼德及其教友在内的几百名新教传教士。这些传教士几乎都来自英国、美国、瑞典这些利奥波德想要讨好的国家。他们来刚果本是为了积极传播基督教，抵制一夫多妻制，为非洲人灌输维多利亚时代的罪恶感①。[17] 然而，没过多久，橡胶收集方面的恐怖行为让这些传

① 一位造访刚果河流域乌波多市的政府高级官员在日记中用惊讶的语气记录了这样一件事：一位英国传教士要他下达一道命令，"要求所有村民必须穿衣服（!?）"。

教士很难找到可以穿衣服的身体和等待拯救的灵魂。村民们一看到从地平线处驶来的蒸汽船冒出的黑烟，就立刻惊恐万分地躲进丛林。非洲村民一再追问一位英国传教士："你跟我们说的那个救世主，能让我们不用去割取橡胶吗?"[18]结果，这些传教士只能扮演一个他们根本没考虑过的角色——战争观察员。谢泼德绝不是唯一的证人。1894 年，一位瑞典传教士记录了刚果人传唱的一首满怀绝望的歌：

> 我们不愿再生活在暴虐中，
> 我们不能容忍妻儿被人抢走，
> 落入白皮肤的野蛮人之手，
> 我们要决战……
> 173 虽然那是死路一条，但我们不怕死。
> 我们不怕死。[19]

因为这些传教士的存在，19 世纪 90 年代中期利奥波德开始应对分散的批评，如谢泼德的文章，它批评的主题是砍手和屠杀非洲村民。但是，这些批评者引起的关注很少，因为他们不像国王那样擅长公关。后者运用他强大的王室魅力来摆平这些批评。

起初，他鼓励海外传道会的主管与他直接交流，他还亲自督促一位法国牧师这样做，"而不是诉诸媒体，那样往往会让大家都不愉快（toujours désagréable）"。[20]接着，他老练地又是许诺又是威胁。在结交他们领导者的同时，他还通过各种方式提醒在刚果传教的传道会，刚果政府可以向他们征税或禁止他们设立新的布道所。谢泼德所在的美国南方长老会传道会在申请建立新布道所需要的土地时费尽周折。

瑞典的浸信会传教士 E. V. 霍布鲁姆（E. V Sjöblom）也许是 19 世纪 90 年代后期对利奥波德批评最为强烈的人。他逢人就讲，并于 1896 年在瑞典媒体上发表详细文章，抨击了刚果实施的恐怖行为。其他国家的报纸转载了这篇文章。第二年，在伦敦的一个大会上，霍布鲁姆揭露了非洲公安军怎样根据交上来的右手数量对士兵进行奖励。“（一个）代理人告诉我，他在一个军事驻地亲眼看到一位政府官员根据士兵交来的右手数量向对方支付一定数量的铜棒（当地使用的通货）。一个士兵告诉我……‘行政长官告诉我们，如果我们能拿来足够多的右手，他就可以缩短我们的服役时间。我已经交上去不少右手了，我希望我的服役时间能很快结束。’”[21]政府官员威胁身在刚果的霍布鲁姆，并迅速在比利时和英国的媒体上进行反击。

另一个反对利奥波德的知识渊博的人是福克斯·伯恩（H. R. Fox Bourne）。他是原住民保护协会（Aborigines Protection Society）的秘书。这个协会自从 10 年前推选利奥波德为其名誉会长之后变得明智了很多。据说国王曾亲自造访伦敦《泰晤士报》报社，劝说对方不要刊登福克斯·伯恩的文章。[22]

但是，在公开场合，利奥波德采取的是最为积极的策略，他表示对发生在他的领地的恶劣行为非常震惊。对于大多数指责，他都能毫发无损轻松过关，因为那些指责针对的是对非洲 174
人犯下的暴行。但是，1895 年，他在欧洲遭遇了他的第一个真正的麻烦，正如一位英国记者说的那样，一个异常残暴的刚果政府官员“胆敢杀害英国人”。[23]

被杀害的那个人实际上是爱尔兰人：查尔斯·斯托克斯（Charles Stokes）是一个性格开朗、爱炫耀的商人。他“入乡随俗”，娶了一个非洲女人做妻子。斯托克斯的象牙生意与利奥波德想要在东部非洲实施的象牙贸易垄断产生了冲突。还有人指责他向非裔阿拉伯人出售武器。公安军派了一个远征队前往刚果东部边境找他，找到他之后将他就地绞死。伦敦媒体对此大加指责。德国也掀起了一场抗议浪潮，因为斯托克斯在非洲的办公地点在非洲东部的德国殖民地，而按理说，刚果邦对德国商人应该是开放的。平息这场抗议的努力失败之后，刚果政府只得公开认错，向英、德两国政府提供巨额赔偿。但是，事情还没有完。一家德国报纸郑重地说，如果刚果如此轻率地就将一个白人处死，可想而知它是怎样对待非洲原住民的。欧洲媒体开始更加关注有关刚果暴行的消息。

利奥波德必须采取行动了。1896 年，他组建了原住民保护委员会（Commission for the Protection of the Natives）。这个委员会由 6 个知名的刚果传教士组成。其中 3 个是比利时天主教教徒，另外 3 个是其他国家的新教教徒。在欧洲，尤其是在最让利奥波德头疼会受其批评的英国，人们普遍认为这个委员会的建立是一件好事情。《曼彻斯特卫报》（*Manchester Guardian*）说：“如果利奥波德国王真的认真面对事情的真相，就不失为一件完全值得被赞扬的事情。”[24]

很少有人注意到下列几个方面：上述委员会成员的传教地点都不在曝出暴力事件的橡胶主产区；这些委员零散地分散在 1000 多英里长的广大地域里；国王没有为他们开会提供任何资金支持；一位英国委员曾经建议他的教友不要公布任何有关暴行的消息；还有一位委员曾经受利奥波德的委托勘测过刚果与安哥拉之间的边界；如果发现暴力行为，委员会除了“通知”刚果政府有关部门之外，没有任何其他权力。

该委员会只开过两次会，而且，因为路途遥远和费用问题，每次开会只有三位委员能到会。但是，对于利奥波德来说，此举是一个公关上的重大成功，他在1897年夏先后出访英国、德国和瑞典，巩固这一成果。在接下来的10年里，布尔战争(Boer War) 分散了英国人的注意力，欧洲媒体对利奥波德的批 175
评几乎完全消失。虽然零星地有人发出批评之声，但几乎没有引起任何注意。

如果当时的欧洲也进行支持率调查的话，利奥波德在19世纪最后几年的支持率，不管是国外的还是国内的，都达到了最高。在比利时，殖民沙文主义开始不时地出现在这个时期的诗文里：

> 海滩上，英明君主的声音在召唤他们过来，
>
> 士兵们，气定神闲，无畏恶劣气候，
>
> 一心要打破非洲人身上的镣铐，击败残暴的阿拉伯人。[25]

然而，那位君主的声音是在推动他们“前去”，而不是呼唤他们“过来”，因为虽然刚果是他一生中最上心的地方，但利奥波德从来没有去过那里。

他为什么这样做？在利奥波德的心中，刚果没有饥饿的脚夫、被强奸的人质、因为艰辛劳作而憔悴不堪的橡胶收割工，而是他梦想中的帝国，那里有巨大的树木、奇异的动物，当地村民对他的英明统治感恩戴德。他没有去那里，而是将刚果——他心中的那个刚果，也就是他想象中的戏剧作品——搬到了他在欧洲的生活中。他用非洲的桃花心木做他私人车厢卧

室的镶板，将非洲的动物放入比利时动物园，给拉肯众多的巨大温室增加了一个“刚果温室”（当今仍然种着很多棕榈树），温室上面是四个玻璃圆顶和一个八角形圆顶，圆顶上面固定着属于他个人的那个国家的金星徽章。

利奥波德从想象中的那个宁静、风景如画、酷似舞台布景的刚果搬到比利时的还有刚果的人。1897 年，世界博览会在布鲁塞尔召开时，人们谈论最多的展品位于布鲁塞尔郊区的特尔菲伦镇（Tervuren）。[26]100 多万人前去参观有关刚果的成果展示活动。展品包括被斯坦利推崇备至的用以推进文明的伟大工具（斯坦利曾先后两次参观这次博览会）——马克沁机枪，以及
176 各种各样的亚麻挂毯，这些挂毯描绘的是“野蛮与文明”、“物神崇拜与基督教”、“一夫多妻与家庭生活”、“奴隶制与自由”等主题。然而，最不寻常的戏剧性场景还是一个由人构成的场景：从刚果运来的 267 个黑人，包括男人、女人和孩子①。

---

① 在世纪之交，这不是非洲人第一次被当作展品在世界博览会或者在其他地方展出。最耸人听闻的是一个来自刚果的名叫奥托·本伽（Ota Benga）的俾格米人被展出的事情。1906 年 9 月，他被关在纽约布朗克斯区动物园里的猴子馆里展出。一只猩猩和他关在一起。游客们认真查看他的牙齿，因为有报纸文章曾经暗示，为了吃人肉方便，他的牙被磨过了。为了强化这一印象，动物管理员给他周围放了几块骨头。有人在《纽约时报》上发表了一首诗，说的就是奥托·本伽被带到美国的事情：

远离黑暗的故国，
来到自由的国度，
为了科学的利益，
以及广大全人类。[27]

展览的组织者是放弃传教、开办了多个商业项目的前长老会传教士。后来，一个黑人牧师团将奥托·本伽从动物园解救了出来。走出动物园后，他一直生活在美国，10 年后他自杀了。

在嘹亮的乐曲声中，这些非洲人乘坐的火车抵达了布鲁塞尔北站，然后他们步行走过市中心，乘坐前往特拉沃镇的有轨电车。他们被安顿在特拉沃镇一个公园中专门为他们建造的几个村子里：一个村子在河边，一个村子在树林里，一个村子是“开化”村。两个俾格米人出来向大家完成了这场展示。前两个村子里“未开化”的非洲人使用的是从刚果带来的工具、鼓和锅。他们跳舞，在一个池塘里划独木舟。白天里，他们生活在上面高挑着茅草屋顶的、“货真价实的”竹制非洲窝棚里。不过，想要见识一下传说中袒胸露乳的非洲人的男游客失望而归，因为展览机构让他们在展会上穿上了睡袍。一个当地杂志评论说，毕竟穿衣服是“开化的第一个迹象”。[28]

玛丽-亨丽埃特王后罕见地表现出对丈夫的刚果项目的兴趣。她在随从的陪同下前去观看刚果人，利奥波德的梦想一下子变得具体起来了。当利奥波德得知一些非洲人吃了公众抛来的糖块得了消化不良之后，就命人挂起一块类似“不许给动物投食”的牌子，牌子上写着“黑人由管理委员会喂食”。

当地媒体为了引起读者的兴趣，发动大家猜测“未开化的”非洲人是否危险。一个记者走到一群非洲人中间。“在人群中间，坐在一根圆木上的是他们的首领。他坐在那里一动不 177
动，样子神圣而不可侵犯。首先听到有一个人在唱歌，然后大家一起唱起副歌。人们拍手、用木棒敲击金属物体伴奏。同时，他们弯着腰随着节奏左右摇动身体。独唱和合唱唱的是什么？伟大的战士（公安军上尉休伯特）洛泰尔（Lothaire）的英勇事迹。”[29]一切顺利。

“开化”村里有90个公安军士兵。一些士兵组建了一个军乐队。士兵列队行进，乐队则给他们伴奏。在欧洲之行快要结束之际，他们作为客人出席了一场宴会。一个黑人中士站起来，提议向国王利奥波德二世敬酒。当这些非洲人登上回家的航程之后，一家报纸兴奋异常地说：“比利时的灵魂伴随着他们，就像朱庇特的盾保护着他们一样。但愿我们永远是全世界人性的表率！”[30]

* * *

也许，那艘船将非洲村民送回家乡后又装载了一船橡胶回到了欧洲，因为这时候刚果的贵重物产开始定期被送到欧洲。每隔几个星期，就有一艘安装有电灯和冰箱的新式蒸汽船抵达安特卫普码头，船上满载橡胶、象牙和其他产品。这些船只属于埃尔德·登普斯特公司（Elder Dempster）的子公司。埃尔德·登普斯特公司是利物浦的一家船运公司，因为签署了运送所有往来于欧洲与刚果之间货物的协议，所以该公司的蒸汽船长期以来都停靠在非洲西海岸边。对那些对刚果邦感兴趣的人来说，欧洲没有什么工作能比在埃尔德·登普斯特公司工作更具优势。这就像是在 1942 年或 1943 年，那些想知道犹太人遭遇的人，到纳粹铁路系统的总部去工作一样。

埃尔德·登普斯特公司需要有人频繁前往比利时，去监督刚果货船的进出港。这家公司将这项任务交给公司里一个精明能干的年轻人，他的名字叫埃德蒙·迪恩·莫雷尔。莫雷尔当时二十五六岁，有得天独厚的优势，精通两种语言。他的母亲是英国人，父亲是法国基层公务员。父亲早逝后，没有给妻子和年幼的儿子留下任何积蓄。在英国和法国度过了贫困的童年生活之后，15 岁的莫雷尔选择退学，去巴黎打工赚钱来养活患病的母亲。数年之后，他进入位于利物浦的埃尔德·登普斯特公司做职员。

刚开始时，普通职员微薄的薪水无法养活母亲和自己，于 178
是，年轻的莫雷尔兼职教人法语，每小时可以挣到 2 先令 6 便士。后来，他又找到一个更让他满意的兼职——给《船运电讯报》(*Shipping Telegraph*)、《利物浦商业日报》(*Liverpool Journal of Commerce*) 等商业报刊投稿。他的文章体现出一个商人的视角：热情称赞棉花产量、运输吨数的增加，从不质疑社会上流行的观点，有的文章还赞扬了利奥波德的非洲政权。“刚果的未来一片光明，”莫雷尔在一篇文章中写道，“并且……高瞻远瞩的国王利奥波德二世给他的祖国争取到的广袤土地有朝一日将为（比利时人的）事业提供一个难得的用武之地。”[31]

在这种热情的驱动下，19 世纪 90 年代后期，莫雷尔开始作为他的公司与刚果政府官员的联络人，经常穿越英吉利海峡。下面是他描述后来他每个月都会看到一两次的情景：

> 安特卫普的码头上，一艘蒸汽船停靠在旁边。大教堂的尖塔里传来悠扬的钟声，有人唱起《布拉班人之歌》(*Brabançonne*) ——比利时的国歌。码头和蒸汽船的甲板上是一群推推挤挤、成分混杂的人。军装，女人摆动的裙角。船上的军官来来去去。舱口被上了栓。蒸汽徐徐上升。亲朋好友将准备前往刚果的人围在中间。即使是外行也怀疑即将出发的男子是否适合在热带的非洲生活并从事管理工作。他们大多数是年轻人，多是家境不好、身材矮小、面色苍白、游手好闲的人。有的人哭得身子发抖，有的人则激动得站立不稳。很多人戴着硕大的热带毛毡（帽子），肩上挎着枪，他们神气活现，因为这是他们人生第一次拥

> 有这两样东西。人群中到处能看到年长的古铜色面孔的人——很显然是经历过这一切的过来人。这些人的面孔让人根本无法直视。吓人的伤疤、残忍下流的眼神。面孔让人看一眼之后就让人厌恶地发抖，下意识地扭过脸去。[32]

作为埃尔德·登普斯特公司驻比利时代表，莫雷尔不仅要照看码头的业务，还要与利奥波德的刚果高级行政官员打交道。后来他回忆道，这些官员中级别最高的主管的办公室里发生的
179 一件插曲如何引起了他的怀疑：

> 从这间办公室窗户可以俯视布鲁塞尔王宫的背面。屋里光线不好，地毯很厚，窗帘很厚，到处是让人压抑的影子。房间中央的椅子上坐着一个人。他瘦骨嶙峋，肩膀狭窄，后背略驼，发际线靠后，鼻子又高又尖，一对大耳朵长在头上很靠后的地方，下巴突出，目光很冷。脸上严肃而冷漠，没有任何生气，面无表情，颧骨高耸，双颊干瘪：这是当时刚果自由邦“国务卿”的脸。突然的变故让这位国务卿的脸面最近经历了天翻地覆的变化。他脸上的肌肉在不自觉地抽动着……面对我们的像是另外一个人的脸。平时架子十足的官员做派像面具一样脱落无存，就像是内壁涂有润滑粉末的手套从手上脱落一样。他身体前倾，急切地、结结巴巴地埋怨有关最后一艘出港货物的秘密消息怎么会泄露给媒体……他说的是报纸上的一段文字。那段文字看上去根本无伤大雅。只是一份船上主要货物的清单。不过，这份清单详细列出了几箱实心弹（来复枪子弹）、几箱来复枪、火帽枪（percussion-cap gun，军用步枪）……问

> 题就在这儿。这是保密工作的疏忽。发言人严厉指责这种不慎重是多么罪大恶极，他站了起来，憔悴的脸颊气得通红，声音颤抖着……干瘦细长的手指在空中挥舞。他听不进去任何解释，不许别人插嘴。他一次又一次地愤怒地在“保密工作”几个字上加重语气。他的手势力度很大……最年轻的在场者离开那间办公室时一直在思考：为什么需要数量如此巨大的军事物资……为什么运出的东西要保密？刚才提到的那个“不慎重”为什么会让刚果政府如此不安？[33]

在安特卫普的码头边，莫雷尔看到了埃尔德·登普斯特公司船上的货物。然而，他很快发现，他认真为雇主收集的数字与刚果独立邦向公众公布的统计数字并不相符。研究过这两组数字之后，他发现了一场精心掩盖的骗局。三个发现让他震惊不已。

第一个发现是，虽然走漏这一消息让国务卿坐立不安，但是针对刚果的武器输出不是偶尔为之，而是一种常态：“在过去的几年里，接受客户委托从事刚果贸易的埃尔德·登普斯特公 180
司定期为刚果政府或各种各样的比利时‘贸易’公司运送数量庞大的实心子弹和数千支来复枪和火帽枪……他们用这些武器做什么？”[34]

莫雷尔的第二个发现是，有人轻松地从中拿走了一笔可观的利润，数额相当于当今的几千万美元。“通过埃尔德·登普斯特公司从刚果运到比利时的橡胶和象牙的数量……大大超过了刚果政府公布的利润……这笔下落不明的利润进了谁的腰包？”[35]

第三个发现赫然来自面前的码头。他看到，船上装卸的货物和埃尔德·登普斯特公司的记录完全一致。他又发现，最不对劲的地方是：“在刚果进口的所有货物中，大约 80% 的货物和商业贸易目的几乎毫无关联。同时，刚果出口的橡胶和象牙数量越来越多，相较于刚果的进口数字，刚果人似乎没有得到任何回报，即使有，也是寥寥无几。那么，那些橡胶和象牙是怎么收购上来的？肯定不是通过商业交易，因为没有输入的东西来支付输出的货物。”[36]

莫雷尔是对的。现在，我们知道，每年通过埃尔德·登普斯特公司的船只运到欧洲的橡胶、象牙和其他物产价值大约是欧洲运给非洲人的货物的 5 倍。[37]莫雷尔知道，针对这些橡胶和象牙，欧洲不可能向刚果的非洲人支付金钱——因为他知道非洲人不被许可使用金钱——也不可能通过其他渠道用货物来抵偿，因为埃尔德·登普斯特公司拥有这条航线的货运垄断权。很显然，刚果人根本没有收到任何报酬。

若干年后，E. D. 莫雷尔与创作了福尔摩斯的阿瑟·柯南·道尔（Arthur Conan Doyle）成了好朋友。年轻的莫雷尔做出了比福尔摩斯的任何推断都更加意义深远的推断。从他在安特卫普的观察，经过研究他所供职的那家利物浦公司的港口记录，他断定，在数千英里外的另一个大洲存在奴隶制。

“这些数字很能说明问题……恶劣、持续的强制劳动完全可以解释这种闻所未闻的高利润……刚果政府是强制劳动的直接
181 受益人；强制劳动是国王身边的亲信策划的……这些发现一步步推测出来的结论让我感到眩晕和震惊。撞见一个杀人犯已经算够糟糕了，而我撞见的是一个秘密杀人团伙，他们的头领居然是国王。”[38]

一个名不见经传的船运公司职员这一醍醐灌顶般的发现，让利奥波德二世有了他最难应付的对手。

第二部分
国王陷入困境

12　大卫和歌利亚的较量

莫雷尔发现这些情况的时候，大多数欧洲人和美国人对利 185
奥波德如何攫取刚果物产的了解少得出奇。很少有从刚果回来的欧洲人在公众场合谈论自己曾经参与的杀戮活动。除了大约 10 年之前的乔治·华盛顿·威廉姆斯，后来去刚果的记者往往效仿斯坦利，歌颂国王对刚果的治理。（例如，1898 年铁路建成剪彩时，26 个前去采访的记者对那条铁路大为赞扬。）外国传教士虽然目睹了那么多暴行，但没有媒体的敏感和政治方面的影响力。而英国人道主义机构对利奥波德的批评往往不被公众重视，因为在公众眼中，这些机构是类似废除黑奴运动这种人权抗议活动的历史遗迹，它动辄就因为世界上某个不知名角落发生的某件事情而忧心忡忡。

莫雷尔要改变这一切。到当时为止，反对利奥波德的人都无法从设在欧洲的刚果政府那里获得相关情况和数据，而莫雷尔可以利用他在埃尔德·登普斯特公司工作的便利条件搜集信息。到现在，除了早逝的威廉姆斯之外，没有任何一个人具有莫雷尔即将表现出来的品质：向公众宣传自己观点的高超能力。

获得了上述重大发现之后，莫雷尔不愿意继续保持沉默。首先，他与上司对质。他的上司是埃尔德·登普斯特航运公司的老板艾尔弗雷德·琼斯（Alfred Jones）爵士。同时，琼斯是利物浦商会的会长，并兼任刚果政府驻利物浦的名誉领事。“他不是那种非常平易近人的人。他不喜欢别人跟他提让他不快的

186 事情……第二天，他去了布鲁塞尔。回来时一句话不说，至少对我是这样的。我还注意到他的举止言谈中有一种明显的冷淡……他告诉我他见到了国王，国王承诺要进行一些改革，还说比利时人正在做一些很有意义的事情，假以时日，他们肯定能把非洲的事情处理好。”[1]

现在，莫雷尔的雇主面临着很大的风险。如果莫雷尔将掌握的信息公布于众，激怒了利奥波德的话，公司就会丢掉利润很高的刚果运输合同。现在，公司不知道怎样应对这位自命不凡的下级雇员。这位雇员自称他发现了有关公司最佳客户的某件可怕的事情——更糟的是，他要求公司采取相关措施。

在比利时，莫雷尔发现，骤然间“气氛变了，人们用各种微妙方式暗示我，我的存在是不受欢迎的”。[2]他在利物浦的埃尔德·登普斯特公司总部处处受人冷遇；接下来，公司设法让他不要说话，先是给他增加了薪水，将他提拔到另外一个国家去工作。发现这个办法没有奏效后，琼斯提出每年给他 200 英镑，让他做一个每天只需上班一小时的顾问。这是要委婉地收买他。莫雷尔再次拒绝了。1901 年，他辞掉了工作，将全部时间投入写作中，“决心尽全力揭露和去除那些我当时认为被合法化的可耻的事情……还有那些无法想象的残暴行为，让他们为大规模地草菅人命负责”。[3]

莫雷尔知道自己迈出了极为重要的一步。“我已经推船下水，”他写道，“没有回头路可走了。”[4]那时候，他 28 岁。

很快，莫雷尔笔下抨击利奥波德的文章有如泉涌。开始时，他去给一家专门报道非洲新闻的英国报社工作，但该报社的编辑对他关于刚果文章的内容多有限制。因此，1903 年，运用多个渠道筹集到的资金——其中包括约翰·霍尔特（John Holt）

提供的资金，霍尔特是一个利物浦商人，以诚实正直闻名，在某种意义上是莫雷尔的良师益友——他开始自办出版物。《西非邮报》（*West African Mail*）作为“一份有插图的周刊，其宗旨是满足读者迅速增加的对非洲西部和中部问题的关注”，成了一个莫雷尔的言论无须接受其他人审查的论坛。

* * *

莫雷尔个性鲜明：浓密的八字胡和高大健硕的躯干散发着
力量，黑色的眼睛充满了怒火。在他余生里从他笔尖源源不断 187
流出的数百万单词，一行行文字笔迹清晰，所有单词都向前倾斜，传递出一种紧迫感，仿佛要马不停蹄地奔往目的地。

在某种意义上，和与刚果的故事有关的其他人相比，我们很难深入理解莫雷尔这个人。例如，我们可以清楚地看到斯坦利小时候在救济院的痛苦生活形成了他性格中残忍的一面，以及他要给这个世界留下一些印记的动力。激励莫雷尔热情地追求公平正义的起因却没有那么明显。他的青少年时代在商业领域度过，而没有投身于催生了世纪之交众多社会改革者的社会主义运动。年轻时代，他没有积极参加任何政党或社会事业。虽然家族里有一些前辈是贵格会教徒，但是他在若干年后才发现这件事，因为没有发现他孩童时期受过贵格会熏陶的记录。从表面上看，他不是英国国教的虔诚教徒，但在内心里，和贵格会先人中托马斯·潘恩（Thomas Paine）这个很有天分的煽动者一样，他对任何正规宗教都没有什么用处。抨击利奥波德这件旷日持久的事情没有让他获得任何好处，而且还导致他把埃尔德·登普斯特公司的一个很有前景的工作丢了。他的母亲患病，他还有妻子，不久后还要有孩子需要养活。在各方面，他都不大可能成为一场道德讨伐运动的领导者。他出色的驾驭愤怒的能力（capacity for indignation）似乎是与生俱来的，就像有人生下来就有很强的音乐天分。分析了布鲁塞尔和安特卫普的情况之后，他写道："让我熟视无睹……与我的本性不符。"[5]

这种郁积的愤怒让莫雷尔很快成为那个时代最伟大的专注于深入调查的新闻记者。下决心要查清楚刚果的运作情况，并将之公布于众之后，他就这个主题推出了数量庞大，虽然个别地方有些重复的作品体系：三本完整的书、两本写了一部分的书、总计几百篇的向几乎所有重要英国报纸投的稿件、数百封写给编辑的信件、数十本关于时事或政治见解的小册子（他在连续 6 个月的时间里写出了 6 本，其中 1 本用法文写成）。这一切都是在编辑《西非邮报》并亲自给这份周刊写了很多文章的同时完成的。除了署有他名字的文章，很多署名"非洲人"（Africanus）或"观察者"（An Observer）的专栏文章看上去也是出自这位编辑之手。不久，莫雷尔开始给这份周刊编辑发行一份月度增刊，专门揭露刚果的不公正现象。虽然工作繁忙，但工作间隙他还培养了一项个人爱好——收集各种蛾子。

莫雷尔的写作将对愤怒的驾驭与一丝不苟的准确结合起来。
188 书中的每个细节都来自深入的调查研究，所有证据都是像律师准备案情摘要那样不辞劳苦地搜集而来的。多年来，他的崇拜者和敌人都试图从他的文章里找到事实方面的错误，但很少如愿。甚至在今天，在所有介绍利奥波德治下刚果橡胶收集方法的文章中，如果查寻相关统计数字和引文的出处，你会发现，很多都是最初由莫雷尔发表的作品。

虽然他很快成为整个英国抨击刚果暴政最为激烈的声音，但不是唯一的声音。英国议会里的一些议员，尤其是那个时代口才最好的人权倡导者查尔斯·迪尔克（Charles Dilke）爵士也大声疾呼。另外，还有一些人道主义团体，如反奴隶制协会、原住民保护协会，也积极宣讲基督教的人道主义。虽然对于现代人来说，这些说教有一些家长制的味道，但在当时，这些协会敢于积极谴责任何地方发生的暴行，无论这些暴行发生在英国殖民地，还是其他地方。莫雷尔与他们的不同之处不仅仅是旺盛的精力，而且他还坚定地认为，刚果问题不是一个个孤立的事件，整个国家都建立在有预谋、有计划的奴隶劳动的基础上。莫雷尔在文章中说，那些人道主义者强调的是“行为的残暴属性，而我从一开始就想证明，在一定前提下（利奥波德将那片土地及其所有物产据为己有）……那些事情就必定会发生”。[6]

对莫雷尔影响很大的一个人是作家玛丽·金斯利（Mary Kingsley）。她死于1900年。在临死前，她与莫里尔成了朋友。金斯利在1897年出版的《西非见闻》（*Travels in West Africa*）是一本活泼有趣的经典游记，是第一批出自欧洲人之笔，将非洲人看作人类的作品。她不把他们看作是要开化的“野蛮人”，而将他们看作生活在一个各阶层关系融洽的社会里的人，只是这个社会被一些不了解非洲生活的殖民者和传教士给撕裂了。

在莫雷尔看来，利奥波德颁布的那条“闲置土地”归国家所有的法令，彻底破坏了非洲传统的土地和土地产品集体所有制。他从金斯利那里得知，非洲大多数土地传统上归村庄、家族或部落共同所有。如果土地不种庄稼的话，它就是一个公共猎场，或者是大家寻找盖房用的木材、打造工具或武器用的铁矿石或其他材料的地方。

偷盗，再加上抢占土地，让非洲人没有可以用来交换的东西。这尤其让强烈推崇自由贸易的莫雷尔不满。和金斯利一样，他也坚信只有自由贸易才能以人道的方式让非洲进入现代社会。对于莫雷尔这样一个煽动者，他的一个观点“保守”得有些让
189 人感到意外：他认为，对于利物浦商人有利的事情对于非洲也有利。他的这一看法可以被理解，因为他在利物浦的好几个商人朋友是贵格会教徒。他们非常重视职业道德，对莫雷尔提供了慷慨的资助。

现在，莫雷尔投入全部精力写书、发表演讲、写文章，写有关刚果时事和政治观点的小册子。他没法亲自前往刚果，因为利奥波德一般不允许“不友好”的记者进入刚果。不过，这没有难倒他。莫雷尔让大家知道他对刚果政府最了解，是最敢对刚果政府发表批评的人后，熟悉刚果内幕的人想要将手里的秘密文件泄露出去的话，就会联系他。他发表的文章越多，泄露的有关刚果政府的内幕消息也就越多。他不断获得内部消息的本事让利奥波德及其幕僚气恼不已。当这位国王在世界博览会、温室、博物馆里展示那个粉饰版的刚果时，人们开始从《西非邮报》的版面中看到一个截然不同的刚果。

比如，当利奥波德的发言人“义正词严”地否认绑架妇女，并逼迫她们的丈夫割取橡胶时，莫雷尔立刻复印了 A. B. I. R. 特许公司每个代理人必须填写的那张法文的“1903 年____月在押村民一览表”。一张表格从上到下需要填写的是有关人质的内容：“名字”、“村寨”、“被捕原因”、“起始日期”、“结束日期”、“观察记录”。[7]明眼人一眼就可以看出村民为什么“在押”。他还复印了一份来自 A. B. I. R. 管理层，指导代理人怎样“给人质提供日常所需和饮食”的命令。[8]

在刚果，对政府不满意的政府雇员和公司员工很难直接写

信给莫雷尔，因为博马设有一个“cabinet noir”，也就是审查部门，专门负责审查来往信函。但是，这些政府和公司雇员回国时，他们会随身携带相关文件。数年来，莫雷尔获得秘密资料的一个渠道是雷蒙德·德·格雷兹（Raymond De Grez）。这是一个曾获得奖章的公安军老兵，多次在作战中受伤。他源源不断秘密地从布鲁塞尔的一个职位上给莫雷尔提供内部资料。[9]供职于刚果一家大型公司（就是雇约瑟夫当蒸汽船船长的那家公司）比利时总部的一个人派人将该公司多位刚果代理人写给公司的一大堆信件转交给莫雷尔。[10]如果有梦想破灭的刚果老兵回国后接受了报社采访，不管是在比利时、德国，还是瑞典、意大利，莫雷尔的联系人都会将采访报道剪下来寄给莫雷尔，然后他再想办法将其中的关键信息透露给英国媒体。有一次，他甚至至奚落刚果政府，将从某人手上买到的所有刚果政府秘密备 190
忘录、信件，以及其他秘密文件的原版文件逐一列在一张长长的列表上，公开发表出来。[11]

他的攻势鼓舞了比利时那些反对利奥波德的人，尤其是议会中的社会主义者。比利时议会辩论中一出现有关利奥波德的消极消息，莫雷尔立刻转载，让数量多很多的英国读者知道。例如，他转载的一个信息量很大的消息是利奥波德给刚果邦基层官员的一条秘密命令，这条命令规定了给公安军征兵的奖励措施：“征到一个健康、健壮、适合服兵役，且身高超过 1 米 55 厘米的人，奖励 90 法郎；征到一个身高不低于 1 米 35 厘米的年轻人，奖励 65 法郎；征到一个男孩，奖励 15 法郎。男孩身高不得低于 1 米 20 厘米，且身体必须能够忍受长途行军……这些奖金只有将人交到地区总部时才发放。”[12]针对刚果官员，刚果的代理总督郑重地在这一纸命令上加上了一句提醒：“不得以任何理由将本文件带离文件室。关于这份通知，如果有必要，可通过口头方式向下属解释。"[13]莫雷尔乐不可支地将这一提醒也一同发表了。

从比利时议会辩论中使用的其他材料中，莫雷尔引用了一封公安军中尉爱德华·蒂尔肯斯（Edouard Tilkens）写给司令官的信："我预测要发生一场大起义。我先前提醒过阁下，少校……原因总是一样的。村民累坏了……搬运、橡胶收割、提供牲畜……连续 3 个月，我一直在打仗，只休息了 10 天……我抓了 152 个人。两年来，我一直在这个国家打仗，身边总带着四五十个阿尔宾尼（配备阿尔宾尼后膛装弹步枪的士兵）。但我不敢说，我彻底降服了他们……他们不怕死……我有什么办法？"[14]

另一个至关重要的信息渠道当然是英国、美国、瑞典的传教士。刚果政府的审查员没法阅读他们的信件，因为他们有自己的蒸汽船，可以请教友将信随身捎回欧洲。多年来，这些传教士虽然目睹 chicotte 鞭刑、公安军的突袭和焚毁村寨，以及橡胶奴隶制其他方面的恶行，但一直束手无策。现在突然有一个
191 人不但乐于公布他们的证据，还愿意将这些证据转交英国议会。莫雷尔一次又一次地请求他们提供更多信息。他们欣然从命。同时，他们还开始向他提供后来成为莫雷尔强大武器的东西——照片，即变成了废墟的村庄、被砍下的手、失去手脚的孩子的照片。

莫雷尔公布的最骇人听闻的叙述中，有一部分就是传教士提供的。一个美国传教士这样描述刚果政府士兵砍下一个村民的手："因为可怜的心脏跳动有力，鲜血从砍断的动脉处喷射出去足足有 4 英尺远。"[15]一个英国浸信会教徒描述刚果政府官员

// 年轻的利奥波德。

// 亨利·莫顿·斯坦利戴着自己专门为热带探险设计的“斯坦利帽”。

// 亨利·谢尔顿·桑福德，美国康涅狄格州富裕的贵族。他成功游说了美国，使其承认了利奥波德对刚果的所有权。

Form No. 1.

THE WESTERN UNION TELEGRAPH COMPANY.

This Company TRANSMITS and DELIVERS messages only on conditions limiting its liability, which have been assented to by the sender of the following message. Errors can be guarded against only by repeating a message back to the sending station for comparison, and the company will not hold itself liable for errors or delays in transmission or delivery of Unrepeated Messages, beyond the amount of tolls paid thereon, nor in any case where the claim is not presented in writing within sixty days after sending the message.

This is an UNREPEATED MESSAGE, and is delivered by request of the sender, under the conditions named above.

THOS. T. ECKERT, General Manager. NORVIN GREEN, President.

NUMBER	SENT BY	REC'D BY	CHECK
59 my	Hg	J	21 Cable 4 Ex

Received at NEW ORLEANS 1255 Pm DEC. 8 1883.

Dated Brussels Via Washington 7 Via Charleston S C 8

To Gen Sanford St Charles Hotel NO 459

Enchanted with Emile Before beginning negotiations please wire what you know about dispositions of Senate well

Williams

// 发自布鲁塞尔的，祝贺桑福德成功游说华盛顿的加密电报。“Emile”是切斯特·A. 亚瑟总统，他刚刚对国会发表了一番赞扬利奥波德的演说。“William”是利奥波德在刚果事务的最高级别助手马克西米利安·施特劳赫。

// 国王利奥波德二世。

// 刚果酋长特瓦·姆（Twa Mwe）是宽果省（Kwango）一个村寨的首领。村寨首领经常面对提供橡胶奴隶，或是自己被押作人质或被杀的两难选择。

// 英国传教士的“亲善号”（Goodwill）蒸汽船，19 世纪 90 年代内河运输的典型交通工具。

// 乔治·华盛顿·威廉姆斯，律师、记者、牧师、历史学家，写了第一篇揭露利奥波德对刚果实施残暴统治的长文。

// 约 1890 年的刚果的一个象牙收集点。以极低价格收购或用武力没收的刚果象牙，可以在欧洲卖到很高的价格。在欧洲，象牙是从假牙到钢琴琴键等很多产品的原材料。

// 康拉德笔下的库尔茨先生的一个原型：利昂·罗姆。这位恃强凌弱的军官之所以出名，是因为他在自己花园周围摆了一排砍下来的非洲村民的人头。他写了一本有关非洲风俗的书。他喜欢画人物、风景，以及收集蝴蝶标本。

// 约瑟夫·康拉德。

// 猎杀大象之后的罗姆（持枪者）。

// 库尔茨的另一个原型：纪尧姆·范·科克霍温。他得意洋洋地告诉同行的一位游客："在他指挥的军事行动中，他的黑人士兵每拿来一个人头，他奖励 5 个铜棒（2.5 美元）。他说这样有助于激发他们高超的杀敌本领。"

//E.D. 莫雷尔。

// 安特卫普码头。在这里，莫雷尔开始怀疑刚果在使用奴隶劳工。

// 罗杰·凯斯门特爵士，曾担任英国领事，是积极提供刚果暴力证据的证人，同时也是一位爱尔兰爱国者。

// 赫齐卡亚 · 安德鲁 · 尚恩。虽然因积极效力刚果政权而获得勋章，但他秘密地背叛了他们，向国外呼吁刚果改革的团体提供重要情报。被利奥波德的官员发现之后，他被逼自杀。

// 威廉·谢泼德牧师是长老会传教士、探险家，也是外界第一个进入库巴王国首都的人。谢泼德因为真实记录了刚果政府的暴行而遭到起诉和审判。

// 瓦拉（Wala）地区的那萨拉（Nsala），他正看着自己五岁的女儿博丽（Boali）被人砍下的手和脚。博丽被英国－比利时印度橡胶和探险公司（A.B.I.R.）的保安队砍去了一只手和一只脚。

// 两位英国传教士和非洲村民。后者手中拿着被 A.B.I.R. 的保安队砍下的博棱格（Bolenge）和林戈莫（Lingomo）两人的手。

// 赤道地区的两个年轻人。默拉（Mola，坐着）的双手因为士兵将他绑得太紧，生蛆而被截掉了。尤卡（Yoka，站立）被士兵砍掉右手充作其杀敌人数。

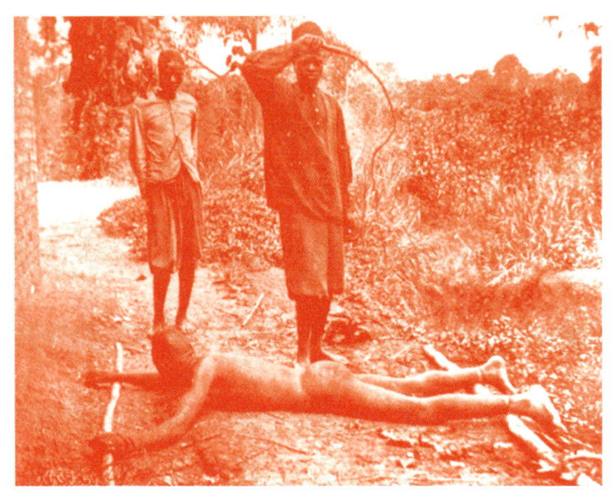

// 用 chicotte 抽打村民。注意照片左下角的铁链。

// 被卫兵看守的女人质。他们以此强迫她们的丈夫去雨林里割取橡胶。

// 一个名叫“巴林伽”的村寨。村寨首领坐在照片中央的凳子上，右边是他的家。炊烟从其他人家的房顶上升起。

// 巴林伽被夷为平地，以便种植橡胶树。野生橡胶供应不足之际，刚果政府下令广种橡胶树。相较于砍伐森林，利用现有空地——比如村寨所在地——的成本更低。

. . GREAT . .

CONGO DEMONSTRATION.

THE

Protest of Christian England

. AT THE . .

ROYAL ALBERT HALL

. . ON . .

Friday, November 19, 1909,

AT **7.30** P.M.

Chairman: HIS GRACE

THE ARCHBISHOP OF CANTERBURY.

SPEAKERS:

The Right Rev. **THE LORD BISHOP OF LONDON,**

Rev. Dr. JOHN CLIFFORD, M.A.

The Right Rev. **THE LORD BISHOP OF OXFORD,**

Rev. J. SCOTT LIDGETT, M.A., D.D.

Rev. C. SILVESTER HORNE, M.A.

Supported by

The Lord Bishops of Rochester, Birmingham, Manchester, Carlisle, Ely, Newcastle, St. Asaph, Truro, Wakefield, Exeter, Gloucester, Lichfield, Liverpool, Durham;

Dr. CAMPBELL MORGAN, Rev. J. E. RATTENBURY, Dr. MONRO GIBSON, Rev. D. J. HILEY, Rev. SILAS K. HOCKING, Rev. J. H. SHAKESPEARE, Rev. J. D. JONES, Rev. GEO. HOOPER, Rev. THOMAS YATES, Prof. A. E. GARVIE, Dr. HORTON, Rev. F. B. MEYER.

RESERVED SEATS, *Price* 5/. 2/6 *and* 1/.

FREE RESERVED SEAT TICKETS may be obtained (by enclosing 1d. Stamp) from TRAVERS BUXTON, Esq. Hon. Treasurer, 51, Denison House, Vauxhall Bridge Road, S.W., who will gladly welcome offers of financial assistance.

THE ALBERT HALL is Ten minutes' walk from either of the following Stations
HIGH STREET KENSINGTON, SOUTH KENSINGTON,
(both on the District Railway.)

BUSES from all parts of London pass the Door.

// 这一漫画最早出现在德国，和它一起出现的，还有反映利奥波德急于砍掉黑人头颅、降低债券利率的打油诗。

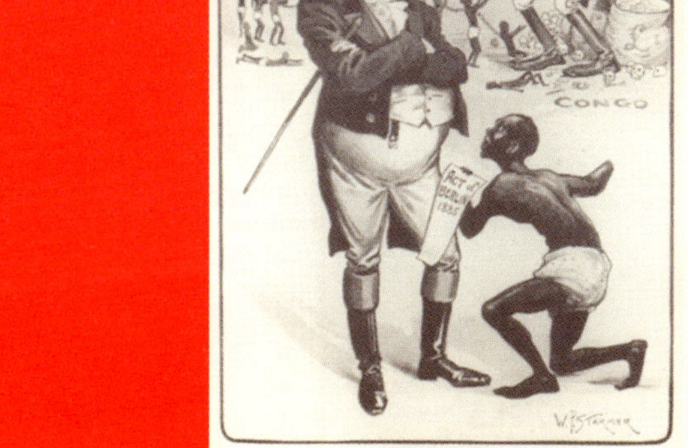

THE APPEAL.

"IN THE NAME OF ALMIGHTY GOD. All the Powers exercising sovereign rights, or having influence in the said territories undertake to watch over the preservation of the native races, and the amelioration of the moral and material conditions of their existence."

Article VI. The Act of Berlin. 1885.

// 呼吁刚果改革的人经常指责 1885 年签订的《柏林协议》，这是有关公平对待非洲人的众多无效承诺中的一个。

//《笨拙》（*Punch*）杂志，1905 年。该漫画反映的是利奥波德与土耳其苏丹在一起，交流彼此的“辉煌成就”。这位土耳其苏丹因为屠杀（亚美尼亚人）而被舆论谴责。该杂志发表的该主题的漫画还有很多。

//《笨拙》杂志，1906 年。

//《笨拙》杂志，1907 年。

惩罚偷橡胶的村民："他让人把他们绑在烈日下的桩子上，绑了一天一夜……一丝不挂，一天水米不沾。他们痛苦得舌头都伸了出来。"[16]

有时候，传教士派人将死去村民的名字告诉莫雷尔，而这种信息，他也照样发表，就像是公布战争中的战死者名单一样。当然，这些人的名字从来没有出现在其他报刊中：

1. Bokangu……酋长……死在枪托下

2. Mangundwa…… "……"

3. Ekunja…… "……"

……

21. Ekumba……男……被枪杀

22. Monjangu…… "……"

23. Gili……女……"

24. Akaba……男孩……"[17]

莫雷尔还揭穿了利奥波德和助手们编造的一连串骗局，有的事情大，有的事情小。什么都没有逃过他的眼睛。例如，国王千方百计地讨好休·吉尔津·里德（Hugh Gilzean Reid）。里德是一个知名的英国浸信会教徒，也是一家报纸的老板和国会前任议员。利奥波德多次邀请吉尔津·里德前往王宫做客，并授予他利奥波德勋章，后来又封他为王冠勋章高级骑士。作为回报，吉尔津·里德于 1903 年带领浸信会宣教会（Baptist Missionary Society）的一个代表团前往布鲁塞尔。在那里，在与国王、其他比利时名流共进晚餐过程中，该宣教会向利奥波德呈递了一份"致谢词"，说希望"刚果人民能够永远享受公正

的统治”。[18]莫雷尔很快在报纸上指出，吉尔津·里德在将这一
192 致谢词转给伦敦《晨邮报》（*Morning Post*）时，擅自将宣教会对国王说的话改为希望“刚果邦各族民众越来越多地享受到您开明治理的好处。”

* * *

很快，莫雷尔的批评引来了王宫的回应。一天晚上，在伦敦，阿尔弗雷德·琼斯爵士，也就是莫雷尔的前老板，邀请莫雷尔参加宴会。这两个人之间的关系至少可以说很紧张，但是用餐过程中，大家始终都面带笑容。据后来莫雷尔写道，“席间的各种酒档次极高，数量丰盛”。[19]饭后，琼斯和其他客人退席，只剩莫雷尔和一个叫阿尔茨（Aerts）的从外地来的安特卫普航运主管。后者明确告诉莫雷尔，他是利奥波德派来的代表。

他多次劝说莫雷尔，告诉他国王的用意是好的，改革很快就会进行。用莫雷尔的话说，最后一次劝说无效之后，他的口气就变了（省略号同原文）：

> 那些刚果村民跟我有什么关系？忙于这个不现实的理想有什么用？我还年轻。我还有孩子——是吧？我这样做很危险。接着，又巧妙地，非常巧妙地暗示，我的永久利益会得到更好的满足，前提是……“贿赂？”啊！天哪！不是，绝对不会这么粗俗，这么自贬身份。然而，话里话外都是这些内容。一切都会安排得让所有人都很有面子。这是一次很有意思的谈话，一直持续到很晚。“这么说，什么也改变不了你的决心？”“恐怕是这样的。”虽然最后分手时两人都面带笑容，但我感觉对方心里有点恼火。而我，

倒是觉得畅快淋漓。[20]

在莫雷尔的报纸上发表的目击者对利奥波德政权的批评中，有一个美国人写的好几篇文章。这位美国人在1903年的一本书中提供的详细证词让人们非常震惊。在最近一次前往刚果出差的过程中，埃德加·卡尼修斯名义上是安特卫普刚果贸易公司的业务代理人（该公司是在刚果从事橡胶业务的一家大型特许公司），但实际上，他是一个与游击队作战的指挥官。34岁的卡尼修斯于1900年年初抵达刚果西北部边境附近的基站时，公司在那里经营橡胶收集已有数年之久，藤蔓已经很罕见了。他 193
写道，布贾人“已经完全沦为公司的奴隶，因为割取橡胶占用了他们的全部时间，那些可怜的人不得不向周围走好远去寻找可以割取橡胶汁液的巨大藤蔓。给他们布置任务的人甚至不给解决饭食，他们的报酬仅仅是一些少得荒唐的商品或几段铜丝（mitakos）……村民们不住地哀叹能割取到橡胶的藤蔓太少了，可怜巴巴地恳求去做除了割取橡胶之外的其他工作”。[21]

布贾人起来造反，杀死了30个士兵，政府派多路围剿部队前往镇压。卡尼修斯和另外2名白人带领着一支队伍，他们的手下是50个黑人士兵和30个脚夫。行军途中，他们走进一个被逃命的布贾人遗弃，一切可用之物统统被烧光了的村子。“我们的队伍经过一个又一个村子……我们事先派一队人手持火把，将村民的所有茅屋都烧掉……我们一路走，一道道黑烟在丛林上空升起，连续很多英里，仿佛在向四方的村民宣告，文明马上就要到来。”[22]

脚夫负责搬运士兵的给养。“我们……穿过……一片片本地人清理出来的林间空地。数百棵大树的树干横倒在我们面前的小路上。我们只好爬过这些树干，这些小路似乎要将我们带到不远处的每个很高的蚁丘顶上。搬运东西的脚夫尤其辛苦，因为他们中的很多人被用铁链子将他们脖子上的项圈拴在一起……扁担的两头挂着箱子。一个人摔倒，往往将拴在一起的其他所有人都带倒。很多可怜的脚夫被这种负重远行折磨得筋疲力尽，只有砸在身上的枪托才能让他们继续走下去。有的人胳膊被扁担磨破，疼痛难忍。扁担一挨肩膀，就疼得几乎叫出来。”[23]

卡尼修斯从内陆深处的驻地出发，前往丛林里搜捕叛军士兵。一旦抓到，就把他们往死里整："强迫每个人都挑很重的东西，是先前两个人挑的重量……直到他们由于饥饿和天花死在途中。"[24]

随着战斗变得越来越激烈，军队开始杀俘虏。有一次他们一口气杀了 30 个人。那场战斗结束的时候，"我们经历了 6 次艰苦的行军，杀了超过 900 个非洲人，其中有男人、女人和孩子"。[25]促使他们这样做、杀死这些人的原因是有可能让"每月的橡胶产量足足增加 20 吨"。[26]

* * *

194 1903 年，经过数年的艰苦工作，莫雷尔和他在议会、人道主义团体中的同盟者终于让"刚果问题"引起了英国公众前所未有的关注。5 月，经过激烈辩论之后，众议院一致通过一项决议，要求刚果本土"民众应该受到人道的管理"。[27]这项决议还抗议利奥波德没有兑现他关于自由贸易的承诺。在这个过程中，莫雷尔做了一个精明的游说者应做的事情。在幕后，他不断向发言支持这项决议的议员提供相关资料。在未来有关刚果的很多议会辩论中，他一直都在这样做。

这让利奥波德惊慌不已。英国是当时的超级大国和在非洲实力最强的殖民大国。如果英国用它全部的影响力处处为难刚果政府的话，利奥波德的利润就岌岌可危了。莫雷尔这样的新闻记者能促成这一局面吗？莫雷尔能在媒体上发动大规模的舆论攻势，促成议会决议，但说服不情愿的英国政府对一个友好的外国君主施压，显然是另外一回事。利奥波德和身边的幕僚很清楚这其中的区别：比利时报纸的编辑对长期担任英国首相的索尔兹伯里勋爵做了一针见血的评价，说他“对黑人的命运并不怎么关心，一点儿也不比对亚美尼亚人和匈牙利人命运的关心多。”[28]

虽然利奥波德的残暴统治已经被揭露得淋漓尽致，但是它仍旧岿然不动。这时候，利奥波德和莫雷尔陷入了僵局。两人都不知道，这一僵局很快就会被一个人打破。就在英国议会那场辩论结束那天，这个人登上了一艘蒸汽船，沿着刚果河逆流而上。

13 冲进强盗的巢穴

195 1903年5月，莫雷尔在议会的同盟者推动议会通过了有关刚果的抗议决议之后，英国外交部随即向英国国王驻刚果领事发了一封电报，要求后者“马上去内陆走一趟，并尽快汇报有关情况”。[1]

接到这封电报的领事是一个爱尔兰人，名字叫罗杰·凯斯门特（Roger Casement），是一个在非洲生活了20年的非洲通。[2]我们第一次将他与刚果联系起来，起源于大约拍于20年前的一张照片。照片上是4个年轻的朋友，他们在利奥波德国王的刚果政权刚建立起来的时候就去那里工作。他们穿着外套、打着领带，浆洗过的衣领竖得很高。其中3个人都长着一张率直、热情的英国面孔，和1000多张其他摆拍的军校生或橄榄球运动员集体照中的面孔无异。但是第四个人长着漂亮的黑色胡子，黑色头发，额头很大，脑袋狐疑地歪向一侧，好像在思考着什么，这让他看上去与其他3个人格格不入。“身材和相貌，”后来认识了凯斯门特的爱尔兰作家斯蒂芬·格温（Stephen Gwynn）这样写道，“让我觉得他是我见过的最帅气的人。他的面部表情魅力十足，与众不同，洋溢着一种高贵的骑士精神。不错，他是一个游侠。”[3]

早在1883年，19岁的罗杰·凯斯门特就第一次远渡重洋前往刚果，当时他是埃尔德·登普斯特公司船上的一名事务长。第二年，他重返刚果，在18世纪80年代的其他时间里，他一

直待在那里。他给后来失败的桑福德探险队管理给养基地，还 196
受雇于测绘员，和他们一起绘制绕过大激流的铺轨路线。据他说，他是唯一游泳穿过大批鳄鱼出没的因基西河（Inkisi River）的白人。他在受雇于浸信会的一个布道所，为他们管理非神职事务时，引起了雇主的一些微词。对方认为他采购食物时不去认真谈价。“他对当地村民很好，是太好了，太大方了，动不动施舍钱给他们。他要是做生意，绝对赚不了钱。”[4]

当斯坦利带领远征军艰苦跋涉，要去给艾敏帕夏解围时，凯斯门特跟随了他一个星期。“一个能干的英国人”，那位探险家在日记中评价道。[5]他不知道凯斯门特是爱尔兰人。凯斯门特对斯坦利的判断更为中肯，因为虽然那位探险家在他心目中仍然算是一个英雄，但是凯斯门特意识到斯坦利有点虐待狂的特点。很喜欢狗的凯斯门特后来惊讶地发现，斯坦利把自己养的狗的尾巴割下来，煮熟之后又喂给它吃。[6]

凯斯门特在非洲目睹了白人的大量暴行。我们很难判断他是否存在一个明确的良心上的转折点，就像是莫雷尔在安特卫普和布鲁塞尔获得重大发现之后产生的良心上的转折点一样。对于凯斯门特，类似的时刻可能出现在 1887 年，他乘坐一艘蒸汽船沿刚果河逆流而上的途中。在船上，他偶遇了一个叫作纪尧姆·范·科克霍温（Guillaume Van Kerckhoven）的公安军军官。范·科克霍温是一个鲁莽的，以心狠手辣闻名的指挥官，一脸玩世不恭的笑容，胡子尖儿经常打着蜡。连刚果总督也不得不承认，他的一次围剿行动“像一阵飓风扫过乡村，除了一片废墟之外什么也没有留下”。[7]凯斯门特与他交谈，被他说的事情惊得目瞪口呆。范·科克霍温得意扬扬、如数家珍地说他如何“在他指挥的军事行动中，部下每拿来 1 颗人头，他奖励 5

个铜棒（2.5 美元）。他说这样有助于激发他们在面临敌人时的英勇气概”。[8]

1890 年，当约瑟夫·康拉德抵达马塔迪时，他在日记中写道：“认识了罗杰·凯斯门特先生。在任何情况下，认识他都是一件很幸运的事情……他有头脑，口才好，理解力相当强，很有同情心。”[9]仓促建成的马塔迪港几乎样样不缺。散布在山坡上一片闷热潮湿的，用瓦楞板和铁皮做屋顶的建筑俯视着刚果河，里面充斥着醉酒的水手、非洲妓女、希望在象牙热中快速致富的欧美探险家。凯斯门特和康拉德都感觉自己与这种淘金氛围
197 格格不入。在康拉德等着进入内地期间，两人在一个旅店房间里待了十来天，并一起到附近的村寨里走了走。

和凯斯门特接触过的人都对他的健谈印象颇深。“他最大的魅力是他的声音，他的声音非常好听”，一位同事回忆道。“凯斯门特不是在和你说话，”另一个人说，“他是在连珠炮似的向你咕哝。”[10]不管是说话，还是咕哝，凯斯门特讲述的大量所见所闻让康拉德对非洲殖民产生了负面看法。康拉德在非洲的 6 个月行程结束之际，再次见到了凯斯门特。[11]在那个 10 年的后期，两个人又在伦敦的一次宴会上邂逅。康拉德说，他们“一起去运动俱乐部（Sports club），一直畅谈到凌晨 3 点”。[12]小说家在后来写给朋友的信中说：“他说起了很多事情！他跟我说我曾经竭力去忘掉的事情，以及我根本不知道的事情。”[13]其中的一件事情——有关库尔茨及其花园栅栏上头颅的另一个原型——很可能就是范·科克霍温，就是那个收集非洲人头颅的人。

1892 年，罗杰·凯斯门特去位于今天尼日利亚的英国殖民政府赴任。虽然他受雇于当时最大的殖民国家，但是他已经能

看出殖民活动中的不公正行为。在1894年写给原住民保护协会的一封充满愤怒之辞的信中，他第一次记录了公共抗议活动。那次抗议活动针对的是一起绞刑。被绞死的是德属喀麦隆的27个非洲士兵和他们的妻子。这些士兵因为他们的妻子被责打而发动兵变。“拜托你们帮忙让英国发出抗议的声音，”凯斯门特写道，“抗议德国人的残暴行为。虽然他们是当兵的，但我们生活在这个世界上，有义务有权利保护弱者免受强者欺凌，免受任何形式的暴虐行为。”[14]

凯斯门特很快被调到英国领事馆工作。先后在南部非洲担任过数个职位之后，1900年，他受命在刚果独立邦建立第一个英国领事馆。当他在前往刚果赴任途中经过布鲁塞尔时，一贯能敏锐地发现任何对自己事业有利的人的利奥波德国王，邀请他吃午饭。前往之后，这位职位低下的领事发现，他在王宫里与国王、玛丽－亨丽埃特王后，以及他们的女儿克莱门蒂娜公主、法国的维克多·拿破仑王子共进午餐。①

利奥波德邀请凯斯门特第二天再度光临。第二天，他如约 198
前往，听国王絮絮叨叨地讲了一个半钟头有关他当时在刚果做

① 午餐名单可以让我们一窥利奥波德当时的家庭生活。虽然王后也在餐桌旁，但她可能是为了那天晚上去看戏或听音乐会。平常，因为恼火于丈夫的冷淡和寻花问柳，她已不与他在一起生活。她身穿朴素的黑色衣服，有时候戴一顶高顶帽，大部分时间打发在位于斯帕的比利时高档度假中心。在包括几只鹦鹉、一头骆驼在内的一大群动物的陪伴下，回想自己的痛苦往事。
克莱门蒂娜，也就是三个女儿中最小的女儿，现在是利奥波德唯一与之说话的家人。这位开始谢顶的，已经被推翻的法兰西帝国的继承人维克多·拿破仑，是她真正爱着的人，但是他不符合利奥波德的择婿标准。因为非洲的探险活动需要已经废黜了波拿巴政权的法国的支持。利奥波德不同意两人的婚姻。胆小的克莱门蒂娜逆来顺受，像王宫女主人一样照料国王。直到她父亲去世之后，她才与维克多·拿破仑结婚。

的大量开化民众、推进刚果进步的工作。据凯斯门特说，虽然利奥波德承认一些代理人可能行为有些过激，但他同时也说“无法确保在非洲工作的每个人都完美无瑕，而且非洲的气候好像确实也会经常让人的本性变坏”。[15]和先前一样，这位国王一再嘱咐，如果发现任何负面信息，务必第一个告诉他。“国王陛下在送别时，”凯斯门特写道，“要我随时给他写信，不要客气。如果有什么重要的事情，可以通过非官方的渠道告诉他。”[16]不同于利奥波德的大多数造访者，凯斯门特没有被利奥波德的言谈举止所迷惑。他在刚果的所见所闻太多了。

就任领事之后，非洲的一切仍旧让他着迷，不过这段时间是他人生中比较烦躁的一个阶段。他年届40，似乎陷入了一个让人无法发挥天分的事业停滞期。领事是英国外交部中颇受冷遇的职位，而且刚果领事又完全不同于驻巴黎或柏林的领事，后者大都由家庭背景不凡的人担任，而不是来自爱尔兰普通中产家庭的人。凯斯门特一直感觉自己颇不得志。每天的生活就是没完没了地和漏雨的屋顶、蚊子、痢疾、不体面的工作等烦心事打交道——“有时候，甚至不得不从病床上起来，去听一个醉酒的水手发牢骚”。[17]

凯斯门特的郁闷还不止这些。他作为一个领事，对殖民统治罪恶的愤慨没有发声的空间。他原本对爱尔兰历史有些兴趣，
199 但在赤道地区无法将这一兴趣坚持下去。他也曾雄心勃勃地想当个作家，但除了提交长篇累牍的，让外交部那些官员暗暗发笑的报告之外，他找不到其他练笔机会。其他领事很少从西部非洲港口发回长达20页的报告。他写了大量二流的诗歌，但几乎一篇也没能发表。

刚果的其他白人觉得这位新任英国领事很怪异。例如，上

任后第一次从马塔迪前往利奥波德维尔，凯斯门特没有乘坐新开通的火车；他步行了 200 多英里——为的是抗议高票价。据一位困惑不解的布鲁塞尔政府官员向布鲁塞尔报告说，在后来的一次出行中，他确实乘坐了火车，但“他往往只坐二等车厢。不管走到哪里，他都带着一条下巴很大的大个头的斗牛犬”。[18]

在凯斯门特内心深处，还有一件他无法向即使是最亲密的亲友启齿的事情，虽然有的亲友已经有所怀疑。他是一位同性恋者。在一首在他的那个时代无法发表的诗中，他这样写道：

欲火驱使我独自走向
上帝明令禁止的地方
……
我只知道，我不能死去
不能舍弃上帝赐予之爱欲[19]

凯斯门特生活在一个被人知道是同性恋就意味着耻辱，或者更糟的年代。1895 年，他的爱尔兰同胞奥斯卡·王尔德（Oscar Wilde）被判两年劳役，因为“与其他男性进行了极其有伤风化的令人作呕的行为”。在 1903 年春，当凯斯门特结束休假从欧洲返回刚果之际，另一件事情占据了媒体的头条。这一次，中心人物是少将赫克托·麦克唐纳（Hector Macdonald）爵士，那个时代获得勋章最多的军人之一。被曝光为同性恋者之后，在将被送上军事法庭之前，他在巴黎的一家宾馆里自杀了。[20]

“新闻说赫克托爵士在巴黎自杀了！”凯斯门特在 1903 年 4 月 17 日的日记中说，“报道出来的原因真是可怜。这肯定是这类事情中最让人难过的事情了。”两天后，他又写道：“赫克托·麦克唐纳的可怕结局让我感到很难过。”11 天之后，在刚果的巴纳纳港（Banana），头脑中萦绕的有关麦克唐纳的思绪让凯斯门特一夜无眠：“这个旅店房间真是差劲。沙蝇那么多。一夜没合眼。赫克托·麦克唐纳的死真是让人难过。”

凯斯门特肯定知道，如果得罪了有权有势的人，他肯定会
200 成为被敲诈的目标。然而，出于一种无意识的自我毁灭心理，他在日记中极其详细地记下了他的每一次幽会。几乎所有幽会都向对方付了钱。在从英国到刚果的那艘航船上，他和自己的命运开了个玩笑：他将沿途的所有性行为都记录了下来。马德拉岛：“阿戈斯汀霍亲了很多次。4 美元。”拉斯帕尔马斯：“没有出价。”船上：“低点，啊！啊！快一点，大约 18 岁。”博马：“大个子，‘多少钱？’”[21]要是这本日记落入他的仇人手里，他就会身败名裂。在那之前，这就是一颗定时炸弹，只是引信的长度是个未知数。

1903 年 5 月，在日记中提到麦克唐纳自杀一事接下来的那个月里，凯斯门特发现了一件让他高兴的事情，另外，这件事能够让他在事业上有一个大的发展。两年以来，他一直在向外交部反映利奥波德对刚果的残暴统治。[22]现在，既然众议院一致通过了针对刚果的抗议决议，英国政府就必须采取相应的高调措施。

前一年，凯斯门特就曾经给伦敦发电报，提出想去内陆的橡胶产区进行一番调查。伦敦批准了他的请求，但他接下来因为探亲假返回英国和爱尔兰而耽搁了行程。现在，这场议会辩论立刻将这件事重新提上日程。返回刚果后不久，凯斯门特就上路了。[23]

他很清楚，这趟考察将异常艰苦。凯斯门特在后来写给朋友的信中引用了一句非洲谚语：“人不会走入荆棘中，除非后面有蛇在追他——或者他在追蛇。”他接着说：“我在追一条蛇。上帝保佑，我一定会抓住它。”[24]

* * *

为了调查，凯斯门特本可以利用新铺的铁路前往斯坦利池塘，然后在下榻的舒适的砖房子周边容易到达的地区走访几个星期。但他没有。相反，他在内陆地区花的时间超过了 3 个半月。为了在交通问题上不依靠刚果政府，这是刚果政府影响很多参观者的关键之处——他从一些美国传教士那里租了一个狭窄的单层铁制蒸汽船，沿着刚果河逆流而上。他在刚果政府不通过中间人进行橡胶奴隶制运作的通巴湖（Lake Tumba）周边地区考察了 17 天。他考察了特许公司的领地。他还让蒸汽船上溯到刚果河的支流，在蒸汽船无法继续向上开进的地方走下船来。在认真清点了一个没有完成橡胶上交任务的村子被押作人质的准确数字后，他乘一只独木舟穿过一条小河，在一片洪水淹过的森林里行进数英里，去见了一个被打伤的村民，并亲自 201
查看他的伤口。

有时候，凯斯门特在布道所过夜，有时候在河边空地或在一个河中的岛上过夜。（“看到河马游向下游。看到三只鹈鹕在喂食，距离我们很近。还看到一只漂亮的埃及朱鹭，黑色的身体，白色的翅膀。一只漂亮的鸟儿从我们头顶上展翅飞过。”）[25]和以前一样，他照旧带着那只心爱的名叫“约翰”的斗牛犬。他还带着一个作为厨师和帮手的人，这个人除了被他在日记中称为海利·比尔（Hairy Bill）之外，其他语焉不详。“可怜的海利·比尔。生活很古怪。”海利·比利会做的吃的似乎仅限于三样：鸡肉、奶油蛋羹、一种被称为“熟糖”（boiled or stewed sugar）的东西。“每天是鸡肉、鸡肉、奶油蛋羹、奶油蛋羹……真受不了”，凯斯门特写道。有时候，他的话语中也流露出嘲讽意味：“我们再次熬糖吃，换了一下口味，照例就着奶油蛋羹。”或者：“还是一天两顿熟糖和奶油蛋羹，连续吃了一个月，真让我受不了。”[26]

凯斯门特不停地给英国外交部发电报。“外交部的那些人肯定在骂我”，[27]他不无得意地写道。还有一些人肯定也在骂他。他给刚果政府官员写了一大堆信，谴责具体的残暴行为，并用最直截了当的话批评殖民地的整个管理体系。“总督先生，这种管理体系是不对的——完全是大错特错……不但没有增加本地人口，而且，如果继续一意孤行的话，只会导致本地人口的最终灭绝和文明社会的一致谴责。”[28]有风声不意外地传到了利奥波德的耳朵里，说是这位英国领事在写给英国外交部的报告里有些关于他的政权的不利之词。类似的风声还传到了莫雷尔的耳朵里。莫雷尔急切地等待凯斯门特回到欧洲。对于英国外交部来说，凯斯门特因为自己“冲进强盗的巢穴”而欣喜不已，其表现非常不像一个领事的样子。[29]

他像着了魔一样。目睹的一切让他愤怒不已，这种愤怒又对他遇到的很多其他欧洲人产生了戏剧性的影响。似乎正是由于他显而易见的义愤给了他们用行为表达自己内心郁积的情绪的许可。凯斯门特造访过的两位传教士在他榜样作用的鼓舞下，立刻动身开始他们自己的调查之行。其中一位开始写信给总督，严厉批评刚果的统治。[30]凯斯门特在顺流而下的过程中，遇到了逆流而上的英国资深传教士乔治·格伦费尔的蒸汽船。两个人停下船说起话来。听凯斯门特说完后，格伦费尔立刻从利奥波德虚伪的原住民保护委员会辞职。（顺便说一句，此举是徒劳的：几个月之前，国王在没有告知任何成员的情况下，就已经 202
终止了对这个协会的授权。）意大利驻刚果领事与凯斯门特交流之后，内心深感不安，毅然放弃了欧洲度假计划，着手进行实地调查，调查结果确认了凯斯门特的发现。

与他措辞谨慎的工作报告相比，他每天的日记读起来要生动得多。[31]他的恐惧埋藏于含义模糊的语句之中。

> 7月5日：乡村成了荒野，看不见一个村民。
>
> 7月25日：我走了好几个村寨，仔细看了最近的一个村子——人口减少得吓人——几百号人只剩下了93个人。
>
> 7月26日：可怜的虚弱的乡民……——肉体来自尘土，又回归尘土——那些善良的人、可怜的想法——都已不在。
>
> 8月6日：记录了大量乡民的经历……因为带着（橡胶）篮子来迟了，就挨了一顿毒打……异常疲惫。
>
> 8月13日：A. 说比克鲁（Bikoro）那边有5个人的手被砍掉了。他们从很远的迈恩加（Myanga）来给我看。
>
> 8月22日：博隆戈（Bolongo）的人快死光了。我记得很清楚，1887年的时候，这里到处是人；现在总共只剩下14个人。人们真可怜，他们痛苦地数落着橡胶税的罪恶……6：30走过博库塔（Bokuta）没有人的那一边……莫泽达（Mouzede）说人们都被强行带往马姆珀肯（Mampoko）了。可怜的人们。
>
> 8月29日：在邦加丹嘉（Bongandanga）……见到了橡

> 胶“市场”。别的东西没看见，就见到了枪——大约 20 来个带枪的士兵……带橡胶来的 242 个人就像是犯人一样被看押着。说这是“交易”是天底下最大的谎言。
>
> 8 月 30 日：16 个男人和孩子被绑在城镇附近的马博耶村（Mboye）。无耻。男人被投进监牢，那些孩子在我的干涉下被放了。无耻。无耻、丑恶的制度。
>
> 8 月 3 日：晚上组织了一场舞会，说是为了欢迎我。（在 L. 的命令下）所有的当地酋长和他们的妻子等人都来了。可怜的人。我很难过，在我见识过的所有强颜欢笑中，这是最糟糕的。
>
> 203 9 月 2 日：看到 16 个女人被彼得斯（Peeters）的哨兵抓起来送监狱里去了。
>
> 9 月 9 日：11：10 再次经过博隆戈。那些可怜的人从独木舟里出来，求我帮助他们。

* * *

在反奴隶制运动过去很久但国际特赦组织这样的机构远未出现之前，凯斯门特就在日记中以废奴论者的口气写道：“无耻。无耻、丑恶的制度。”但他随后在工作报告里采用的语言风格类似于后来国际特赦组织和其他类似团体所采用的语言：正式、理性，评估各种证据的可靠性，多处引用法律条文和统计数字，后面还有附录、目击者的证词。

1903 年年末，凯斯门特乘船回到欧洲，去准备他的工作报告。他在伦敦待了几个星期，口授和修改文件，然后在造访约瑟夫·康拉德及其家人的乡间宅邸归来的火车上做最后的修改。

凯斯门特报告里的信息在很大程度上类似于莫雷尔及其数量不多的支持者的信息，但是这些信息第一次以英王陛下领事的权威身份说出来。另外，让这一报告更具权威性的是，凯斯门特在非洲生活工作多年，在报告中多次对比他之前耳闻的刚果与当前橡胶恐怖统治下的刚果。

凯斯门特一次又一次描述被从尸体上砍下的手。有时候砍下的不是手。他在报告中引用了一个目击者的话：

> “白人对手下的士兵说：‘你们只能杀女人，杀不了男人。’于是，他们杀我们的人的时候（回答我提问的这个人叫 P. P. ，他停下来，欲言又止，然后指着我的斗牛犬的生殖器——那只斗牛犬当时正趴在我脚边睡觉），就砍下那个部位，交给白人。后者说：‘这回是真的，你杀的是男人。’”[32]

虽然用了克制的语气，并且让证据更加书面化，这份报告里有关砍手和阴茎的叙述比英国政府预想的要形象和有力得多。这时候，已经焦虑不安的外交部又接到了康斯坦丁·菲普斯（Constantine Phipps）爵士的紧急要求，希望延缓公布这些报告里的内容。菲普斯是一位狂热地支持利奥波德的英国驻布鲁塞尔公使。菲普斯是一个非常自负但智力有限的人。他根本不相信即使在热带，“生活在他周围的文明社会的成员比利时人，会 204
实施间接的残忍行为”。[33]他对外交大臣解释说，那些公司使用“哨兵”的唯一原因是给那些割取橡胶的村民提供保护。“拜托务必将凯斯门特的那份报告拖延到本月 10 号以后公布。10 号我会与比利时国王碰面，”菲普斯在电报上说，“如果发表，觐见时我会很尴尬。”[34]

另外的压力来自另一个人。在焦虑不安的利奥波德的催促下，埃尔德·登普斯特航运公司的艾尔弗雷德·琼斯爵士两次造访英国外交部，竭力想软化这份报告的口气，或者至少给国王提前要一份。

在刚果目睹的一切让凯斯门特异常难过，外交部根本左右不了他。他多次接受伦敦媒体的采访。这些媒体发表有关凯斯门特的采访文章之后，外交部官员就没法审查或拖延公布他的报告了，但是他们删去了报告中具体的人名，使得报告的效果大为弱化。当这份报告最终于1904年早期公布时，读者们发现里面有关目击者的证言是这样的：“我是N. N. 。我身边的这两位是O. O. 和P. P. 。”或者：“说这话的这位是F. F. 地区职位最高的白人……他的名字是A. B. 。”[35]这就给人一种只听其声不见其人的怪异感。好像这些残暴的事情不是真实的人做出来的，施暴的对象也不是真实的人。这也让凯斯门特在利奥波德的幕僚回复了一篇长文之后，无法用具体的人名和地点为自己辩护。比利时报纸和刚果事务有密切的利益关系，也加入了批评阵营。其中，《刚果人论坛报》（*La Tribune Congolaise*）说，凯斯门特见到的没手的人是“个别不幸的人，他们手部患了肿瘤，简单的外科手术治疗就是将手砍掉”。[36]

凯斯门特既生气又失望。凯斯门特想法多变（他开始想保护目击者，就隐去了他们的姓名，后来又改变了主意），又很容易生气。一气之下，他写了一封长达18页的抗议信给外交部，声称要辞职。在日记中，他说那些高级官员是“一群蠢货”，[37]说其中一个尤其是“十足的废物”。[38]在一封信中，他称他们是“一群百无一用的傻瓜”。[39]

不过，就这在这个时候，凯斯门特终于发现了一个可以一诉衷肠的人。先前在刚果的时候，他曾经如饥似渴地读过莫雷尔的文章。这两个人早就想见到对方。“这个人胸怀坦荡，”在那次期待已久的会面之后，凯斯门特在日记中写道，“一起在喜剧餐厅（Comedy）吃饭吃到很晚，然后聊到第二天凌晨 2 点。 205
莫睡在书房里。”[40] 凯斯门特当时住在切斯特广场（Chester Square）附近的一个朋友家里。第二天早晨，莫雷尔吃完早餐后就告辞了。

不难想象那天晚上两人谈话的情形：高个子，留着大胡子的凯斯门特强忍着目睹暴行之后的怒火；长着八字胡的莫雷尔比凯斯门特年轻了将近 10 岁，他个子也很高，身体壮实。在欧洲发现的证据让他怒不可遏。从某种程度上，两人各自看到了构成利奥波德“自由邦”的一半。将两人了解到的情况合并在一起，就可以形成有关整个情况的完整版本。在整个后半生，那次见面一直让莫雷尔记忆犹新。

> 我面前的这个人，身高和我差不多，动作灵活，体格健壮。他挺着胸，昂着头——显示出先前生活在开阔空间的行为习惯。黑头发和胡子遮盖着被热带太阳晒得凹陷了的脸颊。脸部瘦得棱角分明。深蓝色的眼睛深陷在眼窝里。一张精瘦黝黑的范·戴克①风格的长脸上，铭刻着力量与明显的和善。面孔极为英俊帅气。从我们的手握在一起，四目相望那一刻起，相互之间的信任与信赖就油然而生，孤独感就像斗篷一样悄然滑落。他是一个真正的男子汉。

① Vandyck，“比利时弗拉芒族画家，是英国国王查理一世时期的英国宫廷首席画家。——译者注”

> 他敢于抨击那些身居高位，对弱小民族犯下罪行的人……现在，我经常在想象中看到他，就像在那次难忘的会面中看到的他一样，他身子前倾着烤火，只是和那次不同的是，现在这间屋里光线不好……他用悦耳、温和，几乎均匀的语调，用他特有的庄重、悲怆的语言，讲述一个罪恶的阴谋……在谈话中间，他站起身，在房间里快速踱步，然后继续弓着身子坐在炉火边。在炉火光芒的衬托下，他身体侧面轮廓格外突出。
>
> 大多数时间里，我在静静地听他讲话，双手紧握着我椅子的扶手。听他讲述一件又一件恐怖的事情……我仿佛身临其境地看到：那些被追的女人紧紧地抱着孩子，惊慌失措地逃往丛林；当河马皮做的鞭子一下又一下抽打在黑人身上时，鲜血从后者痛苦挣扎的身上流出来；野蛮的士兵带着火把，到处焚毁村庄，可怕的用来计算杀人数量的一大堆手……
>
> 凯斯门特将他当时正在写的报告中的一些段落读给我
> 206 听。那些段落的中心内容和我经常写的东西几乎相同。他告诉我，他惊奇地发现，5000 英里之外的我得出的结论与他的结论在各方面完全相同……我如释重负。
>
> 分手的时候，已经是午夜过去好几个小时了。他那份厚厚的报告散落在桌子上、椅子上、地板上。身边伴随着那一张张的文稿——那份……将揭露我们这一代人已经知晓的最大骗局和邪恶计划的报告——我在沙发上和衣而卧，直到天亮，报告的作者去楼上找地方睡了。[41]

几个星期之后，凯斯门特造访了莫雷尔在哈沃登

(Hawarden）的家，哈沃登是靠近英格兰边境的一个很小的威尔士村庄。凯斯门特在日记中简略地写道："几乎谈了一夜，他妻子是一个好女人。"[42]他竭力劝说莫雷尔组建一个专门为刚果正义而呼喊的组织，不过莫雷尔开始时没有答应。因为原住民保护协会对于侵入他们领地，与他们竞争筹款来源的新机构戒心重重。然而，莫雷尔的妻子玛丽同意了凯斯门特的建议。莫雷尔写道："凯斯门特的方案得到了我妻子的热情支持。后来，我穿过爱尔兰海峡……去见他……在很大程度上也是因为（她的）影响……在爱尔兰那块土地……多少人的泪水灌溉的土地，凯斯门特和我进一步沟通……（并）讨论了各种方法和途径，粗略地拟定了一个行动计划。"[43]

两人在纽卡斯尔（Newcastle）黑斯廷斯多纳德山酒店（Slieve Donard Hotel）用餐时的交流，让莫雷尔确信："刚果的罪恶是一种特殊的、超乎寻常的罪恶，必须动用特殊的应对手段……如果真正能将英国人动员起来的话，就可以将全世界都动员起来……英国之前就（在反对奴隶制的运动中）扮演了这种角色……不知我们能否再次唤起伟大英国民众的义愤，让他们积极行动起来？"[44]

虽然凯斯门特的下一个任命还没有下来，但他仍旧是英国领事系统的一名成员，因此莫雷尔只好自己来管理这个组织。"怎样解决那些'庸俗'的细节问题？我跟凯斯门特说我没有资金……他也没有……他没有片刻犹豫，开出一张100英镑的支票。"[45]对于凯斯门特来说，这超过了他一个月的收入。

不久之后，凯斯门特在给莫雷尔的信中说："我们的人数与
日俱增，最终，英国各个角落将一致发出不可遏制的抗议的呼 207
声。"[46]

那次在爱尔兰吃饭的几个星期之后，莫雷尔组建了刚果改革联合会（Congo Reform Association，CRA）。借助凯斯门特提供的一部分资金，他购买了第一批办公用品，其中包括一台打字机。他设法获得了一大批很有影响力的伯爵、子爵、企业家、牧师、议会成员的公开支持。为了利用反奴隶制运动的遗产，他设法获得了英国著名废奴主义者威廉·威尔伯福斯（William Wilberforce）的曾孙的公开支持。1904 年 3 月 23 日，刚果改革联合会在利物浦音乐厅（Philharmonic Hall）的第一次集会就吸引了 1000 多人参加。

虽然凯斯门特和莫雷尔都有其不好相处的一面，然而两人一见如故，两人之间的友谊历久弥新。“我觉得凯斯门特是品行最接近圣人的人”,[47]莫雷尔在写给朋友的信中说。两个人都觉得自己有一个称心如意的同盟者。两人之间的友谊随着时间的推移日益深厚。在两人众多的往来信件中，凯斯门特被称为“亲爱的老虎”，莫雷尔被称为“亲爱的斗牛犬”，利奥波德则被称为“百兽之王”。

虽然无法在这场改革运动中发声，但凯斯门特经常鼓励“斗牛犬”，热情提供有关政治战略方面的建议，告诉莫雷尔去游说谁，甚至告诉他该穿什么样的衣服。凯斯门特瞒着外交部，积极为这场运动筹款。而莫雷尔鼓励凯斯门特返回刚果继续进行调查。这位领事回答说，那些官员会“像绞死斯托克斯那样绞死我——为捣毁魔鬼的巢穴而死是最理想的事情”。[48]这不是凯斯门特最后一次流露出慷慨赴死的想法。

在崇拜者的眼中，“斗牛犬”和“老虎”商讨如何对“百兽之王”发动攻势的那次交流，可以与传说中 100 多年前，在距离英国废奴运动发轫仅有一步之遥时，威廉·威尔伯福斯与小威廉·皮特（William Pitt）在一棵枝繁叶茂的大树下进行的那次谈话相提并论。不过，和上面两位英国废奴主义者一样，莫雷尔和凯斯门特当时身处英国，没有任何人身安全之忧。他们的善意在于，他们本身没有遭受 chicotte 抽打，也没有镣铐加身的痛苦，他们作为白人去竭力阻止其他白人残酷迫害非洲人。大多数为这一事业而战的非洲人殒命非洲，他们的名字没有被记录下来。从某种意义上，我们颂扬莫雷尔和凯斯门特，也是在颂扬他们。

不过，这两个人绝不是夸夸其谈的社会改良者。他们是真
正有信仰的人——后来两人都付出了沉重的代价。当他们在 208
1903 年 12 月第一次见到对方，一起因为刚果罪恶而义愤填膺时，莫雷尔和凯斯门特都没有想到，12 年之后，他们会经历人生中另一个共同之处。他们先后被押着走入伦敦本顿维尔监狱（Pentonville Prison）。其中的一个人再也没有从那里走出来。

14 曝光他的行为

209 现在，莫雷尔通过刚果改革联合会组织的这场正义行动给比利时、英国和美国等国政府造成了巨大压力。一个没有资财、头衔、官职的人让数个强大国家的政府焦头烂额，这在历史上几乎绝无仅有。莫雷尔知道，像英国外交大臣爱德华·格雷爵士这样的官员“只有被踢着才会行动，一旦不被踢着了，他就什么也不做。”[1]莫雷尔将他一生中的10多年光阴都用在这种“踢他”上。

除了管理刚果改革联合会，莫雷尔还坚持从每个工作日抽出一部分时间（有时要持续16~18个钟头）来编辑《西非邮报》。“人们好像没有完全意识到——除了这些事情之外——我还要出一份周刊，”他在写给一位积极参加这场运动的同仁的信中说，“另外，还要出一份作为刚果改革联合会喉舌的月报。这份报纸有时候版面很大，足够一个普通人忙碌一个月的。只是因为我的工作效率非常高，所以我一个人能够应付得过来所有事情。”[2]

莫雷尔能应付过来所有事情，另一个原因是他有一个贤惠的妻子帮助他料理家务。实际上，他是本书中为数很少的婚姻幸福的男人之一。玛丽·理查森·莫雷尔（Mary Richardson Morel）给他养育了5个孩子，在各方面支持丈夫的事业。她对凯斯门特尤其有好感，同意后者的观点，也认为她的丈夫应该组建一个专门从事刚果事务的组织。和那个年代的很多夫妇一

样，我们不清楚莫雷尔有多少值得纪念的成就中有她的功劳。 210
“我总是把她看作你的一部分，”他的长期支持者和知己约翰·霍尔特在写给莫雷尔的信中说，“你们两个人成就了刚果改革事业中的莫雷尔。”[3]

莫雷尔当然也有缺点。他有时候很倔强；很少承认错误；不时在他的报纸上刊登一幅自己的照片、对自己写的书的热情评论、对他的工作表示感谢的决议；转载其他报纸采访他的文章。当他因为刚果改革事务要到国外出差时，他就会刊登一个“祝愿莫雷尔先生旅途‘顺利’”的社论文章。[4]有时候，他会故意与他感觉受公众关注太多的同事发生分歧——虽然对于他非常尊重的凯斯门特，他很少这样。和很多工作效率极高的人一样，他也经常陷入消沉沮丧和自怨自怜。“我的家庭生活已经被压缩得不成样子……就个人来说，我已经精疲力竭了”，他在1906年写给马克·吐温的一封信中写道。他说，虽然如此，他还要继续将刚果的工作做下去，因为“那里的那些可怜人除了我们之外没有别人可以指望。并且，他们有生存的权利”。[5]

他的政治观点也有局限之处。他的一些观点也是那个时代大多数欧洲人共有的，比如：他相信自由贸易具有神奇的作用；认为非洲男人的性欲比欧洲男人更强烈，可能伤害欧洲女人。另外一些他特有的观点更多地植根于他要阻止利奥波德国王在刚果实施暴行的执着和热情。在莫雷尔的笔下，白人到来之前的刚果非洲人是卢梭笔下那种理想化的“高贵的野蛮人”：在描绘传统的非洲社会时，他主要描写平和、温柔的一面，而忽视残忍的方面——例如，从敌人尸体上砍下手这一在公安军手上成为一种恶习的事情，很早之前就存在。[6]

更重要的是，利奥波德的残暴行为惹得莫雷尔怒火万丈，以致他忘了虽然没有牺牲那么多人命，但自己的国家也在使用强迫劳动，而且是在大范围地使用，地点也是在非洲殖民地，尤其是在非洲东部和南部。他感觉，只要政府管理公平、公正，殖民行为本质上并没有什么错。他认为，英国在西部非洲的殖民地就是这样的。英国的西部非洲殖民地肯定不存在橡胶收集方面的恐怖行为，也没有大量抢占所谓的“闲置土地”。在呼吁结束刚果残暴统治这场运动的后期阶段，他甚至抽时间去了一趟尼日利亚，写了一篇总体上是在赞扬英国统治的那个地方的书。

不管他有什么问题，在大力呼吁结束刚果非正义行为这场运动中，莫雷尔具有一种始终不渝、感染力很强的是非感。他
211 是一个一流的演说家，经常不带稿子向数千人演讲。仅在1907～1909年，他在英国各地的大型集会上发表了大约50次演讲。“有时候，”他写道，“在这些时候，我会怒不可遏……当某件糟糕到不能再糟糕的事情强烈地触动了我或者如果有利奥波德的人在场，我不得不中断一会儿……当我将一个观点阐述得酣畅淋漓，或者讲台上的我心头涌上一种莫名的感觉时，（我就能体验到那种痛快的感觉）。我感觉面前数量庞大的听众都在我的手心里。”[7]

莫雷尔认为他发起的这场运动符合英国历史上高尚的人道主义运动传统，比如土耳其1876年屠杀保加利亚人、18世纪90年代屠杀亚美尼亚人所引发的正义的抗议浪潮。毕竟，他将自己看作反奴隶制运动道德理念上的继承人。他开始写作言辞激烈的《血腥的橡胶：公元1906年盛行于刚果的橡胶奴隶贸易》（*Red Rubber: The Story of the Rubber Slave Trade Flourishing on the Congo in the Year of Grace 1906*）一书。书中引用美国伟大

废奴主义者的威廉·劳埃德·加里森的一首短诗做这本书的内容简介：

> 我们亮出奴隶解放的旗帜……
> 我不含糊其辞，
> 我不寻找借口，
> 我不会后退一步：
> 我要人们听到我的声音，
> 后代将证明我是对的。

莫雷尔继承的英国激进主义传统植根于非国教——新教，而不是英国国教——以及克拉珀姆（Clapham）教派。克拉珀姆教派属于倡导人道主义的福音派，反对奴隶制的领导者威廉·威尔伯福斯就属于这个教派。19 世纪早期，这些人道主义者将他们的热情倾注到改善各种受压迫群体（囚犯、工厂工人、童工、精神病人）的生存条件上。但是，他们的政治观点不同于后来的马克思主义者和工会会员信奉的自下而上的政治观点。他们倾向于相对富有的阶层推崇的自上而下的改良主义。当他们将注意力投向海外时，他们就开始积极推动废除奴隶贸易，派传教士前往海外教化世界偏远地区的“原住民”。（没错，它确实是非国教教会，尤其是浸信会，后者给刚果派去了不少英国传教士。）

值得注意的是，不同于同时代的社会主义者，莫雷尔那些 212
富有人道主义精神的政治鼻祖坚信改善世界各地受压迫、被奴役的人们有助于发展经济。19 世纪 30 年代，一个议会调查委员会宣布，善待殖民地民众可以“改善大不列颠的公民利益和商业利益……”“野蛮人是危险的邻居和带不来利润的顾客。如果他们一直是我们殖民地的劣等居民的话，他们就会成为这个国家的负担。”[8]

这些人道主义者从来不觉得自己的观点与帝国项目存在什么冲突——只要它是英国帝国主义的项目。“在道义上，解放运动将英国人提升到一个特殊的层次……”詹姆斯·莫里斯（James Morris）在他写的英帝国历史书中总结道，“如果动员各界可以取得这么大的成就，那么，将英国的道义权威传播向全球各地——用以解决奴隶制的罪恶、无知和异教信仰，向见识浅薄的人讲述蒸汽、自由贸易和天启教的好处，建立一个更加高尚的道义帝国，而不是糟糕的拿破仑帝国，有什么做不到的？‘福音式帝国主义’的奇妙之处就来自这里。”[9]

这种传统让身在其中的莫雷尔如鱼得水。这种传统完美地契合了他的组织才能。虽然他和那些巨商大贾、政府官员、社会名流没有同窗之谊，但他有办法让他们觉得支持他的刚果事业会让他们脸上增光。月复一月，刚果改革联合会旗下的期刊会在头版刊登一位支持莫雷尔事业的名人的肖像。这些名人包括伯爵、市长、国会议员、留着大胡子的退休的殖民地总督。联合会在利物浦成立之后，莫雷尔就要求该协会的第一次执行委员会会议一定要在有一位支持他们的下议院议员坐镇的情况下召开。之后，刚果改革联合会的几乎每次重要会议都至少请一位大主教上台讲话。莫雷尔发现，得到教会和政府的明确“祝福”之后，有影响的英国人很少会拒绝他的恳求，或者不愿意让自己与刚果改革事业联系起来。

实际上，他政治观点上的一个局限之处居然是他作为一个组织者获得巨大成功的原因。如果他认为——这一点，今天的我们可以推测得出——利奥波德对刚果的烧杀抢掠在某种程度上是殖民主义的自然结果，外族统治没有什么不好，那么，人们就会认为他的观点太过偏激，而不会支持他，英国国内也没有人会格外关注他。好在他不这么看。他发自内心地认为利奥波德的统治体系是一种独特的罪恶统治，因此，英国的统治集 213
团应该支持他的正义活动，而无须担心自己的利益受到威胁。

虽然存在一些难以理解的地方，但莫雷尔只是处于人道主义传统的边缘。虽然他不愿意公开承认这一点，但他的观点具有很强的颠覆性。他不是将发生在刚果的残暴行为看作如同童工或死刑那样可以通过法律禁止的具体问题，而是将其看作一个复杂的根深蒂固的所谓“体制”（强制劳动加上欧洲人大规模占领非洲土地）的一部分。与主张改善被压迫群体生存条件的人道主义相比，这种视角非常接近马克思主义，虽然莫雷尔一生中可能从来没有读过马克思理论的一个字。他后来人生的很多戏剧性变化就缘于这两种视角之间无休无止的角力。

* * *

“作为抗议运动的组织者和领导者，没有人能够与莫雷尔的能力相提并论，”历史学家 A. J. P. 泰勒（A. J. P. Taylor）写道，“他清楚地知道怎样寻找富有的同情者，怎样在获得他们资助的同时还不改变（运动的）民主性质。百万富翁和工厂工人都愿意接受他的领导。”[10] 在这些百万富翁中有一些贵格会信徒，比如生活简朴的巧克力工厂老板威廉·吉百利（William Cadbury）。来自这些支持者的资助维持着《西非邮报》的生存。是这份周刊，而不是刚果改革联合会支付着莫雷尔的薪水。荒谬的是，埃尔德·登普斯特航运公司的艾尔弗雷德·琼斯爵士也给这份周刊投资了一点钱，很可能是希望“软化”这位前任雇员的态度。然而，他的希望落空了。莫雷尔毫不留情地抨击琼斯，揭露他充当利奥波德的主要英国同盟者的种种劣行。当琼斯看到没有对自己产生任何有利影响后，就不再在莫雷尔的周刊上登广告了。

莫雷尔清楚地知道怎样向不同的受众传递不同的信息。他告诫英国工商业界人士，利奥波德的垄断做法，加上法国的效仿，已经将他们排斥在刚果贸易之外。对于基督教神职人员，他大谈基督徒的责任，并引用了刚果传教士发回的介绍那里严峻形势的报告。对于广大英国民众，以及他们在议会中的代表，他唤起了广泛存在于人们内心的观点：英国尤其有责任向全世界推广高尚、文明的行为习惯。

214 关于刚果抗议活动的一个令人更为意外的事情是，除了短暂的外出演讲之外，莫雷尔大都是在书房里运筹帷幄的。刚果改革联合会一共存在了 9 年。在前面的一半时间里，莫雷尔甚至没有在英国居住。直到 1908 年 12 月，他将联合会总部确定在利物浦。从那里和他在附近哈沃登的家里，莫雷尔写了大量的信件。例如，在 1906 年的前 6 个月里，他就写了 3700 封信。更重要的是，他创作了数量惊人的有关刚果的书籍、小册子、报纸文章，在读者中产生了强烈反响，人们纷纷给他写信。他认真对比多个新闻报道，核实文章的准确性，仔细研究比利时的报纸和文件，经常与欧洲和非洲的政府官员、记者、商人通信。1908 年，他收到的有关刚果的来信大约有 2 万封。这些信件很大程度上成为他撰写书籍或文章的基础。

虽然他鄙视有组织的宗教，但他在书籍和文章中采用的分明是传播福音的口气。在他眼中，利奥波德及其支持者，比如

“比利时和安特卫普那些吹捧刚果的无良媒体”[11]就是魔鬼的化身；刚果政府是“一个残害当地民众的糟糕、邪恶的体系”。[12]莫雷尔的言论完全契合当时的社会心态，因为他也具有这种心态：对于当时看不到任何世界级战争的社会充满乐观和信心，坚信人类有能力迅速消除阻止人类进步的所有障碍。“我们的祖先结束了海上的奴隶贸易，”他在《利奥波德国王在非洲的统治》（*King Leopold's Rule in Africa*）一书中宣布，“我们将根除存在于刚果内陆的现代奴隶贸易。”[13]

他要满怀热情地掀起一场超越派系政治和宗教分歧的刚果改革运动。在针对重大事件的集会上，受邀上台讲话的往往有三大政党的国会代表、英国国教和其他教会的神职人员，以及社会上层人物、市长和其他社会要人。他了解该怎样为活动造势：在举行针对刚果的区域性抗议集会的前一天下午要邀请市长、当地各界要人在市政厅开会，晚上市长往往要受邀上台讲话。在 1905 年年底之前，60 多场大型集会通过了谴责利奥波德恢复非洲奴隶贸易法案，呼吁“英王陛下的政府召集基督教国家开会……共同制定和执行关于在刚果地区建立一个好的政府的决议”。[14]在利物浦，与会者坐满了听众席上将近 3000 个座位之外，还挤满了相邻的两个大厅。在类似的大型集会上，“可 215
耻！可耻！”的呼声响遍了英格兰和苏格兰。

莫雷尔能够出色地运用当时所有的媒体形式，他尤其擅长使用照片。几乎每场针对刚果的抗议集会最重要的部分都是放映幻灯片。里面有大约 60 张利奥波德统治下刚果村民的照片。其中五六张照片展示的是被砍掉手的村民以及被砍下来的手。最后，通过集会和媒体，这些照片进入了数百万人的视线，成为任何宣传机构都无法反驳的证据。

幻灯片中还有各种图表，估算了利奥波德从刚果榨取的利润。幻灯片中甚至还有诗歌，虽然艺术性差一点，但激情弥补了这一不足：

> 推动利奥波德的不是正义的事业、宗教信仰，
> 也不是血统不纯导致的愚蠢。
> 他目光冷酷，纵犬狂撕乱咬，
> 只是为了让他的保险箱装满黄金。
> 时光啊，让香料涂尸使其不朽吧！世人啊，不要忘记他的恶行。
> 让我们呼喊他的名字，曝光他的行为。[15]

曝光利奥波德的行为意味着莫雷尔必须将新闻业的同行动员起来。英国所有知名杂志和报纸的编辑他几乎都认识。他经常给其中的很多杂志或报社写稿，其中包括最有影响力的《泰晤士报》。当编辑们需要派一位记者前往比利时或刚果时，莫雷尔总能给他们推荐一个合适的人选。他后来乐不可支地声称，他策划“搞垮”了一个《泰晤士报》驻比利时的通讯员，因为莫雷尔觉得该通讯员和利奥波德走得太近。[16]他还经常给同情刚果抗议活动的比利时报社提供信息。当美国著名记者理查德·哈丁·戴维斯（Richard Harding Davis）被《矿工》（*Collier's*）杂志派往非洲时，莫雷尔就向他提供了有关刚果的最新信息。这些信息在戴维斯后来的文章里派上了用场。

在凯斯门特工作报告强有力的支持下，莫雷尔掀起的跨国抗议浪潮登上了全世界的报纸版面。从 1902 年开始的 10 年里，莫雷尔在文件夹里精心收集了 4194 份呼吁刚果改革的文章剪

报。[17]他关注的不仅仅是报纸：一位作者在他1906年出版的男孩探险小说《桑巴：非洲橡胶奴隶的故事》（*Samba：A Story of the Rubber Slaves of the Congo*）的前言中感谢刚果改革联合会“在百忙之中阅读这部小说的手稿，并订正书中的史实谬误，还 216
提出了最宝贵的建议和批评”。[18]

莫雷尔说自己是一个“刚果迷”。1906年，他在给支持他的贵格会信徒威廉·吉百利的信中写道：

> 本周刚出版了一本书……（《血腥的橡胶》）
>
> 格拉斯哥。市长召集了一次市政会议。也许我应该前往。我着手在当地组建一个刚果改革联合会的分支机构……在格拉斯哥有没有有影响力的朋友可以写信求助的？
>
> 法国。法国的刚果改革联合会……将于这个月组建……
>
> 热情高涨。索要小册子的信件纷至沓来……每天有12～20封来信索要小册子、相关资料的信件，等等。[19]

和之前的废奴主义者一样，莫雷尔知道，每个全国性组织都必须在各地建立分支机构，因此刚果改革联合会在整个英格兰和苏格兰都建立了“分支机构”。这些机构组织当地成员为总部筹集资金，给议会代表写信，不断投书当地报纸呼吁改革。一个由女会员组成的分支机构在刚果改革联合会执行委员会中拥有两位代表。通过这些方式，莫雷尔不断给英国政府施压。他和支持者坚信：只要英国政府行动起来，就可以迫使利奥波德改变管理刚果的方式，或者完全将刚果从他的控制中解放出来。

莫雷尔知道，最有说服力的发言人是那些拥有一手资料的人。从1906年开始，从刚果回国的浸信会传教士约翰·哈里斯（John Harris）牧师和妻子艾丽丝·西利·哈里斯（Alice Seeley Harris）——她带回来的照片莫雷尔几乎都用过——开始将他们的全部时间投入联合会中。哈里斯夫妇和莫雷尔一样对联合会的工作充满热情。在夫妇俩为联合会工作的头两年里，他们单独或一同在600多次公开集会上发表演讲。有一次面对众多听众在威尔士演讲时，一位女士被她感动不已，当场将自己的首饰交给艾丽丝·哈里斯，要她将它们卖掉用作这场运动的经费。[20]哈里斯夫妇向众多参会者展示了 chicotte 和镣铐。他们在英格兰各地，带领教堂会众唱一首有关“刚果礼拜天”的圣歌。他向惊讶不已的听众讲述了他们亲身经历的一件事。后来约翰·哈里斯将这一经历付诸文字。

> 40个憔悴瘦弱的非洲村民子弟……站成一排，每人手
> 217 里提着一小筐橡胶。带来的橡胶一筐筐地过秤、接收，可是……4个筐里的橡胶没有达到要求的重量。命令简单而粗暴——很快，4个身材高大的“刽子手”把第一个犯错的孩子扔在光秃秃的地上，并分别按住其手脚，第五个大汉走上前来，手握一长条干河马皮互相缠绕做成的鞭子。鞭子不停地一口气抽下来，河马皮褶皱而锋利的边缘深深地切进那孩子后背、肩膀、臀部的皮肉里，鲜血从10多个伤口处喷出来。被打的孩子在刽子手手下徒劳地扭动身体，结果鞭子的边缘又切入身体的其他部位——在被打的4个孩子中的1个，鞭子打中了身体最敏感的地方。“每人100鞭子”之后，4具气息奄奄、血肉模糊的躯体在橡胶收集

点泛着微光的沙地上颤抖。

这件重大事件之后没多久又发生了一件事。一天，人们刚吃完早餐，一位非洲父亲冲上我们土坯房前阳台下的台阶，将他小女儿被人砍下的手和脚放在地上——他的女儿当时不超过5岁。[21]

* * *

当莫雷尔的刚果改革运动在欧洲如火如荼之际，十万火急的电报从布鲁塞尔发到刚果首都博马，又从博马转发到最偏僻的基站。在先前哈里斯夫妇工作的英国布道所一带，刚果政府任命了一个副检察官。总督在给他的信中说：

> 任命你到巴林伽（Baringa）主持工作的主要原因是让你定期向政府报告巴林伽地区有关传教士煽动行为的所有重要动向……你可能需要找几个黑人做帮手，让他们去当地村寨里收集有用的信息，尤其是那些传教士出门旅行的时间。
>
> 我授权你雇5个帮手做这件事。我已经吩咐赤道地区的地区长官为你提供必要的资金。你可以根据自己的需要来使用这些资金，可以用它来雇黑人帮工……也可以给村里的某些人买礼物，让他们随时向你报告……
>
> 毫无疑问，这件事务必万分小心。[22] 218

在接下来的几个月里，博马的检察官写信给巴林伽地区的副检察官，让他探听即将召开的新教传教士会议将通过哪些方案。一个星期之后，检察官给他的那位副手寄去了莫雷尔在7个月里出版的每一期《西非邮报》，并告诉他，新周刊一到首都就会给他寄去。

> 尤其需要注意的是，政府指出传教士抨击政府文章的不准确之处非常重要，因为我们可以借此指出他们攻击政府的动机不纯。务必详细地检查……每一期，之后给我发一份有关这些不准确之处的报告……[23]

对利奥波德的抨击之声越来越多，刚果政府逐步加大了对莫雷尔刚果盟友的监视力度。在这些人中，赫齐卡亚·安德鲁·尚恩（Hezekiah Andrew Shanu）面临的危险最大。[24]

英国在利奥波德之前很早就在非洲建立了殖民地。利奥波德在建立刚果殖民地之初，曾经求助于英属非洲殖民地，从那里招募有经验的劳工、士兵和其他人员。尚恩出生于今天的尼日利亚，并在那里上学。毕业后他成为一名教师。1884年，他开始效力于利奥波德政权。他的一个任务就是在他的家乡为公安军招募士兵。后来，他成为总督在博马的一名雇员，在担任法语与英语的翻译之后，他就让妻子、妻弟从拉各斯（Lagos）来刚果居住。1893年，他从政府部门辞职，自己经商创业。第二年，他前往比利时，在那里订购了一架钢琴和一艘蒸汽船。他将儿子送入比利时的学校。在所有拥有殖民地的国家里，有很多人愿意看到来自被征服地区的人们表达他们的感谢。尚恩做有关刚果的演讲，感谢比利时为刚果做的事情时，受到了比利时人的热烈欢迎。一家报纸用赞扬的口气说，尚恩的“法语无可挑剔”；[25]另一家报纸用居高临下的口气说，认为他是“一个黑人人种可造就的完美典型”。[26]尚恩的相貌令人肃然起敬，他在公众场合总是穿着浆洗过的白色衬衫，并在外套的翻领上佩戴着有刚果勋章的勋带。

在访问了英国、法国和德国之后，尚恩回到了刚果。在这 219
个欧洲人为了他们自己获利建立的殖民地国家里，他通过一系列精明的举动，让自己成了一个成功的商人。在博马，他开了一家备货充足、销售罐头食品和其他欧洲产品的商店；另外，他还开了一个裁缝铺和一个洗衣店，在博马和铁路的终点站马塔迪经营着几处小出租公寓。他喜欢照相，并将他拍的一些照片发表在比利时的《刚果画刊》（*Le Congo Illustré*）上。一个英国副领事租他房子住时，对他赞赏不已，该领事休假回国时，向外交部推荐让尚恩顶替他的职位。尚恩还获得了前任雇主的高度尊重。1900 年，当公安军的一支队伍发动兵变时，政府官员满怀感激地接受了他的帮助，阻止叛乱向在城里干活的西非人蔓延。他甚至还主动要求拿起武器与叛军作战。一位刚果高级官员在信中写道，“在这种动荡的时刻，尚恩先生表现出了对政府的绝对忠诚”。[27]

这个时候，尚恩完全投身于统治者的阵营，但是，某件事——我们不知道具体是一件什么事情——导致了他立场的改变，他转向了利奥波德敌人的阵营。对于一个生活在刚果首都的黑人，这是他迈出的危险的一步。据说，他转变立场的一个信号是，为罗杰·凯斯门特提供有关西非劳工在刚果遭受虐待的信息，而凯斯门特则告诉尚恩，莫雷尔正在欧洲掀起一场有关刚果的正义运动。当 1903 年凯斯门特在刚果内陆做调查的时候，尚恩寄给莫雷尔一张支票，请莫雷尔寄送一些他写的东西的复件。得知在敌人的首都有一个非洲盟友，莫雷尔立即给他回了信，将当期的一份报纸，连同一本书和几本小册子一起寄给了他。“我不知道你对刚果这些问题的看法，”他写道，“不过，如果你的看法与我的看法一致，可否经常给我提供信息。”[28]几个星期之后，莫雷尔再次写信给尚恩，为了不引起博马邮件审查部门的注意，他建议尚恩将信件寄往自己住在德文郡（Devon）的岳父那里。不久，尚恩就获得了一些需要寄给莫雷尔的重要资料。

当欧洲开始出现抗议利奥波德的活动时，刚果政府会定期大张旗鼓地起诉一些对非洲人施暴的低级别白人官员。偶尔，这些人会被判入狱服刑，虽然大多数人实际服刑时间远远不到当初被判处的期限。不过，案件的审讯可能给专制政府带来风
220 险，因为这可能会让一些非常不利于刚果政府的文件进入公共档案。和古往今来暴政统治下无足轻重的替罪羊一样，刚果这些被起诉残酷屠杀当地人的被告往往会说，他们是在执行命令——并往往能提供能够证明这一说法的证人和文件。因此，政府会对审讯材料严格保密，可以一连数年不走漏任何风声。莫雷尔知道，对于打赢刚果改革这场战役，这些审讯材料中蕴含的证据将是一个弹药库，于是他请尚恩设法弄到一些。

1904 年年初，一个后来曝出大量内幕消息的案件进入高潮。主要被告人，即一个名叫查尔斯·考顿（Charles Caudron）的橡胶公司代理人滥杀无辜，被指控犯下多项严重罪行，其中包括杀害了至少 122 名非洲人。一方面，政府审判他是为了表示他们重视人权，另一方面，他们也有其他考虑。考顿得罪了当地的公安军指挥官，后者认为那个地区只有他自己有权力组织军事行动。那位被告在当地的恐怖做法弄得人人自危，严重

影响了这一高利润地区的橡胶产量。

案件的审讯泄露出大量纵容扣押人质的政府命令。另外，上诉法院因为“事出有因”而缩短了考顿的刑期。法院援引了老套的“当地人懒惰”这一主题，说“当时（考顿）面临极大困难，要完成任务就必须依靠当地那些对任何劳动都极为抵触的群体：他们不认可任何规则，只能实施暴力；不听从任何劝告，只能采取恐怖行为。”[29]

尚恩弄到了有关这个案件的一些审讯文件，秘密地寄给莫雷尔。后者收到后立即公布于众，声称这是“刚果政府遭受的最具杀伤力的一击”。[30]虽然这有些夸张，但是这些材料的杀伤力确实不小。让刚果政府最为尴尬的是这些文件中来自刚果政府官员自己口中的那些话。这篇报道引起了英国外交部的注意，一份官方报道做了转载。[31]

然而，尚恩对反刚果运动的下一个贡献却以悲剧结束。他帮助莫雷尔与一位刚果官员牵线搭桥。这位刚果官员是博马的警察局局长。他自称有情报要送给或卖给呼吁刚果改革的机构。但是，这个人出卖了他们。他在比利时媒体上大肆攻击莫雷尔，说尚恩是他的同谋。莫雷尔认为尚恩是一个“没有任何声誉瑕疵，具有巨大勇气”的人。[32]他担心尚恩的生命安全，督促驻博马的英国领事尽一切可能保护尚恩。他派人询问尚恩需要什么 221
帮助，焦急地多方打听有关他的消息。终于有了尚恩的消息时，却不是好消息。因为尚恩是英国公民，刚果当局担心引起国际纠纷，所以没有逮捕他。但是，他们不停地骚扰他，甚至撤回了为了表彰他对刚果的贡献而授予他的勋章。后来，他们要求所有政府雇员不得光顾他的生意。这让他的生意一落千丈。1905 年 7 月，赫齐卡亚·安德鲁·尚恩结束了自己的生命。

* * *

世纪之交，凯旋门附近的爱丽舍宫酒店是巴黎最奢华的去处。一天，一个年轻女子引起了一位客人的注意。那位年轻女子也住在这个酒店。和她过去的其他细节一样，她的名字一直是个谜：有人说她叫卡罗琳，有人说她叫布兰奇或德拉克鲁斯，还有人说她叫拉克鲁斯。虽然只有十几岁，但卡罗琳当时是卸任的法国军官安东尼－埃马纽埃尔·迪里厄（Antoine-Emmanuel Durrieux）的情妇。他曾经试图靠赌马来维系两人的生活开销。据说，赌运不佳的时候，迪里厄还给卡罗琳拉客。他们租住的爱丽舍宫酒店的房间是操持这种生意的好地方，但他们还是经常入不敷出。摆脱这一窘境的方案意外地送上门来：一个女子找到酒店的卡罗琳，对她说："夫人，一位先生注意到了你，他派我来找你。他地位显赫，不过，因为他地位显赫，所以不便透露他的名字。"[33]

他们商定第二天见面。根据真实性不完全可靠的卡罗琳的回忆录，那天，迪里厄莫名其妙地戴上高礼帽和灰色珍珠手套，脖子上挂上双筒望远镜，去了赛马场。（很可能，他完全清楚事情原委，事先拿到了一笔钱。）第二天，卡罗琳找到了拜伦勋爵街附近的一座建筑，走进一个很僻静的房间。后来，那位显赫人物到了，他身边有两个助手。两个助手在卡罗琳两侧坐下之后就开始问她问题。"这不是真正意义上的谈话：问的都是一些相当平常的问题，两个人轮流问，一个人问完一个问题之后，另一个人问下一个……这种问法让我不得不先把头转向右边，然后再转向左边。我不停地回答他们的问题，根本无法认真思考。后来得知，他们的目的只是让那位一直不说话的显赫人物细细欣赏我的侧脸。”[34]他仔细打量了新发现的宝贝之后，笑容在大胡子后面绽开，他说他很满意。他邀请卡罗琳和他一起去奥地利。第二天，一大笔钱送到卡罗琳住处，另外还有好几个空箱子，供卡罗琳存放她挑选的新衣服。她的这位追求者很清 222
楚如何打动她的芳心，因为这世界上她最喜欢做的事情莫过于买衣服。卡罗琳当时16岁，而利奥波德二世65岁。

当时王室藏不住秘密，现在也是如此。大臣们交头接耳，仆人们窃窃私语，这种有伤风化的丑事不胫而走，很快成了欧洲媒体大肆报道的花边新闻。利奥波德喜欢幼女早已不是什么秘密，但拜倒在一个16岁妓女的石榴裙下完全是另外一回事。这一新欢在年龄上完全可以做他的孙女了。利奥波德混乱的家庭生活和性取向对于我们这里讲述的这一段刚果历史绝非可有可无。具有讽刺意味的是，这两者让他在比利时损失的声望①可能比他在非洲犯下的任何残暴事件让他损失的声望更多。[35]这还意味着，当他成为国际抗议运动的抨击对象时，没有多少人帮他说话。

在莫雷尔的鼓动下，这位国王的个人缺陷也不可避免地成为世界媒体的批评对象。先前的大胡子现在已经变白，成为卡通画家难得的漫画素材。身材高大、身披斗篷的他出现在欧洲报纸的版面上：他的胡子滴着血，手抓着刚果村民干瘪的头颅，眼睛贪婪地望着芭蕾舞伴舞队的女演员；他坐在一个装饰着刺刀的非洲人的头颅旁吃东西；沙皇尼古拉二世抱怨说自己的皮鞭威力不大，披着虎皮的堂弟利奥波德建议他用chicotte；被利

① 他也没有在其他地方赢得朋友：在他对德国进行国事访问回国之后，德皇威廉二世崇尚禁欲的妻子奥古斯塔（Augusta）派皇室的教士给利奥波德下榻的宫室驱鬼。

奥波德抛弃的女儿恳求父亲将卡罗琳不穿的衣服送给她；利奥波德和土耳其苏丹喝着酒，谈笑风生地对比屠杀刚果人和亚美尼亚人的“成果”。

国王与那位新欢私通几年之后，他那位长期生活在痛苦中，喜欢马匹和音乐的妻子死了。从此，国王与卡罗琳的关系公开化了。他将她安顿在一个气派的宅邸里，也就是与拉肯庄园一路之隔的范德波特别墅（Villa Vanderborght）。他专门派人建了一座横跨那条马路的过街天桥，这样他可以随时悄悄地走到马路对面去。

他对卡罗琳这么不放心，显然是有原因的：他曾经在布鲁
223 塞尔的别墅里撞见迪里厄，就是被他强行赶出局的她的那位前任情人。当时，卡罗琳竭力辩解，说他是她的哥哥。据说，两人后来还一起出现在其他的场合。一家报纸爆料说，卡罗琳和迪里厄在她的所有住处都安装了电铃，利奥波德一出现，仆人就会给他们通风报信。

搬到布鲁塞尔之后，卡罗琳仍旧经常前往巴黎，光顾裁缝店和制帽店。（她曾经吹嘘，在这段时间里，她仅在 Callot's 一家店里就买了 300 万法郎的衣服。）当她向国王抱怨返回布鲁塞尔的特别快车发车太早、影响她购物时，利奥波德没敢让她在巴黎过夜，而是给铁路负责人打招呼，从此那辆火车推迟一小时发车。[36]

卡罗琳很快知道了怎样利用利奥波德的怪癖，比如他过分担心自己健康的疑心病。“有一天，我想给自己一些自由支配的时间时，我通过打喷嚏如愿以偿。好多次，为了让国王不接触那些让他着迷的女人，我就说她们感冒了。”[37]

利奥波德走在哪里都把卡罗琳带在身边。表面上，她隐瞒

了自己的身份，但是身旁前呼后拥的仆人让她很难做到这一点。让人们震惊的是，1901 年，他居然带着她赴伦敦参加表姐维多利亚女王的葬礼。同时，国王也没有完全失去对其他年轻女人的兴趣——不管是在布鲁塞尔、巴黎，还是在其他地方，他都经常派男仆或其他中间人替他物色符合他详细的相貌要求的年轻女子——不过，他对卡罗琳的感情一直没有改变。他们两个人似乎是高调宣扬，而不是掩饰他们之间年龄的差异：她称呼他为“老头子”（Très Vieux），而他则称呼她为“小美人”（Très Belle）。对于像利奥波德这样喜新厌旧的人，对这个十几岁的妓女的爱可以说是忠贞不渝了。

不过，让他在比利时民众中声望尽失的不仅仅是与卡罗琳的私通。随着时间的推移，比利时民众逐渐明白，他们的国家根本没有从刚果获得任何财务利益：从刚果中获得的大量利润直接成了卡罗琳的衣服和别墅，以及国王规模空前的建筑项目。因为利奥波德不喜欢艺术、文学、戏剧——出了名的不喜欢音乐——于是他将大笔资金挥霍到了建筑工程上，规模越大越好。

多年来，这位国王一直以入不敷出为借口不肯偿还贷款，
但是当一座座凯旋门、博物馆、纪念碑矗立在全国各地的时候， 224
他再也无法继续伪装下去了。让本国民众更为不满的是，人们发现这位国王把大笔新赚取的财富挥霍到了国外。他很快成为法国里维埃拉[1]最大的业主之一。他在那里给他 15 吨重的“艾伯塔号”（Alberta）游艇建了一个码头，他请尼斯（Nice）的设计师设计了一系列豪华别墅。他的不动产还包括费拉角（Cap Ferrat）风景如画的最南端的大部分地区。当时，那是全

① Riviera，位于法国东南部、摩纳哥及意大利西北部的地中海沿岸地区，以景色优美、气候宜人驰名，有许多度假胜地。——译者注

球最为昂贵的滨海地产之一，现在仍然如此。

利奥波德送给那位年轻的情妇很多的城堡和别墅。她怀孕之后，他和法国政府平摊费用，在她的费拉角别墅旁边修建了一条马路，为的是减少马车的颠簸。她生下儿子之后，她的儿子被册封为特弗伦公爵（Duke of Tervuren），而她则被册封为沃恩女男爵（Baroness de Vaughan）。国王用自己的游艇带着她在地中海游玩，但是比利时民众仍然厌恶她。有一次，她的马车在布鲁塞尔街头被人投掷石块。在欧洲人的眼中，这位国王的工作和私生活完全搅在了一起。卡罗琳的第二个儿子在出生时有一只手先天畸形。《笨拙》（*Punch*）杂志有一幅漫画：利奥波德抱着那个新生儿，周围是被砍掉手的刚果人的尸体。漫画的标题是：上天的报应。

成了众矢之的后利奥波德是怎么想的？当然，他很恼火，一次在写给助手的信中说："我绝不会让血和泥污弄脏自己。"[38]不过，他总是一种恼火或自怜的口气，从来没有羞耻或愧疚的感觉。一次，他在一份德国报纸上看到了自己的一幅漫画，漫画上的他正在用剑砍掉非洲人的手。他气呼呼地对一个军事幕僚说："砍手——那是没脑子！我宁愿砍掉他们其他任何部位，也不会砍掉他们的手。那些才是我在非洲最需要的东西！"[39]难怪有一次，当国王诙谐地向众人介绍首相奥古斯特·贝尔纳特（Auguste Beernaert）时说，后者是"这个国家最愤世嫉俗的人"，对方不动声色地幽默了一回，说他不敢僭越国王陛下。[40]

15　死亡人数推算

随着莫雷尔、罗杰·凯斯门特及其同盟者有关中部非洲大 225
屠杀的报告引起了欧洲各国的注意，报纸和杂志开始刊登被烧毁的村庄、被砍掉手的尸体的照片，传教士证人开始叙说整个刚果地区人口剧减的情况。今天，我们看到这些文字或照片时，不禁会想到这样一个问题：利奥波德统治下的刚果到底有多少人被杀害？这里，我们不妨来探讨一下这个问题的答案。

这个问题很难回答。首先，这种历史事件没有一个明确的范围，就像我们问纳粹在 1933 年到 1945 年之间害死多少犹太人一样。从 1885 年开始，属于利奥波德国王一个人的刚果自由邦正式存在了 23 年，但是，在这一阶段之初，很多刚果人已经因为非自然因素处于奄奄一息的状态。国王掠夺体系的一些重要元素在这一体系正式结束之后又延续了很多年。导致刚果最严重流血事件的橡胶热虽然开始于利奥波德统治之下的 19 世纪 90 年代中期，但在独裁政权结束之后又延续了好几年。

另外，虽然刚果的杀戮事件已经达到大屠杀规模，但严格地说，它不属于种族灭绝式的屠杀。刚果政府没有蓄意从地球表面抹掉某个民族。相反，和那些在他们之前掠夺非洲达数个世纪的奴隶贩子一样，利奥波德的人也在寻找劳工。即使在寻找和使用劳工过程中造成了数百万人的死亡，对于他们来说也
属于次要事件。没有政府官员会保存那些他们认为是如同非洲 226
人生命一般无关紧要的事情的统计数字。因此，今天要估算当

年的受害者数量，需要做大量的历史调查工作。

对于这种规模的人口下降，死亡总数往往是四个密切相关的因素中一个或多个因素共同作用的结果。这四个因素是：(1) 杀戮；(2) 饥饿、疲惫、日晒雨淋；(3) 疾病；(4) 出生率的直线下降。在最严峻时期，也就是漫长的橡胶热期间，人口的急剧减少缘于四个因素的共同影响。

(1) 杀戮。虽然直接的杀戮不是利奥波德治下的刚果人口剧减的主要原因，但杀戮方面的记录是最确切的。如果一个村子或地区没有交够规定的橡胶配额，或对抗橡胶收集制度，公安军或橡胶公司的“哨兵”往往会杀掉在这个村子里能够找到的所有人。当然，那些目击证人碰巧看到一堆骷髅或一堆被砍下的手，或者躲过各种审查幸存下来的报道，只代表所有屠杀事件中的一小部分，就像是大火中飞溅出的一些火星，即使在这些分散的火星中，也有一些火星亮得耀眼。

· 1896 年，德国报纸《科隆日报》(*Kölnische Zeitung*) 发表了一则来自“一位德高望重的比利时人”的消息：仅仅一天之内，就有 1308 个被砍下的人手被交到臭名昭著的地区长官利昂·费夫兹那里。这家报纸两次提起这件事，而刚果政府没有出面质疑。[1]有关那天事情的其他几份报道，包括来自新教传教士和天主教传教士的消息，指出的被砍下的手的数字更高。[2]在后来的某个场合，费夫兹承认，从尸体上砍下手的做法确实存在，他只是断然否认曾经下令砍掉活人的手。[3]

· 1899 年，一位名叫西蒙·罗伊 (Simon Roi) 的政府官员，也许不知道与他聊天的是美国传教士，因而吹嘘他指挥的杀人队。这位名叫埃尔斯沃思·法里斯 (Ellsworth Faris) 的传教士在日记中记下了这次谈话：“每次那位下士出去找橡胶时，都要来我这里领子弹。他必须把剩下的子弹交回来。每用掉一颗子弹，必须拿回一只右手来！……有关这一命令的执行情况，（罗伊）告诉我说，在6个月里，他们，也就是政府，在蒙博约河（Momboyo River）河畔上用掉了6000发子弹，这意味着有超过6000人被杀或被砍掉右手，因为经常听人说，当兵的经 227
常用枪托把孩子打死。”[4]

· 围剿布贾人起义的政府军总共杀掉了1300多名布贾人。有关这件事的报道出现在1900年的多家比利时报纸上。其中的一家报纸还是刚果政府资助的。在这10年里，刚果地区爆发了数十次反对橡胶收集制度的起义。准确估算镇压这些起义导致的死亡人数是不可能的，但有时候，一个简单的统计数字可以传递出骇人的信息，因为我们知道，如果把子弹“浪费”在除了人之外的其他目标上，对士兵的惩罚是相当严厉的。在莫雷尔从A. B. I. R. 公司拿到的大量信息量丰富的文件中有一份登记簿显示，1903年，仅A. B. I. R. 领地上35个橡胶收集点中一个收集点，就总共分发出去159支枪和40435发子弹。[5]

有记录的屠杀数量很多。说这个地区尸横遍野，有时候这并不夸张。瑞典传教士E. V. 舍布卢姆（E. V Sjöblom）写道，在一条河流汇入通巴湖的地方，“我看到……湖面上漂着一些右手被砍掉的尸体。在我回来之后，那位军官告诉我那些人因为什么事被杀掉。都是因为橡胶……在横穿那条小河的时候，我看到水中的树枝上悬挂着好几具尸体。当我从眼前的这可怕的一幕扭过头去的时候，和我们同行的一个当地下士说：‘哦，这不算什么，几天前，我打仗回来，给白人长官交回160只手，把尸体都扔进了河里。’”[6]记录这些大屠杀的人不仅有传教士和游客。很多公安军军官在日记里记录经历过的死亡和破坏时言语直白得令人难以置信。

· 在通巴湖附近的比克鲁村，公安军的一个瑞典籍军官克努特·斯文松（Knut Svensson）可能就是他的瑞典同胞霍布鲁姆看到的那些被砍掉右手的尸体的始作俑者。斯文松在日记中说，在 1894 ~ 1895 年实施严厉的橡胶收集办法的四个半月里，死亡人数达到 527 人。[7]（根据当今这一地区的口头传说，斯文松经常借签订协议或征募脚夫的理由，将那些不服从橡胶收集办法的村寨的所有村民召集在一起，然后直接开枪射杀。）[8]

· 军官查尔斯·勒迈尔日记中轻描淡写的口气让人不寒而
228 栗：“1891 年 3 月 28 日……烧掉了博康加村（Bokanga）……1891 年 4 月 4 日，在博乐波村（Bolébo）停留……他们想只带着梭镖和枪和我们见面，我们烧掉了他们的村子。杀死了一个村民……1891 年 4 月 12 日：袭击了伊肯果地区（Ikengo）的村寨……杀死了伊兹马金都村（Etchimanjindou）大首领伊凯莱（Ekélé），尸体扔到了河里……1891 年 4 月 14 日：围剿不愿意来基站的罗利瓦人（Loliva）。天气糟透了。我们冒着暴风雨作战。这里的村寨很多，没法把他们都杀光。大约杀死了 15 个黑人……1891 年 6 月 14 日：早上 5 点，派桑给巴尔人梅楚迪（Metchoudi）带着大约 40 个人……烧掉了尼克拉村（Nkolé）……这次行动很成功，一切都烧为平地……1891 年 9 月 4 日：早上 4 点，准备袭击伊皮克（Ipéko）村……把整个村子都烧掉了，把橡胶树也砍掉了……1892 年 7 月 13 日：再次袭击萨拉金（Sarrazijn）中尉 7 月 7 日袭击过的博姆波波（Bompopo）地区的村寨；杀死了 20 个村民，抓回了 13 个女人和孩子。”[9]

·公安军军官刘易斯·勒克莱克（Louis Leclercq）的日记上赫然记着："1895 年6 月21 日……上午10：20 到达亚姆比斯（Yambisi）。村民都跑光了……我们派几股士兵去周围搜索；几个钟头后，他们带回11 颗人头，抓回来9 个人。晚上乘坐独木舟搜索的人也带回来几颗人头。1895 年6 月22 日：早上，他们给我们抓回来 3 个人，傍晚时又抓回来 3 个，带回 3 颗人头。一个鲍曼村（Baumaneh）的村民在森林里跑来跑去，呼喊着寻找妻子或孩子。因为距离我们营地太近了，哨兵给了他一枪。他们把他的人头弄了下来。我从来没有看到过那么绝望、恐怖的表情……我们烧掉了那个村子。"[10]

日复一日，周复一周，勒迈尔和勒克莱克的日记，还有其他人的日记，用的都是这种语气。

任何形式的抗拒，甚至是投机取巧，也会招来杀身之祸。莫雷尔曝光了地区长官尤勒斯·雅克①（Jules Jacques）[11]获知一些村民是割断藤蔓（这样会弄死它们），而不是按照要求在藤蔓上割开一个小口来收取橡胶汁液之后，发给下属一封电报："基站负责人：很显然，这些（伊农戈，Inongo）人中没有一个好人。他们肯定砍断了不少橡胶藤蔓……我们必须好好教训他 229
们，要他们绝对服从，否则……格杀勿论……告诉那些村民，他们胆敢再砍死一棵藤蔓，我就让他们一个人也活不了。"[12]

当康拉德在书中描写库尔茨先生潦草地写下那句臭名昭著的"消灭所有野蛮人!"时，他并不是完全在虚构。[13]

（2）饥饿、疲惫、日晒雨淋。一有风吹草动，成千上万村民就会竞相逃出村子。为了报复，士兵会牵走他们的家畜，焚

---

① 雅克后来在第一次世界大战中立功，今天，比利时迪克斯梅德市的主广场上还有他的塑像。

毁他们的窝棚和庄稼，拿走他们的所有粮食。这种做法甚至在橡胶热之前很久就已经存在，当时利奥波德的士兵主要是为了搜寻象牙、脚夫和给养。一位瑞典中尉这样描述1885年在刚果大激流地区的一场突袭："我们快要接近那个村子的时候，村里乱成一团。那些村民被吓坏了。我看到，他们带上所有能拿的东西后，没命地逃往密林深处……在离开村子之前，我们牵走了大群的羊、鸡、鸭……然后放弃了那个村子，去了找个午休的好地方。"[14]

村民在逃生时，有时候会舍弃小孩子，因为害怕他们的哭声会暴露藏身处。因此，很多小孩子被活活饿死。一些村民比较幸运，他们住在边境地区，可以越境逃离刚果。法国殖民地总督估计，到1900年，大约有3万名难民越境逃到了法国领地。[15]还有一些难民逃到了英国领地，虽然很多人在穿越刚果与英属北罗德西亚边界的卢阿普拉河（Luapula River）时溺水而亡。然而，大多数除了躲进既不能挡风遮雨，也很难找到东西可吃的雨林深处或沼泽深处之外无处可逃。美国雇佣军人埃德加·卡尼修斯（Edgar Canisius）看到他们"焦土政策"下的难民"生活得就像是森林里的野兽，靠吃草根、蚂蚁和其他昆虫度日"。[16]1899年，威廉·谢泼德的一位长老会教友写道："听说政府官员要来，所有村民都逃进那片森林。今晚正值雨季，我敢肯定，在以罗波村（Luebo）为圆心半径75英里的区域，往少了说，至少躲藏着4万人，男人、女人、儿童、病人都睡在没有任何遮挡的森林里。"[17]

大约同时，一个名叫尤尔特·S. 格罗根（Ewart S. Grogan）的年轻的英国探险家穿越非洲，经过刚果东北部一隅一个方圆
230 3000平方英里的"人口极少，墙倒屋塌"地方时，眼前的一切让

他感到惊讶万分："每个村寨都被烧为平地，在我逃离这个国家时，我看到了很多骷髅，到处是骷髅。他们姿势各异——清晰地显示出他们当时面对的各种恐怖情景！"[18]

那些没有逃入森林的村民一样饱受饥饿之苦，因为如果靠近橡胶收集点，他们就要将大量的橡胶、木薯、鱼、肉上缴给那些士兵。例如，A. B. I. R. 领地上的奔巴村（Bumba）虽然只有100户村民，但每月除了5头猪或50只鸡之外，还要上缴15千克白薯或类似蔬菜。[19]另外，虽然身强力壮的男人都在森林里拼命忙于割取橡胶，但这些村寨还是要为那些当兵的提供所有食物。没有劳动力开垦新的土地，对于在贫瘠的雨林土壤上耕种影响巨大，以至于妇女们不得不继续耕种已经耗尽肥力的田地。庄稼产量逐步下降。今天，在当地人的记忆里，被A. B. I. R. 占领的那段时间被叫作 lonkali，也就是饥荒岁月。

包括女人、儿童、老人的无数人，被押作人质后死亡。士兵将他们关进黄土之上的围栏里。他们往往身戴镣铐，能吃到的东西很少或根本没有，只等村里的亲人用规定数量的橡胶赎他们出去——而这种等待可能要持续好几个星期。1899年，在某个栅栏里，每天死在一个围栏里的人质为3~10人。[20]

（3）疾病。和美洲印第安人的剧减一样，死于疾病的刚果人要比死于枪弹的多很多。前往刚果内陆的欧洲人和非裔阿拉伯奴隶贩子也带去了很多先前闻所未闻的疾病。当地人没有时间产生针对这些疾病的免疫能力，比如，疟疾在很大程度上就是一个例子。新带来的疾病和先前的疾病都迅速蔓延，因为现在数量庞大的刚果人经常长途奔波：大量男性被征作长途扛运货物的脚夫，或者被征到蒸汽船上干活（一艘大型蒸汽船需要20~60个砍柴工），或者被强征入公安军当兵。最令人恐怖的致命疾病是天花和昏睡症，虽然相较而言没那么剧烈的肺病和肠道传染病也导致很多人死亡。

多个世纪以来，天花一直是非洲很多沿海地区的常见疾病，但帝国时代人口的大流动将这种疾病传播到了广大内陆地区，让一个又一个村寨尸横遍野。一位库巴国王——就是那位欢迎威廉·谢泼德入境国王的继任者——就死于这种疾病。天花让人们恐慌不已。非洲人称之为“来自上天的疾病”或
231 “上天降下的疾病”，因为这种疾病的致病原因完全不同于他们所熟悉的其他疾病。一位旅游者在刚果一个人烟稀少的城镇里，看到一条15英尺长的大蟒蛇在吞噬一个死于天花的村民，在另一个城镇里，他看到一只只秃鹫因为吃得太饱而飞不起来。[21]

昏睡病也在河流上游的内陆地区肆虐。据估计，仅1901年一年就有50万刚果人死于这种病。[22]这种疾病的传播最初源于粉色条纹的采采蝇的叮咬。这种苍蝇大小如同马蝇，飞动时发出一种独特的尖利之声。人染上昏睡病之后，很容易传染给他人。这种病会引起发烧，淋巴结肿大，极嗜吃肉，怕冷，最后整天昏睡无力，这种病因此得名。

面对有关人口剧减无可辩驳的证据，给利奥波德辩护的那些人，一直将原因归咎于昏睡病。[23]没错，昏睡病和其他疾病确实夺去了很多人的生命，这种情况一直延续到20世纪刚果政权易手之后，不过情况比较复杂，因为疾病很少单独起作用。在那些营养不良、饱受精神创伤的群体中，传染病十有八九会显著推高死亡率，迅速夺去无数人的生命：纳粹和苏联无须动用毒气和行刑队就可以让集中营里的囚犯成批死亡。当今，在某种程度上得益于20世纪的饥荒和铁丝网，流行病学家完全弄清

了这里面的具体原因。即使在刚果，即使不是专业医生也能看出，那些表面上死于疾病的人并不完全是因疾病而亡的。1905年，斯坦利瀑布地区的地方治安官查尔斯·格雷邦·德·圣日耳曼（Charles Gréban de Saint-Germain）写道："疾病对疲惫人群的杀伤力是显著的。我认为，我们必须将这一地区昏睡病患者的不断增加归咎于这一原因。疾病，加上脚夫的长距离流动、食品的缺乏，让这个国家的人口大幅减少。刚果没有地方比卡松戈（Kasongo）到卡巴姆贝（Kabambare）那条路上的情况更为凄惨。那些村子基本上十室九空，很多窝棚成了废墟，不管是男人、女人还是孩子，一个个都瘦弱不堪，毫无活力，病恹恹，张开四肢有气无力地躺在那里。最重要的是，他们没有吃的。"[24]

（4）出生率的直线下降。这也不奇怪，男人们长年累月在森林里割取橡胶，一次就要走好几个星期，女人被扣作人质，总是处于半饥饿状态，因此出生率骤降。一位在橡胶主产区马
伊恩东贝湖（Lake Mai Ndombe）布道多年的天主教传教士注意 232
到了这种情况。[25]1910 年，他刚到那里的时候，惊奇地发现当地几乎根本没有 7～14 岁的孩子，而其他年龄段的孩子很多。这个年龄段正好指向 1896～1903 年——正是这个地区的橡胶热处于高潮的时候。附近地区有一个目击者罗杰·卡斯玛特，他当时正在调查途中。他估计，当地人口下降了 60%。他写道："在很多地方，幸存的村民现在才开始回到被毁坏或抛弃的村子……出生率的降低导致了人口的减少……女性不愿意生孩子，会想办法不让自己怀孕。她们给出的理由是，万一'战争'爆发，'挺着大肚子'或带着婴儿就跑不快，躲不开那些士兵。"[26]刚果人口减少的部分原因是，后来因为橡胶热而惶惶不可终日、夫妻离散的家庭根本没有孩子出生。

* * *

直到恐怖的橡胶收购制度结束之后，刚果才有了全境范围的人口普查。但是，20 世纪 70 年代曾在先前的一个橡胶产区工作过的瑞典人类学家丹尼尔·范格洛维恩（Daniel Vangroenweghe）发现了有说服力的人口统计学证据，可以证明成批男性作为橡胶奴隶被累死或在惩罚性袭击中被军队打死——并且，他还从整个政权内部的统计数字中发现了相关证据。别的理由无法解释早在第一次全面人口普查开始的很久之前通过在这块殖民地逐村数人数获得的结果——所有村子里的成年女性的人数远远多于成年男性。

例如，在 1907 年的伊农戈，儿童是 309 人，成年女性是 402 人，然而成年男性数量只有 275 人。（这就是那个几十年前，一位地区长官下令“要他们绝对服从，否则……格杀勿论”的那个城镇）。1908 年，附近的伊博克（Iboko）儿童数量是 322 人，成年女性数量是 543 人，而成年男性只有 262 人。大量其他村寨的统计数字也反映出同样的情况。[27]检视这些数字就像是检视奥斯维辛集中营焚尸房的残留物。你无法从中获得准确的死亡数字，只会闻到大屠杀留下的浓烈臭气。

在利奥波德统治时期，以上四种原因到底让刚果人口减少了多少？就像历史学家当年估算 14 世纪死于黑死病的人数，相
233 对于绝对数字，调查者对死亡比例更有把握。毕竟，他们手中没有人口普查数据。有意思的是，当时在刚果当地的亲历者估算出来的人口减少的数字与当今采用科学方法估算出来的某些数字一致。

1919 年，据一个官方的比利时政府委员会估计，从斯坦利开

始为利奥波德的刚果国打基础那时开始算，后来的刚果人口“减少了一半”。[28]查尔斯·C. 利布雷希特少校（Charles C. Liebrechts）在刚果政府存续的大多数时间里一直担任政府的最高行政官员。1920 年，查尔斯也得出了这个结果。当今最权威的判断出自简·范西纳（Jan Vansina）。范西纳是威斯康星大学（University of Wisconsin）历史学和人类学荣誉退休教授，也许也是研究有关刚果盆地居民最出色的、在世的人种学者。他的推算基于“当地众多的消息渠道：注意到到教堂做礼拜的教徒数量减少的传教士、口述历史、家谱，等等”。[29]他得出的结果也一样：在 1880～1920 年，刚果人口“至少减少了一半”。[30]

人口总数是多少？直到 20 世纪 20 年代，刚果才进行了全境范围内的人口普查。1924 年，人们初步估计当时的人口数字为 1000 万，这一数字被后来的统计结果所证实。[31]这意味着，根据这些估算结果，在利奥波德统治时期，以及他的统治刚结束的那段时间里，这一地区的人口减少了大约 1000 万。

* * *

烧毁村庄、让人质挨饿、让惊恐不已的难民死在沼泽里、下令“格杀勿论”——即使完全从金钱角度来看，难道这就是商业运作的高效方式吗？成批地杀掉很多人固然可以以儆效尤，逼着活着的人卖力地割取橡胶，可是这样做的同时不是会大幅减少劳动人口吗？肯定会。1924 年，比利时有关部门的首脑们下令进行人口普查，因为他们非常担心劳动力短缺。那年，全国殖民委员会（National Colonial Congress）的常务委员会不无担忧地说：“我们有朝一日将面临本土人口锐减或消失的风险，到时候可能发现我们面对的是某种意义上的荒漠。”[32]

那么，为什么这些杀戮会持续那么长时间？这种不理性也存在于其他很多大规模屠杀者的心中。例如，在苏联，将政敌枪决或关进监狱这种做法帮助斯大林获得了绝对权力，但是消除了政敌之后，他又处决了数百万人，另外还有数百万人死于
234 古拉格位置偏远的集中营。大量工程师被抓走导致工厂停产，大量铁路工人的死亡导致一些火车没法开动，很多上校和将军被枪决导致红军在 1941 年德军入侵时几乎没有高级军官，差一点被德军消灭。

刚果的情况和苏联一样，大屠杀有一种内在动力。权力具有诱惑力，而在某种意义上，没有任何一种权力比能够夺取他人生命的权力更大。大屠杀一旦开始，就很难停下来，它就成为一种类似打猎的运动。刚果编年史中记载了很多像勒内·德·贝尔蒙提埃（René de Permentier）这样的例子。贝尔蒙提埃是 19 世纪 90 年代后期赤道地区的一名军官。非洲人管他叫 Bajunu（法语 bas genoux 的谐音，跪下的意思），因为他总是命人跪在他面前。他命人把他在博卡托拉（Bokatola）的房子周围的灌木和树木都砍光，为的是他可以站在门廊下将路过的村民当活靶子打。如果让他在女人质打扫过的院子里发现一片落叶，他会命人杀掉 12 个女人质。如果他发现森林里的一条小路没有维护好，就会命人杀掉附近村庄的一个孩子。[33]

克莱门特·布拉瑟尔（Clément Brasseur）、利昂·瑟克尔（Léon Cerckel）这两位公安军军官曾经命人将一个人头朝下倒挂在棕榈树枝上，然后在他下面点着一堆火，将他活活烧死。[34]两个传教士发现，在一个基站里，士兵杀人质的办法是，将树脂浇在他们的头上，然后放火将他们点着。[35]这种事情不胜枚举。

越南战争最为出色的记者米歇尔·赫尔（Michael Herr）记

下了他遇到的一个同样疯狂的美国士兵说出的话："我们毁掉篱笆，烧掉他们酿造的酒，毁掉所有水井，杀掉村子里所有鸡、猪和牛。我的意思是，要是不让我们朝这些人开枪，我们来这里干什么?"[36]另一个美国人弗朗西斯·福特·科波拉想要用电影表现越战中的嗜杀欲时，你猜他拍摄的《现代启示录》中的情节来自何处？来自约瑟夫·康拉德，因为他记录了一个世纪前在刚果亲眼所见的太多的冷血杀戮。

16 “新闻记者是不会给你打收条的”

235 当刚果改革运动进入高潮时，名字与那片殖民地联系最为密切的一位英国人淡出了历史舞台。被选入议会之后，亨利·莫顿·斯坦利爵士发现在议会工作是一件很没意思的事情。他喜欢在巡回演讲时讲述的那些令人兴奋的探险故事不能代替众议院温文尔雅的辩论。斯坦利缺少议会工作所需要的某种东西——幽默感。没过多久，他辞职了。

那些年与疟疾、痢疾等热带病搏斗的经历现在开始给他的身体带来麻烦。这个年仅60岁，个子出奇的小，留着很短的白发和胡子，虽然饱经风霜但面色红润的人的行动变得前所未有地缓慢。他密切地关注着布尔战争的消息，严厉谴责那些胆敢挑战英国统治的叛军。他自怨自艾，称自己“将生命都献给了祖国和非洲”，他断断续续地撰写自己的自传。[1]虽然他写作一直很快，而且写了不少东西，但这本书一直没有写完，可能是担心被人发现有关青少年时期有太多内容相互矛盾。他、妻子多萝西、一个养子的时间主要在他在伦敦的家和位于萨里（Surrey）的一个模仿都铎式建筑风格的乡间宅邸里度过。他用当年自己出名的地方来命名庄园里的池塘、小溪、松树林：斯坦利池塘、刚果河、伊图里森林。

据说，斯坦利对刚果成了一个巨大的“恐怖室”很不满意，但他次数有限的公开讲话都在为利奥波德辩护。他的健康
236 状况越来越差，众多医生走马灯似的竞相给这位名人病人献上

的最新治疗方法让他的身体雪上加霜：注射士的宁、氨水、乙醚、电脉冲。1904 年 5 月 10 日夜，斯坦利听到大本钟报时的声音，咕哝着说：“真奇怪！怎么是这个时间！奇怪！”[2]这是他生前最后说的话。

斯坦利是那个时代最受人们追捧的英国人之一。如果从价值上来说，他生前表现出的对利奥波德的忠诚远远超过了利奥波德能够用金钱买到的任何广告。现在，斯坦利去世了，凯斯门特的报告发表了，莫雷尔的抨击愈加猛烈，利奥波德需要组织新的反击攻势。而这一反击的征兆出现在一个让人想不到的地方。

进入 20 世纪第一个 10 年后，乘坐豪华火车出行成了一件很时髦的事情。国际卧铺车公司（Compagnie Internationale des Wagons-Lits）舒适的卧铺车厢将欧洲的主要城市联系在一起。对于有钱人来说，登上通宵行驶的特别快车意味着月台上机车嘶嘶冒出的大团蒸汽、替他们扛着行李箱的搬运工、卧铺车厢服务员帮助他们将车上的折叠床铺好。到了那个 10 年的中间几年，出行的社会精英可以在这一基础上享受一点另外的服务——可以在卧铺车厢的桌子上看到一本月刊，所有栏目均用英、法、德三种语言并排印刷。杂志名为《真实刚果》（*The Truth about the Congo*）。用这种方式将产品广告免费赠送给没有其他选择的富有的欧洲受众是多少广告商求之不得的事情。国际卧铺车公司的一个重要股东就是利奥波德二世。国王开始反击了。

在莫雷尔的大力推动下，现在对利奥波德的抨击来自四面八方。在那个 10 年里，刚果改革联合会的分支或附属机构在德国、法国、挪威如雨后春笋般地建立起来。瑞典的 8 名议会成员在一份声明上签名，支持 CRA。在莫雷尔众多的支持者中，有来自显赫波兰贵族家庭的鲍里斯·切特维尔滕斯基王子（Prince Boris Czetwertynski）、著名小说家阿纳托尔·法朗士（Anatole France）、获得诺贝尔奖的挪威作家比昂斯腾·比昂松（Björnstjerne Björnson）。一位目击者写道，在瑞士举行的一次刚果暴行抗议集会上，当展示艾丽丝·哈里斯拍的被砍掉手脚儿童的照片时，在场的男人们面色苍白，女人们眼噙热泪。[3]在澳大利亚的一次公共集会上，一位发言人严厉批评刚果政府；在新西兰，人们就这一主题举行了多次集会；在意大利，一位发言人声嘶力竭地抨击利奥波德，惹得刚果驻热那亚领事乔瓦尼·伊莱亚（Giovanni Elia）要跟他决斗（两个人都受了轻伤，
237 领事鼻子受伤，他的对手手臂受伤。[4]）莫雷尔和支持者就像是在进行跨国合作，因此，利奥波德也要进行跨国反击。

比利时非强国地位意味着，利奥波德必须依靠欺诈手段，重中之重是发挥他操纵媒体的专长。在发动反击的过程中，国王表现出和他的死敌莫雷尔一样出色的运用大众媒体的高超能力。他交给一位助手一个秘密任务，要他去英属非洲殖民地，搜寻类似凯斯门特在刚果看到的各种虐待行为。[5]他设法让《真实刚果》上经常刊出一些有关“英属印度的鸦片”[6]的文章和来自英帝国各地的负面消息：南部非洲毒打劳工事件、尼日利亚的人祭、塞拉利昂和澳大利亚的虐待事件。接着，利奥波德要求他的朋友艾尔弗雷德·琼斯投桃报李，帮他抑制英国民众的批评声，否则就会中止利润丰厚的刚果运输合同。

琼斯立刻着手安排这件事。他拿出 3000 英镑，派两个人动身，千里迢迢前往刚果。一个是他的朋友威廉·芒特莫斯（William Mountmorres）子爵。这个年轻人先前的工作得益于琼

斯间接的帮助。为了感谢琼斯，芒特莫斯于1906年出版了一本赞扬刚果的书：“目睹官员们……对待工作热情高涨的态度令人震惊。”虽然芒特莫斯也承认政府官员的行为存在一些过火的地方，但是他发现刚果大多数地区的“政府工作非常人性化”。[7]芒特莫斯的书让人们想到比阿特丽丝·韦布（Beatrice Webb）和西德尼·韦布（Sidney Webb）访问新成立的苏联后那篇笔调出了名的轻松的游记。和韦布夫妇一样，芒特莫斯认为刚果认真遵守了所有成文的法律法规。他强调，只有经过正式调查之后才可以用chicotte，在调查过程中，被告有权请证人作证，并且只许打臀部。“除了惯盗之外，任何情况下鞭都不得超过20下。虽然有时候罪犯被判决抽50下，但这种情况下，这种体罚要分多天进行，一天不得超过20下。”[8]（在实践中，这和苏联一样，这一政策的严格执行是在禁止死刑之初的事情。）

琼斯资助前往刚果调查的另一个人是玛丽·弗伦奇·谢尔顿（Mary French Sheldon）。她是一个出版商和旅行作家。到达刚果后，她乘坐和与政府关系密切的特许公司提供的蒸汽船进行调查（这是当年凯斯门特竭力避免的事情）。刚果的官员们使尽浑身解数带她游览刚果新鲜、有趣的地方。凡是她所去的地方，人质都要提前释放，因此她看不到一个被关押的人质。238
据一位传教士说，政府代理人甚至拆掉了刚果河边的一个“旧监狱，弄平了那块土地，看不出一点蛛丝马迹，只是因为她要来了”。[9]只有一次，出了很大的岔子。一个基站负责人把接到的命令给搞混了，他将谢尔顿夫人错当成他之前被告知要接待的来自利物浦热带医学学院（Liverpool School of Tropical Medicine）的一位重要来客。他召集了一批伤残和周边病情最为严重的村民到一片空地上集合，让她查看病情。[10]不过没有关系，谢尔顿夫人与一位蒸汽船船长坠入爱河，度过了一段浪漫时光。在回国路上，利奥波德接见了她。琼斯帮她将那些热情赞颂刚果的文章发表在了报纸上。1905 年，她发表在《泰晤士报》上的一篇文章说："我在伦敦街头看到的暴力事件要比刚果看到的多很多。"[11]回国之后，她在伦敦萨沃伊酒店（Savoy Hotel）向 500 名听众做了演讲，并用幻灯片向人们展示了她在刚果拍的照片。利奥波德支付了这场活动的费用。[12]此后，国王每月向她支付 1500 英镑（相当于今天的 7500 美元）薪酬，请她帮忙游说议会议员。

在用这种方式公开反击英国批评者的同时，利奥波德还设法拉拢他们。他往往通过中间人来操作，为的是掩盖自己的踪迹。一位巴黎的律师找到刚果改革联合会董事会的一位董事，向他提出并保证，如果 CRA 能够为刚果起草一份改革方案和预算书，国王陛下会很愿意看的。莫雷尔斥责对方此举"卑鄙无耻"。[13]利奥波德在英国浸信会的朋友休·吉尔津·里德爵士也向原住民保护协会提出了类似的暗示，同样也被断然拒绝了。

不过，国王确实巧妙地报复了一个对手，即一位名叫皮埃尔·米勒（Pierre Mille）的很有影响力的法国记者。皮埃尔是莫雷尔的同盟，曾多次写文章严厉批评国王。一天，国王的一位大臣报告国王，米勒正瞒着亲友们带着一位女性在布鲁塞尔游逛，而那位女性不是他的妻子。利奥波德派人打听到了他们的下榻处，送给他们一张请柬，邀请他们参观拉肯庄园的大温室。米勒和他那位女性朋友接受了邀请。参观温室的过程中，两人异常兴奋，利奥波德以为这下把这位重要的批评者拉拢过来了。可是，没过多久，米勒照旧批评。于是，国王让驻巴黎的比利时使馆打听米勒家的地址。利奥波德命人给那个地址送去一大束花，还有一张印着王室盾形徽章的卡片，卡片上写着一行字：“献给皮埃尔·米勒夫妇，纪念他们的拉肯之行。”[14]

利奥波德的公关活动由一批精干人员组织实施。1904 年 9
月，他召集一批顶级顾问，制定方案，成立了一个新闻局。为 239
了不引起公众注意，新闻局总部设在一些无关痛痒的“掩护组织”里：位于德国的非洲利益保护委员会（Committee for the Protection of Interests in Africa）、位于比利时的比较立法局（Bureau of Comparative Legislation）、在很多国家开展工作的比利时海外利益保护联合会（Federation for the Defense of Belgian Interests Abroad）。[15]

在一两年之内，社会上出现了很多新出版的支持利奥波德的书籍。新闻局秘密资助了好几家比利时报纸和一家杂志。这家杂志位于爱丁堡，名为《新非洲——刚果自由邦真相》（*New Africa—The Truth on the Congo Free State*）。利奥波德仿照莫雷尔，找人撰写了 20 多本阐述时事或政治见解的小册子。为他负责英国宣传工作的迪米特里厄斯·C. 布尔杰（Demetrius C. Boulger）（利奥波德每月预付给他 1250 英镑的活动经费，另外还有奖金）写了一本名为《刚果邦不是一个奴隶制国家》的辩解色彩过于明显的小册子①。[16]另一本名为《关于刚果的争议：说一说刚果改革联合会义务秘书莫雷尔先生使用的那些存在争议的方法》（*A Complete Congo Controversy, illustrating the controversial methods of Mr. Morel, Hon. Sec. Congo Reform Association*）。小册子的作者是詹姆斯·哈里森（James Harrison）

---

① 除了其他说辞，他还用刚果村民生性懒惰的理由为利奥波德的残暴制度辩解：“想出一个不用压力或强迫就可以让黑人干活的法子不是人的智力所能做到的事情。”

中校，据说该作者是“具有绝对独立之思想的乡绅、户外运动爱好者、旅行者、伦敦社交和政治圈子里的知名人士”。哈里森作为刚果专家的主要原因是，他曾在刚果长途跋涉猎杀过大动物。在那次长途打猎的过程中，他发现“当地人喜气洋洋，心满意足”。[17]

然而，新闻局的主要工作都是秘密进行的。新闻局的代理人暗中给欧洲各地的编辑、记者塞钱。1907 年，伦敦《泰晤士报》和德国《科隆日报》的通讯员都从中渔利。维也纳一家重要报纸的两名编辑收到的金额相当于今天的 7 万英镑。在意大利，前文提出决斗的那位领事伊莱亚给这两家报纸塞了不少钱，通过其他渠道发表了一些歌颂文章，找人撰写了一本支持利奥波德的小册子和书，至少打点了一个立法委员。[18]《晚邮报》(*Corriere della Sera*) 不但没有接受他的贿赂，还针对此事进行了调查。[19]

新闻局将相当一部分精力投向德国——当时的德国在非洲
240 的势力相当大。这个国家让他们很是头疼，因为德皇威廉二世(Kaiser Wilhelm Ⅱ) 很讨厌利奥波德。有一次，他称利奥波德是“撒旦与财富之神①的合体”[20]。新闻局照例在德国也安排了一系列支持利奥波德的演讲，分发了一些小册子，不过，这仅仅是开始。路德维希·冯·斯托伊布（Ludwig von Steub）这位担任比利时驻慕尼黑荣誉领事的银行家在德国充当了利奥波德的“推销员”的角色。在柏林，《国家报》(*National-Zeitung*) 在 1903 年猛烈抨击“布鲁塞尔王宫里的无良商人”,[21]但冯·斯托伊布得知这家报纸面临着财务窘境，于是采取了相应措施。

① 在西方文化里，人们一般认为财富之神是邪恶或不道德的。——译者注

1905 年，该报纸的观点开始“骑墙”：“对于德国人来说，肯定不容易在涉及很多利益的问题上给出明确的看法，尤其是涉及英国橡胶商人的利益。”[22]那年晚些时候，该报纸后来专门投入一个版面的篇幅热情赞扬繁荣昌盛的刚果政府，说是一小撮外国商人和传教士散布一些“荒诞传闻”和“挑拨仇恨的不实消息”，无耻地中伤刚果政府。[23]1906 年，该报纸干脆开始刊登利奥波德颁布的法令。1907 年，该报编辑获得了国王颁发的奖章。

细心的读者会发现，另外一些德国报纸的立场也发生了类似的不可思议的转变。例如，《慕尼黑大众报》（*Münchener Allgemeine Zeitung*）曾一度坚定地反对利奥波德的统治，突然开始刊登来自“最权威人士”、“刚果人士”或“专业人士”的支持利奥波德治下刚果的新闻。这家报纸驻布鲁塞尔的通讯员没有接受贿赂，发回很多严厉批评刚果政府的报道，其中的一篇长文显然没有经过总编审查就发表在报纸上。在接下来一期报纸上，开篇处的编者按说：“对刚果情况显然更为了解的另一位权威人士与上一期看法相左，给本报发来了下面这篇报道……”[24]

贿赂的去向一般很难调查，不过因为一连串很有意思的事情，我们得以知道利奥波德德国贿赂事件的一些内幕。贿赂行为的曝光让新闻局的影响力大打折扣。1908 年，利奥波德叫停了德国的媒体贿赂方案。但是，身在慕尼黑的可怜的冯·斯托伊布没有领会其中的含义，或者不甘心立刻将这份有意思的工作停下来，还照旧支付贿金——可是后来因为无法报销而气恼不已。于是，他开始用谄媚、抱怨的信件连番轰炸布鲁塞尔的官员。而这些信件后来居然逃过了被销毁的命运，50 多年后被

人从档案中发现。在这些信件中，冯·斯托伊布向级别很高的官员一五一十地描述了他的工作。“所有殖民专家都认为，德国
241 政府（对刚果）的好感主要是由于我的多方奔走，”[25]他在写给比利时外交部部长的信中说，“在重要时刻放弃这面旗帜，将阵地拱手让给敌人，对我来说和犯罪无异……1 月 1 日和 4 月 1 日，我照例将所有该支付的款项都支付了，现希望至少能把我支出的款项报销。”[26]后来，空前绝望的他列出了他“给媒体喉舌支付的款项”，[27]解释了他为什么没有提交证明这些支出的收据：“向我布置任务时，”M. 里波茨（M. Liebrechts）（刚果国负责内陆地区的秘书长）曾告诉我，“记者和作家是不会给你打收条的，就不要张口要了。”[28]

* * *

虽然国王想方设法去压制，四面八方的批评声还是如潮水般涌来。正当刚果改革运动在英格兰进行得如火如荼之际，莫雷尔将目标锁定为美国。这个国家——莫雷尔曾告诉所有志同道合的美国人——在终结利奥波德血腥统治方面应承担特殊的责任，因为它是第一个承认刚果的国家。

1904 年 9 月，在一些曾经谴责利奥波德统治的美国赴刚果传教士的邀请下，莫雷尔横渡大西洋前往美国。在纽约上岸不久，西奥多·罗斯福总统就在白宫接待了他。接下来，莫雷尔在波士顿发表了有关人权的演讲，鼓励同盟者组建刚果改革联合会的美国分会。该分会的第一位负责人是 G. 斯坦利·霍尔（G. Stanley Hall）博士。霍尔是克拉克大学（Clark University）的校长，他被当代人所铭记的事情是后来邀请西格蒙德·弗洛伊德（Sigmund Freud）前往美国讲学。几位牧师、斯坦福大学

校长戴维·斯塔尔·乔丹（David Starr Jordan），以及布克·T.华盛顿（Booker T. Washington）、马克·吐温很快被任命为美国分会的副会长。[29]布克·华盛顿带领一个黑人浸信会代表团前往白宫，督促罗斯福总统给利奥波德施压，并游说参议院外交委员会。在莫雷尔的鼓动下，马克·吐温也开始在一些大城市的公共集会上发表有关刚果的演讲。“华盛顿博士这个人不可小觑”，[30]利奥波德在美国的一个代理人在给国王的信中说。利奥波德先许诺为布克·华盛顿提供免费前往刚果的旅行机会，没有奏效后又提供了往返比利时的全额免费旅行，但仍然没有让华盛顿不参与这件事。[31]

马克·吐温在纽约见到莫雷尔之后，为对方深深打动，三次前往首都进行游说活动。布克·华盛顿在写到马克·吐温时说：“从来没有任何事情像得知刚果自由邦残酷对待村民那样让他如此激动……”华盛顿还说：“我好几次见到他的时候，他 242
都在忙有关推进刚果自由邦改革的事情，在这方面他似乎有说不完的话。”[32]马克·吐温与罗斯福共进午餐——莫雷尔迅速刊发了这一消息——并会见了国务卿，之后写信给莫雷尔，说美国的刚果改革事业是一项“巨大的事业……（它）需要美国钢铁公司这样的企业参与”。[33]1905年，马克·吐温写了一个小册子，名为《利奥波德国王的独白》（*King Leopold's Soliloquy*）。这是一个虚构的个人长篇独白。这本书多次印刷，作者将这本书的所有版税都捐给了刚果改革联合会。[34]该独白相当一部分篇幅讲的是利奥波德的媒体公关活动。“在这20年来，为了让两个半球的媒体不大肆声张，我花费数百万，可这种泄密事件还是时有发生”，马克·吐温笔下的这位国王气急败坏地说。[35]让他恼火不已的是“无法收买的柯达相机……这是我一辈子遇到的唯一无法被收买的目击者”。[36]在马克·吐温的小册子里，利奥波德指名道姓地指责威廉·谢泼德，谴责这位黑人是“爱管闲事的传教士间谍”。[37]虽然这本小册子的文笔是非常粗线条的，根本算不上是马克·吐温的最佳作品，但这本《利奥波德国王的独白》让王室宣传机器迅速推出了一本匿名作者的长达47页的小册子，名为《回复马克·吐温》(*An Answer to Mark Twain*)。

就像在英国采用的办法一样，莫雷尔娴熟地针对不同的美国支持者群体提供了不同的信息。他的大多数支持者是像马克·吐温这样的进步知识分子，不过，为促进正义事业，他也愿意与狼共舞。他巧妙地利用了参议员约翰·泰勒·摩根，就是那位20年前促使美国承认刚果的前南方军队将领。这时，摩根仍在大力鼓吹将黑人送回非洲，让南方成为白人的天下。他希望尽快杜绝刚果的虐待事件，否则，怎么能说服美国黑人去非洲呢？他告诉莫雷尔，他希望看到1000万美国黑人被“安置”到刚果。[38]在莫雷尔的督促下，摩根不断在参议院提起刚果暴行。

随莫雷尔一同前往美国的英国浸信会资深传教士约翰·哈里斯、艾丽丝·哈里斯夫妇在49个城市举行的200多次公共集会上发表演讲。[39]在芝加哥的一次集会上，一个出身于奴隶家庭的老年妇女要将生平所有积蓄捐给刚果改革事业，而改革联合会只接受了1美元。[40]随后主张刚果改革的其他积极分子也进行了巡回演讲。约翰·哈里斯在华盛顿激动地向莫雷尔汇报说：
243 “数千封电报、请愿书、个人来信涌入……只要再来一点压力，总统……就会采取行动。”[41]

国务卿伊莱休·鲁特(Elihu Root)发现自己成了所有压力

的承担者，后来以气恼的口气回忆说：“那些强烈反对与任何国家建立‘纠缠不清的盟约’的人疯狂地要求我们一年做100件人道主义方面的事情……新教和很多善良的女性狂热地要求我们阻止刚果的暴行……人们不断对国务院施压，要求采取行动。”[42]签名请愿的人包括马萨诸塞州州长、英联邦参议院所有成员、一批耶鲁大学的教授、官员、大学校长、神学院系主任、主教、报社编辑。全国基督教女性禁酒联合会（National Women's Christian Temperance Union）通过了一项有关刚果的决议。

虽然莫雷尔在欧洲各地都不乏慷慨激昂的支持者，但刚果改革事业只在美国形成了英格兰那样的大规模正义运动。看到这场运动向一个新的大洲蔓延，利奥波德惊慌失措，急忙采取行动。1904年，当莫雷尔在波士顿的一次集会上发表演讲时，现场至少有国王的6个发言人要求获得同等的发言时间。第二年，很有影响力的马萨诸塞州参议员亨利·卡伯特·洛奇（Henry Cabot Lodge）访问巴黎时，国王立即派特使请他到布鲁塞尔共进午餐。“他一口气说出了6个日子供我挑选，我实在无法推辞”，洛奇在写给罗斯福总统的信中说。利奥波德给他留下了很深刻的印象，洛奇说他是“一个头脑精明，精力旺盛的商业奇才——兼具（铁路大亨）吉姆·希尔（Jim Hill）和哈里曼（Harriman）的特点，既是一个优秀的组织者、鼓动者，也是一个精明的投机者。他认识和了解他需要认识和了解的所有人”。[43]

基于他对“所有人”的深入了解，利奥波德将目标锁定了一个影响力更大的参议员，即罗得岛州参议员尼尔森·W.奥尔德里奇（Nelson W. Aldrich）。奥尔德里奇是一位千万富翁，也是小约翰·D.洛克菲勒（John D. Rockefeller, Jr.）的岳父

J. 皮尔庞特·摩根（J. Pierpont Morgan）的牌友，担任美国参议院财政委员会主席，对美国政府决策具有举足轻重的影响。罗斯福曾经对记者林肯·斯蒂芬斯（Lincoln Steffens）说："我只是一个总统，而他却认识很多总统。"[44]

利奥波德极力讨好奥尔德里奇和其他可以影响政府决策的美国人，答应他们将掠夺来的利润分给他们一份。他为奥尔德里奇、古根海姆基金会、伯纳德·巴鲁克（Bernard Baruch）、小约翰·D. 洛克菲勒、金融家汤姆斯·瑞安（Thomas Ryan）（瑞安是国务卿鲁特的密友兼先前的法律委托人）提供了大量
244 在刚果经营业务的土地特许权。一封寄给国王的顾问函解释了利奥波德的策略："刚果从东到西专门给美国资本开辟出一长条土地。如果必要的话，卡住现有特许权人的脖子，逼他们与美国人共享他们先前独占的那些特权。这样，就可以让美国在刚果拥有既得利益，一旦美国在刚果拥有了既得利益，英国的煽动者和比利时的社会主义者无论怎么喊叫，就都无济于事了。"[45]另外，利奥波德还向美国自然历史博物馆（American Museum of Natural History）赠送了3000多件手工艺品，因为他知道J. P. 摩根是该博物馆的董事。

在参议员奥尔德里奇这里，利奥波德的慷慨赠予起了效果。国务院经常面临刚果改革联合会的压力，刚果改革联合会要求他们任命一位美国总领事，像罗杰·凯斯门特那样赴刚果调查。为了摆脱刚果改革联合会的纠缠，国务卿鲁特提名了一位刚果改革联合会推荐的总领事人选，但当奥尔德里奇明确表示要在参议院反对这一选择的时候，鲁特就撤回了这一提名。

利奥波德还在关注美国重要的少数族裔选民群体时，扮演了一个受伤害的天主教教徒角色。他在罗马的代表成功说服了

梵蒂冈，让对方觉得这位信仰天主教的国王正在遭受一帮刁滑的新教传教士造谣中伤。一封封拉丁文电报①从罗马教廷发出，穿过大西洋，发往教皇指定的为利奥波德抛头露面的天主教人士（Catholic point-man），即巴尔的摩的枢机主教詹姆斯·吉本斯（James Cardinal Gibbons）——参议员奥尔德里奇的另一个牌友。枢机主教吉本斯认为，刚果改革运动的始作俑者只是“一小撮对现状不满的人……不满的原因主要是一些当地人口中的传闻证据”。[47]他力挺利奥波德，后者授予他一枚王冠大十字勋章。

利奥波德在美国拥有一批影响力很强的游说人。华盛顿大学（George Washington University）的艾尔弗雷德·尼林克斯（Alfred Nerincx）教授推动出版了一份有关刚果的英文杂志，并在集会上发表演讲，还大力推动某些高雅杂志发表赞扬刚果的文章。弗雷德里克·斯塔尔（Frederick Starr）是芝加哥大学（University of Chicago）一位行为古怪的人类学家，笃信“原始人”是劣等民族。他获得了利奥波德颁发的不计其数的勋章中的一枚，以及为期整整一年的完全免费的刚果游。他投桃报李， 245
在《芝加哥论坛报》（*Chicago Daily Tribune*）上发表了标题为《真实的刚果自由邦》的一系列赞扬利奥波德的文章，后来这些文章结集出版，重印多次②。[48]一家药品专利公司的法律代理人亨利·韦林顿·瓦克（Henry Wellington Wack）出版了一本很厚的书之后，这本书很快就出现在数千座美国图书馆中。布鲁塞尔给瓦克的指示是：“不要让人看出来你在给自由邦做事，

① “她很清楚，罗马教皇最终会弄清楚所有事情，以及被人们批评的那些事情。他们指使一些传教士、英国新教徒反对比利时政府……”[46]

② 例如，这是斯塔尔关于 chicotte 的说法：“很多次……我看到一个刚被抽打过的人，他若无其事地笑着和同伴一起玩闹。”

要让人觉得你只是一个中立的时事评论人。”[49]

不过，利奥波德的另一个美国代理人并不那么可靠。在游说美国政要的过程中，这位国王犯了一个罕见的灾难性的错误。

* * *

1904 年，任何被告上法院的富有的加利福尼亚人都很可能找旧金山的亨利·I. 科瓦尔斯基（Henry I. Kowalsky）上校做他们的辩护律师。科瓦尔斯基是一个典型的美国人：自信、外向、爱炫耀。作为一名出庭律师，他经常打法律的擦边球。他滔滔不绝、高谈阔论的口才让他认识了不少名人，一些人还成为他的朋友。据说，因为嗜好佳肴美酒，善讲故事，挥金如土，他的酒店账单费用之高是出了名的。这个极爱交际的科瓦尔斯基不同凡响的个性和法庭辩护能力给他带来了大量客户：有的是拳击手和黑道人物，有的是某些已过世的有钱人不为人知的亲戚。如果让他知道一个可以质疑的遗嘱，他就有办法找到死者先前不为人知的亲属，或者曾经和他长期同居形成事实婚姻的妻子，然后狠赚一笔律师费。和那个时代的很多上校一样，科瓦尔斯基从未在军队里待过一天，但他让欧洲人觉得他是货真价实的上校。

不同凡响的不仅仅是科瓦尔斯基的性格，他还是一个有名的业余厨师，他吃掉了大量自己和其他人做出的美食。“要是和他比，”一位记者后来评论入主白宫的身体发福的威廉·霍华德·塔夫脱（William Howard Taft）说，“塔夫脱总统就是叠罗汉杂技里站在最上面的那个人①。”[50]科瓦尔斯基脖子上的赘肉总

① 往往是杂技团里个头最小、体重最轻的演员。——译者注

是如瀑布般垂在衣领上，说话时声音中经常带着嘶嘶的呼吸声。在某年的圣诞节，当一家旧金山报纸询问一些当地名流他们最喜欢的圣诞节大餐的做法时，科瓦尔斯基风趣地说了一个“烤颚骨”。

他还患有突发性睡眠症，这种病会让他突然进入短暂的睡眠状态。一位记者评论说：“长期生活在旧金山的人很少有人没有看到过科瓦尔斯基在大街上、酒店大厅的椅子上、法庭上、
剧院包厢里呼呼大睡的情景。”[51]实际上，他对这种疾病的控制 246
能力比他承认的要强。一位报道一个案件庭审过程的记者注意到：“他不早不晚，经常在庭审的关键时刻及时醒来，打断对方的提问，针锋相对地提出专业的反对意见。”

“这种不早不晚突然醒来的行为，”那篇报道说，“严重损坏了格雷厄姆法官（Judge Graham）法庭的椅子。当一个重达300 磅（保守地说）的人猛然惊醒时，再结实的椅子也会受不了……几次之后，就会出现一声不祥的嘎吱声，紧接着就是椅子开裂和散架的声音。法警麦吉尼迪（McGenity）喃喃地说：‘又坐坏一个。’那位上校不理会那个散架的椅子，又拉过来一把结实的椅子。”[52]在那场审判结束之际，科瓦尔斯基戏剧性地赠送给法庭一把他特别定做的椅子——椅子用坚硬的橡木做成，用铁螺栓固定在一起，椅子腿用铁支架加固。

科瓦尔斯基在一场火药味很重的官司中与有名的枪战能手怀亚特·厄普（Wyatt Earp）狭路相逢。性子暴烈的厄普说要一枪打死科瓦尔斯基。两人在旧金山的一家酒吧扭打在一起。厄普将科瓦尔斯基推进一间里屋后，拔出左轮手枪，告诉那位律师准备去见上帝吧。科瓦尔斯基满脸赘肉的脑袋突然耷拉在胸前，打起瞌睡来。厄普大步走了出去，边走边说：“你正要打

死他，他居然睡着了，对于这样的人，你有什么办法！”[53]

科瓦尔斯基能准确看出找到高利润客户的路径。当比利时王位名正言顺的继承人艾伯特亲王前往加利福尼亚时，他就看到了一个这样的路径。虽然艾伯特当时隐瞒了身份，但科瓦尔斯基还是认出了他，并对他处处照顾。1904 年，艾伯特投桃报李邀请他访问比利时。在比利时，他受邀登上了停泊在奥斯坦德的王室游艇，并被引荐给了利奥波德。

见到科瓦尔斯基之后，国王得知这个美国人是共和党中的积极分子，后来还活跃于美国政要中间，他将自己标榜为一个非凡的游说大师，能够让那些想给国王陛下找麻烦的讨厌的改革者知难而退。当时莫雷尔正在大力发动美国公众，时间紧迫，因此国王委托科瓦尔斯基，向他面授机宜，提供了大笔资金，让他在华尔街租一间豪华的办公室。当科瓦尔斯基准备搬到纽约之际，他那些旧金山的朋友——法官、商人、一位海军上将、几个巴不得他离开这座城市的律师——为他举办了一场告别宴
247 会，这场宴会无疑给他已经吓人的身躯又增加了几磅。“我不想一字不改地念出给我准备的祝酒词，”旧金山市市长说，“和我们要送别的客人一样，这个‘体量’太大了。”[54]另一个人发言说，幸好利奥波德没有把科瓦尔斯基直接派到刚果去，不然“非洲的食人族就能尝到一点珍馐美味了”。[55]

科瓦尔斯基回应大家的祝酒词说：“我离开大家，只是因为我听到了人道和文明向我发出的召唤。”[56]这份召唤还包括每年 10 万英镑的活动经费（相当于今天的 50 万美元）。就任新职位之后，科瓦尔斯基受到了罗斯福总统的接见。他送给罗斯福一幅镶着银框的利奥波德的照片，一个有关刚果的相簿，还有一份建议书，建议后者不要被那些心怀嫉妒的传教士和利物浦商

人蒙蔽。

有一个人对这一切感到十分惊诧。他就是比利时驻美国公使卢多维克·蒙彻尔（Ludovic Moncheur）。他之前曾写过一篇热情赞扬刚果的文章《刚果自由邦现状》（*Conditions in the Congo Free State*），发表在很有影响力的《北美评论》（*North American Review*）杂志上。他一直认为自己是利奥波德的美国公关活动的领导者。科瓦尔斯基的突然出现让他吃惊不小，因为从这人的神态来看，他明显就是一个恶棍律师。就在旧金山的科瓦尔斯基欢送宴会上，蒙彻尔惊讶地得知，这位律师曾经当庭与债主进行过一场拳斗。于是，蒙彻尔和他的助手给布鲁塞尔发了一连串十万火急的电报。

在比利时王宫里，没有人敢公开反对国王新近看好的人，不过蒙彻尔最后确实收到了来自刚果事务部门高级主管的一封密码电报：“我了解了你提供的有关科瓦尔斯基的信息。你认为目前的形势允许我们撤销他的使命吗？——我们是进退两难。让他去非洲或中国做事是不是会好一些？”[57]

“派他去刚果与其说没有用，不如说更糟，”蒙彻尔的一个助手回复说，“除非能指望他去了之后不再回来。”[58]后来，蒙彻尔有关科瓦尔斯基的警告一语成谶：“如果他认为某件丢人的事情是我引起的，就会不依不饶，弄出丑闻来。”[59]

刚果政府官员小心翼翼地邀请科瓦尔斯基前往布鲁塞尔。等他到了布鲁塞尔之后，他们要求他前往尼日利亚，执行一项紧急任务。一开始，科瓦尔斯基表现出了极大的兴趣，他甚至给自己买了一顶遮阳帽和一支猎杀大象的枪，但他后来婉拒了这个差事，可能猜出来他们此举是要将他边缘化。因为他知道得太多，利奥波德身边那些忧心忡忡的助手不敢解除聘用协议， 248

只好又做了一番有关如何游说美国要人的指示之后，将他派回美国。这些指示掩饰不住他们内心的不放心："科瓦尔斯基上校的使命是让参议员和众议员相信我们的事业是正义的，阻止不利于我们的决议。"但是，"除非绝对必要，不得造访白宫……在得到比利时公使的建议之前，不得在公共场合发表讲话"。[60]

现在，科瓦尔斯基被排斥到核心圈子之外了。被利奥波德聘用一年之后，国王终止了聘用协议。虽然这位律师不断写信轰炸（所有信件开篇都是"亲爱的陛下……"），大谈他为刚果事业做的工作，谴责利奥波德委托的其他美国游说人（他说其中第一个人是"毫无个性、百无一用、忘恩负义的小人"，而且还经常捣乱[61]），为自己索要天价报酬。"这可是一项艰巨的任务，我夜以继日地忙碌……为了这件事，我四处考察，奔波几千英里。"他一再谄媚奉承，希望国王续约："我承认，我对您已经产生了跟我挚爱的已故父亲一样的感情。"利奥波德给科瓦尔斯基的活动经费增加了一个可观的数目——12.5 万法郎，条件是他安静地离开，同时，利奥波德还暗示，将来可能还需要他帮忙。[62]

然而，即使这样，这位被一脚踢开的科瓦尔斯基还是做了蒙彻尔及其比利时大使馆的同事最担心的事情。1906 年 12 月 10 日，威廉·伦道夫·赫斯特（William Randolph Hearst）旗下《纽约美国人》（*New York American*）的读者翻开报纸，就会在头版赫然看到曝光的美国人受雇就刚果问题游说美国政界要人的内幕。这篇文章的标题是《利奥波德国王试图影响我国国会行为曝光……比利时利奥波德国王和他与华盛顿代理人之间的协议全文》。虽然科瓦尔斯基一再气愤地坚持说，有人打劫了他的办公室，但是，很显然，他将比利时与他有关刚果的所有来往信件都卖给了赫斯特。

连续一个星期，赫斯特长篇累牍地报道这件事，将其中的新闻价值挖掘到极致。《纽约美国人》在版面的显著位置刊发了数万字的内容和几十幅照片。对于利奥波德来说，再没有比这更严重的灾难了，因为，为了配合这一独家新闻突出展现国王的罪恶行径，《纽约美国人》还翻印了莫雷尔的那些被砍下的右手的照片，不遗余力地宣传刚果改革联合会提出的所有暴行指控：“无耻的暴行……拷打妇女和儿童……”[63]“美国对刚 249
果暴行表示惊讶”。[64]

除了科瓦尔斯基的薪水和封口费，这些文章还披露，利奥波德承诺，“如果美国政府不发表任何不利于刚果的声明，并且，如果国会在下一次会议结束之前不通过不利于刚果的决议”，[65]这位国王将再支付价值 10 万法郎的刚果债券。科瓦尔斯基在写给国王的一封信上大言不惭地说，他向一名他没有提及名字的记者贿赂了 1000 美元，这位记者是“总统的好朋友”，通过这位记者的帮忙，“我们得以成千上万次地宣传我们的事业”。科瓦尔斯基还吹嘘说，他还成功阻止了《芒西杂志》(*Munsey's Magazine*) 的一篇曝光文章，他的办法是去找“那位编辑，他是我的好朋友，他销毁了那篇文章，以一篇对国王陛下非常有利的文章代之”。[66]

所有揭露文章中，最吸引读者的猛料是，科瓦尔斯基曾经用利奥波德提供的钱贿赂汤姆斯 · G. 加勒特 (Thomas G. Garrett) ——参议院外交委员会成员，让他阻挠有关刚果抗议决议的通过。科瓦尔斯基在信中大言不惭地对国王说，加勒特一直“站在委员会办公室门口，将那些难缠的，不停吼叫的传教士、牧师、宗教狂热分子，以及利物浦那家联合会的几个代理人挡在门外。我一直坚守岗位，直到国会会议结束，我才松了一口气”。[67]《纽约美国人》在头版刊出了一幅照片：在美国参议院专用信纸上，一封加勒特写给科瓦尔斯基的手写信，要求对方支付承诺的部分款项。

加勒特立刻被解职了。这件事情见报几个小时之后，马萨诸塞州（该州是美国刚果改革联合会总部所在地）参议员洛奇提出了一项呼吁国际社会对刚果丑闻进行调查的决议。虽然蒙彻尔娴熟的游说能力和参议员奥尔德里奇的暗中活动大大弱化了这份决议，让它最终没有被通过，但是这一事件极大地改变了华盛顿的政治气候。国务卿鲁特改变立场，开始对利奥波德施压，要求他结束对刚果的统治。科瓦尔斯基事件的曝光——莫雷尔欣喜不已，立刻转载新闻，不但在英格兰转载新闻，还通过法语小册子向比利时读者宣传——对利奥波德构成了重大挫折。形势开始对国王不利起来。

* * *

250 大约就在解聘科瓦尔斯基的同时，利奥波德开始在一条完全不同的战线上展开行动。他想起先前那个做幌子的原住民保护调查委员会一下子让批评者无话可说，他决定再组建一个委员会。新建的调查委员会将前往刚果，进行实地调查，洗清自己的污名。

他给这一新组建的调查委员会任命了三位法官：第一位是比利时人，第二位是瑞士人，第三位是意大利人。[68]然而，这个调查委员会并非表面上的那么中立。意大利法官贾科莫·尼斯科（Giacomo Nisco）男爵并不在意大利当法官，而是在刚果担任首席法官。他在审理臭名昭著的查尔斯·考顿案件的过程中，减少了罪犯的刑期，理由是一定数量的“武力”和“恐怖行为”是难免的。另外，这三个法官中，没有一个人懂非洲语言，甚至他们的英语也没有好到可以和强烈批评刚果政府的英美传教士直接交流的程度。该调查委员会需要审讯嫌疑人，听证人陈述，最后提交一份调查报告。国王坚信，在前往刚果的漫长路途中，那位上了年纪的非洲通尼斯科男爵会“开导”两位同事，让他们认识到非洲村民需要严加管束。

调查委员会花费好几个月，先后共听取了 370 个人宣誓作证。该调查委员会走到哪里就在哪里开庭，不管是在橡胶收集站的门廊下，还是在“大伯爵夫人斯蒂芬妮号”蒸汽船（以利奥波德不再理会的一个女儿的名字命名）的甲板上。每次开庭，阵势都不小：法官身穿猩红色或黑色法官袍，旁边有翻译、记录员、身背上了刺刀的步枪的卫兵。一个接一个人的证人提供了骇人听闻的证言。让人印象最为深刻的是博利马村（Bolima）首领伦土鲁（Lontulu）。他被 chicotte 毒打之后，被押为人质，后来被迫戴着铁链干活。轮到他作证时，他将 110 根小嫩枝放在调查委员会的审判桌上。每根小嫩枝代表一个因为寻找橡胶而被杀死的本村村民。他将这些嫩枝分为四堆：部落贵族、成年男性、成年女性、孩子。他一根一根地说出了嫩枝代表的死者的名字。

有关这些证言的消息很快传到了布鲁塞尔，但利奥波德并没有意识到这些证言会对调查委员会产生什么样的影响。后来，1905 年 3 月，从刚果首都博马意外传来了不祥信号，情况可能不妙。有人向刚果的代理总督保罗·科斯特曼斯（Paul Costermans）——对于那种体制中身处高位的人来说，他就算是一个正直的人了——透露了调查委员会发现的情况。让身边助手惊慌不已的是，科斯特曼斯突然陷入了极度抑郁。大约两个星期之后，科斯特曼斯写了一些告别信，用剃须刀割断了自己的喉管。

251 对于利奥波德来说，另一个不祥征兆是这个消息：三个法官中的一位法官，在听取一连串证人讲述受虐经历时，情绪失控哭泣起来。[69]现在，国王清楚地看到，这一调查起到了相反的效果：让他惊慌的是，原本是一个做样子的调查现在弄得没法收拾，成为一场真正的调查。手里没有官方版本的证人证词，莫雷尔迅速将他那些传教士朋友和非洲教民提供给调查委员会的信息编辑成小册子出版，并给每位比利时议员寄送了一份。

回到欧洲，调查委员会成员经过深入交流之后，写出了一份 150 页的报告。虽然报告中使用了平淡的官僚语言，利奥波德还是明显看出，它几乎重复了凯斯门特和莫雷尔每一项严厉的指责。他怒不可遏。1905 年秋，他再也无法继续推迟发表全欧洲人都在翘首等待的那份调查报告了。各国政要和记者纷纷猜测那份报告里写了些什么。然而，利奥波德还有一个办法，也许是他从政以来最令人眼花缭乱的表演伎俩。

这位国王具有现代公关意识，深谙这一点：对于一个政治事件来说，最重要的不是这件事的实质，而是公众如何看待这件事。如果你能左右人们对这件事的认知，你就能左右这件事。他还清楚地知道，记者在赶稿件时害怕去细读冗长的官方文件——如果这份材料是用外文写的，情况更是如此。1905 年 11 月 3 日，就在预定公布调查委员会调查报告的前一天，英格兰的各大报社收到了一份文件。随文件一同寄出的附信中说，这份文件“全面而真实地概括了那份报告”。[70]寄出这份及时而宝贵的摘要的机构是“西部非洲教友协会”（West African

Missionary Association)。这名称听上去很可靠。毕竟，传教士是一直在批评刚果政府的群体之一。最省事的是，这份摘要是英文的。[71]

人们喜出望外，几乎所有英国报纸都刊登了这份摘要，以为自己能够抢先一天公布那个星期的重大新闻。美联社（The Associated Press）记者将这份摘要发到美国，美国各大报纸也纷纷转载。在接下来的几天里，当报社记者和编辑通读了那份法文写成的报告之后，他们才意识到，先前的所谓摘要和这份报告大相径庭。摘要一再隐去了报告中的重要内容，并把这些 252
内容改得面目全非。例如，调查报告说：“我们讨论了脚夫劳动的灾难性后果，并发现某些重要橡胶收集站周围地区的过度劳役确实起到了减少乡村人口的作用。”而摘要说：“在等待铁路修筑期间，为了避免（脚夫劳动的）不良后果，调查委员会建议使用水运。”

后来，记者们开始追问，那个“西部非洲教友协会”是一个什么样的机构?[72]他们循着线索找到了伦敦一个律师的办公室，但是那位律师拒绝透露客户的地址。一两天之后，他的态度有所缓和，他指给人们街道对面的一个一间屋子的办公室。那间办公室门上挂着刚漆好的协会标牌。办公室里只有一个看门人。那位律师找出那个协会的董事会成员名单，但其中记者能够联系到的几位董事从未出席过一次该协会的会议。进一步的调查表明，那份“摘要”是由一个比利时牧师带到英格兰的，而那位牧师供职的教堂最近得到了利奥波德的一大笔捐款。在发布那份有影响的摘要之前，没有人听说那个西部非洲教友协会，之后同样再也没有人听说。

17　法庭上没有亲疏之分

253 提交给调查委员会的那些原始的、未经任何改动的证词，让国王利奥波德二世的残暴统治最终大白于天下。他不能再辩解说这些信息是他的冤家对头收集的，因为这些调查人员是他自己委派的。他也不能说那些材料是捏造的，因为有时候，多个证人陈述的是同一件暴行。他也不能说这些证人都是懒惰的不满分子，因为他们中的很多人去见调查人员本身就要冒生命危险。A. B. I. R. 公司的主管拉乌尔・范・卡尔肯（Raoul Van Calcken）发现村民利隆格（Lilongo）、伊弗米（Ifomi）要去找调查委员会，就命人把他们抓起来。“他让哨兵将我们绑在两棵树上，背对树干，双脚离地，”利隆格告诉一个英国传教士，“我们双臂向上伸得笔直……看看我浑身的伤疤。就这样我们被吊了几天几夜……一直没吃没喝。有时候下着大雨，有时候太阳当头……我们不停地哭，直到眼泪流干——那就是死亡的疼痛感。我们被吊着的时候，三个哨兵和那个白人用大棍子抽打我们的裆部、脖子和其他部位，直到把我们打晕过去。”[1]伊弗米死了，范・卡尔肯命人把尸体扔到河里。利隆格幸存下来，到调查委员会那里作证后被他弟弟抬回家去了。

利隆格和其他证人提供的证词被记录在表格里，表格的顶端是该调查委员会的全称（“奉比利时国王暨刚果君主之令，
254 于 1904 年 7 月 23 日成立之调查委员会”），以及三位委员的姓名和头衔。接下来是填写记录员、证人（证人需要宣誓一切据

实陈述，毫无欺瞒）、翻译姓名的空格。下面就是证人陈述的内容。

来自姆邦戈（M'Bongo）的证人扬戈·坤达（Ilange Kunda）说："我认识马鲁·马鲁［非洲语谐音'快点，快点'的意思，公安军中尉查尔斯·马萨德（Charles Massard）的非洲名字］。他很残忍，逼我们给他找橡胶。一天，我亲眼看到他杀了一个名叫邦奇扬瓦（Bongiyanwa）的村民，就因为交上去的50篮橡胶里，有一个篮子装得不够满。马鲁·马鲁命令士兵楚帕（Tshumpa）抓住（邦奇扬瓦），把他绑在一棵橡树上。用了三条绳索，一条绑在膝盖处，第二条绑在肚子处，第三条深深地勒进他的胳膊。马鲁·马鲁腰带上系着子弹袋。他拿过来复枪，站在约20米处开了枪，一枪打死了邦奇扬瓦……我看见了伤口。那个不幸的人惨叫一声，就倒地死了。"[2]

来自波克特（Bokote）的证人穆普提拉（M'Putila）说："看，我的右臂被砍掉了……在我很小的时候，那些士兵跟我们村子打仗，因为橡胶……我在逃跑的时候，一颗子弹擦伤了我的脖子，留下的伤疤你们现在也能看到。我摔倒在地上，假装已经死了。一个当兵的走过来，用刀子割下我的右手后，带着它走了。我看到他那里有很多割下来的右手……那一天，我的父母也被害了。我知道，他们的右手也肯定被割走了。"[3]

证人伊库库（Ekuku）是博伊艾卡（Boiéka）的大首领："我和荣基（Jungi）很熟。他是两个月前被鞭子打死的。我亲眼看着他挨打，看着他被打死。距离那个白人的门廊有大约三四米远，就是我给你们指的那个地方，在那两个仙人掌之间。他们让他伸开四肢趴在地上。白人埃科托伦格·莫勒（Ekotolongo Molle）摁住他的头，尼科伊·阿布莱（Nkoi Ablay）站在他的两脚旁边，用藤条打他。打断了三根藤条。最后，尼科伊踢了荣基好几脚，让他站起来。看到他一动不动，伊科特（Ekate）对那个白人说：‘这个人死了。你打死了他……’那个白人说：‘我才不在乎呢。法官跟我都是白人。’……第二天，荣基被埋了……荣基虽然上了岁数，但身体一直不错。”[4]

来自马姆珀肯的证人明格（Mingo）说：“我在马姆珀肯帮人做砖时，有两次，哨兵奴库苏·罗姆伯托（Nkusu Lomboto）
255 和伊托克瓦（Itokwa）为了惩罚我，把我的裙子撩起来，把黏土塞进我的阴道里，我疼得厉害。白人利克瓦玛［Likwama，一个名叫亨利·斯佩里尔（Henri Spelier）的公司代理人］看到我阴道里有黏土，只说了一句‘要是给我干活时死了，他们会把你扔进河里’。”[5]

这种陈述一篇接着一篇，讲述了一个又一个悲惨的经历，共有数百个。现在，全世界终于可以听到来自刚果的东西——刚果人直接发出的声音。在整个欧洲瓜分非洲期间，再很少有人像这样收集第一手的有关刚果暴行的证词。任何阅读这些材料的人都会产生毛骨悚然的感觉。

然而，没有人阅读这些材料。

虽然这份调查报告做出了批评性的结论，但报告没有直接引述非洲证人的任何一句话。调查委员会的这份报告表述得很笼统。受害人的经历也没有单独刊出，没有人获准阅读这些证词。这些材料被存放在布鲁塞尔国家档案馆的非开放区域里。直到 20 世纪 80 年代，公众才可以随意阅读和复印这些证词。

* * *

在运用手腕左右这一调查报告的发布时，利奥波德已经 70

岁了。在年龄增长的同时，他好像总是停不下来。他尽可能地不待在布鲁塞尔，即使待在布鲁塞尔时，他也表现出对比利时东西的厌恶——他吃的肉都要从巴黎买来。他喜欢待在国外。他在法国给卡罗琳买了一个庄园，经常和她待在那个庄园里。他喜欢去巴黎。他曾经请所有法国内阁成员去巴黎吃饭。每年冬天，他都要登上私人火车车厢，坐在饰有黄金浮雕的绿色皮椅上前往法国南部的里维埃拉。当被大雪围困的比利时人郁闷不已，信使频繁出入布鲁塞尔之际，他一连好几个月生活和工作在时髦的、长长的、可以用蒸汽或船帆做动力的“埃博塔号”游艇上。

在里维埃拉度过的那些冬季里，利奥波德安排卡罗琳住在海边一个叫雪松别墅（Villa des Cèdres）的豪华宅邸里。“每天晚上，”她写道，“一艘蒸汽船会将国王送到……一个通过地下通道与我的别墅相连的码头上。说到这里，我忍不住说，国王出奇地喜欢所有……具备神秘特点的东西。任何人都可以把房子卖给他，只要这房子的一侧有一个废弃的采石场或者房子里有一个不容易发现的楼梯。”[6]

即使他让自己勉强待在他那狭小逼仄的国家里，利奥波德也不停穿梭于拉肯城堡、奥斯坦德海滩的王室度假小屋和另外
两个庄园之间。一批批的工匠常年在修葺这些建筑，增建新的 256
房屋、附属建筑、门面。在拉肯，工匠们安装了一个具有意大利文艺复兴风格的升降机和一个向公众开放的耗费百万法郎的“中国亭式建筑”（奇怪的是，里面有一个法国餐馆）。这是他打算模仿世界各地建筑风格而建造的一系列建筑中的第一个建筑。除了他住的房子，利奥波德在建筑工程上没完没了的瞎折腾还延伸到目之所及的其他建筑。例如，“为了给奥斯坦德的中

心位置统一装饰上漂亮的外立面”,[7]他向一个邻居提出，给对方25000法郎，要给对方的房子装饰上利奥波德喜欢的设计师——法国的查尔斯·吉罗（Charles Girault）设计的外立面。那位邻居婉拒之后，房子被没收了。

国王经常去巴黎去拜访吉罗。他坐在那位建筑设计师工作室的桌子旁边，认真地翻看一摞摞的设计图。他还喜欢去施工现场。1908年的一天，他对贴身秘书吩咐道：“让工程建设部部长星期三9:00来一趟王宫。我要和他去吉利斯公园（Gilles Park），必须9:30到那儿。然后，11:00要到达50周年纪念拱门（Cinquantenaire）。大约12:30，在王宫吃完午餐，2:00要到达拉肯庄园。走上格林大街（Green Avenue）对面的运河桥。3:00要去参观范·普雷特大街（Van Praet Avenue）和日本塔（Japanese Tower）。4:00，我们要到梅西路（Meysse road）和海西路（Heysel road）。”[8]当他要求工匠在布鲁塞尔王宫附近建造某个建筑时，他命人用木材在王宫里搭建了一个高台，从那里，他可以看到工程的进展情况。

对于来访者，这位君主会拐弯抹角，想方设法夸大自己的实力。法国外交部部长泰奥菲勒·德尔卡塞（Théophile Delcassé）发现利奥波德“唯一的缺点是，他掩饰不住自己的‘聪明’：人们提心吊胆，担心中了他的招”。[9]南非钻石大王塞西尔·罗兹（Cecil Rhodes）——在非洲的势力和影响可以与利奥波德相提并论的另一个白人——曾经开玩笑说，他婉拒了请他到王宫赴宴的邀请，因为“跟利奥波德吃一顿饭，一个省就没了”。[10]

在拉肯，仆人们经常看到身躯高大，留着大胡子，长着大鼻子，谢了顶的国王，身穿一身陆军中将军装，拄着拐杖，在温室里的棕榈树和其他热带植物之间，或在拉肯大公园的小路上一走就是几个钟头。现在的他比以前更加古怪。有时候，他蹬着一辆他称之为“坐骑”（mon animal）的大三轮车去和卡罗
琳约会。他依旧害怕细菌，坚信每天喝大量热水对身体有好处， 257
于是，仆人手里随时准备着一个装着热水的玻璃瓶。宫廷礼仪还是一如既往地一丝不苟。即使是平时，利奥波德讲话也是那样节奏缓慢、字斟句酌，正如约瑟夫·康拉德和福特·马多克斯·福特在那本几乎不怎么掩饰主人公原型的小说《继承人》（*The Inheritors*）中所说的：“不管什么场合，他说话都像是在回答别人向他敬酒时说的健康祝词。”[11]利奥波德还开始用第三人称来指代自己：“给他拿点热水来！”“把他的医生叫来！”“把拐杖拿给他！”[12]

说到命令，他真正想下达的命令是：“不许夺走他的刚果！”因为莫雷尔掀起的抗议运动和他自己委派的调查委员会提交的调查报告，四面八方的压力越来越大，人们一致要求他交出他认为属于他私产的那个国家。让利奥波德交出对刚果的控制权之后，刚果由谁来管理？人们只认真考虑过一个方案：让刚果成为比利时的殖民地。即使是莫雷尔，也苦于找不到政治上可行的其他方案，只得勉强支持所谓的“比利时方案”。如果这一方案落实后，再辅以正确的改革——莫雷尔坚持呼吁这样做——他相信，生活在接受公众监督，有法律法规约束的比利时殖民地，而不是事事保密的王室庄园里，刚果人的权利可以得到更好的保障。当时呼吁刚果改革的人们很少有人想到除了“比利时方案”之外的其他方案。这一事实在今天的我们看来，会觉得很奇怪，但不要忘记，在那个世纪的第一个 10 年里，除了在刚果雨林深处被围剿的个别反叛者之外，几乎没有

人想到非洲独立和自治。1890 年，乔治・华盛顿・威廉姆斯就曾经呼吁刚果的治理体制应该是“本土的而不是欧洲的，国际的而不是民族的”。[13]然而，直到 30 年之后，欧洲、非洲或美洲那些反对殖民主义最为坚决的知识分子才提出类似口号。[14]

对于利奥波德来说，科瓦尔斯基丑闻在国际上产生的恶劣影响是一个转折点：[15]他原想在临终时故作慷慨地将刚果遗赠给比利时，现在看来得提前移交了。他运用自己从困境中渔利的高超技巧，开始四处活动。他决定，如果那些所谓社会改革人士强迫他放弃这块他钟爱的殖民地，他绝不会白白交给对方。他可以卖给对方。比利时作为买方，必须出一个很高的价钱。

很奇怪，利奥波德让那些比利时政府官员拿他没有办法。刚果改革运动的呼声已经高涨到让比利时的国际声誉岌岌可危
258 的地步。英国民众中蕴藏的义愤可以在政府之外独立发挥力量：例如，在这个时候，一些英国人道主义者呼吁抵制葡萄牙产品，因为葡萄牙也在非洲使用强制劳动。另外，如果比利时不尽快接管刚果，一些其他强国就会接管：法国和德国早就垂涎国王巨大的橡胶利润，一直在盯着刚果的某些地区。罗斯福总统就曾暗示，他有意和英国召集一个讨论刚果命运的国际会议。英美两国驻比利时公使三次一同会晤比利时外交大臣，催促比利时强行接管刚果。[16]然而，和利奥波德的权力在国内受到严格限制一样，比利时政府虽然忧心忡忡，但它没有权力要求作为刚果统治者的利奥波德交出刚果。最后一点，国王手里握着关键牌，他自己清楚地知道这一点。

那么，他能让政府为这块殖民地出多少钱呢？谈判从 1906 年年末开始，但很快陷入了困境，因为政府看不到刚果国一直秘而不宣的财务数字。如果你要购买一个企业，你肯定想要看

看它的资产负债表。这时候，利奥波德在温暖的费拉角过冬，政府打发外交部秘书长利昂·范·德尔·埃尔斯特（Léon van der Elst）男爵去见他。国王在游艇上接待了男爵，热情招待他住了好几天，并带他参观了自己众多海边别墅的花园。可是，当男爵开口提到财务数据时，利奥波德回答说，刚果国“除了其创建者之外，对其他人没有任何义务……任何人都无权索要相关的财务账目”。[17]等到后来稽核员看到一些财务数字时，终于真相大白：利奥波德当初之所以那么固执，其中的一个原因是，比利时政府当初借给他的2500万法郎，再加上几年后他再次借的将近700万法郎，全都不知去向。安特卫普的一家报纸暗示，那些钱花在了卡罗琳身上。面对追问，国王不住地怨这个怨那个；再继续追问，他就索性岔开了话题。

谈判在1907年持续了一年，1908年年初继续进行。对那些坚持找他谈判的官员，利奥波德使性子，发脾气，指责他们和想要从他手里夺走刚果的那些人是一伙的。[18]和他的和颜悦色一样，他的恼怒发火也是经过精心盘算的。在给自己争取到的这段时间里，他一面悄悄运筹帷幄，尽一切可能隐瞒他那些从刚果获得的、令人眼花缭乱的各项财富，另一面对外宣称自己根本没有那些财产。“我是刚果的统治者，但是这个国家经济的 259
繁荣对我个人的财富没有一点影响，就像是美国的繁荣并不会增加罗斯福总统的资财一样，”他对一个美国记者说，“我没有给刚果企业投资一分钱；作为刚果的管理者，我没有任何薪水。”[19]

最后，国王暗示，他准备让步了。他提出了一个价格。后来，他让了一些，但没让多少。1908年3月，双方达成交易。为了得到刚果，比利时政府先是同意承担1100万法郎的债务，这些债务的相当一部分是债券，多年来被利奥波德慷慨地送给像卡罗琳那样他宠爱的人。他通过手腕让比利时政府承担的一些债务其实是利奥波德欠比利时政府的债——他之前一直没有归还的将近3200万法郎的借款。

作为交易的一部分，比利时政府还同意支付455万法郎，完成国王钟爱的某些建筑项目的收尾工作。这笔钱中足有三分之一用于当时正在拉肯进行的一些大型改造项目上。拉肯别墅当时已经是欧洲最为豪华的王室宅邸了。在改造工程最紧张的时候，工地上有700个石匠、150匹马、7台蒸汽起重机在忙碌，为的是按照利奥波德的宏伟蓝图建造一个世界会议中心。

最后，除此之外，利奥波德还要以分期付款的形式，获得5000万法郎，用以“对他在刚果上的巨大牺牲表示感谢”。[20]这笔资金不由比利时纳税人来承担，而是从刚果出。

* * *

1908年11月，博马庄严的交接仪式标志着刚果所有权的正式变更，一系列不同寻常的、令人紧张的事件正在偏远的内陆展开。这件事开始于利奥波德统治时期，一直延续到比利时接管这块殖民地之后，它让呼吁改革的人们意识到，管理制度的改变并不像他们之前想象的那样理想。这一事件的中心人物是美国黑人传教士威廉·谢泼德。

谢泼德那篇发表于10年前，讲述发现有人用火熏烤84只右手一事的文章成为被引用最多的刚果暴力书面证据之一。“他亲眼看见的事情，”一个学者写道，“被几乎所有呼吁刚果改革的人所引述，不管是黑人，还是白人。”[21]这些年来，谢泼德结识了一个坚定的同盟者——威廉·莫里森（William

Morrison)。[22]莫里森是一位白人牧师，从 1897 年开始，他一直
在南方长老会的布道所工作。莫里森是一位殖民政权的无畏反 260
对者，同时，他也是莫雷尔的朋友，是积极呼吁美、英、斯堪的纳维亚地区所有教友起来抗议的领导者。他曾给博马的政府官员写了一大堆抗议信，发表了一封致利奥波德的公开信，并在途经伦敦时发表了一次很有影响力的演讲。在美国，他率领一些长老会成员就刚果问题面见总统西奥多·罗斯福。因此，刚果政权像仇恨谢泼德一样仇恨莫里森。

在所有身在刚果的美国传教士里，谢泼德、莫里森是最敢说话的人。他们的抗议活动早已让利奥波德恼火不已。他命人将他们两人发表在传教士杂志上的敌对文章找出来。利奥波德及其助手当年仔细看过的一些杂志幸存了下来。我们可以看到，王宫里的助手在杂志里密密麻麻地做了大量标记。利奥波德拿他的真正对手莫雷尔没办法，因为后者在英格兰，但他频繁地恫吓那些给莫雷尔提供资料的人：1906 年，他颁布命令，要求对造谣诽谤刚果官员的人进行罚款或判处 5 年刑期。一位向莫雷尔提供情报的英国浸信会传教士很快被告上法庭。法庭宣告罪名成立，他被判处罚款 1000 法郎，并承担诉讼费用。不像谢泼德、莫里森那样坚定，他选择离开了那个国家。[23]这些数量很少的美国长老会传教士看到，现在将刚果的情况讲出去风险很大，不管是在非洲还是在其他地方，有关当局都在盯着他们。他们不知道的是，比利时驻华盛顿公使蒙彻尔就在弗吉尼亚，他倾听了谢泼德众多登上报纸头条的谴责刚果暴行演讲中的一场演讲。谢泼德以口才极具鼓动性闻名。在他回国探亲期间，前去听他演讲的听众挤满了教堂和会议厅。[24]

随着利奥波德结束刚果统治的时间日益临近，开赛公司

（Compagnie du Kasai）想方设法在橡胶热结束之前将当地所有的橡胶都弄到手。该公司是长老会牧师活动的那一地区的新一代特许公司，这些公司是那里实质上的政府，权力很大。橡胶开采略晚于其他地方的开赛河流域在这之前已经成为刚果利润最高的橡胶产地。这时候，一个人突然再次出现，以开赛公司考察负责人（inspector general）的身份在那里考察了好几个月，不过他目前的身份已经今非昔比，猜猜这个人是谁？利昂·罗姆，就是先前收集过人头的那个人。当时，公安军军官退伍后摇身一变成为刚果某个公司的主管是司空见惯的事情。

在开赛地区，一贯老实巴交的库巴人发动起义，反抗恐怖的橡胶收集制度。和在非洲南部其他地方失败的类似起义一样，它是在一些自称有神物护身，可以将白人的子弹变成水的长者的激励下发动的。起义军烧毁了几个贸易站和一个布道所。子
261 弹后来没有变成水，大约 180 名起义军被打死。[25]威廉·谢泼德在美国长老会为国内支持者创办的年度通讯杂志《开赛先驱杂志》（*Kassai Herald*）上发表了一篇文章，揭露刚果政府给库巴造成的巨大破坏。开篇处，他集中笔墨，用白人传教士从未使用过的笔触，高度评价了库巴人的历史：

> 自远古以来，这些身强体健的男女族人一直自由自在地生活在这块土地上。他们种植大片的玉米、豌豆、烟草、马铃薯，诱捕大象以取用象牙，猎捕豹子以取用豹皮。他们一直爱戴自己的国王和政府。王国的每个城镇都有长官掌管地方事务。这个勤劳智慧的民族，当时大约有 40 万人口，进入了他们部族历史的一个新篇章。就在几年前，途经他们国家的游客发现他们居住的房子非常宽敞，每个大

> 房子有1~4间屋子，夫妻与儿女其乐融融地生活在一起，这是非洲经济最发达、最具智慧的一个部族……
>
> 然而，在过去的3年里，这里发生了天翻地覆的变化！农田里长满了野草和树苗，他们的国王已沦为奴隶，房子大都是建了一半的单间房，而且很多都被废弃了。城镇的街道因为没有人打扫而失去了往日的干净。孩子们饿得直哭。
>
> 为什么会发生这么大的变化？原因很简单。一些获得特许权的贸易公司派全副武装的哨兵来到这里，强迫男女村民夜以继日在森林里割取橡胶，提供的报酬却少得可怜，根本不够他们糊口。大多数村寨的村民没有时间去听福音故事或回答有关拯救灵魂的问题。[26]

谢泼德的文章发表于1908年1月，也就是利昂·罗姆结束6个月的开赛之行回到比利时的那个月。很快，罗姆开赛公司的同事开始威胁、恫吓，要求撤回文章，但莫里森和谢泼德不为所动。莫里森给该公司的主管写了一些措辞严厉的信件，逐条列举了他们犯下的其他罪状，这让他们更加恼火。这两位传教士在法律上势单力孤，毕竟他们是在刚果发表的文章。身在 262
英格兰的莫雷尔转载了谢泼德的文章，以及一些刚果传教士寄给他的一张照片。照片上是一群被强制干活的劳工，脖子上套着的一根绳索将他们拴在一起。

因为这家公司不停地抱怨谢泼德的文章如何歪曲事实，于是英国驻刚果的副领事威尔弗雷德·塞西杰（Wilfred Thesiger）花了3个月去开赛河流域考察了一番，准备写一份有关当地情况的考察报告。这家公司的主管非常紧张，一路派人密切注意塞西杰的行踪，因为4年前罗杰·凯门斯特的那份报告掀起的国际抗议浪潮仍然让他们记忆犹新。让公司主管们惊慌和沮丧的是，塞西杰长时间待在美国长老会的布道所里，出门考察时乘坐的是他们的“拉普斯利号”蒸汽船。谢泼德熟悉当地语言，又了解那个地区，自然而然地当起了塞西杰的向导，带着他走访了31个库巴村寨。他们离开之后，一个心存疑惧的基站负责人拷问与他们两个人说过话的村民，之后，不无忧虑地向上级报告说：“谢泼德指着副领事对村民说：‘你眼前的这个人，回到欧洲后，可以把你说的情况反映给政府官员，因为他权力很大。’在库巴村寨里，（塞西杰）……问了所有谢泼德要他问的问题。”[27]很快，塞西杰向英国议会提交了一份措辞严厉的责难报告，揭露了开赛居民饱受饥饿和暴虐折磨的事实。该报告的一个章节描述了库巴居民被逼为橡胶奴隶，房子破败不堪的景象，与谢泼德文章描述的情况吻合。报告一经公布，开赛公司股价大幅下跌。公司和刚果官员气急败坏，迁怒于谢泼德。

该公司无法因为长老会传教士帮助塞西杰而通过法律手段惩罚他们，但可以借他们刊登谢泼德1908年的那篇文章而起诉他们。1909年2月，该公司以发表诽谤性文字起诉文章作者谢泼德、出版人莫里森，要求对方支付8万法郎的赔偿金。[28]两人坚持他们的观点，决定如果法官判决他们有罪，如莫里森在家信中说的那样，“他们就会宁愿蹲监狱也不交赔偿金”。[29]在国外，支持者组织集会声援他们。“被告席上的莫里森，”阿瑟·柯南·道尔（Arthur Conan Doyle）爵士写道，“比纽约港巴托尔德的自由女神像更为庄严。”（他没有提及黑人被告谢泼德。）[30]华盛顿内阁会议讨论了这件事。美国驻布鲁塞尔公使照会比利时政府，美国将以“浓厚的兴趣和极大的关切”[31]跟踪这一审判，暗示美国是否承认比利时政府对刚果的所有权可能取决于这次审判的结果。

这一审判在利奥波德维尔进行，它位于距离长老会布道所大约600 英里的开赛河和刚果河下游。一张照片拍下了审判之 263
前的莫里森和谢泼德。两人站在几棵棕榈树下，每人身边都有十来个准备为他们作证的库巴人。这些库巴人腰以上的身体都裸露着。莫里森，那位白人，在大胡子之下是一幅听天由命的样子，好像准备面临圣徒般人生中的又一次磨难——上天堂之后他会因此得到奖赏。他戴着黑色帽子，穿着黑色西服，脚上是一双磨损得很厉害的鞋。谢泼德，那位黑人，身穿白西服，头戴白帽，鞋擦得锃亮。他昂首挺胸，比身边的其他所有人都高出一个头，似乎极其享受那个时刻。他的神态表现出对库巴人的某种自豪和认同，好像他们是他的亲戚，只是岁数比他小。

审判的开庭日已经确定，但传教士们认为这里有文章，因为开庭日期正好处于开赛河的旱季。后来，因为载着两位被告及其库巴族证人的那艘蒸汽船遇到了低水位，船长拒绝再往前走，于是法庭重新安排了开庭日期。

莫雷尔给他的朋友兼同盟者——社会党领导人埃米尔·范德维尔德（Emile Vandervelde）发电报，请他给两位传教士推荐一个“诚实可靠的年轻比利时律师”。[32]范德维尔德是欧洲民主社会主义思想的先驱者，他自己就是一位律师。让大家意外的是，他自告奋勇接手了这个案子，要免费替两位传教士辩护。后来，开庭时间再次延期，为的是让范德维尔德能够动身前往刚果。在他准备离开比利时时，有人批评他大老远去非洲替两个“外国人”辩护。也许言外之意是，两个外国人中有一个是黑人。

范德维尔德回答说：“法庭上没有亲疏之分。”[33]

初到刚果，这位一向反对教会干预政治，担任着“第二国际”（Second International）主席，并熟知或认识当时所有知名左翼人物的范德维尔德发现自己居然住在布道所里，在斯坦利湖上航行时乘坐的是该布道所悬挂着美国国旗的蒸汽船。他饶有兴致地看着传教士怎样在给人洗礼时将人完全浸在水中，看他们怎样为两位牧师祈祷一个有利的判决结果。[34]

最后，审判开始了，审判在利奥波德维尔的一个砖木结构的审判室进行。根据某条法律规定，法庭取消了对莫里森的指控，仅对谢泼德进行审理。在这个位于两国边界，到处是芒果树、棕榈树、猴面包树、被强迫劳动的人、军营，还有一个供欧洲人周日练习射击的靶场的偏远地区，这场审判绝对是这个小镇上最令人瞩目的事情。大约 30 个长老会传教士进入审判室声援谢泼德。他们和谢泼德的其他支持者坐在审判室的一侧，
264 另一侧坐的是天主教传教士、刚果官员、开赛公司的支持者。不属于这两方，无法进入审判室的旁观者通过敞开的门和窗户观察审判情况。开赛公司的主管穿着白西装，戴着白色遮阳帽；谢泼德身穿深色西服，胸前口袋里装着一条手帕，显得整洁利落。

法官敲击一个小铃铛，宣布庭审开始。首先，开赛公司的律师发言。范德维尔德的辩护发言充分利用了这一不寻常的法庭。他对法官说，谢泼德“不再是英国人或美国人，而是开赛流域的人……他揭露身边村民生活情况的动机完全出于人道主义”。[35]范德维尔德“做的辩护非常精彩”，莫里森后来说，“他口才卓绝，逻辑严密，讽刺辛辣，不仅热切呼吁公正对待传教

士，尤其还要求公正对待本地村民。他的发言深深吸引听众达两个多小时”。[36]被告谢泼德也被感动了。“这场审判当时已成为全国上下谈论的话题”，他写道，听众“被深深地触动了，不停地掏手帕擦眼泪”。据谢泼德说，甚至那些天主教牧师，原本是刚果坚定的同盟者，也流下了眼泪。其中一位牧师还在范德维尔德发言结束之后，走上前为他喝彩。“据说，人们之前从来没有在刚果听过这么精彩的演讲。”[37]

这一审判让谢泼德在国内获得了一些关注。在大标题《身在刚果的美国黑人英雄》（“AMERICAN NEGRO HERO OF CONGO”）、《第一个让世界知道刚果暴力的人》（“FIRST TO INFORM WORLD OF CONGO ABUSES”）下，《波士顿先驱报》（*Boston Herald*）写道：“谢泼德博士不但敢于直面国王，还敢对抗他们。为了完成为故土同胞效力这一使命，这一奴隶的后代……敢于对抗利奥波德的滔天权势。”[38]

最后的辩论结束之后，法官宣布，他将在两个星期之后做出判决。最终，左右判决结果的是政治上的考虑，而不是范德维尔德的口才和传教士的祈祷。美国总领事和副领事的现场旁听就是一个明显的提醒：如果谢泼德被判有罪，比利时将会面临什么后果。同时，那位法官也明白，如果他判决谢泼德对那家公司的指责属实的话，他以后在刚果的职业生涯就会大受影响。他小心翼翼地两边都不得罪，巧妙地利用了这一事实：谢泼德那篇文章没有明确说出公司名称（虽然开赛公司那个地方再没有另外一家类似公司），他批评的只是“特许权公司全副武装的哨兵”。有鉴于此，法官宣布，很有可能，“被告谢泼德 265
并非存心抨击上述公司……文章没有提及开赛公司，并且，他指的肯定不是开赛公司”。[39]实际上，谢泼德被判无罪，开赛公司也没有过错，不过，该公司需承担诉讼费用。

远在开赛河上游，两位传教士的妻子知道他们的丈夫宁愿去坐牢，也不愿支付赔偿金。如果在从利奥波德维尔返回的蒸汽船上看不到他们两个，那么他们多半就进了监牢。当两人在布道所焦急地等待时，这一黑一白两个美国人之间就产生了一种在美国难以想象的温暖、信任和友谊。“莫里森夫人和我几乎屏住呼吸，焦急地等待各自伴侣的归来”，露西·甘特写道，“拉普斯利号”冒着蒸汽驶来时，数百名基督徒唱起圣歌，高兴地挥手，激动地欢呼。那是一个让人欢呼雀跃的时刻——一个感恩的时刻。[40]

* * *

在欧洲，利奥波德没有什么可感恩的。1909 年 12 月，在谢泼德审判结束后不到两个月，这位 74 岁的国王病得很重，原因是“肠道阻塞”，这可能是癌症的委婉说法。因为拉肯城堡里和往常一样堆满了没完没了的施工改造所需要的成捆的建筑图纸，国王只能待在大温室之间的一个附属建筑“棕榈阁”(Palm Pavilion）里。卡罗琳和他们的两个儿子火速赶来，利奥波德的私人教士举行了一个简短的婚礼。因为与教会之间的矛盾已经了结，国王现在可以请牧师给他举行临终仪式。虽然如此，每次有访客来，病床边的卡罗琳必须立刻起身回避。

被利奥波德冷落的两个女儿——路易丝、斯蒂芬妮这时候来到布鲁塞尔，希望能和父亲和解，希望国王在遗嘱里给予关照。他们的父亲执拗到了最后，拒绝了她们的请求。曾是国王的好几个刚果公司名义股东的御医朱尔斯·赛利尔（Jules Thiriar）下令给国王实施手术，但手术并不成功。这时，议会刚刚通过了利奥波德提出的一条有关实施义务兵役制的法案。当国王从手术的麻醉药中清醒过来之后，他用颤抖的手在这项法案上签了字。第二天，他的精神似乎恢复了很多，要人拿报纸给他，还吩咐为离开里维埃拉做准备。几个钟头之后，他死 266
了。在国王身边忙碌的众多官员中，有一个官员将哭泣的卡罗琳带离他的床前。

根据卡罗琳的叙述，在那个鲜为人知的婚礼之后，利奥波德召见了奥古斯汀·戈菲内（Auguste Goffinet）——一对大腹便便，留着大胡子，略微有点斜视的双胞胎兄弟中的一个，30多年来，他一直是利奥波德最贴心的助手——郑重地对他说："我把我的遗孀交给你。在我死后，她在比利时滞留的几天里，你要保护她。"[41]国王很可能说过类似的话，因为他知道，三个女儿和比利时民众痛恨卡罗琳——如果他们得知，他在最后的日子里，除了先前给她的大约600万法郎，又以刚果债券的形式将一大笔钱留给了她，他们就会更恨她。

路易丝公主的律师追踪到了那笔债券，因此，当卡罗琳回到她在比利时的别墅时，她发现大门上挂了锁，门口有卫兵守护，窗户也被用木板钉上了。利奥波德送给她的法国城堡也是这种情况。不过，在国王的几位心腹（有人看到他们在国王临终前的几个小时里将国王桌子上的文件收拾走）的帮助下，卡罗琳得以带着国王留给她的相当一部分资财远走巴黎。

没过一年，她改嫁了——丈夫不是别人，正是那位卸任的法国军官杜里奥，她的前任男友和皮条客。如果她将自己的一部分财富交给他的话，这笔生意肯定是古往今来所有皮条生意中成就最为出色的杰作之一。在卡罗琳和利奥波德两个儿子中，一个在父亲死后几年后就死了，另一个靠着从刚果橡胶奴隶的劳动中攫取的财富度过了漫长、平静的一生，最后死于 1984 年。在利奥波德的后裔中，最有趣的也许是他的外孙女伊丽莎白——斯蒂芬妮和奥匈帝国皇储鲁道夫的独生女。她嫁给了一个社会党政治家，以“红色大公夫人”的称呼闻名世界。

利奥波德的死讯传开后，比利时民众中几乎没有人感到悲痛。人们更喜欢他的侄子，也是他的继位者——艾伯特一世。他言行谦逊、平易近人，并且——对于一位欧洲君主来说极为难得——和妻子非常恩爱。对于比利时外面的世界来说，提到利奥波德，人们想到的往往是被砍掉的右手，而不是那些纪念碑和众多建筑。美国诗人维切尔·林赛（Vachel Lindsay）这样批评他：

> 听一听利奥波德的鬼魂如何号叫，
> 因为砍掉太多人手要在地狱受火烧。
> 267 众妖魔又笑又喊，
> 剁掉他的双手，永久待在地狱里吧。[42]

然而，如何看待利奥波德及其生平的争论才刚刚开始。

* * *

在这一争论的早期阶段，罗杰·凯斯门特这一重要人物再次经历了他人生的某些转折。他的报告公布之后，多家报社采访他，伦敦文学界盛情宴请他，英国国王颁发奖章给他，比利时国王抨击他，莫雷尔和刚果改革运动支持他，利奥波德自己委派的调查委员会充满自豪地为他澄清。

不过，凯斯门特得设法糊口。1906 年，他再次担任一个遥远地方的英国领事。这次是在巴西的桑托斯（Santos）。领事馆是咖啡仓库的一个石灰水刷白了墙壁的空房间。上班时，他要穿着一身郑重场合穿的军礼服（白色手套、衣领和袖口装饰有金黄色穗带、一把剑、带有帽章的帽子），可是每天的工作一点都不风光。凯斯门特后来愤怒地总结他的整个领事生涯说：“我在桑托斯的前任有一个和天花板一样高的铁丝网，为的是防止……愤懑的英国公民向他扔东西……在德拉戈亚湾（Delagoa Bay）（莫桑比克），我雇不起秘书或助手。两年来，我们只能坐在办公室里，为所有人敞开大门。我洗瓶子，什么事都做……我认识的不少女人进来，要我替她们支付出租车费。还有人要我判决他们离婚，没有如愿后就破口大骂。一个女人走进我在德拉戈亚湾的办公室里后，昏倒在沙发上，一直在那里待了一个星期。”[43]

在将醉酒的水手保释出狱、行使其他领事职责之余，凯斯门特比以前更加积极地参与到有关他祖国的事情中来。在回国探亲期间，他找到了独立运动的成员，为的是振兴他所说的盖尔语这一“动听的、令人自豪的语言”[44]以及爱尔兰文化的根。他参观了独立运动在克拉根利（Cloghaneely）创办的语言学校。参观那所学校期间，有人给他照了一张相，他两个胳膊交叉放在腹部，好像压抑着内心的焦虑，他高大的身躯和那些穿着长长的维多利亚时代样式的燕尾服和马甲、表情严肃的盖尔文化联盟（Gaelic League）成员靠在一起，显得格格不入。

“在那些人迹罕至的刚果森林里，我认识了利奥波德，”他在写给朋友的信中说，“我也认识了我自己，这个不可救药的爱尔兰人。”[45]他在写给另一个朋友的信中说：“我想，就是因为我 268
是爱尔兰人，才能如此深刻地认识到刚果实施的整个恶劣图谋。”[46]他逐渐意识到，爱尔兰和刚果一样，也是殖民地，而且在爱尔兰，核心问题也是殖民地征服者占有土地的方式。“我意识到，我正在从另一个也曾遭受蹂躏的人种的角度来分析刚果的这场悲剧。”[47]

一点没错，不过，“也曾遭受蹂躏的人种”只是爱尔兰吗？在不惑之年热衷于同性恋，凯斯门特的成年岁月里的每一天肯定都有被蹂躏的感觉。公开倡导这种事情合法化太危险了，但接受和支持爱尔兰爱国主义思想是可以的，因此凯斯门特以他独特的热情投入其中。虽然他根本没有彻底掌握这种语言，但他有时候使用自己的盖尔语名字“Ruari MacAsmund”，并尝试用盖尔语写信。在他去巴西上任的路上，他的行李中装着很多有关爱尔兰的书籍。他在写给朋友的信中说：“记住，我的地址是：桑托斯大不列颠及爱尔兰领事馆，而不是英国领事馆！”[48]他专门找人印了写有这一抬头的信纸来强调这一点。他在从巴西写给国内的信中说：“经常给我寄送有关刚果和爱尔兰的新闻——其他都不重要。”[49]

一次，在回国途中，他乘坐的船停泊在里约热内卢。“凯斯门特走上岸，在他回到船上吃午饭之前，我们交流过一次，”那位英国副领事后来回忆说，“在送我们前往大船的途中，那几个混蛋巴西船工突然倚在船桨上——这是他们的惯用伎俩——张口要提高价格。可是，那个时候，凯斯门特已经在情绪激动地径直发表起一场有关爱尔兰自治的长篇大论来，谁也插不上话。过了一会，那些船工喊着要他停下来，但根本无济于事。最后，他们悻悻地放弃了涨价要求，继续往前划，而凯斯门特依旧热情激昂说着爱尔兰的事情。”[50]

他一如既往地慷慨（他多年接济一个不成才的弟弟），经常入不敷出，凯斯门特后来不知怎么想办法从薪水里挤出 85 法郎，“资助 1907 年的爱尔兰事业”。他开始逐渐从殖民者和被殖民者的角度来看待世界。他的信中开始充斥着效力于世界上最大殖民国家给他带来的不安，他温和地责备他的朋友莫雷尔，批评他不应该认为英格兰在道义上高于其他殖民国家：“我讨厌你们英国政府……我亲爱的斗牛犬，你是为数很少的身上没有那种国民特性的人——这是我喜欢你的地方。当我想到英国人对爱尔兰做的事情，我几乎流下泪来。我想我还得给它效力——而不能和它硬碰硬……我不同意你的这个观点：英国和 269
美国是两个伟大的人道主义国家……（它们）最看重的是物质利益，成为人道主义国家，那至少是一个世纪之后的事情。”[51]

莫雷尔建议凯斯门特不要过早地辞掉领事职务，因为那样会损失退休金福利。他理解凯斯门特的郁闷，但他也很清楚，这些郁闷一部分来自他个人，而不是工作。“有时候，别人不知道怎么帮助你，”他曾经写信给凯斯门特，“你有一股傲气，这是最初我欣赏你的地方，另外，恕我直言，有时候，别人不大容易明白具体怎么做才能如你的愿。”[52]

莫雷尔担心凯斯门特的将来，凯斯门特也一样担心莫雷尔的将来。凯斯门特清楚地知道，莫雷尔将全部精力倾注到了刚果改革事业上，无力给自己准备养老钱。在伦敦休假时，凯斯门特开始为这件事筹集资金。他自己拿出了 50 英镑。“现在，我希望，”他写信给作为贵格会教徒的巧克力制造商威廉·吉百利，“筹集 1 万 ~ 1.5 万英镑，用这笔钱……接济他的妻子和孩子，那么经常让他心烦意乱、忧虑恐惧的事情就可以得到彻底解决。他就可以将所有潜力释放出来，为非洲争取更多利益，做更多的工作，或者像他这样勇敢无畏的人用于他们所需要的其他地方。”[53]之后，凯斯门特给刚果改革运动的其他支持者写了大量信件，并亲自上门游说。他没有实现最初的目标，不过，他成功地募集到了几千英镑。他——莫雷尔更是如此——开始掌握了对于政治运动来说至关重要的一项能力——筹集资金。

凯斯门特面前突然出现了一个机会，让他可以重启之前名噪一时的刚果调查之旅。这一次是去地球上的另一个地方。有消息辗转传到伦敦，说是在偏僻的亚马孙流域普图马约（Putumayo）地区，秘鲁的亚马孙橡胶公司（Amazon Rubber Company）的主管残暴对待印第安人。英国人道主义者、工会、教会团体纷纷要求政府采取行动。这家公司的注册地在伦敦，一些被虐待的工人中也有英国公民，还有从巴巴多斯招募的劳工。外交部派凯斯门特前往调查。

对于凯斯门特来说，普图马约是另一个刚果：拥挤的蒸汽船上令人疲惫不堪的漫长旅途，热带雨林里成群的蚊子，欧洲
270 各国对野生橡胶的无尽贪欲驱动的奴隶劳动制度下的枪杀、镣铐、砍头、砍手、绑架。凯斯门特称了称印第安人上交的橡胶数量，试着把装着橡胶的篮子提起来。他测量了犯人受类似chicotte的貘皮做的鞭子抽打时禁锢双脚用的脚枷。

凯斯门特知道，在提交给外交部的报告里，所有内容必须准确无误，证据充分。不过，这一时期他的其他文字材料却表现出对被压迫者的一种浪漫的理想化。他感觉爱尔兰人是“白皮肤的印第安人”；极为贫困的高威（Galway）是“爱尔兰的普图马约”。[54]在一篇杂志文章里，他认为，普图马约的印第安人在人品上优于支配他们的白人老爷；印第安人“在性情、习惯、对印加和前印加行为准则的永久怀念上，很像是社会主义者”。[55]（一些被印加人残酷镇压的人数较少的民族可能对印加

人的印象没有那么好。)

虽然深受自己版本的“高贵的野蛮人”看法的影响，凯斯门特还是完成了任务。和在刚果时一样，他不满足于只是完成外交部交给他的任务，他还给一些有影响力的人写了大量的信件，他积极筹集资金，他给那些同情殖民地民众的议会成员寄了数页供他们询问普图马约公司主管的问题。在工作期间，他接到一个让他惊诧不已的消息：在外交部的推荐下，他将被赋予爵士爵位。他在极度焦虑中度过了好几天，不知道是否该拒绝这一爵位，正如他向一个朋友说的那样，他感觉“在爱尔兰没有内忧外患，前景无虞之前，任何一个爱尔兰人都没有权利接受任何荣誉”。[56]最后，他虽然口头上接受了，但到了举行颁发仪式（要求他跪在国王面前）那天，他称病未去。

在普图马约和在刚果一样，凯斯门特一直忙于工作，几乎无暇想其他事情。然而，在长途往返南美的航船上，他的日记中记满了幽会记录。在船上：“船长的侍从，一个 19 岁的印第安小伙子，大脸盘。”[57]在巴西的帕拉（Pará）：“什么时候能见到若昂（Joao），我的老朋友！我要早一点起床……去墓地。瞧！若昂来了，他兴奋得脸红到头发根。”[58]凯斯门特似乎越来越大意了。再次经过帕拉时：“晚上 8 点吃饭。去墓地，遇到了弗兰德（Friend）……一个警察从栅栏后经过……不过，他只是笑了笑……10 美元。”[59]虽然没有被发现，但定时炸弹的引信仍在燃烧。

* * *

利奥波德国王去世的一年后，在 1910 年的一个夜晚，去看以夏洛克·福尔摩斯（Sherlock Holmes）故事为原型的一场戏

271 的伦敦戏迷们，注意到观众中有一行三人：留着独特大胡子的著名记者莫雷尔，在普图马约被晒得黝黑、留着黑胡子的约瑟夫·凯斯门特爵士，夏洛克·福尔摩斯的创作者阿瑟·柯南·道尔，阿瑟是东道主。

柯南·道尔是莫雷尔为刚果改革事业新招募的最重要的成员。莫雷尔热切地欢迎他的加入，因为莫雷尔目前的工作因为比利时政府接手刚果和第二年利奥波德的去世而变得更加困难。莫雷尔遭受了一个正义运动可能遭受的最严峻的挫折：他的对手不存在了。人们很容易认为，一个坏的制度是一个坏人的过错。虽然莫雷尔从来没有这样认为，但他担心他的支持者会这样认为。对于呼吁刚果改革的人们来说，将利奥波德妖魔化是一把“双刃剑”。现在那位国王不在了，这场运动很可能停滞不前，因此，柯南·道尔颇具影响力的支持来得正是时候。

1909 年，这位小说家和莫雷尔一起向大批听众发表演讲。在爱丁堡，听讲观众达 2800 人；在普利茅斯，听讲观众达 3000 人；在利物浦，听讲观众达 5000 人。他还为莫雷尔新出版的书作序，并根据莫雷尔搜集的大量资料撰写了一本书，书名为《刚果的罪恶》（*The Crime of the Congo*）。该书第一次出版就销售了 25000 册，并很快被翻译成好几种语言。这位后来者表现出了高度的热情，他是欧洲为数很少的对刚果罪恶的谴责的严厉程度超过莫雷尔的人之一。他称对刚果的掠夺是“人类历史上最严重的罪行”。[60]

莫雷尔认为比利时政府接手刚果只是“部分胜利”。[61]他知道，利奥波德先前建立的制度不会迅速消失，因为它能带来太多的利润。那些曾经为利奥波德担任地区长官和基站负责人的人现在只是换了一个领取薪水的地方而已。公安军甚至连名字都没有换。新任比利时驻刚果公使是曾使用强迫劳工修筑东部刚果铁路的一个公司的前任主管。批准了新的殖民地预算（该预算提高了非洲人的“实物税”）的那个比利时参议院委员会的负责人——莫雷尔指出——是一个臭名昭著的橡胶特许公司（A. B. I. R. 公司）的股东。只要橡胶存在超额利润，白人就会借助枪炮和 chicotte，强迫黑人割取橡胶。在莫雷尔的指导下，柯南·道尔在写给众多报社编辑的一份信中说：“只要有关刚果
改革的报告中出现‘必须强迫村民工作’这样的话，改革就一 272
点也不彻底。”[62]

莫雷尔现在将全部精力投入游说英国外交部上，希望他们要求比利时政府废除有关强制殖民地民众劳动和没收其田地产出的“制度”。刚果改革联合会幻灯片最后的一张照片是一艘英国军舰——莫雷尔呼吁将这艘军舰部署到博马，封锁刚果河。外交大臣格雷伯爵（Earl Grey）拒绝了，他将施加给比利时的压力限制在暂不承认比利时对刚果的所有权上。莫雷尔立即投入空前紧张的组织工作中，很快出版了一本书，之后以丝毫不减的热情推出了一系列小册子、文章和多期刚果改革联合会期刊。他组织了一个规模盛大的刚果抗议集会，参加者连最高层的包厢也挤满了，20 位主教和 140 名议会成员到场表示支持。

刚果似乎也在变化。新任比利时国王艾伯特一世——实际上，他在登上王位前夕造访过刚果，亲眼看见了被砍去右手的村民——明确表示强制劳动是一种令人不齿的事情，并着手推动重大改革。（可惜的是，他后来丧失了这种年轻人的理想主义。）莫雷尔很兴奋，但这一消息很难让追随者继续保持高涨的热情。1910 年，美国的刚果改革联合分会已经销声匿迹。“美

国人……”莫雷尔在一封写给数百位通讯员中的一位的信中说，“没有恒心。”[63]

莫雷尔想尽各种办法让追随者们专注于土地所有权问题，这个问题比利奥波德个人的恶行重要得多，但受到的关注少得多。他长期认为“罪恶之根本（仍然）不会被触及……直到刚果人再次成为土地及土地收获物的主人”。[64]

虽然莫雷尔从来没有这么想，但是，他有关非洲土地权利的明确主张还是被很多人（尤其是外交部的人）视为不仅对比利时，而且对英国在非洲经营方式的某种威胁。“非洲人的问题不像他想象的那么简单，”外交大臣在写给克罗默（Cromer）勋爵的信中说，“我们不会在自己的殖民地上说，所有土地和土地上的收获物都属于本地人。”[65]在刚果土地属于刚果的非洲人这一看法上，莫雷尔确实比和他合作的几乎所有人都更为彻底。作为正义斗士的莫雷尔，内心在与作为爱国者的莫雷尔纠结
273 着——最近加入的名人盟友柯南·道尔曾经担任男童帝国联盟（Boys' Empire League）的主席。在莫雷尔这一时期的文字中，我们可以看到这样的迹象：对刚果问题的深切关心改变了他，让他的思维更加深入。1909 年，和身边居功自傲、自我标榜的氛围形成鲜明对比的是，他写下了一篇犀利的警示文字，说英国新建立了一个独立的、立法机构完全由白人组成的南非联邦（Union of South Africa）这一事实“不仅对于南非，而且对于整个黑人非洲的整体命运都会产生深远影响”。[66]他的这一见解领先了他的时代几十年。

不过，对于莫雷尔来说，形势也不是一片黯淡。1909 年秋天，比利时负责管理殖民地的大臣宣布进行重大改革，用三年多时间逐步推行。莫雷尔提出强烈抗议，认为这一过渡期太长

了。然而，在这段时间里，来自刚果传教士的信件让人看到了希望。类似的令人振奋的消息来自英国领事的实地考察。有关残暴对待橡胶收集人的报道越来越稀少。1912 年，艾丽丝和约翰·哈里斯——现在担任着新合并的反奴隶暨原住民保护协会（Anti-Slavery and Aborigines Protection Society）的负责人——从刚果实地考察回来后说："情况有了很大改观。"[67]

莫雷尔现在在两个赛场上和时间赛跑：反对英国承认刚果是比利时的殖民地（英国最终于 1913 年承认）；极力挽回支持者衰退的热情。即使是凯斯门特也感觉"海盗据点已经几乎被荡平"，[68]督促莫雷尔宣布这场运动到此结束。虽然在一些私下的信件中提出了一些疑虑，但莫雷尔还是决定宣布这场运动胜利结束。"我不想粉饰现状。刚果的伤口需要几代人才能愈合。但是……暴行已经消失……刚果的收入已不再依靠武力或奴隶劳动。橡胶税已经取消。非洲人可以自由地收获自己种植的作物……负责任的政府取代了不负责任的专制政权。"[69]不过，他也承认，一个重要问题尚未解决，那就是非洲人的土地所有权问题。

1913 年 6 月 16 日，刚果改革联合会举行了最后一次会议，地点在英国王宫酒店（Westminster Palace Hotel）。众多对呼吁刚果改革起到了举足轻重作用的英国支持者最后一次汇聚一堂：约翰·哈里斯、艾丽丝·哈里斯、坎特伯雷大主教、探险家、传教士、编辑、国会议员、罗杰·凯斯门特爵士、威廉·吉百利、约翰·霍尔特、埃米尔·范德维尔德、皮埃尔·米尔。会上有人高声朗读了作家约翰·高尔斯华绥（John Galsworthy）寄来的表示支持的信件或电报。当莫雷尔建立的这一组织在长达 274
近 10 年里搅浑了数个国家的政治之水后正式宣告落幕之时，莫雷尔仅仅 39 岁。

在会上，很多德高望重的人对他高度赞扬。莫雷尔一直不大喜欢被人过多瞩目，不过轮到他发言时，他向一些人表示了最诚挚的感谢："我在听大家发言时，头脑中出现了一幅画面。在画面中，一艘小蒸汽船劈开波浪，沿刚果河逆流而上，这事就发生在 10 年前的这个月。甲板上站着一个大家都认识的人，一个具有伟大心灵的人……他就是罗杰·凯斯门特。"[70]这次会议标志着 20 世纪第一个声势浩大的人权运动的结束。"我们为正义而战，"[71]莫雷尔对参会的所有杰出人士说，"正义不会被践踏，也不容被践踏。"

18　胜利真的到来了吗？

无论在非洲还是欧洲，利奥波德的死都标志着一个时代的 275
终结。很多比利时人长出了一口气。他们终于可以摆脱他们的国王做的那些让他们感到很丢脸的事请：年龄差距极大的老少恋、与女儿的长期不和、赤裸裸的贪欲。但是，人们很快发现，利奥波德的鬼魂不会那么轻易地消失。这位死时在欧洲富可敌国的国王曾设法将这些财富都带走。在一定程度上，他做到了。

人们发现，他在死前不久曾经秘密下令在德国建立一个基金会，他借此向德国转移了价值 2500 万法郎的绘画作品、银器、水晶、珠宝、家具等，还有价值 2000 万法郎的债券。该基金会的章程规定，它的一些收入将用于再投资，其他收入的支配要“根据创始人的指示”花在他喜欢的宏伟、显眼的项目上：宫殿、纪念碑、公共建筑。他担心将来目光短浅的比利时政府不愿意将钱花在这些地方，同时，他还想方设法始终不让这些财富落入路易丝、斯蒂芬妮、克莱门蒂娜手中。“国王只有两个心愿，”一位前任内阁大臣在利奥波德最后的几年里这样说，“死去时是一个亿万富翁；不让女儿们继承他的财产。”[1]

这个注册于德国的基金会不是他隐藏财富的唯一之处。人们后来发现，他的心腹助手奥古斯汀·戈菲内男爵为国王在布鲁塞尔购买的 58 处房产，属于另一家鲜为人知的公司。第三家影子实体是位于里维埃拉的住宅和花园房地产公司（Residential and 276
Garden Real Estate Corporation），它是利奥波德在里维埃拉林林

总总各种房产的所有者。其中的一些别墅被特别标明用作未来比利时国王的永久度假场所；其他房产是一个大型疗养中心的一部分，[2]配备有公园、花园、健身设施、乡间别墅，专门给刚果工作归来的白人主管提供免费度假场所。另外，这些不为人知的房地产公司还握有利奥波德价值超过 2500 万法郎的刚果债券。[3]

比利时政府理清这位已故国王的财产摊子的工作耗费了好多年，因为涉及这些财产的诸多实体注册地在比利时、法国、德国三个国家，理清各种头绪的过程完全被第一次世界大战所打乱。那个疗养中心被永远地搁置了。虽然，利奥波德曾经满腔热情规划的气派的世界殖民学校（World School of Colonialism）壮观的地基已经在布鲁塞尔城外打好，但不得不中途停工。萨默塞特·毛姆（Somerset Maugham）后来买下了这位国王在里维埃拉众多别墅中的一处。还有一个别墅周围的空地被改造成了动物园，目前，那个动物园的黑猩猩表演很出名。

直到 1923 年，也就是利奥波德死后第 14 年，利奥波德最后一大堆盘根错节、让人头痛的遗产终于被弄清楚了。调查人员发现，他占有的一部分财富实际上应该属于他那已经发了疯，但身体仍然硬朗的妹妹卡洛塔。利奥波德作为卡洛塔的法律监护人，大肆侵吞了他垂涎的一些财产，非法地用一些刚果债券置换了这些财产。[4]

这位曾经的墨西哥皇后比她的哥哥活得久很多。每次面见来访者，都要在一个有 20 把或 20 把以上的椅子摆成一行的屋子里进行。进入房间之后，卡洛塔郑重地与想象中的坐在每个椅子上的客人打招呼之后才与来访者说话。随着年龄的增长，她将大量时间花费在换衣服和做头发上。据说，有一天，当她突然注意到镜子中的自己已经不再年轻貌美时，她命人将庄园里的所有镜子打碎。在丈夫被枪决 45 年之后的一个派对上，她困惑地大声说：“马克西米利安怎么不在家？”她是比利时为数很少的没有察觉到一战期间祖国曾被德国占领 4 年之久的人之一。她死于 1927 年，享年 86 岁，至死都一直在念叨想象中的帝国和朝代。[5]

即使在今天，研究人员也无法完全确定利奥波德那些没什
么价值的东西分别是用哪个暗藏的“钱袋子”里的资金支付 277
的，也没法明确回答一个更高层次的问题：这位国王生前到底从刚果赚取了多少利润？[6]为了回答这个问题，比利时学者尤勒斯·马夏尔（Jules Marchal）这位有关那一时期历史的权威历史学家，做了一个“保守”的估算，不包括一些很少的或难以追踪来源的收入，这个数字大约为当时的 2.2 亿法郎，约为今天的 11 亿美元。[7]

利奥波德身后纠缠不清、盘根错节的财产引发了不少法律纠纷，其中的一场诉讼是公主斯蒂芬妮和路易丝提出的。她们宣称，鉴于那个秘密的基金会和那些鲜为人知的公司属于他父亲所有，那么自然在一定程度上属于她们所有。然而，比利时政府最终获得了那些资金的大部分。

没有一个律师提出，那些钱应该归还给刚果人。

＊　＊　＊

刚果改革联合会于 1913 年召开的最后一次会议标志着，19 世纪早中期的废除黑奴运动与 20 世纪七八十年代世界范围抵制和反对南非种族隔离政策之间最为重要、持续时间最长的正义运动落下帷幕。虽然刚果改革运动是一个英雄主义壮举，但它

也给我们留下了一些难以回答的问题。最重要的问题是，它是否带来了什么长久的好处？

很多年来，人们给出的回答一般是肯定的。凯斯门特和利奥波德派出的调查委员会将他们的调查结果公布之后，引发了一些地区新一轮暴力反抗，引起虽然是暂时性的，却是明显的橡胶收集配额的减少。刚果被移交给比利时后，暴力事件的显著减少很可能也要归因于莫雷尔及其盟友。证明将刚果从利奥波德手中夺走之重要的间接证据甚至来自亚历山大·德尔科米纳（Alexandre Delcommune）。德尔科米纳长期在刚果经商并担任刚果总督，是一个冷酷无情的橡胶大王。（当年雇约瑟夫·康拉德当蒸汽船船长的公司就是德尔科米纳的公司。）德尔科米纳曾经写道，如果利奥波德在刚果的统治再延续 10 年的话，“再也找不到一棵橡胶藤蔓，或许也找不到一个本地人了”。[8]那么，是不是可以说，那些呼吁刚果改革的人挽救了数百万人的生命？

假如事实如此，这正好可以让这段历史显得极有意义，因为辉煌的运动理应有一个辉煌的结局。莫雷尔的精心组织，证人乔治·华盛顿·威廉姆斯、威廉·谢泼德、罗杰·凯斯门特
278 的正义行为，安德鲁·尚恩的死和起义领袖那苏、穆鲁姆·尼阿马、冈多鲁的牺牲都意义非凡。然而，事实可能会让人失望。

有关残暴对待割取橡胶的刚果村民的报道在 1908 年比利时政府接手刚果后确实显著下降。在接下来的几年里，有关村寨被烧毁、女人和孩子被押为人质的消息确实减少了很多，而且，政府和特许公司命令不许砍手。但是，这些变化背后的原因不是在改革呼吁者的推动下出现了一个宽容、温和的政权，而是其他的几个因素。其中的一个因素是从野生橡胶到人工种植橡

胶的逐渐过渡。另一个因素是出现了一种强迫人们干活但很少招来传教士和人道主义者抗议的新办法——征税。

从利奥波德手中接管刚果的比利时总督看到，他们需要开辟种植园来进行橡胶的人工种植，因为如果所有橡胶都从野生藤蔓上割取的话，不顾一切完成配额的非洲人会将这些藤蔓全部砍死，这个国家的某些地区已经出现了藤蔓难觅的现象。看看本书前一页亚历山大·德尔科米纳说过的话。从他的话中可以看出，他担心野生橡胶和刚果人会全部消失。

征收沉重的人头税迫使人们到种植园去工作或采集棉花、棕榈油或其他产品。同时，这种方法也能有效地继续收集到一些野生橡胶。直到 20 世纪 20 年代，白人还从被迫缴税的刚果村民手里收购野生橡胶。

强制劳动这一被莫雷尔称为“制度”或“体制”之核心的东西仍然存在，并广泛运用于各种劳动上。强制劳动在第一次世界大战中表现得尤其残酷。1916 年，一支规模庞大的公安军部队入侵德属东非，也就是今天的坦桑尼亚。和其他协约国一样，比利时意欲在战后分赃时拿到德国的一部分非洲蛋糕。不计其数的非洲人被征作士兵或搬运工。根据殖民地官员的统计，1916 年，东部刚果的某个地方，83518 名成年男子在那一年做搬运工作，提供了 300 多万个人工日。其中 1359 人被累死或死于疾病。[9]饥荒肆虐。一位天主教传教士记叙说：“一个家庭的父亲上了前线，母亲为士兵磨面，孩子运送军粮。”[10]

战后几年，铜、黄金、锡的开采量开始上升。和先前一样，利润流出了这片土地。那时，用 chicotte 管理矿井是合法的。记录显示，在上韦莱河（Uele River）河畔的莫托（Moto），仅 279
1920 年上半年，矿工一共被打了 26579 鞭子。[11]这个数字相当于平均每个全日制工作的非洲工人被打了 8 鞭子。矿井寻找强制劳力的方法与利奥波德时期寻找橡胶收割工的方法没什么两样。据历史学家戴维·诺思拉普（David Northrup）记载："矿上派出的招工人员带着士兵或矿警，找到每个村寨的首领，送上礼物，要求他必须给自己找到多少人（这个数字往往是实际所需人数的两倍，因为一半的人一有机会就会逃掉）。首领就会把村里与他过节最深或者他最忌惮的人，或者最难管束的人叫到一起，用一根长绳子将他们的脖子拴在一起，派人将他们送到矿井设在当地的办事处。然后，这些人在那里被换上铁链，转到地区总部……每招募到一个人，首领会得到 10 法郎的报酬。"[12] 如果某个劳工逃走，这个劳工的一个家属就会被抓去坐牢——这一点与过去的人质扣押制度略有不同。

和非洲其他地方一样，这些矿井的安全条件极差：在加丹加的铜矿矿井和精炼厂，1911 ~ 1918 年有 5000 工人死亡。当 1921 ~ 1931 年动用强制劳动进行大肆吹嘘的马塔迪—利奥波德维尔铁路宽轨改造并增加了一些里程时，死于这个项目的工人超过了 19 世纪 90 年代铺设窄轨铁路的死亡人数。[13] 具有讽刺意味的是，对于所有被这些工程和其他新项目征用的刚果人来说，大萧条倒是给他们提供了一个救命的喘息机会。

随着第二次世界大战的开始，刚果法律规定的强制劳动天数上限增加到每人每年 120 天。在广岛和长崎投下的两枚原子弹中 80% 的铀来自重兵把守的刚果欣科洛布韦（Shinkolobwe）铀矿。[14] 盟军还需要数量空前的橡胶，用于生产数以 10 万计的军用卡车、吉普车和战机的轮胎。刚果新建的人工橡胶种植园提供了一部分原料，不过，非洲村民也被迫再次走入雨林，寻找野生藤蔓，有时候一走就是好几个星期。[15]

* * *

虽然没有终结强制劳动，刚果改革的呼吁者极为成功地让那片土地成为全球关注焦点的时间长达约10年。纵观历史，公众的义愤很少能够如此长时间地倾注到一个那样遥远的地方。这就引出了有关这一运动的另一个重要问题：为什么是刚果，而不是其他地方？

古代英国的一部法律规定，目睹有人行凶或发现尸体而不 280
“大声疾呼”是犯罪行为。可是，我们生活在一个到处是尸体的世界，只有一部分尸体引起了“大声疾呼”。没错，因为刚果人口减少了大约1000万，因此刚果发生的事情可以说是欧洲瓜分非洲过程中最为残暴的部分。但是，如果只是将撒哈拉以南非洲地区看作由各国殖民地边界勾勒出的，由一块块方格组成的棋盘，你才会得出这样的结论。如果你用另一种方式来划定边界——比如将非洲盛产野生橡胶的所有赤道雨林区圈在一起——那么，就会遗憾地看出，刚果的情况，并不比周围殖民地的情况更糟：要知道，利奥波德拥有的橡胶产区面积要比周围殖民地的大很多。在他开始统治的10年内，类似的用于榨取橡胶的强制劳动制度开始出现在刚果河西部和北部的法属殖民地、葡属安哥拉，以及附近的德属喀麦隆。对于喀麦隆境内的特许公司来说，“他们公开承认，让他们获得灵感的‘样本’”，一位历史学家说，“是国王利奥波德二世在刚果自由邦的项目，丰厚的利润分红让股票经纪圈羡慕不已。”[16]

在法属非洲赤道地区，这个地区的历史记载最为详细，橡胶植物的面积远远小于利奥波德控制的地区，但对村民的压榨同样残酷。[17]几乎所有有价值的土地都被分配给特许公司。强制劳动、扣押人质、铁链拴奴隶、脚夫挨饿、烧毁村庄、准军事的公司“哨兵”、chicotte是司空见惯的事情。数千名穿过刚果河逃离利奥波德残暴政权的难民后来又从法属殖民地逃回刚果。据估计，盛产橡胶的法属赤道地区人口减少比例和利奥波德治下的刚果一样，也是大约50%。[18]而且，和利奥波德治下的殖民地一样，法属殖民地和德属喀麦隆村民为反抗橡胶掠夺制度进行了长期且声势浩大的反抗，给殖民者带来了沉重打击。[19]法国学者凯瑟琳·科克里－维德罗维什（Catherine Coquery-Vidrovitch）公布了一张揭露法属殖民地残暴行为的表格。这张表格显示，1904～1907年，在一个名叫桑朗加（Salanga）的法属刚果基站，每月橡胶产量的增减几乎完全与公司“哨兵”子弹消耗量的增减一致——在“高产”的月份里，每月消耗子弹将近400发。[20]

在此期间，法国媒体曝出了一件丑闻。两个白人受审，因为他们在法属刚果实施了一系列令人发指的杀人事件。为了纪
281 念巴士底日（Bastille Day），一个白人将一根雷管插入一个黑人人质的直肠后，将其引爆。1905年，事情发生之后，法国政府效仿利奥波德，向那里派出了一个调查委员会，设法平息这件事。法国政府召回已经退休的著名探险家德·布拉扎（de Brazza），让他领导这次调查。政府希望他不会透露他本人为法国开辟的（首都布拉扎维尔也是以他的名字命名的）这一殖民地的任何尴尬之事。

然而，既定计划出了岔子。德·布拉扎上路之后政府发出的临时整改命令（比如，取下强制劳动力身上的铁链），在德·布拉扎到达目的地之后还没有到达内地。他看到的情况让他大为震惊，他开始动笔撰写一份极为不满并大加批判的报告，

然而，让法国政府长出一口气的是，他死在了回国的路上。政府给他举行了盛大的国葬，负责管理殖民地的部长亲自在巴黎拉雪兹神父公墓（Père Lachaise）布拉扎的墓前朗读了辞藻华丽的悼词："布拉扎没有死……他的热情永存……他是作为法兰西荣耀的永久的正义和人道传统……的典范。"[21] "永久的正义和人道传统"让德·布拉扎起草的那份报告无法公之于众。这位部长在议会的默许下，迅速压下了这份报告，一直没有对外公布。利润丰厚的特许公司的制度虽略有变动，但毫发未损。20世纪20年代，新建的一条穿越法国殖民地，绕过刚果河大激流的铁路造成了大约2万名强制劳动力的死亡，这一死亡人数远远超过了利奥波德在附近初建和后来改造那段铁路时的劳工死亡人数。[22]

（有关法属刚果的这段历史，有一个耐人寻味的地方。有人通过其他人或傀儡公司的名义，成为法属殖民地5家特许公司的重要股东，并且是其中3家公司的控股股东。猜猜这个人是谁？[23]正是国王利奥波德二世。比利时政府委派的调查人员在调查利奥波德死后留下的错综复杂的财产时，发现了这一点。因为担心法国政府发现他们的刚果领地在某种程度上属于隔壁的国王后心生不悦，他们多年一直对这件事守口如瓶，直到20世纪20年代，比利时才将这些股权出手。此外，利奥波德还握有德属喀麦隆数家特许公司的大量股权。）

如果用被杀害人数占总人口的百分比来分析屠杀情况，你就会觉得，人们呼吁改革的焦点只针对利奥波德治下的刚果就显得更加不符合逻辑。根据百分比标准，德属西南非洲（今天的纳米比亚）赫雷罗人（Herero）的情况更为糟糕。那里的杀戮没有用任何慈善说辞作掩饰。那完全是不折不扣的屠杀，而且在动手之前，他们居然会在事先通知。

282 大量土地被德国人占去之后，赫雷罗人于 1904 年发动起义。德国派了一支配备精良武器的军队前往镇压。这支军队的指挥官陆军中将洛塔尔·冯·特罗塔（Lothar von Trotha）下达了一条格杀勿论的命令（Vernichtungsbefehl）：[24]

> 在德国境内的所有赫雷罗人，不管是否携带枪支，不管是否有牛，一经看见，悉数射杀……
>
> 命令签署人：德皇陛下的大将军冯·特罗塔（Von Trotha）。

因为担心有任何表述不清楚的地方，后面又补充了一句："不接受男性俘虏。"

据估计，1903 年生活在这一地区的赫雷罗人大约有 8 万人，到 1906 年，只剩下 2 万名没有土地的难民。其他人不是被驱赶到沙漠里被渴死（德国人给水塘里投了毒）、被射杀，就是——为了节省子弹——用刺刀刺死或用枪托打死。

冯·特罗塔的格杀勿论令引起了德国本土的一些反对，但国际上回应者寥寥，虽然当时呼吁刚果改革的呼声一浪高过一浪。莫雷尔和其他呼吁刚果改革的人极少关注德属非洲殖民地的情况，以至于 5 年之后，作为莫雷尔两位主要资金支持者之一的商人约翰·霍尔特竟然问："听说德国人屠杀赫雷罗人，包括男人、女人和孩子，是不是真的？……我从来没听说过这事。"[25]

大约就在德国人屠杀赫雷罗人的时候，世界各国在很大程度上忽视了美国人在菲律宾进行的残酷的反游击战。在这场战争中，美国军队拷打俘虏、烧毁村庄，打死了大约 2 万名反叛者。超过20万菲律宾人死于与战争有关的饥饿或疾病。英国军队执行了和冯·特罗塔一样残酷的格杀勿论令，屠杀澳洲土著也没有受到国际上的指责。当然，不管在欧洲，还是在美国，都没有出现声势浩大的反对屠杀美洲印第安人的抗议活动。

除了被害者本人，其他地方发生的大屠杀在很大程度上没有人注意到，而为什么英格兰和美国会出现针对刚果的大规模的抗议风潮？同理心政治（politics of empathy）是解释不通的。英美两国民众专注于刚果的一个原因肯定是，批评刚果不会有危险。抗议刚果问题不涉及英美两国的错误行为，也不会产生因为挑战类似法国、德国这样的强国而带来的外交、贸易和军事上的不良后果。莫雷尔在德国问题上存在某种盲区，不过，虽然在集中全部火力对付利奥波德，但同时，目光犀利的他一再强烈批评法国政府在其赤道地区的非洲殖民地照搬利奥波德 283
的制度，为掠夺橡胶草菅人命的程度仅次于利奥波德。可是，他的英国追随者因为第一次世界大战日渐临近，觉得法国可能成为英国最主要的盟国，因而丝毫没有响应莫雷尔。

发生在刚果的事情确实属于大范围的大屠杀，但一个悲哀的事实是，那些为利奥波德实施这些屠杀的人并不比在非洲工作或打仗的其他很多欧洲人更加凶狠嗜杀。康拉德说得再恰当不过："所有欧洲人都参与了塑造库尔茨。"[26]

在利奥波德死后的几年里，刚果剧本里的其他演员陆续走下了舞台。1910年，威廉·谢泼德永远地回到了美国。在开赛公司诽谤诉讼中被判无罪不久后，他被迫辞去传教士职务，因为有人看到他与非洲女人有婚外情。教会让他经历了一个短暂的考察期之后，就恢复了他的美国牧师职务。教会对他的婚外情丑闻一直守口如瓶。[27]20年非洲生活期间的数十次发烧影响了他的健康。他余生大部分时间都在肯塔基州路易维尔市（Louisville）度过。他在那里担任恩典长老会（Grace Presbyterian Church）牧师，妻子露西在主日学校里教课，并担任唱诗班的领唱。

即使在南部长老教会，谢泼德仍然坚持就非洲问题进行广泛的写作和演讲。这意味着，他的听众只能是被实施了种族隔离的会众。他的两个冤家对头——布克·T. 华盛顿、杜波依斯先后邀请谢泼德和他们同台演讲，谢泼德都答应了。[28]但是，他虽然在黑人圈里深受爱戴，曾经是第一个面见库巴国王的外国人，曾经是白宫的座上客，但他回到美国南部后，仍然是一个二等公民。数年之后，谢泼德故乡弗吉尼亚州韦恩斯伯勒市（Waynesboro）的一个白人妇女在说起谢泼德时说：“这个黑鬼还不错。他从非洲回来之后，还没忘了自己的身份，拜访我们时总是走后门。”[29] 1927 年，谢泼德逝世于路易维尔，享年 62 岁。1000 多人参加了他的葬礼。

在这个国家的另一端，律师亨利·科瓦尔斯基肥硕的身体加速了他的死亡。1914 年，有人发现他死在他在旧金山皇宫酒店（Palace Hotel）房间的地板上。在比利时，收集人头的事情
284 过去多年之后，利昂·罗姆于 1924 年倒在他开赛公司的办公室里死去了。在作品《黑暗的心》中入木三分地揭露了罗姆及其追求财富本质的约瑟夫·康拉德，在同一年死于英格兰。刚果论战中唯一活到我们这个时代的公众人物是传教士、改革呼吁者兼摄影师的艾丽丝·哈里斯（Alice Harris）。她死于 1970 年，享年 100 岁。

这一段刚果历史的另一个重要人物死得却没有这么安详。

1913 年，罗杰·凯斯门特爵士从英国领事部门退休，终于

投身于他期盼已久的事业中：为祖国争取自由。回到爱尔兰之后，他推动建立了民兵武装爱尔兰志愿军，并在全国各地的公众集会上演讲。他的一位同僚这样描绘1914年身在都柏林的凯斯门特："一个人站在窗帘前面向外张望，那个人正是罗杰·凯斯门特……孤傲地表现出明显的沮丧，好像心中装着全世界的悲伤。他侧对着我。他英俊的脸庞和高雅的轮廓在窗帘的格子图案和灰色天空的衬托下格外明显。他的身高给人一种不寻常的威严感，黑色的头发和胡子比平时长了不少。他的左腿猛地向前迈出一步，露出靴子上的一个大洞——他经常接济别人，弄得自己入不敷出。"[30]

"每个爱尔兰人都很清楚，"凯斯门特写道，"英国人唯一尊重的规则是枪杆子。"[31]于是，他动身到大西洋彼岸，打算向爱尔兰裔美国人筹集从黑市购买枪支的资金。可是，他到达美国没多久，第一次世界大战开始了。英国政府说，关于爱尔兰自治的所有谈判都必须推迟。对于这一态度，凯斯门特回复了一封公开信。在信中，他郑重地说，爱尔兰人绝不"为和他们没有任何关系的战争流血、牺牲荣誉、投入人力……除了为爱尔兰，爱尔兰人不为任何国家、任何事业流血……我们死后要埋在祖国的那片草地中，爱尔兰民族将从那里站起，焕发新的生机"。[32]

他刮掉胡子，使用假护照，从纽约动身前往德国。他们几个主张用武装斗争争取爱尔兰独立的爱国者希望德国能够宣布，如果德国赢得这一战争，爱尔兰就可以独立。作为回报，德国可以将当时关押在德国的爱尔兰战俘组织起来，武装并训练一个愿意为自由而战的爱尔兰旅与英国作战。凯斯门特想，如果这支爱尔兰旅无法赴爱尔兰作战，它也可以和埃及人并肩作战——

285 埃及也是一个渴望摆脱英国统治的殖民地国家。他在日记中写道，他的计划是“将爱尔兰的绿色旗帜与穆罕默德的绿色旗帜联合在一起……将协约国赶到大海里去”。[33]

爱尔兰战俘根本不认同凯斯门特的想法。他们是职业军人，很多人的前辈就曾在他们服役的那支英国部队中服役。在大约2200个信仰天主教的爱尔兰战俘中，只有不到60人加入了爱尔兰旅。德国给他们配备了衣领上饰有竖琴和三叶草（爱尔兰国花）的德国军装。凯斯门特有时和这支部队一起练习走正步，但因为人数几乎还没有一个排的人数多，因此，这支部队从未上过战场。

德国人对凯斯门特的反殖民思想非常反感，想要让他离开德国，而他正好渴望回到爱尔兰，和他那些地下党同志并肩战斗。1916年4月21日，在距离爱尔兰西部海岸不远处，一艘德国潜艇的船长将凯斯门特、他的两个同伴，以及他们的给养放在一艘小船上。最后，当他问他是否还需要什么衣物，凯斯门特回答说：“只剩下裹尸布了。”[34]

在某种程度上，凯斯门特一生一直在等待这一回归故土、慷慨就义的时刻。“那天早晨（大约凌晨3点钟）踏上爱尔兰土地的时候（小船被巨浪打翻，我们游到一个不知名的海滩上）……心头涌起一阵兴奋，我再次露出笑容……身边是大片的报春花和野生紫罗兰，云雀在空中唱歌，我终于又回到了爱尔兰。”[35]

几个钟头之后，他被抓住了。他满脑袋想的都是报春花和云雀，可是口袋里还装着一张从柏林到德国潜艇港口威廉港（Wilhelmshaven）的火车票存根，以及一个日记本。据说日记本上用密文记录道：“4月12日：坐维利的游艇离开威洛。”[36]除了其他东西之外，警察还发现了他们在登陆地的海滩上埋下的三把毛瑟手枪、一些弹药、双筒望远镜、地图、一本《欧玛尔·海亚姆的鲁拜集》（*The Rubaiyat of Omar Khayyám*）。

两天后，凯斯门特被指控犯有叛国罪。他是几百年来这个国家第一个被指控犯这种罪的爵士。他被单独关押在伦敦塔，不得与他人接触。政府很快就开始审讯他。他戴着手铐，跟着看守往返于监牢和法庭。和几乎所有与凯斯门特一起呼吁刚果改革的朋友一样，阿瑟·柯南·道尔对他的行为也很不以为然，但他还是资助了 700 英镑，让他请律师。阿瑟和其他很多知名作家在请愿书上签名，请求免他一死。但是，1890 年与凯斯门特在马塔迪同住一屋的室友约瑟夫·康拉德拒绝签名。他坚定 286
地热爱他的移居国，就像凯斯门特坚定地反对这个国家一样。

人们从世界各地寄来资金，发来电报，希望帮助他度过这一关。美国的黑人联谊会（Negro Fellowship League）向乔治五世国王上书，请求从宽处理："我们非常感谢他在非洲担任英国领事期间揭露事实真相，改变了刚果原住民的处境。如果没有他，外部世界根本不知道那里的野蛮暴行。"[37]乔治·萧伯纳（George Bernard Shaw）给凯斯门特起草了一份发言稿，供他法庭上为自己辩解，但凯斯门特没有接受并使用了自己的发言稿。

"自治是我们的权利，"他在法庭上庄严地说，"如同生命权，如同感知阳光、嗅闻花香的权利一样，就像爱我们同类的权利一样，它不需要别人赐予，别人也不能将他们夺走……如果离开异邦去自己的国土生活，如果思考自己的事情、唱自己的歌曲、收获自己的劳动果实都需要眼巴巴地征得他人同意的话……那么相较于驯服地屈从认命，揭竿而起就是一件勇敢、理智、现实的事情。"[38]凯斯门特对自由的追求适用于所有民族，而不仅是他自己的民族。具备这一特质的爱国者很少。他对众人说，争取爱尔兰等欧洲国家的自由与争取埃及、刚果等非洲国家的自由，二者存在一些共同的东西。这在他的那个时代是很少见的，或者说是独一无二的。他的这一演讲很快进入反殖民主义编年史，对一位年轻人产生了深刻影响，后来他带领他的国家获得了独立。这个人名叫贾瓦哈拉尔·尼赫鲁（Jawaharlal Nehru）。据他说："那番话说出了受他国主宰的国家的真实感受。"[39]

被认定有罪之后，凯斯门特被转到伦敦的本顿维尔监狱。这是一座建于1842年的庞大的、戒备森严的建筑，专门关押单独囚禁的囚犯，保密要求极严。伦敦警察厅在凯斯门特先前在伦敦的住处发现了他写的一些日记。有关部门立刻对其中记叙同性恋经过的内容拍了照，并广为散发：给英国国王、伦敦各俱乐部里有影响的公民、议会成员。他们邀请记者参观，还将一套照片送往华盛顿。英国政府想将凯斯门特搞臭，让所有上层人物打消给他说情的念头。这些日记最终断送了他活命的机会。

一次，一个因为呼吁和平、反对战争而被关押的囚犯瞥见他透过本顿维尔监狱囚室的窗户仰望外面傍晚的天空。他看上去"出奇的平静……似乎已经身处另外一个世界；表情里看不
287 出一丝焦虑或恐惧"。[40]1916年8月3日早晨，监狱看守将他的双手绑在背后。"他大步走向绞架，"他身边的那位牧师后来说，"有一种王子般的尊严，身高比我们所有人高出一大截。"[41]负责绞刑的那个刽子手说他是"经我手处死的苦命人中最勇敢的一个"。[42]在距离被绞死不到一个星期时，在牢房里写的最后一批信的一封中，凯斯门特回忆了他的一生："我犯过一些严重

的错误，搞砸了很多事情，很多事情没做好——不过……我做得最好的事情就是关于刚果的。”[43]

* * *

和朋友凯斯门特一样，有关刚果的长期斗争也彻底改变了莫雷尔。在他生命的最后10年里，他进行的是一生所有战斗中最为英勇、最为孤独的战斗。在这期间，没有一个贵族和主教给他任何鼓励和声援。

在刚果改革运动最后的几年里，莫雷尔看到，法国和伦敦之间的友好条约处处阻挠他。根据条约中的很多秘密条款，英法两国让一切问题都让位于着手准备即将到来的欧洲战争。1914年8月初，他难得和女儿在法国迪耶普的海边度假。街头到处是被动员起来的预备役士兵，父女两人匆匆挤上一艘坐满人的船穿越英吉利海峡回到英国。就这样，战争的阴云让他的度假计划早早结束。伦敦街头上的人群呼喊着支持战争的口号，莫雷尔和朋友国会议员查尔斯·特里维廉（Charles Trevelyan）穿过空荡荡的下议院大厅，心里有一种强烈的不祥预感。

当时，公开向欧洲对立的双方力陈战争是愚蠢行为的人屈指可数，而莫雷尔就是其中之一。他大声疾呼：通过一系列背着公众和国会的秘密条约，英格兰已经卷入了一场不必要的大灾难。他说自己不是一个和平主义者，如果英格兰受到攻击，他会挺身而出。不过，英格兰没有受到攻击。有人要求他辞去自由党国会候选人的职务（Parliamentary candidate for the Liberal Party）。莫雷尔将为数不多的饱受批评的观点相同的人们团结在一起，成立了民主监督联盟（Union of Democratic Control, UDC）。该联盟迅速成为英格兰独树一帜的反战声音。民主监督联盟的积极分子发现，他们的信件被伦敦警察厅私拆，电话被监听。暴徒经常骚扰他们的会场，撕坏旗子，投掷臭气弹，殴打发言人和听众。不久，伦敦没有人敢给他们出租会议场地。各地先前的崇拜者纷纷弃莫雷尔而去。当先前的一个记者朋友，
288 现在穿上了军装，屈尊俯就地在大街上向他打招呼时，莫雷尔竟然感动得落泪，说："没想到现在还有人愿意和我说话。"[44]

和在先前的刚果改革运动中一样，莫雷尔是民主监督联盟的主导人物。"我感觉他这人心中似乎有一座火山，"一位同事写道，"他的内心一直安静地燃烧着一把火。"[45]他的妻子玛丽一如既往地全心支持他，并加入了这个组织的决策委员会（organization's council）。他在英格兰各地建立了民主监督联盟的分支机构，并编辑了该机构的月度报纸，除了照例撰写大量文章和小册子之外，还写了两本书。不过，现在，工作比先前困难很多，因为现在的英格兰被对战争的狂热所左右。战时审查人员禁止他发表某些文章，他的邮箱里经常充斥着满是仇恨言辞的信件。警察搜查了民主监督联盟的办公室和莫雷尔的家，拿走了他书房里的文件和信件。[46]他顶着这些压力发表的作品中有一本《秘密外交这10年》（*Ten Years of Secret Diplomacy*）。关于这本书，历史学家泰勒（A. J. P. Taylor）说："后来所有关于'战争起源'的研究都源自（这本书）……两次世界大战期间的历史学家都……效仿他的方法……莫雷尔不仅改变了研究方法，他还改变了看问题的视角。"[47]

今天，因为我们非常清楚不过，导致850万人死亡、2100万人受伤的第一次世界大战完全是一场没有必要的、本可以避免的悲剧，所以很容易忘记，当时有勇气指出这一点的人是多么少。随着战争的继续，他面临的舆论压力日渐严峻。愤怒声

讨英国反战运动的《每日见闻报》（*Daily Sketch*）指出："当你和反战的人辩论，质疑他们提出的事实的时候，他们动辄提到一个权威人物——莫雷尔……粉碎这一阴谋，就必须抓住这个主谋。"[48]他的办公室始终处于警察的监视之下。《每日快报》（*Daily Express*）一篇文章的标题是："莫雷尔是何许人也？他的亲德组织背后的金主是谁？"[49]《旗帜晚报》（*Evening Standard*）称他是"这个国家的德国间谍"。[50]

在承受这些攻击的时候，莫雷尔得知了凯斯门特被捕的消息。莫雷尔在UDC的同事提醒他，他们自己已经困难重重，劝他不要再支持他的那位朋友——凯斯门特和他们不一样，他已经在用实际行动与德国合作了。因此，虽然莫雷尔心里十分痛苦，但他没有在凯斯门特最后的几个月里去监狱看他。凯斯门特和先前一样宽容大度，派人告诉莫雷尔他理解后者的处境。一位朋友见到凯斯门特的朋友写信给莫雷尔说："他跟我说，你接受同事的建议是正确之举，绝对没有任何问题。"[51]

在整个战争期间，当所有人都在反对他的时候，莫雷尔像 289
当年相当数量的英国当权者支持他呼吁刚果改革时一样，始终坚持他的观点。他呼吁展开和平谈判，结束秘密条约。他相当有预见性地反对战争结束后迫使德国接受严苛的和平条款。因为沙俄也在协约国一边，所以他认为，这场战争是民主与独裁之战的说法是可笑的。他呼吁各国裁军，要求在没有原住民投票同意之前，不得转让殖民地土地，要求建立一个所有国家都参加的国际委员会（International Council）。

"1914～1918年的战争改变了我的一切……"另一个大胆挑战大国沙文主义热潮的人伯特兰·罗素（Bertrand Russell）写道："我损失了很多朋友，结识了很多新朋友。我认识了几个深为仰慕的朋友，我觉得莫雷尔应该是第一个……面临政治宣传和审查带来的无数障碍时表现出旺盛的精力和极强的个人能力，他竭尽所能，让英国民众了解政府将众多小伙子送往屠宰场的真正目的。他受到的来自政客、新闻媒体的攻击之多超过了任何一个反对那场战争的人……虽然如此，他从未退缩。”[52]罗素这样评价莫雷尔：“据我所知，在追求和揭示政治真相方面，没有一个人具有他这种英雄般的执着与坚持。”[53]

英国政府的档案显示，很多部门的高级官员早就在讨论怎样最稳妥地将莫雷尔“一劳永逸地关进监狱”（引用外交部一位官员的话），[54]不给他在接受审判时有面对大批听众讲话的机会，否则，他又要用他那极强的雄辩术和掌握的信息鼓动听众。1917 年，他们好不容易找到了一个不起眼的法律条文，借口他违反了将反战作品寄往国外这一含糊的法律将他逮捕。保释要求被驳回。他很快被判 6 个月的艰苦劳役。

莫雷尔描述了 1917 年审判现场怪异的一幕：“在这种乏味枯燥的审判场所，出现了戏剧化的一幕：当我的律师陈述案情时，一个人从我身后的某个地方走上前去，径直交给控方律师一张纸条。对方展开那张纸条，看完之后点了点头，于是，先前的那个人回到了他的座位上。可是，那人从我面前走过的时候，我认出了他……他曾经作为国王利奥波德二世的特派代表，在我前往美国呼吁刚果改革时公开反对我。”[55]当时距利奥波德
290 死去已有 8 年，莫雷尔那次前往美国也是 5 年之前的事情了。五六个拿了利奥波德的钱的游说人仍然和他处处作对。他没有说出现在法庭上的那个神秘人物到底是谁，不过，给人的感觉就像是利奥波德在坟墓里调兵遣将。

法警将莫雷尔送入一年前处决罗杰·凯斯门特的本顿维尔

监狱。隔壁囚室的那个人因为偷了三瓶威士忌被关到这里，而另一边的那个人则是因为强奸了一个孩子。监狱只允许他每个月给妻子写一封信。在一封给妻子的信里，他说："这是过去20年里，我们第一次在两人不在一起时没有每天给对方写信。"[56]

在监狱里，他整天待在一个到处是尘土的屋子里缝邮包，或者用绳子编织海军士兵用的吊床和垫子。他始终不说一句话：囚犯干活时不许说话。每天下午4点到第二天上午8点，他被关在自己的囚室里。晚餐也是一个人在囚室里吃，一般是"用一个马口铁容器盛着的一片面包，容器底部大约有半品脱的凉粥。那个容器在当天早些时候可能盛放过熏青鱼，上面还残存着痕迹。还有一品脱热可可饮料。人们俨然将可可看作传说中诸神享用的琼浆玉液，尤其是天冷的时候"。[57]每个夜晚都有一两次听到咔嗒的声音，那是看守在打开每个囚室门上的窥视孔察看里面的囚犯。在夜里，"阴冷囚室里面十分阴冷——仿佛是世界上最冷的地方。没有什么地方比那里更冷"。[58]

犯人们定期被召集到监狱的小教堂里。他们坐在那里，同样不许说话，看守在台上盯着他们，监狱负责人向他们宣布军队在莫雷尔曾经反对的战争中取得的胜利。有时候，他要将大块的黄麻纤维——他估计重量大约有100磅——搬到监狱的工厂里。这让他自嘲地想起五六年前在非洲时，搬运工替他扛着行李，艰难地穿过尼日利亚乡村的情景。"往事历历在目，眼前的经历是一位很好的老师，也能让人体会到很多东西。毕竟，人活一辈子，两种角色都要扮演一下。"[59]一个因为盗窃被关进来的囚犯感觉莫雷尔不是一般人物，称呼他"先生"。

1918年年初，莫雷尔出狱两个月之后，波特兰·罗素（不久后他也被捕入狱）在写给吉尔伯特·默里（Gilbert Murray）的信中说："昨天，他出狱后我第一次见到他。6 个月的牢狱生活对他影响巨大。他的头发全白了（以前几乎看不到一丝白
291 发）——他刚出来的时候，完全垮了，不管是身体上，还是精神上，很大程度是因为营养不良。"[60]

莫雷尔恢复了往日的演讲和写作习惯，不过他先前结实的身体现在十分单薄。出狱后不久，他后来人生中多次发作的心脏病第一次发作了。不过，在接下来的几年里，他之前饱受诟病的观点终于被证明是正确的。协约国成员之间确实存在秘密条约。而且，美国总统伍德罗·威尔逊（Woodrow Wilson）提出的 14 点和平方案中的很多内容很像是抄袭了莫雷尔之前撰写的一个小册子。民主监督联盟在战争期间获得的支持一部分来自工会会员，并且——让莫雷尔惊讶的是，因为他先前供职的那家航运公司的主管从来没认为他是一个社会主义者——他现在被工党奉为英雄。1922 年，作为工党候选人竞争一个下议院席位时，他酣畅淋漓地挫败了在战争期间将他送入监狱的一位前任内阁大臣——一位名叫温斯顿·丘吉尔（Winston Churchill）的国会议员。

事实证明，莫雷尔深受苏格兰邓迪市（Dundee）选民的爱戴。1923 年，他们再次选他为国会议员，第二年他第三次当选。当他要前往伦敦任职时，2 万人前往火车站送行。[61]在国会里，他迅速成为工党里外交政策方面最出色、最受尊重的声音。当 1924 年年初，该党领袖拉姆齐·麦克唐纳（Ramsay MacDonald）成为英国第一任工党首相时，很多人认为他会任命莫雷尔为外交大臣，但他没有这样做。对于一个不稳固的联合政府来说，莫雷尔是一个极为独立的道德捍卫者和改革者——也许会成为他的潜在

对手。麦克唐纳后来自己担任了外交大臣。作为一种安慰，他提名莫雷尔为诺贝尔和平奖的英国候选人。

虽然莫雷尔年仅 51 岁，但牢狱生活、战争时期的迫害、没有获得内阁职务的失望、长达几十年的超负荷工作开始显现出对他的健康的破坏性影响。在下议院开会时，他不得不每隔一会儿就到议会大厦外面的露天平台上伸开四肢躺一会儿。他和妻子经常开车去德文郡他妻子娘家那里休养。1924 年 11 月 12 日，他和她的妹妹在树林中散步。莫雷尔说他感觉有点累，就坐了下来，靠着一棵树歇了一会儿。他再也没有站起来。

邓迪、伦敦和纽约民众举行了大规模的悼念活动。法国作家罗曼·罗兰（Romain Rolland）说："时间将证明，莫雷尔超越了那个时代。"[62]

19 有意识的遗忘

292 对于造访苏联的游客来说，一个极为怪异的经历是参观莫斯科高尔基大街革命博物馆宽敞的展厅。在那里，你可以看到数百幅戴着皮帽子置身于堆满雪的路障后面的革命者的照片和油画、无数的步枪、机枪、旗帜、大量其他遗物和文件，但是看不到关于死在处决室、人为的饥荒、古拉格监狱里的大约2000 万苏联公民的任何痕迹。

现在，莫斯科的那个博物馆的变化是当初的创设者无法想象的。然而，欧洲另一边的一个博物馆却没有发生任何变化。参观那个博物馆，需要乘坐 44 路有轨电车，穿过布鲁塞尔近郊绿树成荫、风景怡人的索尼娅森林（Forêt de Soignes），前往特尔菲伦镇的古代公爵领地。18 世纪，后来成为猎人保护神的圣休伯特（Saint Hubert）曾经住在这里，并在周围的树林中追捕猎物。今天，中部非洲王室博物馆（Royal Museum for Central Africa）矗立在国王利奥波德二世命人修建的气势磅礴的路易十五风格的王宫里，俯视着一个花园。在某些特别的日子里，会有数百位游客来到这里，包括利用课余时间来参观的学生和乘坐空调巴士前来的老年人。

这个博物馆的展厅陈列的非洲历史和文化展品是全世界最多的。看完全部展品需要一整天。展品从斯坦利的帽子到利奥波德的拐杖，从奴隶的手铐脚镣到足以乘坐 100 人的大型独木舟。其中一个展厅陈列的全部是武器和军装，为的是庆祝 19 世

纪90年代的“反奴隶制战争”的胜利——当然，反对的是
“阿拉伯”奴隶贩子。一块饰板上列着“长眠于非洲”的几十 293
个公安军军官的名字。另一个展厅陈列着填充的动物标本：大象、黑猩猩、大猩猩。一台电视机在不间断地播放一段黑白视频，向人们展示蓬德人（Pende）戴着面具的舞蹈、朝堂上的库巴国王、恩通巴人（Ntomba）的葬礼——一个完全由奇异服装和各式鼓诠释的非洲。在其他位置的玻璃橱里陈列着各种各样有关刚果文化的物品：梭镖、箭、烟斗、面具、碗、篮子、桨、令牌、捕鱼笼、乐器。

一个临时的展品向人们展示了刚果河流域地势较低地区的一种奇异的雕塑：这是几个3英尺高的木制雕像。雕像的胸部和颈部布满了数百个钉子，以及很小的类似剃须刀的刀片。这几个雕像就像是怒气冲冲、备受折磨的侏儒。每个钉子和刀片都象征着一句要求申冤雪恨的誓言或请求。但是，至于刚果出现过什么严重的不公正行为，这里没有任何说明。在这一博物馆的任何一个展厅里，都看不到为什么数百万刚果人会非自然死亡的最细微的线索。①

在布鲁塞尔的其他任何地方，你都看不到有关这些人死亡的线索。作为刚果部分政府机构所在地和最有实力的刚果公司总部所在地，布雷德里大街仍旧经过王宫的后门。不过，约瑟夫·康拉德当年面试的地方已经被一个政府税务所占据。在王宫的另一边是利奥波德的巨大雕像。他骑在马背上，冷冷地望着远处高速路上的高架桥通道。然而，刚果的血腥杀戮、对土地的掠夺、砍手行为、破碎的家庭、孩子失去父母在很大程度

---

① 1998年本书出版时，情况依然如此。至于那之后的变化，参见本书第402~404页。

上是他眼前那些建筑之所以存在的原因。那装饰华丽的、有众多圆柱的王宫本身也是用来自刚果的利润装修成眼前这般富丽堂皇的。另一个更加宏伟的位置——带有穹顶的拉肯庄园也是如此。拉肯庄园是王室成员生活的地方，那里有一系列美不胜收、玻璃面积超过 6 公顷的温室。每年春季，这些温室都有一段很短的时间向公众开放。参观过程中，数千参观者要经过一个装饰着茶花、杜鹃花的利奥波德半身像。拉肯庄园里还矗立着一座 5 层高的日本塔。这是一个很奇特的建筑。利奥波德在
294 巴黎的世界博览会上看到这一建筑后喜欢不已，就用从刚果赚来的钱买了下来。这个城市最高的建筑是用从刚果获得的利润建造的最为气派、最为奢华的 50 周年纪念拱门（Cinquantenaire arch），它的旁边点缀着不少英雄雕像，像是巴黎凯旋门（Arc de Triomphe）和勃兰登堡门（Brandenburg Gate）加上侧翼建筑的臃肿结合。拱门所用的巨石和混凝土主体让人想到康拉德在《黑暗的心》中对那个没有指明具体国家的欧洲国家首都的描述——“阴森森的城市”。[1]然而，对于数百万用血汗为这一切埋单，死后被送入无名墓穴的非洲村民，这里没有东西给予纪念。

布鲁塞尔不是一个特例。柏林也没有关于被屠杀的赫雷罗人的任何博物馆或纪念碑。巴黎和里斯本也看不到任何让人们知道曾经让法国和葡萄牙非洲殖民地减少了一半人口的，恐怖的橡胶收集政策的信息。美国南部有数百个内战纪念碑和保存完好的种植园园主宅邸，可以证明奴隶制存在的展品却少之又少。然而，我们生活的这个世界——分歧与冲突层出不穷、贫富差距日渐扩大、各种暴力事件令人费解——与其说是被那些我们所庆祝的神话事件所塑造的，倒不如说是被那些我们竭力

去忘却的痛苦事件所塑造的。利奥波德统治刚果时期是历史上众多被人有意识地遗忘掉的时期中的一个。

刚果提供了一个用政治手段推动人们忘却的突出示例。利奥波德和在他之后的比利时殖民官员绞尽脑汁“抹去”历史档案中那些可以证明殖民罪恶的证据。1908 年 8 月的一天，就在刚果被正式移交给比利时政府后不久，国王的一个年轻的军事助手古斯塔夫·施廷格汉伯尔（Gustave Stinglhamber）走出王宫，去刚果国政府办公楼见一个朋友。仲夏时节的天气尤其热，两个人来到敞开着的窗户前说话。谈话间隙，施廷格汉伯尔下意识地坐在暖气片上，接着马上跳了下来——暖气片太烫。两人叫来了看门人，问他怎么回事。他的回答是：“对不起，他们在焚烧刚果国的档案。”锅炉烧了 8 天，大部分刚果国档案化成了布鲁塞尔上空的灰烬和烟尘。“我把刚果交给了他们，”利奥波德曾经对施廷格汉伯尔说，“但是，他们没有权利知道我在那里做了什么。”[2]

在布鲁塞尔的锅炉呼呼作响之际，王宫向刚果下达命令，要求他们毁掉保存在那里的档案。国王在刚果问题上的长期幕僚马克西米利安·施特劳赫（Maximilien Strauch）上校后来说：“那些因为档案被毁掉而想要站出来揭露那段残暴历史的人，因为更高层面上的考虑，被政府用各种方式禁言。”[3]很少有极权政 295
权如此迫切地毁掉历史档案。在希特勒和斯大林后来在追求其“高尚事业”的过程中，在身后留下的文件，在某种程度上要多很多。

同样的有意识的忘却也发生在那些曾经供职于那个政权的某些人的头脑中。对他们来说，忘记自己曾经参与大屠杀不是一件被动的事情，而是主动去做的事情。在阅读早期征服美洲的一些白人征服者的回忆录时，我们有时候能看到正在出现的忘却行为。在这种时刻，他们不是将暴力行为从记忆中抹掉，而是将它们完全颠倒过来，怪异地将自己施暴者的身份变成了受虐者。例如，1896～1901年在刚果开赛地区管理一个橡胶收集点的拉乌尔·德·普雷摩里尔在回忆里记叙的某个时刻。他这样描述他如何处理一场兵变的所谓“元凶”。

> 我让两个哨兵把他拖到收集点前面的空地上，将他的两个手腕绑在一起。哨兵让他靠着一根柱子站在那里，双手高举过头顶。他们将他牢牢地绑在这根柱子上部的横木上。我让他们勒紧绳子，直到他只有脚尖能够接触地面……我不再理会那个可怜虫。一整个晚上他一直吊在那里。他时而求饶，时而昏厥。整整一晚上，他那忠诚的妻子一直在想办法减少他的痛苦。她给他找来水和吃的，给他揉搓酸痛的双腿……最后，天亮之后，我的手下把绑绳割断，他整个人扑通一声摔在地上，不省人事。“把他弄走”，我呵斥道……他活下来没有，我不知道……现在，在梦里，我经常感觉自己很可怜，50来个黑皮肤的妖怪围着我……跳舞。我经常在睡梦中惊醒，醒来后发现自己一身冷汗。有时候我觉得，我才是在那个晚上之后的这么多年里吃苦头最多的人。[4]

“有时候我觉得，我才是……吃苦头最多的人”……纵观历史，凡手上沾有鲜血的人都这样自圆其说。然而，当比利时成为战争的受害者而不是征服者的时候，这种对利奥波德治下刚果的杀戮行为的忘却又被意外地强化了。1914年8月，德国

入侵比利时，杀死了5000多名比利时公民，放火烧掉了数千幢 296
建筑，其中包括知名的鲁汶大学图书馆。

在接下来的4年里，先是英国，后来还有美国政府运用“领土狭小但勇敢无畏”的比利时遭受的苦难这样的说法来煽动战火尚未波及的那些国家的民众情绪。报刊文章、漫画、海报和爱国演讲不仅谴责实际发生的暴行，还走得更远。他们报道说，德国军人将比利时婴儿呈十字形钉死在房门上。协约国的媒体还报道了一个引人注目但无意让人想起刚果改革运动频繁曝光的一类事情。他们说，德国士兵经常砍掉比利时儿童的手和脚。一个被放逐的比利时作家甚至以这件事为主题写了一首诗①。[5]

比利时儿童被德国兵砍掉手脚的骇人消息不胫而走，一个富有的美国人积极设法收养这些残疾的比利时儿童，可是，即使他承诺帮忙找到这些孩子会得到重金酬谢，也没有找到一个孩子。最后，人们发现，德国兵钉死比利时孩子、砍掉儿童手脚的说法是空穴来风。[6]虽然如此，不管是在战争期间，还是在战争结束之后，协约国民众都不愿意听到这样的提醒：砍人手的事情发生在非洲，是比利时国王手下的人干的。就这样，有关利奥波德统治刚果的真实历史，以及反对利奥波德刚果政权的刚果改革运动，就淡出了人们的记忆，忘却速度之快、程度之深，甚至超过了非洲殖民过程中发生的其他大屠杀。

---

① 这首诗的结尾是：

他们（比利时人）发现一颗子弹，
准确地将某个德国佬击毙在路边时，
在他的口袋深处往往能发现，
除了金戒指或弄皱了的绸缎之外，
还有被残忍地砍下来的孩子的两条腿。

* * *

布鲁塞尔以东，乘火车一小时就能到达宁静的霍普廷根村(Hoepertingen)。朱尔斯·马沙尔（Jules Marchal）和妻子居住
297 在一个简朴、宽敞的老房子里，旁边有一个小樱桃园。[7]每年，他们都有几个星期挎着篮子，站在梯子上采摘樱桃，然后通过当地农民合作社卖出去。马沙尔出生在这里，73 岁的他是一个典型的城镇老人：嘴里镶着一颗金牙、身穿吊带裤、脸庞红润和蔼、一头白发。白色的胡须让他有点像晚年的探险家斯坦利。不过，两人的相似之处仅此而已。

马沙尔退休前是一名外交官。20 世纪 70 年代早期，他是比利时驻西部非洲三个国家的大使。这三个国家是加纳、利比里亚、塞拉利昂。一天，他注意到利比里亚的一份报纸报道里顺带提道，利奥波德国王治下的刚果曾死了 1000 万人。

“我很吃惊，”马沙尔说，“我给布鲁塞尔的外交部部长写了一封信。我说：‘我要给编辑写信纠正那个报道，因为这是对我们国家无端的诽谤，但是我不了解那段历史。您能否派人寄给我一些这方面的资料？’”

“我等了很久，可是一直没有回音。这就引起了我的好奇。”

马沙尔是一个细心、认真、做事很有条理的人，就是看书喜欢看原版，喜欢刨根问底，喜欢从原始文件而不是他人的概要中了解历史的那种人。好奇心被点燃之后，他阅读了大量关于早期刚果的历史，后来觉得，考虑到利奥波德烧毁档案文件的时间长达一个星期，所以寻找有关刚果历史的官方文件可能不是一件容易的事情。然而，某些重要文件逃过了 1908 年的锅

炉。这些文件中间就有 1904～1905 年非洲村民向调查委员会提供的、一直没有公布于众的证词。利用身份上的便利，马沙尔查到这种重要文件存放在比利时外交部，也就是他供职的机构的档案馆里。他希望能翻阅这些文件。

接下来，马沙尔前往担任非洲的另一个职位，“但刚果一直萦绕在我的脑海中。我感觉到一种腐臭的味道。我得知，1900 年到 1910 年间，国际媒体曾掀起过一场大规模的抗议风潮。那时刚果有数百万人死亡，但我们比利时人一无所知。因此，当我于 1975 年到布鲁塞尔外交部上班时，我做的第一件事就是去部里的档案馆，请求查看当年调查委员会的那些证词”。

不可能。对方这样回答道。那些证词文件上面打着一个“禁止研究者翻阅”（Ne pas à communiquer aux chercheurs）的戳记。马沙尔辩解说，距离调查委员会提交那份报告已经过了
70 年，再说，自己是大使级别的工作人员。可是不管用。对方 298
就是不让他看那些文件。

“外交部档案馆有规定。对比利时声誉有消极影响的材料不能给研究人员看。可是那段时间的所有资料都对比利时声誉有消极影响！因此，他们干脆什么也不让看。”现在，执着于这个主题的马沙尔距离退休还有 15 年。他仍旧供职于外交部，只不过回到非洲担任大使，另外还在布鲁塞尔做过一些文书工作。1989 年退休之后，他把全部时间都投入了自己的这个项目。40 年的公务员经历让他培养了一种不同寻常的能力：准确知道政府档案中某些隐秘资料的存放地点，于是他前往欧洲和美国，探访存放那一阶段历史材料的所有档案馆。他发现，最有价值的资料往往存在于年轻基层殖民地军官的信件中。[8]在到达刚果前，他们对未来满怀憧憬，到刚果后却惊讶地发现，非洲的实

际情况和他们在欧洲听到的美好宣传安全是两回事。他研究了非洲传教团体和曾经在非洲开展业务的公司的档案。他还远赴爱尔兰，查阅凯斯门特的文件，去往凯斯门特最后在执行那个让他丢掉性命的使命时登陆的海滩。

马沙尔在担任比利时外交官期间，曾用化名德拉苏（Delathuy，他祖母的娘家姓）写文章。“她是一个了不起的女性。不过，她已经从家谱中被删掉了，因为她在结婚之前生了一个孩子。家里没有人提及她的名字。这成了一个忌讳的话题。就像数百万人被屠杀的那段历史一样。”马沙尔用他的母语荷兰语写利奥波德治下的刚果历史。后来，他在荷兰语版本的基础上做了修订，并将它译为法语。虽然他的书在比利时基本上无人理睬，但这些书绝对是有关这一主题的专业之作，它记叙的权威性和翔实程度是任何语言都无法超越的。如果当初没有看到利比里亚报纸上的那篇文章，他可能根本不会动笔写这本书。

马沙尔介绍这本书时，就好像是着了魔似的。他的话语一声高过一声，还使劲做手势。他将书和文件从书架上抽出来，将手伸进抽屉里找照片。他用照片记录了莫雷尔在伦敦生活过的每个住处。“比利时人认为莫雷尔是一个背信弃义、品质恶劣的人。我要为他恢复名誉。”

让马沙尔不满的是，他代表国家出任大使这么多年，却对
299 这段历史一无所知。更让他恼火的是，他居然没有权力查阅自己所在部门的档案。一次，一位高级主管对他说：“你可以看这些档案，但有一个条件：不把你看到的任何东西写出来。”马沙尔拒绝了这一“交易”。在他反复纠缠了外交部官员长达 8 年后，他终于获准查看当年政府调查委员会的那些证词。他出版了一本那些证词的注解版的书。

还有一个原因让马沙尔在了解情况之后感到难过。早在他40岁出头进入外交部之前，他曾经在刚果工作了将近20年。当时的刚果正处于比利时殖民地的最后几年和作为一个独立国家的最初几年。一开始，他是殖民政权地区总督的年轻助理。几年后，第一次得知世纪之交的那段历史之后，马沙尔和妻子保拉（Paula）仔细梳理了脑海中的记忆，看看是否存在可以从新的角度来理解的任何线索、任何人说过的话。

“在1948年到达刚果之后，我的第一个工作是前往刚果各地，给二战期间协助政府收集橡胶的村寨首领颁发奖章。你知道，那时候政府让所有人都到森林里，去割取野生橡胶。我得把奖章颁发给大约100个首领。当地的一个下士和六七个士兵陪我到各个村子里。那个下士曾经对我说：‘这次的橡胶，没事。可是第一次，很可怕。’”直到30年之后，我才明白他说的是什么意思。

* * *

在整个非洲，殖民者编写学校课本，再加上广泛的出版禁令和新闻审查，这样，书面上的忘却行为得以实现。在刚果，利奥波德死亡之后长达半个世纪的比利时统治时期，非洲人的课本高度赞扬了利奥波德和他的贡献。例如，1959年针对想要成为公安军军士（NCO）的年轻刚果士兵下发的学习材料就说，那段历史“展示了比利时人怎样英勇地开辟了这一广阔的领土”。在打击“阿拉伯”奴隶主的过程中，“三年里付出了巨大牺牲，通过百折不挠、坚忍不拔的努力，他们出色地完成了那个世纪最为人道的事业，解放了非洲的这片土地上人口锐减、深受掠夺的各个民族”。[9]对于那些批评者，该课本没有指出他们

300 的姓名："一些心怀不满的外国人对我们大肆污蔑的过程中发出的非难之词……最终不攻自破。"[10]

当然，这种以官方命令的方式实施的忘却行为不可能深入贯彻到村寨。那里仍然流传着那些年残酷掠夺橡胶的恐怖故事。但即使是这一集体记忆，也比我们期望的更为贫乏。一些执着的人类学家曾经帮助搜集和保存这些记忆[11]——往往就是当地人关于所谓"白人战争"（la guerre du Blanc）时期［用刚果语说就是"大失败"（"lokeli"[12]）时期］某个残暴至极的人的零星传说。结合凯斯门特和传教士这样的目击者提供的信息来看，这些传说中的坏蛋就是地区长官、橡胶公司的代理人或与外来征服者勾结的当地首领。那段恐怖时期甚至影响了当地的语言。在刚果语中，"让某人去割橡胶"成了一个习语，意思是"施行暴政"。[13]

相比较而言，非洲偏僻地区有关橡胶掠夺时代的集体记忆相对较少，因为这种口述传说记叙的一般是帝王逸事、朝代变迁、战争胜利，而那些幸存下来的朝代往往靠着与殖民地统治者相勾结才得以存活。简·范西纳在他撰写的库巴人历史中这样说："有关这些朝代的口述传说中看不到有关这些事件（指的是利奥波德时代的橡胶奴隶制）的记录。那些受益于那种制度的统治者不会让它进入官方记忆。"[14]现在，在很多刚果人生活的城市里，迅速的城市化过程本身带来了巨大的变动。例如，100 年前还是一个小村寨的金沙萨现在已经是一个有大约 700 万人口，不断扩大、混乱嘈杂的大都市。这种变化破坏了口头传说代代相传的纽带。传统文化被弱化，与这些传统文化一起消失的是对最初破坏这些文化的那些暴力事件的记忆。

* * *

利奥波德死了几十年后，刚果出现了一个奇怪的传说：那位国王根本没有死，而是来到了他之前的这块殖民地。[15]他已经变身成为天主教主教让－费利克斯·德·昂普蒂纳（Jean-Félix de Hemptinne）——一个长期对刚果政治实施重大影响的专横的贵族。（这个说法明显是因为德·昂普蒂纳的大白胡子和高大身材很像利奥波德。）有人说，德·昂普蒂纳是利奥波德转世或者是 301
这位国王的私生子。在他的任期内，每逢关键时刻，他都站在幕后，在一个臭名昭著的流血事件中指使警察向罢工的矿工开枪；在另一个事件中要求法官对被指控的犯人判以重刑。

不过，利奥波德无须转世就可以留下他的印记。过去的历史对非洲产生了重大影响：数十年的殖民行为、大西洋两岸和阿拉伯世界数百年的奴隶贸易，还有经常被人们忽视的，在这之前当地就存在了不知多少个世纪的奴隶交易。在殖民时代，欧洲给非洲留下的重要遗产不是实践于英格兰、法国和比利时等国的民主政治，而是威权统治和赤裸裸的掠夺。在整个大洲范围内，在走出过去阴影的过程中，恐怕没有一个国家像刚果那样艰难。

当独立最终降临在刚果时，这个国家的情况非常糟糕。像在非洲殖民的其他大多数国家一样，20 世纪 50 年代席卷这个大洲的自治呼声让比利时惊讶不已，1959 年在利奥波德维尔，自治运动点燃的大规模示威遭到了公安军的血腥镇压。那时候，利奥波德的继任者已经认识到，虽然独立很可能要到来，不过还需要几十年。他们开始为刚果独立培养一些非洲人才，可是直到独立呼声日渐高涨，1960 年刚果最终独立之际，整个刚果境内的非洲人大学毕业生不到30人。没有刚果籍的军官、工程师、农学家、物理学家。殖民地的公共事务管理在刚果自治方面的进展微乎其微：在公务员系统的大约5000个岗位中，只有3个岗位由非洲人担任。[16]

比利时博杜安（Baudouin）国王抵达利奥波德维尔，以恩赐的态度正式准予刚果自由。他居然说："先生们，现在请拿出让我们放心的方案来。"[17]本地人帕特里斯·卢蒙巴（Patrice Lumumba）当即愤怒地发表演讲，予以回击，引起了世界的关注。就在一个月之前举行的刚果选举中，卢蒙巴被选为联合政府总理。这是这个国家历史上的第一次全国范围的民主选举。如果从实质上，而不是从形式上说，这是这个国家40多年来的第一次民主大选。卢蒙巴认为，非洲要想彻底从殖民时代中走出来，政治独立是不够的。这个大洲还必须从经济上摆脱欧洲的殖民控制。这番讲话立即让一些西方国家警觉起来。当时，比利时、英
302 国、美国的很多企业在蕴藏着丰富铜、钴、钻石、黄金、锡、锰、锌的刚果投入了巨额资金。卢蒙巴是一个天才的演说家，他演讲的内容迅速流传到国界之外。他思维敏捷，是一个极具领袖魅力的人物。一些西方国家害怕其他殖民地国家受到这些思想的影响。另外，他是一个无法被收买的人。看到无法获得西方国家的支持，卢蒙巴转而求助于苏联。因为被美国和欧洲资本深恶痛绝，所以作为刚果领导人的他时日无多了。距离他在刚果第一次民主选举中被选为总理不到两个月，美国国家安全委员会的一个秘密行动小组，其中包括中央情报局（CIA）主管艾伦·杜勒斯（Allen Dulles）批准了暗杀卢蒙巴的计划。[18]当时担任中央情报局秘密行动负责人的理查德·比塞尔（Richard Bissell）后来说："总统（德怀特·D. 艾森豪威

尔）……对卢蒙巴的看法和我及其他很多人一样：他是一条疯狗……他希望有人解决那个问题。”[19]据一个参会官员回忆说，在一个重要会议上，艾森豪威尔清楚地对中央情报局负责人杜勒斯说：“必须干掉卢蒙巴。”[20]

他们考虑了解决“那个问题”的诸多方案，其中包括下毒（毒药已经送达中央情报局驻利奥波德维尔办事处）、高杀伤力步枪、职业杀手。但是，事实证明，因为无法与卢蒙巴近距离接触，所以这些方案都派不上用场。于是，中央情报局和当时仍在刚果军队和警察中供职的比利时人大力扶植刚果政府中反对卢蒙巴的派别，他们相信对方会替他们做好这件事。后来，这位总理被反对派组成的政府逮捕，遭受严刑拷打之后，于1961年1月被秘密枪决于伊丽莎白维尔（Elizabethville）。其间，在比利时政府的秘密督促下，一个比利时飞行员驾驶一架飞机，将他带到伊丽莎白维尔。在那里，一个比利时军官指挥行刑队枪杀了卢蒙巴。两个比利时人将他的尸体切成碎块后浸入酸液之中，为的是不让这位烈士留下坟墓。我们无从知道，如果卢蒙巴活下来的话，他是否会履行那些让众多非洲人看到希望的誓言，但是美国和比利时不允许他有这样的机会。[21]

在刚果各方力量中，策划杀害卢蒙巴的关键人物是一个叫约瑟夫·德西雷·蒙博托（Joseph Désiré Mobutu）的年轻人。当时他在刚果军队中担任参谋长，在殖民时代曾担任公安军的军士。西方国家早就开始注意蒙博托，认为他可以帮助他们获得最大利益。在策划杀害卢蒙巴期间，他收受了中央情报局当地代表和西方军事参赞带去的大笔现金。[22]1963年，他戴着墨镜、身穿饰有金黄色穗带的将军服，携带佩剑前往白宫与肯尼迪总统会晤。肯尼迪送他一架飞机供他个人使用，并派了一个

303 美国空军的机组人员听他差遣。1965 年，在美国的怂恿下，蒙博托发动政变，成为这个国家的独裁者。他在这个国家实施了持续 30 多年的独裁统治。

美国军事顾问帮助蒙博托挫败了试图推翻他的多次军事活动。[23]一些政敌被他严刑折磨之后杀掉，另一些政敌被他拉拢入统治圈，还有一些政敌被他流放异地。在他统治刚果的 30 多年里，美国先后给他 10 多亿美元的平民和军事援助资金。欧洲国家——尤其是法国——给予的援助更多。巨额投资让美国及其盟国得到了一个可靠的反共政权，为美国中央情报局和法国军事行动提供了一个安全的军事中转集结站，然而蒙博托没有给这个国家做出任何贡献，除了在 1971 年，他将国家名称改为扎伊尔。

国有媒体开始给蒙博托赋予各种头衔：导师、国父、舵手、大救星。在美国和欧洲的默许下，这个国家的财富流进了这位大救星和外国矿业公司的腰包里。蒙博托对西方金主的忠诚让他成为颇受华盛顿欢迎的来访者。在那里，他适时地脱下了军装，换上了便服，手持一个有雕刻的乌木拐杖，戴上一顶看上去独具非洲风格但其实来自巴黎一家高档帽子店的豹皮帽子。唐纳德·里根（Ronald Reagan）曾经多次在白宫接待他，称赞他是一个“明智、友善的人”。[24]乔治·H. W. 布什（George H. W Bush）在欢迎辞中说他是“我们最重要的朋友”。他还说：“在我担任总统期间，邀请蒙博托总统作为第一位非洲首脑正式访问美国，我深感荣幸。”[25]

蒙博托和他的亲信大肆侵吞国家财政收入，以至于扎伊尔政府无法正常运转。1993 年，当财政上入不敷出，他无法给军队和政府公务员支付薪水时，他大量印制和使用另一种货币。

因为零售商不收这种货币，结果导致了士兵暴动，他们抢劫了店铺、政府大楼和私人住宅。数百人在这场暴动中被杀。一连几年，垃圾堆积成山，无人清理。虽然个别外国航班仍在这个国家降落，但飞机不在那里过夜，保险公司不对这种事情造成的损失进行赔偿。政府对学校和医院的资金支持几乎缩减到了零。美国大使馆建议其工作人员遇到警察设置路障查车时，不要打开车门锁或摇下车窗：他们应该隔着车窗玻璃出示证件，以免钱包被偷。

在蒙博托于 1997 年被推翻之前，他掌权的 32 年让他成为 304
全世界最富有的人之一。他的财富最多时达到约 40 亿美元。[26]他将相当一部分时间花在游艇上、金沙萨（先前的利奥波德维尔）旁边的刚果河上。他重新命名了多个湖泊，其中的一个湖是蒙博托塞科湖（Lake Mobutu Sese Seko）。他在法国、比利时、葡萄牙、西班牙、瑞士等地购买了富丽堂皇的宅邸。他根本不区分使用的是国家财产还是个人财产。在一年的时间里，他 32 次动用国家的喷气式飞机，将 5000 只长毛羊运到他在戈巴多莱（Gbadolite）的牧场[27]；当他的游艇在 1987 年维修时，他直接征用了当时仍在河运网上航行的，为数不多的几艘客船中最为舒适的一艘。他提出要求，并如愿获得了几乎所有在这个国家开展业务的大型公司的一部分股权。

将当今非洲的所有困难都归因于欧洲的帝国扩张政策，是对问题一种过于简单化的处理。不过，我们还是拿蒙博托为例。除了肤色，他和 100 年前统治那片土地的那位君主没什么不同：都是独裁统治，都从这片土地上攫取了巨额财富，都用自己的名字命名了湖泊，都拥有游艇，都侵吞国家财产，都在当地私人公司里拥有大量股权。和利奥波德一样，蒙博托将一些金矿和一个橡胶种植园据为己有。蒙博托需要时就印钱的习惯和利奥波德印发刚果债券的做法如出一辙。

14 世纪的哲学家伊本·赫勒敦（Ibn Khaldun）说：“被征服者总想模仿征服者的主要特征——着装、手段，以及他所有与众不同的特点和习惯。”[28]蒙博托在法国里维埃拉的罗克布吕纳-卡普马丹（Roquebrune-Cap-Martin）豪华的戴尔玛尔别墅（Villa del Mare）带有室内、室外游泳池，镶金的浴室，直升机停机坪，距离先前利奥波德在海边的费拉角地产相隔仅几十英里，从一个海角可以看到另一个海角。

* * *

如果要给 100 年前那场不辞劳苦，奋力为刚果争取公平正义的运动写一个墓志铭的话，该写些什么呢？

刚果改革运动的两个成就远远超越了那个时代。首先，通
305 过莫雷尔、罗杰·凯斯门特，以及同样勇敢却在知名度上略为逊色的乔治·华盛顿·威廉姆斯、威廉·谢泼德、赫齐卡亚·安德鲁·尚恩的努力，这场运动为这段时期的历史档案提供了大量资料。虽然不论在当时还是现在，利奥波德和他的追随者一直在拼命地销毁，用神化利奥波德的方式来贬低、歪曲这些资料，但这些资料仍然存在。这些关于真相的记录至关重要，否则，那个大洲上的历史将会充满沉默。

其次，这场运动的另一个重要成就在于：它让这场运动的支持者从此一直延续着一种传统，一种看世界的方式，一种能够因为其他人遭受的痛苦而心生义愤的能力，而不论遭受痛苦的人是属于另一个肤色、另一个国家，还是身处这个星球的另一端。

当那些呼吁刚果改革的志士们在英国、美国各地数百场大

型集会上演讲时，往往要向听众放映幻灯片：被砍掉手的成人和儿童、被强制要求劳动的脚夫、被毁坏的村庄。“播放幻灯片的刚果暴行讲座，”当年的广告这样说，“60 张取材于刚离开刚果自由邦巴林伽的哈里斯夫人拍摄的照片的一流幻灯片。讲述生动，文字稿由 J. H. 哈里斯和 E. D. 莫雷尔校订。”当时的那些幻灯片都是黑白两色的，大小约 3 平方英寸，专门为当时所谓“神灯”（majic lantern）放映机设计。目前，这些幻灯片仍然可以被找到。它们被装在两个表面积满灰尘的木头匣子里，存放在伦敦南部一座低租金建筑一楼的储物架上。这座楼是国际反奴隶制组织（Anti-Slavery International）的总部。该组织的前身是反奴隶制协会、反奴隶暨原住民保护协会、英国和海外反奴隶制协会（British and Foreign Anti-Slavery Society）。与莫雷尔合作完成刚果改革运动之后，约翰·哈里斯夫妇投入多年时间管理这一协会。该协会自 1839 年起一直持续至今，是全世界历史最为悠久的人权组织。今天，在那个堆满幻灯片盒子的房间里，一些二十几岁的年轻男女迈着轻快的步子进进出出，忙着搬运海报、录像带、成捆的小册子。这些材料用于揭露和抨击孟加拉国、尼泊尔、马来西亚使用童工，中东歧视女性的家庭奴隶制，巴西的债务奴役制，泰国的儿童卖淫现象，非洲切割女性生殖器的旧俗，英格兰以极低价格雇用移民人口做家仆的做法。

当今依然活跃于伦敦办事处的这种传统在过去 200 年里得
到了发展和拓宽。当今，我们不大谈论带有“家长式慷慨”味 306
道的人道主义，而更多地谈论人权。人们认为，人生中的基本自由权不是好心人施予的礼物，而是——如同凯斯门特在受审时说的——所有人生来就应该被赋予的权利。正是基于这样的看法，出现了国际特赦组织、无国界医生救援队（Médecins Sans Frontières）这样的组织。国际特赦组织认为，仅仅因为某人的观点不同就将他或她扔进监狱是一种犯罪，无论这种事情是发生在土耳其，还是阿根廷。无国界医生救援队认为，生病的儿童有权得到医疗救助，而不管其身在卢旺达、洪都拉斯，还是纽约州的南布朗克斯（South Bronx）。

在表现最出色的时候，刚果改革运动不仅推动塑造和强化这套理念，还有所超越。当今的人权组织着手解决的一般是既成事实——被判入狱的男子、被奴役的女性、没有药品的儿童，而莫雷尔还谈到了其中的根本原因：最重要的是，强征非洲土地和劳动力让利奥波德的掠夺制度成为可能。这种激进主义，从这个词最积极和最深入的意义上说，是那些呼吁刚果改革的主要人物之所以充满热情，是导致莫雷尔和凯斯门特为刚果的正义奔走呼号之后，被投入本顿维尔监狱的深层原因。

囊括这些理念的更为广泛的传统可以追溯到法国大革命以及大革命之前。它汲取了那些为了自由克服重重困难，不懈抗争的仁人志士的榜样作用。他们领导的抗争活动包括从美洲的奴隶起义，到长达半个世纪，让纳尔逊·曼德拉最终掌握南非政权的抵制活动。在世界舞台上的10年里，刚果改革运动是这一链条上的重要一环，再没有任何一个传统比这一传统更令人尊敬。在100多年前的刚果论战期间，囊括政治、社会和经济各方面在内的全面人权概念对于地球上大多数国家的现有秩序来说，还是一个深层次的威胁。现在，情况也是如此。

后记：往事回顾

到目前为止，距离本书第一次出版已近10年。开始策划撰 309
写这本书时，我惊讶地发现没有任何人对这一题材感兴趣。在看过本书详细内容梗概的10家纽约出版社中，有9家不愿出版。其中一家出版社说，这个故事作为一篇文章发表在杂志上可能更好。其他出版社不是说关于非洲历史的书没有市场，就是干脆说美国人不关心那么久远，而且发生在一个没有几个人能在地图上找到的地方的事情。很幸运，第10家出版社，也就是霍顿米夫林出版社（Houghton Mifflin），相信读者能够看出利奥波德治下的刚果与当今社会的联系。英国的麦克米伦出版社（Macmillan）也持这种观点。到目前为止，本书已印刷大约50万册。这本书还催生了几部电影［最知名的是皮帕·斯科特（Pippa Scott）执导的纪录片《利奥波德国王的鬼魂》］，数个有关刚果历史的英文和法文网站，一首说唱歌曲，一个先锋派外百老汇戏剧，加利福尼亚艺术家罗恩·加里格斯（Ron Garrigues）创作的一个不同寻常的雕塑作品——包括象牙、橡胶、枪支零件、用过的子弹壳、白骨、刚果人的雕刻作品、利奥波德曾亲自颁发的勋章在内的一个琳琅满目的组合。

本书讲述的这个故事仍在延续着。在利奥波德生前喜欢去的比利时奥斯坦德度假区，一个利奥波德骑在马背上的高大铜像很早就矗立在那里，居高临下地俯视前方。利奥波德铜像周围是几个矮小的、心怀感激的非洲人和当地渔夫的雕像。2004

年的一个晚上，几个无政府主义者将一个非洲人雕像的手锯掉了——他们在一份匿名传真里说，这样可以更好地表现利奥波
310 德对刚果的真实影响。对于一个一度以为自己的书根本出版不了的作家来说，这不啻一个有趣的经历。

我有时候会感到奇怪，为什么那些出版社不看好这本书。其中的原因可能和我们绝大多数人从小到大形成的看法有关——他们认为我们这个时代值得一写的暴政只有法西斯主义等。在不知不觉中，我们觉得在心理上距离遭受斯大林、希特勒迫害的牺牲者更近一些，因为他们都是欧洲人。我们会有意识地认为，只有法西斯主义才算是历史上的某些新鲜题材，因为它们导致数百万人死亡，并且有一套审查所有不同政见者的理论体系。我们忘记了曾经有上千万非洲人死在殖民统治下。殖民行为也可能具有极权特征——毕竟，在极权方面还有什么能超过强制劳动制度？殖民地的言论审查非常严格：比利时治下的刚果非洲人在当地媒体呼吁自由的机会并不比斯大林治下苏联的不同政见者多。殖民行为也有一套复杂的理论为自己辩护。这套理论出现在从吉卜林的诗歌到斯坦利的讲话、长篇发言和有关非洲人头盖骨形状、黑人如何懒惰、欧洲文明如何非凡出众等方面书籍中。像利奥波德手下的官员那样，将被强迫进行劳动的人说成是“自由人”，如同奥斯维辛集中营大门上“劳动让你自由”（Arbeit Macht Frei）几个字一样，是一种非常扭曲的说辞。法西斯主义、欧洲殖民主义都宣称自己有权力完全控制民众的生活。在所有这几种情况里，在相关制度正式终结之后，其影响还要存在很长时间。

* * *

我知道，很多刚果人深受殖民政权的影响，但我没有想到

这本书的问世会让我全面、深入地了解他们的后代。我接到了那个臭名昭著的利昂·罗姆的美国曾孙打来的电话。莫雷尔的孙女——很大程度上是由她的奶奶，也就是莫雷尔的寡妻带大的——给我写来一封长信。我还发现了一批离开故国，隐居于美国的刚果人。几乎不管我在哪里演讲，都会有几个人滞留在会场，等到围在我身边的人散尽之后，他们就会走上前和我说话。通过他们中的一些人，我将这本书的法文版送给了一些刚果的学校和图书馆。在加利福尼亚的一个书店里，我见到来自多个人种的一群人，他们似乎对威廉·谢泼德了如指掌。通过交流得知，他们是附近一个长老会教堂的会众，而该教会属于当年谢泼德所属教会的姐妹会。我还和瑞典斯德哥尔摩的浸信会教徒一起，赞扬最早也是最勇敢地批评利奥波德的传教士
E. V. 霍布鲁姆的生平。一次，我在纽约城做演讲时，一个上了 311
年纪的白人女性走上前来，上身探过签名的桌子，带着浓重的口音，铿锵有力地说：“我在刚果生活多年，你说的都是真的！”在我想要说什么时，她已经不见了。一天，我回到家里，在电话应答机上听到一个非洲人的声音：“我想和你谈一谈。我爷爷给比利时人做脚夫时，被活活累死。”

最有趣的事情是，在比利时看到人们对这本书的反应。这本书在比利时发行了两个版本：一个是法文版，另一个是荷兰文版。当时，我去了安特卫普，历史学家朱尔斯·马沙尔和我找到了 100 年前莫雷尔记录运抵这里的刚果象牙、橡胶等货物数量，惊讶地意识到他看到的是奴隶劳动的产品时，在这个城市的码头上站立的位置。遗憾的是，马沙尔已罹患癌症去世，不过在他去世之前，他的一些长期被否定的研究成果获得了承认。

不管是在安特卫普还是在布鲁塞尔，听众都很友好。他们

关心人权，都对他们对于自己国家在非洲的血腥历史一无所知而感到歉意。报纸上的评论也都持肯定态度。慢慢地，开始出现了连锁反应。

这些声音来自当年生活在刚果的一部分比利时人。1960年，在那片殖民地独立之际，所有生活在那里的比利时人感到自己的世界仿佛崩塌了，不得不匆忙离开刚果。他们建立了大约20多个比利时“老殖民地居民”团体，比如总部设在卢卢阿布尔的“欧洲人军事训练中心退役军校生兄弟会”（Fraternal Society of Former Cadets of the Center for Military Training of Europeans）。在这些团体联合会的网站上，有一篇连声怒骂这本书的长文：“耸人听闻的……事实、推断和想象……的拼凑。”[1]另一篇抨击这本书是“捕风捉影、胡说八道”的文章开篇处以悲恸的口吻对已去世的利奥波德说了一番话：“您以为自己艰辛忙碌一生之后，最终可以安眠于九泉，可是您想错了。”[2]一个狭隘的老殖民地团体在一篇内部通讯里说：“地狱之犬又被放出来攻击伟大的国王了。”[3]

英国《卫报》发表了一篇冗长的文章，说“一本新问世的书在一个开始被殖民遗产纠缠的国家引起了一场激烈的争论”。[4]该文章引用了研究非洲的思想保守的比利时学者吉恩·斯滕格（Jean Stengers）批评这本书的话：“在两到三年之内，人们就
312 会将它忘掉。”比利时首相明显想终结这场争论：“在情感上，真的已经没有什么密切的联系了……那已经成了历史。”

* * *

然而，历史不会就此消失。2001年，在南非德班举行的一个有关种族歧视的联合国会议上，一位记者注意到很多参会代

表读过这本书。[5]其中一位代表问比利时外交部部长路易斯·米歇尔（Louis Michel），他的国家是否会对利奥波德的“反人类罪”负责。同一年，米歇尔给比利时驻世界各地的外交使团发了一份秘密备忘录，告诉他们该怎样回答《利奥波德国王的鬼魂》、《黑暗的心》这两本书的读者提出的棘手问题。（他的指示：预先的公关活动是没有用的；将话题转移到比利时将如何为当今非洲的和平所做的努力上。）

另外一些事件也推动比利时将这段殖民历史放在其日程表上。这本书出版后的那一年，比利时作家鲁多·德·维特（Ludo De Witte）出版了《暗杀卢蒙巴》（*The Assassination of Lumumba*）一书，披露了比利时政府合谋杀害刚果第一个民选总理的大量资料。第二年，拉乌尔·佩克（Raoul Peck）执导的一部电影让更多的人了解了卢蒙巴短暂的一生和最后英勇牺牲的结局。2001 年，比利时议会组织的一项调查确认了德·维特很多材料的真实性。比利时政府发布了一份正式的道歉书，而当初一再催促暗杀卢蒙巴的美国政府却从来没有道歉。

所有这一切给前文描述的那个公共场所——中部非洲王室博物馆——提出了一些棘手的问题。该博物馆面临三方面相互冲突的压力：一是来自曾经在刚果殖民地生活的一部分人组成的游说团体，决心继续歌颂比利时统治刚果的那个时代；二是来自很多比利时人，其中包括该博物馆的年轻职员，他们应该与时俱进，进行重大调整；三是来自政府官员，他们担心国家形象受损。有传言说，王室也向博物馆施加了压力。1999 年，该博物馆的一位主管承认，他们正在对展品进行一些可能的调整，“但肯定不是因为一个美国人写的某本影响很差的书”。[6]两年后，政府任命了一位新馆长。在一连串的报纸采访之后，他承诺进行一次彻底的调整。

2005 年，该博物馆大张旗鼓地布置了一大批临时展品。这
313 次展出的主题为“刚果印象：殖民时代”（Memory of the Congo：The Colonial Era）。同时，还出版一本配有大量插图的同名画册。临时展品和画册都是装作承认某件事却不付诸行动的典型表现。例如，在博物馆展出的数百幅照片中，有来自莫雷尔幻灯片中 4 张反映刚果暴行的众所知周的照片，但这 4 张照片的尺寸做得很小，而 10 多张其他照片——反映的几乎都是无关紧要的主题，比如刚果的音乐家——却做得和真人一般大。还有一张照片表现的是利奥波德于 1904～1905 年派出的那个调查委员会开庭审讯的情景。该照片的文字说明充满赞誉之词：“中部非洲历史上的一个创举。”然而，关于那位国王破坏该调查委员会发布调查结果的狡诈伎俩，他们却讳莫如深。博物馆出版的那本画册中有一张半页大小的利昂·罗姆上尉的个人照片，却只字不提他收集非洲人人头、在前院放置绞架，以及他被康拉德用作残暴成性的库尔茨先生原型的事情。该展出和画册公正地赞扬威廉·谢泼德是一位业余人类学者的先驱者，但丝毫没有提及本书介绍的，他曾经被政府告上法庭的事情。该画册收录了 30 多篇学术文章，事无巨细地介绍了从利奥波德维尔的公交车系统到刚果国家公园。然而，没有一篇文章（博物馆里也没有一件展品）介绍刚果殖民地经济形成的基础——强制劳动制度。那本画册和展品文字中的任何地方，都看不到“人质”一词。这一切，让我无法对王室博物馆将来会全面地介绍刚果历史感到乐观。[7]不过，在其他地方也是如此，殖民行为很少得到全面的介绍。在美国，你在哪里能看到如实反映美国在菲律宾和拉丁美洲的帝国冒险行为的博物馆展览？

* * *

数年之后再回顾这本书，让我想到了这本书的一些不完美之处。我最纠结的地方是，将本书中的非洲人个体描绘成一个个成熟的演员太难了。历史学家经常面临这样的困境，因为来自殖民者、有钱有权者的书面记录的数量，往往比来自被殖民者、穷人、无权无势者多很多。我们对利奥波德的性格和日常生活了解那么多，而对当时那些土生土长的刚果统治者的性格和日常生活了解那么少，对于那些因收割橡胶而死的村民了解得就更少了，我经常感到这很不公平。还有，关于斯坦利的记录那么多，却很少有人了解那些与他的职业最接近的非洲同行，314
即当斯坦利最初替利奥波德开辟刚果殖民地之前，已经在带领脚夫向内地贩运货物的海岸商人。在反对利奥波德政权的那些人中，我们了解莫雷尔、凯斯门特、谢泼德等欧洲人或非洲人的整个生平，但对于奋勇抗争，发动起义或兵变，最终牺牲的冈多鲁、穆鲁姆·尼阿马的生平几乎一无所知。这让这段历史略显片面，因为这会无意识地降低刚果人在这段历史中的重要性。

在本书写作过程中，我苦苦思索这个问题，但一直到现在也没有找到一个更好的解决方案。虽然可以找到有关刚果各民族较为详细的人类学研究结果，但有关那个时代的非洲人个体的传记作品少得可怜。与人物密切相关的历史只能主要取材于利奥波德国王，以及他在美国和欧洲的支持者、反对者的经历。如果要深入揭示那段时期相关非洲个人的生平，只能靠虚构，就像是小说家齐诺瓦·阿切比（Chinua Achebe）在介绍非洲其他殖民地的做法，或者是托妮·莫里森（Toni Morrison）在描述美洲奴隶的生活经历时的做法。

现在，一系列记录着利奥波德时代的非洲声音以一种当年我写这本书时不存在的形式存在了。本书第 10 章最后部分引述的内容来自 20 世纪 50 年代，对半个世纪前刚果残暴统治下的几十名非洲幸存者的一篇采访。一个名叫埃德蒙·博勒特（Edmond Boelaert）的比利时传教士组织了这些采访交流，然后与另一位传教士古斯塔夫·许尔斯特（Gustaaf Hulstaert）、刚果同事查尔斯·隆卡玛（Charles Lonkama）共同完成了采访内容的翻译工作。这三位传教士差不多也属于反殖民主义者，经常与天主教当局产生矛盾。在刚果姆班达卡（Mbandaka）附近一个布道所内运作的中部赤道研究中心（Centre Aequatoria）及其比利时支持者现在将这份长达大约 200 页的法语版采访文本的全文放到了互联网上。虽然，可惜的是，所有采访文本在篇幅上都太短，无法为我们提供有关这些个体详细的生平介绍，但是罕见地提供了来自非洲人的第一手证词。

为了写作《利奥波德国王的鬼魂》之后的一本书，我一直在思想上紧紧跟随 1787～1833 年在英国反奴隶制运动中发挥了重要作用的福音派新教教徒。这段经历让我意识到，我在这本书中低估了福音派在呼吁英国公众推动刚果改革中的重要性。凯文·格兰特（Kevin Grant）最近的研究之作《野蛮行为的开化：英国和非洲的新奴隶制（1884～1926）》（*A Civilised Savagery: Britain and the New Slaveries in Africa, 1884－1926*）强化了这一感觉。格兰特认为，几乎所有有关莫雷尔的作品，
315 包括我这本书，都低估了浸信会传教士在披露刚果暴政方面的贡献。早在莫雷尔建立刚果改革联合会的两个月之前，浸信会传教士就已经开始将苏格兰的大批听众吸引到用“神灯”放映

的幻灯片前。他还发现了一些令人意外的材料：一心一意投身于呼吁刚果改革的莫雷尔曾在无意中粉饰了葡属非洲殖民地上，为他的朋友兼资助人——巧克力生产企业老板威廉·吉百利——生产可可豆的强制劳工的悲惨处境。相较而言，格兰特对莫雷尔在第一次世界大战中的表现介绍让读者对他的勇气深为折服。他不但在先前的传教士盟友被爱国狂热冲昏头脑，可耻地弃他而去之际，因为反战观点深受牢狱折磨，而且在战争期间和之后积极呼喊非洲人有权拥有自己的土地的过程中，几乎也是孤军作战。

“这本书第一次出版将近 10 年后，市面上出现了蒂姆·吉尔（Tim Jeal）的《斯坦利：非洲最伟大的探险家的传奇人生》(*Stanley*：*The Impossible Life of Africa's Greatest Explorer*)。这本书取材于新发现的大量资料。我根据吉尔的发现做了一些调整，但数量可能没有那位探险家期望的那么多。对于这个复杂的，饱受苦痛折磨，在身后留下大量有关自己情感和经历的、相互矛盾的叙述的人物，读者可以见仁见智。”

由于那些目光敏锐的读者寄来的信件，我得以在这本新版的《利奥波德国王的鬼魂》中纠正了一些拼写错误和先前印刷中存在的瑕疵，但是，有一个地方不需要做任何调整，这个地方就是第 15 章中有关死亡数字的叙述。这一巨大伤亡数字一直是那些为利奥波德辩护的人最不愿面对的。没有准确的人口普查数据，对死亡人数的认定只能是估计。但是，不管是当时，还是现在，那些研究了最多原始资料之后得出的死亡数字都很高。除了我在书中提到的调查和研究，我还可以举出很多。[8]比如，一位名叫伊西多尔·纳达维尔·伊·兹姆（Isidore Ndaywel è Nziem）的刚果学者在他于《利奥波德国王的鬼魂》面世的同年出版的《刚果通史》(*Histoire générale du Congo*)一书中，认为死亡数字大约为1300万，比我估计的结果要高。[9]有些为利奥波德辩护的比利时人指出，中部非洲其他国家的殖民地也有灾难性的死亡数字，美洲印第安人的死亡数字甚至更高。虽然这两点都是事实，但它不能否认或原谅利奥波德治下人口的急剧减少。

* * *

本书首次出版正值长期独裁者蒙博托下台不久。在他掌权期间，这个国家的大多数公共服务已经瘫痪。如同利奥波德控
316 制下的刚果政府，他的政府完全沦为独裁者及其亲信中饱私囊的工具。在医疗、预期寿命、上学和收入方面，蒙博托的统治结束之际，刚果民众的境遇要比1960年，其80年殖民统治结束之际更加恶劣。士兵靠设路障收取过路费糊口。将军们靠变卖喷气式战斗机牟利。在东京房地产价格持续攀升时期，刚果驻日本大使卖掉了大使馆，将钱款放入自己的腰包。[10]可以说，任何一个新政权都要优于蒙博托的这一政权。

1997年，蒙博托统治结束之际，很多人希望长期遭受其残暴统治的刚果民众从此能够从这个国家的自然资源中获得一些收益，但事实让他们失望了。来自这个名不副实的刚果民主共和国的消息让国际社会感觉如此恐怖，以至于人们会迫不及待地将报纸的那一版翻过去，或者将电视换一个频道：感染了艾滋病病毒的军人集体强奸女性、暴徒洗劫学校和医院、10岁大的士兵挥舞着手中的AK-47。蒙博托倒台后的数年内，刚果陷入了极其复杂的内战纷争。在这个国家的土地上部署着附近7个国家的军队，还有当地军阀残暴的自卫队(ruthless militias)

以及来自其他国家将这片无法无天的广阔地域当作避难所的反政府武装，比如应当为 1994 年卢旺达大屠杀负责的胡图族民兵。卢旺达政府军追击这些民兵进入刚果境内，对他们进行了以血还血的大屠杀，仅在之后的两年时间里，他们大肆攫取了刚果境内价值超过 2.5 亿美元的自然资源。这些五花八门武装力量，再加上刚果名义上的政府和几个反对派，经常根据利益的需要时而结盟，时而分裂。

跨国公司也在从中渔利。现在，保护他们利益的不再是过去的公安军，而是和不同国家的军队和不同的刚果派系签订的秘密协议。过去，象牙和橡胶推动了对利润的搜刮，现在，这些公司在热火朝天地攫取刚果的钻石、黄金、木材、铜、钴、钶钽。钶钽被广泛用于电脑芯片和手机上。每盎司钶钽的价格有时候接近黄金的价格。在这里，他们为了财富，而不是意识形态而战。最激烈的冲突常常因为上述产品相对价格的起落而变换交火地点。

这些争斗导致了大量的死亡。虽然确切数字无从得知，估
计的数字众说纷纭，但直接和间接死亡的人数很可能超过 100 317
万。其中，士兵的死亡人数很少。大多数是普通的男性、女性和孩子，他们或死于双方交火的流弹，或者倒霉地踩上了地雷，或者被迫离家逃进森林或一到雨季就变成一片泽国的拥挤的难民营。和利奥波德时期一样，这些饱受痛苦、恐惧、饥饿折磨的群体中一部分人不得不逃生，被疾病夺取生命的人数远远超过死于其他原因的人数。虽然有阶段性的休战和权力分享协议，但死亡率高居不下的情况仍可能继续下去。

叛乱的民兵、刚果的非洲邻国，以及很多它们的公司盟友并不希望这个国家结束这种割据状态。相较于法律制度健全、

严格纳税，可以让所有刚果民众真正享受到其自然资源的利润的运营环境来说，他们更喜欢这种现金交易环境。公共财政无法支付薪金时，军队就会大肆开矿、走私，自己解决资金问题。因为学校和工作机会很少，所以他们可以很容易雇到童工。非洲流通着数百万轻型武器，人们从集市或从拿不到薪水的警察那里都可以买到枪支，所以这里人人都有枪。

可悲的是，没有一个像莫雷尔领导的刚果改革联合会那样强大的外部团体帮助他们奔走呼吁，他们也不清楚最有效的援助手段是什么。不过，仍旧有一些办法可以尝试。其中的一个办法是不再轻率地向非洲提供大量武器。仅 20 世纪 90 年代，美国就向这一地区投入了价值 2 亿美元的武器装备和对刚果军队的训练，参加刚果内战的 7 支军队中的 6 支接受了这样的训练。

一支人数较多，火力强大的联合国维和部队也可能产生巨大效果。但我们不能幻想这样一支部队就可以解决中央政府瘫痪这一巨大问题。对这个国家的国际干涉就像派保安去巡视正在发生劫案的银行，保安很可能参与抢劫或控制银行管理权，要么是走私钻石，要么是出兵国家要求其开矿公司给予特殊好处。然而，其他方案更糟糕。强大的干预部队最终可以挽救生命，挽救数百万人的生命。最后，欧洲和北美取消针对非洲各国的补贴和贸易壁垒，减少南半球的这些农
318 民出口粮食的难度，是消除国际经济竞争中不利于穷国之处的一个重要步骤。

* * *

我撰写这本书的一个初衷是，证明欧洲殖民主义对塑造当

今这个世界产生了多么深远的影响。想到美国和欧洲通过支持如蒙博托之流的贪婪非洲独裁者来保护本国投资，我不得不提及现代的殖民主义。最后，我想提醒大家注意一点。虽然利奥波德及其继任者使用了瞒天过海的伎俩，但将当今非洲的所有问题都归咎于殖民主义也是错误的。民族之间的殖民与被殖民、征服与被征服占据了人类历史相当长的一段时间。但是，从爱尔兰到韩国，曾经被残酷殖民的那些国家都设法建立了公正、繁荣、民主的社会体系。

非洲大多数国家还没有做到这一点，其原因远不仅是殖民的影响。其中的一个原因是女性的社会地位极低，以及与此相伴的所有针对女性的暴力、压制和偏见。另一个原因是文化上对蒙博托这种独裁者根深蒂固的容忍，甚至是英雄般地崇拜。而对于这种独裁者来说，政治在很大程度上只是他们自己以及亲信、部族发财的途径。最后，也许最重要的是，这个地方长期“原生”的奴隶制度仍然深深地、灾难性地嵌入了非洲的社会结构。这些障碍也存在于其他地区。对女性的歧视阻碍了很多国家的社会和经济的进步。从巴尔干国家到阿富汗的很多国家，在权欲熏心的政客煽动民族沙文主义的情况下，很难建立一个独立的单一民族国家。非洲不是唯一受奴隶制影响的国家：契诃夫（Chekhov）认识到农奴制对俄国的影响之后，呼吁俄国人必须将自己的奴隶思维一点一点地挤出去。现在的俄罗斯长期面临的困境也说明了这是一件多么困难的事情。

即使不存在被殖民的问题，一个成熟的、真正民主的公民社会的诞生也往往是一个缓慢而艰难的过程。西欧从神圣罗马帝国和大大小小的公爵领地、公侯领地、袖珍王国发展成为当今众多独立国家经历了多少个世纪的血腥战争，其中包括伤亡惨重的 30 年战争，其无法无天的各种乱象和形形色色的国外掠夺者会让人们想到当今的刚果。非洲再也经不起几个世纪的等待。这条路不会平坦，而刚果将走得尤为艰难。

2005 年 9 月

注　　释

针对本书中直接引用的段落和句子、数字、统计资料，以及其他知识点，我给出了具体出处。对于没有任何争议，可以轻易从参考文献开篇处列出的一本——一般是多本——关键书籍中找到的事实，不再提供出处。

一些只被引用一两次，已在引文注释中提到的作品，不再列入参考文献。

对于简略提及一个作者的多部作品中的一部，例如“Morel 5”、“Stengers 2”、“Marchal 3”，详见参考文献。

引　言

1. 关于莫雷尔在安特卫普的经历，参见 Morel 5，第 4、5 章。

2. 例如，1907 年。*Official Organ*... April 1908, p. 24.

3. 23 Dec. 1908, Morel 5, p. 208

4. Morel 5, p. xiv.

5. "Geography and Some Explorers," *Last Essays*, ed. Richard Curle (London: J. M. Dent & Sons, 1926), p. 17, excerpted in Conrad, p. 187.

序言：“那些生意人掳走了我们的人”

1. 关于早期的欧洲地图和非洲印象，参见 Klemp。

2. Forbath, p. 41.

3. Forbath, p. 73.

4. Forbath, p. 73.

5. Balandier, p. 30 ff.

6. Vansina 1, pp. 41 –45.

7. Balandier; Cuvelier; Hilton, chapters 1 –3; and Vansina 1, chapter 2.

8. *Relations sur le Congo du père Laurent de Lucques (1700 – 1717)*, ed. Jean Cuvelier (Brussels: Institut Royal Colonial Belge, 1953), p. 338, quoted in Balandier, p. 81.

9. *Fifteen thousand slaves a year*: Vansina 1, p. 149.

10. Miller, p. xiii. 奴隶的列表来自 1736 年。

11. Miller 是最佳来源，尽管他专注于更晚的一段时期。

12. Quoted in Davidson 1, p. 138.

13. Rui de Aguiar to King Manuel I, 25 May 1516, quoted in Affonso, p. 117.

14. Vansina 1, pp. 45 –58.

15. Albert S. Gérard, *African Language Literature: An Introduction to the Literary History of Sub-Saharan Africa* (Harlow, Essex: Longman, 1981), p. 287.

16. Affonso to João III, 6 July 1526, Affonso, p. 156.

17. Affonso I to João III, 18 Oct. 1526, Affonso, p. 167.

18. Affonso I to João III, 25 Aug. 1526, Affonso, p. 159.

19. Affonso I to João III, 6 July 1526, Affonso, pp. 155 –156.

20. João III to Affonso, 1529 (n. d.), Affonso, p. 175.

21. Affonso to Manuel I, 31 May 1515, Affonso, p. 103.

22. Affonso I to João III, 25 Mar. 1539, Affonso, p. 210.

23. 例如 Harms 2, p. 210。

24. Haveaux, p. 47.

25. Miller, pp. 4 –5.

26. Weeks, pp. 294 –295.

27. Instructions to Mr. Tudor, 7 Feb. 1816, quoted in Anstey 1, p. 5.

28. Forbath, p. 177.

29. *Narrative of the Expedition to explore the River Zaire, usually called the Congo...* (London: 1818), p. 342, quoted in Anstey 1, p. 9.

1 “我绝不半途而废”

1. 关于约翰·罗兰兹/亨利·莫顿·斯坦利，我很大程度上采用了约翰·比尔曼、弗兰克·麦克林（John Bierman and Frank Mclynn）著的斯坦利传记。一些最新的信息出现于蒂姆·吉尔（Tim Jeal）的《斯坦利：非洲最伟大的探险家的传奇人生》（*Stanley*：*The Impossible Life of Africa's Greatest Explorer*，2007）。吉尔运用先前尚未公开的档案，针对揭穿斯坦利真面目的人，积极为斯坦利辩护，虽然他的辩护并不完全有说服力。

2. Stanley 5, p. 8.

3. Stanley 5, p. 10.

4. Bierman, p. 8.

5. Stanley 5, p. 29.

6. Stanley 5, p. 67.

7. Stanley 5, p. 87.

8. New Orleans *Daily States*, 16 Apr. 1891, quoted in Bierman, p. 29.

9. Stanley 5, p. 33.

10. Stanley 5, p. 113.

11. Stanley 5, p. 121.

12. Stanley 未完成自传的草稿，quoted in McLynn 1, pp. 37 - 38。

13. Stanley 5, pp. 107 - 111.

14. Bierman, p. 48.

15. Newspaper dispatch of 25 May 1867, quoted in Bierman, p. 47.

16. 据称该言论来自 Dr. Hastings Banda of Malawi, quoted in McLynn 3, p. ix。

17. West, pp. 22 - 23.

18. Honour, p. 264.

19. Stanley 1, pp. xvi - xvii.

20. George Martelli, *Leopold to Lumumba*: *A History of the Belgian Congo 1877 - 1960* (London: Chapman & Hall, 1962), p. 10.

21. *Stanley's Despatches to the New York Herald 1871 - 1872, 1874 - 1877*, ed. Norman R. Bennett (Boston: Boston University Press, 1970), p. 23, quoted in Bierman, p. 101.

22. Stanley 1, p. 6.

23. Slade 2, p. 23.

24. Bierman, p. 97.

25. Stanley 1, p. 318.

26. *Stanley's Despatches to the New York Herald*, p. 76, quoted in Bierman, p. 109.

27. Stanley 1, pp. 112 – 113.

28. McLynn 1, p. 204.

29. Hall, p. 99.

2 狐狸过溪流

1. 埃默森（Emerson）是利奥波德二世的权威传记作者。阿舍森（Ascherson）的传记相较来说更好地表述了这个人的内心，但脚注太少。

2. Queen Marie-Louise to Leopold, 28 June 1849, reprinted in Freddy, p. 27.

3. Emerson, p. 23.

4. Aronson, p. 35.

5. Madame de Metternich, quoted in Ascherson, p. 34.

6. Joanna Richardson, *My Dearest Uncle. Leopold I of the Belgians* (London: Jonathan Cape, 1961), p. 188, quoted in Ascherson, p. 36.

7. Leopold to Albert, 19 Nov. 1857, quoted in Emerson, p. 56.

8. Emerson, p. 19.

9. Leopold to Brialmont, quoted in Ascherson, p. 46.

10. L. Le Febve de Vivy, *Documents d'histoire précoloniale belge* (Brussels: Académie Royale des Sciences Coloniales, 1955), p. 20, quoted in Stengers 7, p. 19. On Money, 另见 Money, Stengers 1, p. 145 fn., and Marchal 1, pp. 40 – 41。

11. Leopold to Lambermont, 11 June 1861, quoted in Roeykens, pp. 413 – 414 fn.

12. Leopold to Brialmont, 16 May 1861, quoted in Stengers 7, p. 21.

13. L. le Febve de Vivy, *Documents d'histoire précoloniale belge* (Brussels: Académie Royale des Sciences Coloniales, 1955), p. 23, quoted in Ascherson, p. 58.

14. Daye, pp. 438 – 439.

15. Marshal Canrobert, quoted in Daye, p. 92.

16. Aronson, pp. 34 – 35.

17. Louise, p. 34.

18. Louise, p. 29.

19. 关于拉肯以及利奥波德二世在拉肯兴建的温室，参见 Goedleven, pp. 69 – 75。

20. Stinglhamber and Dresse, p. 256.

21. Hyde, p. 291.

22. Hyde, p. 226. See also O'Connor, pp. 271 – 273.

23. Leopold to Lambermont, 22 Aug. 1875, quoted in Roeykens, pp. 95 – 96.

24. Roeykens, p. 73.

25. Vandewoude, p. 434.

26. Rawlinson to Lady Rawlinson, 11 Sept. 1876, quoted in Pakenham, p. 21.

27. 利奥波德对皇家地理学会的讲话：reprinted in P. A. Roeykens, Leopold II et la Conférence géographique de Bruxelles (1876) (Brussels: Académie Royale des Sciences Coloniales, 1956), pp. 197 – 199。该会议的精简版本见 Bederman。

28. Pakenham, p. 22.

3　大蛋糕

1. Marchal 1, pp. 28 – 32.

2. Stanley 2, vol. 2, pp. 346 – 347.

3. Stanley 5, p. 329.

4. Stanley 7, p. 199.

5. Stanley 7, p. 125.

6. Bierman, p. 182.

7. McLynn 2, p. 11.

8. *New York Herald*, 17 Sept. 1877, quoted in McLynn, vol. 2, p. 11.

9. McLynn 1, p. 257.

10. Stanley 7, p. 87.

11. Stanley 7, p. 195.

12. Stanley to Alice Pike, 25 Dec. 1874, quoted in Bierman, p. 163.

13. Alice Pike to Stanley, 13 Oct. 1874, quoted in McLynn 1, p. 248.

14. Stanley 2, vol. 2, pp. 148 – 152.

15. Stanley 2, vol. 1, p. 190.

16. Stanley 2, vol. 1, p. 91.

17. Stanley 7, p. 130.

18. Ward, p. 110.

19. Hulstaert, p. 52.

20. *Daily Telegraph*, 12 Nov. 1877, quoted in Stanley 3, vol. 1, p. vi.

21. Stanley 2, vol. 2, p. 261 – 262

22. Stanley to Alice Pike, 14 Aug. 1876, quoted in Bierman, p. 189.

23. Stanley 2, vol. 2, p. 59.

24. Stanley 2, vol. 2, p. 99.

25. Stanley 7, p. 40.

26. Leopold to Greindl, 30 May 1877, quoted in Roeykens, p. 235.

27. Leopold to Solvyns, 17 Nov. 1877, quoted in part in Pakenham, p. 38, and in part in Ascherson, p. 104.

28. Fry 1, esp. pp. 78 – 89.

29. Greindl to Sanford, 28 Nov. 1877, quoted in Fry 1, p. 133.

30. Hall, p. 245.

4 "条约必须承认我们提出的所有条件"

1. Marchal 1, p. 49.

2. Stanley 5, p. 351.

3. Marchal 1, p. 49.

4. "The Whitehall Review and the King of the Belgians," in *The Whitehall Review*, 2 Aug. 1879, p. 269. Quoted in Stengers 3, p. 122.

5. Leopold to Strauch, 8 Jan. 1884, quoted in Stanley 6, pp. 20 – 21.

6. Anstey 1, p. 75.

7. Speech of 6 Mar. 1879, reprinted in Bontinck, p. 74.

8. Stengers 3, p. 144.

9. William T. Hornaday, *Free Rum on the Congo* (Chicago: Women's

Temperance Publication Association, 1887), pp. 44 – 45, quoted in Stengers 4, p. 260.

10. Col. Maximilien Strauch, quoted in Bierman, p. 225.

11. Eugène Beyens to Léon Lambert, 3 Nov. 1882, quoted in Stengers 3, p. 142.

12. Strauch to Stanley, undated, Stanley 6, pp. 22 – 23.

13. Stanley to Strauch, 12 June 1881, Stanley 6, p. 49.

14. Stanley 6, p. 44.

15. Stanley 3, vol. 2, pp. 93 – 94.

16. Stanley 3, vol. 1, pp. 147 – 148, p. 237. 修正版本见 Marchal 1, p. 52。

17. Stanley 3, vol. 2, pp. 376 – 377.

18. Stanley 3, vol. 2, p. 100.

19. Stanley 3, vol. 1, pp. 130 – 131.

20. Pakenham, p. 150.

21. Stanley 3, vol. 1, p. 459.

22. Frank Hird, *H. M. Stanley: The Authorized Life* (London: S. Paul & Co., 1935), p. 186, quoted in Bierman, p. 235.

23. Leopold to Stanley, 31 Dec. 1881, quoted in Emerson, p. 96.

24. FO 84/1802, 15 Nov. 1882, quoted in Stengers 3, p. 133.

25. *Leopold to Stanley*, 31 *Dec.* 1881, quoted in Emerson, p. 96.

26. Stanley 3, vol. 1, p. 466.

27. Leopold to Strauch, 16 Oct. 1882, reprinted in Stanley 6, p. 161.

28. Stanley 3, vol. 1, p. 185.

29. Stanley 3, vol. 2, pp. 196 – 197. 斯坦利的自传作者蒂姆·吉尔坚持认为，斯坦利与酋长们签订的协议没有那么不公平。外交档案和经过利奥波德编辑的斯坦利书中的协议是被利奥波德修改和替换过的版本。真实情况无从得知，因为也许是根据这位国王的命令，斯坦利与酋长们签订的条约原版都已经不在了。

30. Vellut, p. 701; Vansina 2, p. 144, p. 343.

31. Vansina 1, p. 100.

32. Stanley to Sanford, 4 Mar. 1885, reprinted in Bontinck, p. 300.

5 从佛罗里达到柏林

1. *New York Times*, 6 Apr. 1883, 13 Apr. 1883.

2. *New York Times*, 5 – 15 Apr. 1883. On Arthur generally, see Reeves.

3. Fry 1, pp. 100 – 106.

4. Bontinck, pp. 139 – 140.

5. Leopold to Arthur, 3 (?) Nov. 1883, quoted in Bontinck, pp. 135 – 136.

6. Stengers 3, p. 128 fn. and p. 130 fn.

7. Sanford to Frelinghuysen, 30 Dec. 1882, quoted in Carroll, p. 115

8. President Arthur's message to Congress, 4 Dec. 1883, quoted in Bontinck, p. 144.

9. Strauch to Sanford, 6 Dec. 1883, quoted in Bontinck, p. 146.

10. 匿名写信者, *Times* of Philadelphia, 31 Jan. 1885, quoted in Bontinck, p. 160。

11. Latrobe to Sanford, 18 Mar. 1884, quoted in Bontinck, p. 189.

12. Fry 2, pp. 56 – 57.

13. Fry 2, p. 56.

14. Fry 2, p. 185.

15. *Congressional Record*, 7 Jan. 1890, quoted in Carroll, pp. 332 – 333.

16. Sanford to Evarts, 21 Jan. 1878, quoted in Bontinck, p. 29.

17. "American Interests in Africa," *The Forum* 9 (1890), p. 428, quoted in Roark 1, p. 169.

18. Ibid., p. 428, quoted in Meyer, p. 28 fn.

19. Bontinck, p. 171.

20. U. S. Senate, *Occupation of Congo in Africa*, S. Rept. 393, 48th Congress, 1st sess., 1884, p. 9, quoted in Normandy, p. 171.

21. Gertrude Sanford to Henry Sanford, April 1884, quoted in Fry 1, p. 148.

22. Bontinck, p. 201.

23. Stanley 3, vol. 2, p. 420.

24. Stanley 3, vol. 2, p. 383.

25. of 1000 francs. Stengers 7, p. 48.

26. Leopold to Strauch, 26 Sept. 1883, quoted in Pakenham, p. 245.

27. Emerson, p. 108.

28. Emerson, p. 108.

29. Emerson, p. 109.

30. 关于布莱希罗德在这件事中所起的作用，参见 Stern, pp. 403 - 409。

31. Hall, p. 265.

32. J. S. Mill, "*On Liberty*" *In Focus*, eds. John Gray and G. W Smith (London: Routledge, 1991), p. 31.

33. Anstey 1, p. 68; Pakenham, p. 247.

34. Stanley's journal, 24 Nov. 1884, quoted in McLynn 2, pp. 86 - 87.

35. John A. Kasson, an American delegate, in U. S. Senate, *Report of the Secretary of State Relative to Affairs of the Independent State of the Congo*, p. 42. , quoted in Clarence Clendenen, Robert Collins, and Peter Duignan, *Americans in Africa 1865 - 1900* (Stanford: The Hoover Institution on War, Revolution, and Peace, 1966), p. 57.

36. H. L. Wesseling, *Divide and Rule: The Partition of Africa, 1880 - 1914* (Westport, CT: Praeger, 1996).

37. Stengers 2, p. 262. See also Jean Stengers in La Nouvelle Clio IX (1950), p. 515

6　在游艇俱乐部的旗帜下

1. *Pall Mall Gazette*, 10 Apr. 1885, p. 9; and 11 Apr. 1885, p. 3.

2. *New York Times*, 5 June 1917 and 15 June 1917.

3. Louise, p. 32.

4. Hilaire Belloc, *The Modern Traveller* (1898).

5. 人口统计实施于 1889 年 12 月 31 日，记载于 *Le Mouvement Géographique*, 1890 年 3 月 23 日。

6. Henry Sanford to Gertrude Sanford, 30 Aug. 1884, quoted in Fry 1, p. 150.

7. Fry, pp. 157 - 163; White.

8. Van der Smissen, vol. 1, p. 127.

9. Stinglhamber and Dresse, p. 142.

10. Lagergren, p. 198 fn.

11. Kirk to Wylde, 24 Apr. 1890, quoted in Miers, p. 102.

12. Liebrechts, pp. 29 – 30.

13. Meyer, p. 37; Fry 1, p. 168.

14. Emerson, p. 149.

15. Mutamba-Makombo, p. 32.

16. August Beernaert in Jean Stengers, *Belgique et Congo: L'élaboration de la charte coloniale* (Brussels: La Renaissance du Livre, 1963), p. 98, quoted in Emerson, p. 64.

17. Stanley to Mackinnon, 23 Sept. 1886, quoted in Bierman, p. 256.

18. Hall, p. 274.

19. Stanley to Mackinnon, 23 Sept. 1886, quoted in Bierman, p. 256.

20. Stengers 2, p. 287.

21. The *Times*, 14 Jan. 1887, quoted in Emerson, p. 157.

22. *Globe*, 19 Jan. 1887, quoted in McLynn 2, p. 146.

23. *The Diary of A. J. Mounteney Jephson*, ed. Dorothy Middleton (Cambridge: Cambridge University Press, 1969), p. 228 (26 Feb. 1888), quoted in Bierman, p. 289.

24. James S. Jameson, *The Story of the Rear Column of the Emin Pasha Relief Expedition*, ed. Mrs. J. A. Jameson (London: R. H. Porter, 1890), p. 92 (21 July 1887), quoted in Bierman, p. 297.

25. *The Diary of A. J. Mounteney Jephson*, ed. Dorothy Middleton (Cambridge: Cambridge University Press, 1969), p. 203 (10 Dec. 1887), quoted in Bierman, p. 286.

26. Stairs's journal, 28 Sept. 1887, quoted in Bierman, p. 281.

27. Bierman, p. 298.

28. Stanley 4, vol. 1, p. 396.

29. *Die Tagebüchen von Dr Emin Pascha*, ed. Franz Stuhlmann (Hamburg: G. Westerman, 1916 – 1927), vol. 4, p. 202, 14 Jan. 1889, quoted in McLynn 2, pp. 262 – 263.

30. Stanley 4, vol. 2, p. 458.

31. *Funny Folks*, quoted in Bierman, p. 340.

7　第一个异端分子

1. 除非特别注明，Williams 的传记事实均来自 Franklin。

2. Marchal 1, p. 176.

3. Franklin, pp. 10 – 11.

4. *New York Times*, 22 Jan. 1883, quoted in Franklin, p. 116.

5. W. E. B. Du Bois, "The Negro in Literature and Art," *Annals of the American Academy of Political and Social Science* 49 (Sept. 1913), p. 235, quoted in Franklin, p. 133.

6. Williams, Arthur, and Sanford: Bontinck, pp. 221, 442.

7. Marchal 1, p. 178

8. *L'Indépendance Belge*, 1 Nov. 1889, quoted in Marchal 1, p. 180.

9. *Boston Herald*, 17 Nov. 1889, quoted in Franklin, pp. 181 – 182.

10. Williams 3, p. 265.

11. J. Rose Troup, *With Stanley's Rear Column* (London: Chapman & Hall, 1890), p. 124, quoted in Sherry, p. 59. See De Premorel pp. 42 – 44 for another description of steamer travel.

12. Williams to Huntington, 14 Apr. 1890, quoted in Franklin, p. 191.

13. Williams 1, pp. 243 – 254.

14. Williams 3, pp. 277 – 279.

15. Williams to Blaine, 15 Sept. 1890, quoted in Bontinck, p. 449.

16. *New York Herald*, 14 Apr. 1891.

17. Huntington to Mackinnon, 20 Sept. 1890, quoted in Franklin, p. 208.

18. Vivian to Salisbury, 4 Apr. 1891, quoted in Franklin, p. 210.

19. Émile Banning, *Mémoires politiques et diplomatiques: comment fut fondé le Congo belge* (Paris: La Renaissance du Livre, 1927), p. 295, quoted in Bontinck, p. 448.

20. *Journal de Bruxelles* 12, 13, 14 June 1891, quoted in Franklin, pp. 211 – 212.

21. *La Réforme*, 15 June 1891, quoted in Marchal 1, p 195.

22. Franklin, p. 213.

23. Gosselin to Salisbury, 19 July 1891, quoted in Franklin, p. 215.

24. Cookey, p. 36.

25. Grenfell to Baynes, 23 June 1890; quoted in Franklin, p. 194.

8 没有《十诫》的地方

1. 关于 18 世纪 90 年代的博马，大量相关文章参见 *La Belgique Coloniale*, esp. 18 Dec. 1897, p. 607, and 28 Aug. 1898, p. 411。

2. Aronson pp. 141 – 142.

3. Gann and Duignan 2, p. 106.

4. Leclercq, pp. 284 – 285.

5. Obdeijn, p. 202.

6. Leopold to Beernaert, 19 June 1891, reprinted in Van der Smissen, vol. 2, p. 212.

7. Interview by Publishers' Press, in the *New York American*, 11 Dec. 1906.

8. Marchal 1, p. 212.

9. Constant De Deken, *Deux Ans au Congo* (Antwerp: Clément Thibaut, 1902), p. 72 fn., cited in Samarin, p. 118.

10. Courouble, pp. 77, 83.

11. Samarin, p. 120.

12. Picard, pp. 96 – 97.

13. Marchal I, p. 202.

14. Marchal 4, p. 317.

15. Marchal 4, pp. 325 – 326. Lefranc 的记录最先载于比利时报纸 *L'Express de Liège*, 1908 年 6 月 1 日，重印于 Congo Reform Association 发布的一本小册子。

16. Marchal 4, p. 318.

17. Quoted as epigraph in Katz.

18. Sereny, p. 200.

19. *KL Auschwitz Seen by the SS*: *Hoess*, *Broad*, *Kremer*, ed. Jadwiga

Bezwinska and Danuta Czech (Oswiecimiu, Poland: Panstwowe Museum, 1978), quoted in Katz, pp. 54 – 55.

20. De Premorel, p. 63.

21. 朱尔斯·马沙尔发现了这张照片。该照片最初被莫雷尔使用过。当时他还没有成为《西非邮报》的编辑。Marchal 2, p. 116; Marchal 3, p. 39.

22. Bricusse, p. 85.

23. Gann and Duignan 2, p. 79.

24. Marchal i, p. 354.

25. Isaacman 和 Vansina 是最佳的总结者。

26. Marchal 4, pp. 27 – 28; Flamant, pp. 182 – 183.

27. Marchal 1, p. 323.

28. Karl Teodor Andersson, 28 Dec. 1893, *Missionsforbundet* 1894, p. 83.

29. C. N. Börrisson, 2 Feb. 1894, *Missionsförbundet* 1894, pp. 132 – 134.

30. Axelson, pp. 259 – 260; Marchal 1, pp. 320 – 321.

31. Casement 3, p. 166.

32. Marchal 1, p. 373.

33. 研究人员容易搞错的是，在这一时期的刚果历史中有三个名叫“冈多鲁”的男子。另一个冈多鲁是另一场暴动的领袖，那次暴动发生在刚果东北部，时间是 1897 年。

34. Van Zandijcke, p. 182.

35. De Boeck, pp. 104, 125. 该起义的详细版本另见 Flament 和 Van Zandijcke，总结版本见 Marchal 1, pp. 372 – 376。

36. Flament, p. 417. 关于该起义的最佳叙述见 De Boeck.

37. De Boeck, pp. 224 – 228. 这份证词的早期版本均是删节版，De Boeck 拯救了这份证词。

38. 德·博尔科的全书都建立在这一基础之上。

39. Vangroenweghe, p. 43.

40. Marchal 1, p. 216.

41. Marchal 1, p. 224

42. Marchal 1, p. 227.

43. Marchal 1, p. 231.

44. Marchal 1, chapter 14.

45. Canisius, pp. 250 - 256.

46. 关于天主教传教士角色的最佳叙述见 Marchal 2, part V。

47. Leopold to Van Eetvelde, 27 Apr. 1890, quoted in Marchal 2, p. 209.

48. Governor general's circular, 4 June 1890, quoted in Marchal 2, p. 177.

49. *Het H. Misoffer. Tijdschrift van de Norbertijner Missiën* 1899, p. 226, quoted in Marchal 2, p. 298.

50. Marchal 2, pp. 181 - 182.

51. Marchal 2, p. 179.

52. Marchal 2, p. 221.

53. Bauer, p. 216.

54. Daye, p. 399.

55. O'Connor, p. 346.

56. Gann and Duignan 2, pp. 62 - 63.

57. Lagergren, p. 195.

58. Slade 2, p. 116.

59. 主要来源（或多或少理想化的）是 *Biographie coloniale belge*, vol. 2, cols. 822 - 826; Janssens and Cateaux, vol. 1, pp. 125 - 132 and voi. 2, pp. 197 - 200; Lejeune-Choquet, pp. 114 - 126; *Bulletin de l'Association des Vétérans coloniaux*, June 1946, pp. 3 - 5; Sidney Langford Hinde, The Fall of the Congo Arabs (New York: Negro Universities Press, 1969; reprint of 1897 edition), pp. 232, 235, 244 - 245; and Rom's own unpublished *Notes. Mes Services au Congo de 1886 à 1908*。前三者和 Arnold 是许多其他在刚果的欧洲工作人员的职业细节的有用指导材料。

60. Janssens and Cateaux, voi. 2, pp. 199 - 200.

61. Lejeune-Choquet, pp. 123 - 124.

62. Albert Chapaux, *Le Congo* (Brussels: Charles Rozez, 1894), p. 470.

63. From "Mandalay" in *Barrack Room Ballads* (London: Methuen, 1892).

64. Marchal 1, p. 210. 相似数据见 Gann and Duignan 2, p. 68, 二者几乎一致，仅供军事人员查阅，于 1906 年之前。

65. Picard, pp. 145 - 146.

66. L. Dieu, *Dans la brousse congolaise* (Liège: Maréchai, 1946), pp. 59 - 60, quoted in Slade 2, p. 72.

9　遇到库尔茨先生

1. Joseph Conrad, *A Personal Record* (London: J. M. Dent & Sons, 1912), p. 13, excerpted in Conrad, p. 148.

2. 除非特别注明，所有关于 Conrad 在刚果的事实均来自 Nadjer，在关于小说家这段时间的生平部分，Nadjer 是最为细心的传记作者。

3. Joseph Conrad, "Geography and Some Explorers," in *Last Essays*, ed. Richard Curie (London: J. M. Dent & Sons, 1926), p. 17, excerpted in Conrad, pp. 186 - 187.

4. Lapsley, p. 83. Conrad 的一系列传记作者均未提及这一点。

5. Edward Garnett's introduction to *Letters from Conrad 1895 - 1924*, p. xii. (London: Nonesuch Press, 1928), excerpted in Conrad, p. 195.

6. Joseph Conrad, *Congo Diary and Other Uncollected Pieces*, ed. Zdzislaw Najder (New York: Doubleday, 1978), reprinted in Conrad, p. 182.

7. Conrad, p. 35.

8. Conrad, p. 12.

9. Conrad, p. 57.

10. Joseph Conrad, "Author's Note" to *Youth: A Narrative; and Two Other Stories* (London: William Heinemann, 1921), reprinted in Conrad, p. 4.

11. Conrad, p. 19.

12. Conrad, p. 23.

13. Joseph Conrad, *Congo Diary and Other Uncollected Pieces*, ed. Zdzislaw Najder (New York: Doubleday, 1978), reprinted in Conrad, pp. 160, 161, 165.

14. Conrad, p. 23.

15. Conrad, p. 21.

16. Conrad, pp. 26 – 27.

17. Marchal 1, p. 284.

18. *Times* of London, 8 Dec. 1892, quoted in Sherry, pp. 110 – iii.

19. Lindqvist（p. 29）似乎是第一个注意到这件事的人。

20. E. J. Glave, "Cruelty in the Congo Free State," in *The Century Magazine*, Sept. 1897, p. 706.

21. 传记参考文献见第 329 页（原书）。

22. 康拉德和罗姆的见面可能是 8 月初的事情。当时，康拉德经过利奥波德维尔，或是途经利奥波德维尔的第二天或第三天，在他的船离开附近的金沙萨之前。在 9 月末到 10 月末之间，康拉德再次在利奥波德维尔/金沙萨停留，因此他有很多机会听说罗姆的事情。康拉德在刚果上游的时候，罗姆已经调离了那里。关于康拉德可能听说的收集刚果人人头的其他白人，参见第 99 页和第 196 ~ 197 页。关于一个他可能见过的人，见第 166 页（在此时，Léon Fiévez 刚刚取得战术指挥权，他大幅加强了巴索科哨站的防御，该处可能为"比利时国王"号在行经该处时的整夜停靠点）。

23. Conrad, p. 68.

24. Conrad, p. 10.

25. Conrad, p. 13.

26. Conrad, p. 8.

27. Frances B. Singh, "The Colonialistic Bias of Heart of Darkness," in *Conradiana* 10 (1978), reprinted in Conrad, p. 278.

28. Mark Twain, *More Tramps Abroad* (London: Chatto & Windus, 1897) pp. 137 – 138, quoted in C. P Sarvan, "Racism and the Heart of Darkness," *International Fiction Review* 7 (1980), reprinted in Conrad, p. 284.

29. Conrad, p. 65.

30. Conrad, p. 38.

31. Conrad, p. 66.

32. Chinua Achebe, "An Image of Africa: Racism in Conrad's *Heart of Darkness*," reprinted in Conrad, p. 261.

33. Conrad, p. 16.

34. Conrad, p. 12.

35. Conrad, p. 28.

36. Conrad, p. 27.

37. Conrad, pp. 50 – 51.

38. The Musée Royal de l'Afrique Centrale at Tervuren.

39. Rom, *Le Nègre du Congo*, pp. 5 – 6.

40. Rom, *Le Nègre du Congo*, p. 84.

41. Conrad, p. 56.

42. Leclercq, p. 264.

43. Wahis to Van Eetvelde, 2 Nov. 1896, quoted in Marchal 1, p. 298.

10　流泪的树

1. Tennant to Stanley, 6 May 1890 and 9 May 1890, quoted in McLynn 2, pp. 328 – 329.

2. Stanley's journal, 9 Sept. 1890, quoted in McLynn 2, p. 334.

3. McLynn 2, p. 334.

4. McLynn 2, p. 376.

5. Stanley to Mackinnon, 25 Dec. 1890, quoted in McLynn 2, p. 337.

6. 关于 William Sheppard，最全面的研究者是 Phipps。另参见 Schall, Shaloff, Roth, Walter Williams, Sheppard，大量关于 Sheppard 或由其编写的文章见 *Southern Workman*。

7. Shaloff, p. 15.

8. *The Missionary*, vol. xxvi, no. 6, pp. 219 – 220.

9. Lapsley, p. 44.

10. Lapsley to his "Aunt Elsie," in Lapsley, p. 83. A misprint in Lapsley erroneously dates this letter 1891.

11. Lapsley to "Aunt Elsie," Lapsley, p. 83.

12. Lapsley to his mother, 22 Dec. 1890, Lapsley, p. 94.

13. Lapsley, p. 108.

14. William Sheppard in the *Southern Workman* 44 (1915), pp. 166, 169, quoted in Schall, pp. 114 – 115.

15. Sheppard to Dr. S. H. Henkel, 5 Jan. 1892, quoted in Shaloff, p.

29.

16. Sheppard, "Yesterday, To-day and To-morrow in Africa," in *Southern Workman*, Aug. 1910, p. 445.

17. Walter Williams, p. 138.

18. letter from Sheppard to *The Missionary*, Sept. 1890, quoted in Walter Williams, p. 138.

19. S. C. Gordon to Sheppard, quoted in Shaloff, p. 30.

20. Ernest Stache to the Board of World Missions of the Presbyterian Church, 7 Aug. 1892, quoted in Shaloff, p. 32.

21. Phipps, p. 118; Benedetto, pp. 30, 423 -425.

22. Sheppard in the *Southern Workman*, Dec. 1893, pp. 184 -187, quoted in Walter Williams, p. 143.

23. Sheppard, "African Handicrafts and Superstitions," *Southern Workman*, Sept. 1921, pp. 403 -404.

24. Vansina 2, p. 3.

25. 谢泼德经常这么说，比如，当他于1893年11月14日在汉普顿演讲时（reprinted in the *Southern Workman*, April 1895, "Into the Heart of Africa," p. 65）：“你是鲍珀·梅克比，你在家父之前统治这个国家，你已经驾崩。”虽然好几次（*Southern Workman*, April 1905, p. 218, and Sept. 1921, p. 403），他被认为是当时在位国王的一个已经逝去的儿子。

26. Shaloff, p. 45。

27. Vansina 2 对库巴人的研究绝对称得上专业。不过，为了避免混淆，在引述谢泼德的话语或在其他地方，我一般采用谢泼德拼写的非洲人名。

28. Sheppard, p. 137.

29. 这本书再版时，书名改为《刚果的先驱们》（*Pioneers in Congo*）。

30. Sheppard, p. 119.

31. Liebrechts, pp. 37 -38.

32. Harms 3, p. 132.

33. Harms 3, pp. 130 -131.

34. Nelson, p. 82.

35. *Official Organ*, Sept. 1907, p. 10.

36. Louis Chaltin, journal, 16 July 1892, quoted in Northrup, p. 51.

37. Pulteney to FO, 15 Sept. 1899, FO 10/731, no. 5, quoted in Cookey, pp. 50 – 51 fn.

38. Bricusse, p. 81.

39. Donny, vol. 1, pp. 139 – 140.

40. Harms 3, p. 132.

41. Daniel Vangroenweghe "Le Red Rubber de l'Anversoise, 1899 – 1900, Documents inédits" in *Annales Aequatoria* 6 (1985), p. 57.

42. Harms 1, p. 81.

43. Harms 1, p. 79.

44. Harms 3, p. 134.

45. Canisius, p. 267.

46. Marchal 4, pp. 106 – 107.

47. Sheppard diary, 14 Sept. 1899, Sheppard Papers.

48. Sheppard in *The Missionary*, Feb. 1900, p. 61.

49. Charles Lemaire, *Belgique et Congo* (Gand: A. Vandeweghe, 1908), p. 64, quoted in Vangroenweghe, p. 46.

50. Ellsworth E. Faris, journal, 23 Aug. 1899, quoted in Morel 5, p. 248.

51. Vangroenweghe, p. 234.

52. Parliamentary debate of 28 Feb. 1905, quoted in Vangroenweghe, p. 288.

53. Boelaert, pp. 58 – 59.

54. Bricusse, p. 56. (11 June 1894).

55. Guy Burrows, *The Curse of Central Africa* (London: R. A. Everett & Co., 1903), pp. xviii – xix.

56. De Premorel, p. 64.

57. Marchal 4, p. 85.

58. Marchal 1, p. 391.

59. Bremen 1, pp. 119 – 120.

11　秘密杀人团伙

1. Bauer, p. 169.

2. Conversation of 30 Aug. 1892 in Auguste Roeykens, *Le baron Léon de Béthune au service de Léopold II* (Brussels: Académie Royale des Sciences d'Outre-Mer, 1964), p. 56, quoted in Stengers 2, p. 286.

3. Emerson, pp. 193 – 194.

4. Marchal 1, p. 353.

5. Vangroenweghe, p. 87.

6. 有关亲历者的描述，参见 Stinglhamber and Dresse, especially pp. 38 – 50, and Carton de Wiart, especially pp. 44 and 123 – 130。

7. Stinglhamber and Dresse, p. 88.

8. Emerson, p. 221.

9. C. Vauthier, "Le chemin de fer du Congo de Matadi à Léopoidville. Les environs de Matadi et le massif de Palabala," in *Bulletin de la Société Géographique d'Anvers* 13 (1887?), pp. 377 – 378, quoted in Kivilu, p. 324.

10. Cornet, p. 376.

11. Leopold to Thys, 31 May 1888, quoted in Cornet, p. 236.

12. Cornet, p. 236.

13. Axelson, p. 204

14. Marchal 3, pp. 143, 153.

15. Cornet, p. 209.

16. Gann and Duignan 2, p. 123.

17. 脚注: Emile Wangermée, journal, 31 Jan. 1899, quoted in Lagergren, p. 294 fn。

18. *Regions Beyond*, April 1897, quoted in Slade 1, p. 251.

19. Axelson, pp. 259 – 260.

20. J. De Witte, *Monseigneur Augouard* (Paris: Émile-Paui Frères, 1924), p. 71, quoted in Slade 1, p. 255.

21. Morel 3, pp. 43 – 44.

22. Fox Bourne to Morel, 21 Nov. 1903, quoted in Louis 1, p. 99 fn.

23. Lionel Decle in the *Pall Mall Gazette*, 11 June 1896, quoted in Louis 3, p. 575.

24. 21 Sept. 1896, quoted in Lagergren, p. 197 fn.

25. Louis Graide, “Les Belges au Congo,” in F. Alexis-M. *Soldats et Missionnaires au Congo de 1891 à 1894* (Lille: Desclée, de Brouwer & Cie., 1896).

26. 关于刚果人在特尔菲伦镇的情况，参见 Marchal 2, pp. 78 - 80, Gérard, p. 181, Debrunner, pp. 340 - 342, *Le Mouvement Géographique*, 27 June 1897 and 18 July 1897, and *La Belgique Coloniale*, 4 July 1897 and 5 Sept. 1897。

27. 该诗由 M. E. Buhler 发表在 *New York Times* of Sept. 19, 1906。本段及其他剪报重印于 *Ota Benga: The Pygmy in the Zoo*, by Phillips Verner Bradford and Harvey Blume (New York: St. Martin's Press, 1992)。

28. *La Belgique Coloniale*, 4 July 1897, p. 314.

29. *La Belgique Coloniale*, 4 July 1897.

30. *Bruxelles-Exposition*, n. d., quoted in *La Belgique Coloniale*, 5 Sept. 1897, p. 423.

31. “The Belgians in Africa,” 22 Feb. 1894.（在 Morel Papers 的微缩胶卷中，该期刊的名称不详。）

32. Morel 5, p. 27.

33. Morel 5, pp. 28 - 29.

34. Morel 5, p. 36.

35. Morel 5, pp. 39 - 40.

36. Morel 5, p. 36.

37. Gann and Duignan, p. 149.

38. Morel 5, pp. 41 - 42.

12　大卫和歌利亚的较量

1. Morel 5, pp. 47 - 48.

2. Morel 5, p. 48.

3. Morel 5, p. 5.

4. Morel 5, p. 49.

5. Morel 5, p. 30.

6. Morel 3, p. 8 fn.

7. *West African Mail*, 13 Jan. 1905, p. 996.

8. *Special Congo Supplement to the West African Mail*, Jan. 1905.

9. A. and J. Stengers, "Rapport sur une mission dans les archives anglaises," in *Bulletin de la Commission Royale d'Histoire*, vol. CXXIV (1959), pp. ciii – civ.

10. Morel 1, p. 31.

11. *Official Organ*, Sept. —Nov. 1908.

12. Morel 3, p. 24.

13. Morel 3, p. 25.

14. Morel 3, p. 56.

15. Morel 3, p. 47.

16. Morel 3, p. 57.

17. *Official Organ*, Jan. 1906, p. 15.

18. Morel 5, p. 115.

19. Morel 5, p. 128.

20. Morel 5, p. 129.

21. Canisius, pp. 75 – 80.

22. Canisius, p. 99.

23. Canisius, pp. 92 – 93.

24. Canisius, p. 113.

25. Canisius, p. 142.

26. Ibid.

27. Resolution of 20 May 1903, quoted in Cline, p. 37.

28. Georges Lorand, in *La Réforme*, 14 Sept. 1896, quoted in Lagergren, p. 199 fn.

13 冲进强盗的巢穴

1. PRO HO 161, quoted in Reid, p. 42. 另见 PRO FO 629/10, 11, 12。

2. 关于罗杰·凯斯门特，里德和英格利斯（Reid and Inglis）是凯斯门特的众多传记作者中最出色的。英格利斯讲述了大量凯斯门特在非洲的经历，但提供的资料来源很少。

3. Stephen Gwynn, *Experiences of a Literary Man* (London: T. Butterworth, 1926), p. 258, quoted in Reid, p. 63.

4. W. Holman Bentley, quoted in Vangroenweghe, p. 276.

5. Stanley's journal, 15 Apr. 1887, quoted in McLynn 2, p. 171.

6. McLynn 2, pp. 174 – 175.

7. Camille Janssen, in *Bulletin de la Société Belge d'Études Coloniales* (1912), p. 717.

8. Casement to Foreign Office, 14 Jan. 1904, PRO FO 10/807, quoted in Casement 5, p. i.

9. Joseph Conrad, *Congo Diary and Other Uncollected Pieces*, ed. Zdzislaw Najder (New York: Doubleday, 1978), reprinted in Conrad, p. 159.

10. Ernest Hambloch, *British Consul: Memories of Thirty Years' Service in Europe and Brazil* (London: G. G. Harrap, 1938), p. 71, quoted in Reid, p. 5 fn.

11. Conrad 于 1903 年 12 月 26 日写给 Cunninghame Graham 的信的清晰证明（"I have seen him start off into an unspeakable wilderness... A few months afterwards it so happened that I saw him come out again"), quoted in Reid, p. 14。

12. Conrad to John Quinn, 24 May 1916, quoted in Frederick Karl, *Joseph Conrad: The Three Lives* (New York: Farrar, Straus & Giroux, 1979), p. 286. 康拉德对日期的记忆有时候会出现偏差。给他写传记的一两位作者由于粗心，将这次见面时间记为 1896 年。这里肯定有问题，因为那一年，凯斯门特在非洲。简·福特（Jane Ford）（"An African Encounter, A British Traitor and *Heart of Darkness*," *Conradiana*, Vol. 27, no. 2, 1995, p. 125）认为，那次会面可能是在 1898 年，就在康拉德动笔写《黑暗的心》前夕。

13. Conrad to Cunninghame Graham, 26 Dec. 1903, quoted in Reid, p. 14.

14. Casement to Fox-Bourne, 2 July 1894, quoted in Reid, p. 20.

15. Singleton-Gates, p. 91.

16. Louis 1, p. 103.

17. Inglis, p. 41.

18. Marchal 3, p. 187.

19. Inglis, pp. 382 – 383.

20. 参见麦克唐纳的日记：Casement 2，pp. 121，123，125（17，19 and 30 Apr. 1903）。

21. Casement 2，pp. 111，115，119，129（13，20 Mar.；6 Apr.；12 May 1903）.

22. Marchal 3，pp. 189－190.

23. Marchal 3，p. 192；Inglis，p. 69.

24. Casement to Poultney Bigelow，13 Dec. 1903，quoted in Reid，p. 53.

25. Casement 2，p. 145（2 July 1903）.

26. Casement 2，pp. 147，149（8，9，10，13 July 1903）.

27. Casement 2，p. 137（11 June 1903）.

28. Casement to Fuchs，15 Sept. 1903，quoted in Casement 5，p. v.

29. Casement to Lansdowne，no. 34 Africa，15－16 Sept. 1903，FO 10/805，quoted in Louis 1，p. 107.

30. Lagergren，pp. 323－329.

31. Casement 2，pp. 135，153，155，157，159，163，165.

32. Casement 3，p. 114.

33. Phipps to Lansdowne，27 Feb. 1904，quoted in Louis 1，pp. 112－113.

34. Phipps to Barrington，5 Feb. 1904，quoted in Louis 1，p. 111 fn.

35. Casement 3，p. 112.

36. *Special Congo Supplement to the West African Mail*，June 1904.

37. Casement 2，p. 183（1 Dec. 1903）.

38. Casement 2，p. 185（16 Dec. 1903）.

39. Casement to Nightingale，8 Sept. 1904，quoted in Reid，p. 65.

40. Casement 2，p. 183（10 Dec. 1903）.

41. Morel 5，pp. 160－162.

42. Casement 2，p. 189（5 Jan. 1904）.

43. Morel 5，pp. 163－164.

44. Morel 5，pp. 164－165.

45. Morel 5，p. 165.

46. Inglis，p. 92.

47. Morel to Holt, 12 July 1910, quoted in Porter, p. 267

48. Casement to Morel, 4 July 1906, quoted in Louis 1, p. 119.

14　曝光他的行为

1. Morel to Guthrie, 25 Feb. 1910, quoted in Morel 5, p. 195 fn.

2. Morel to Brabner, 14 Sept. 1908, quoted in Morel 5, p. 211.

3. Holt to Morel, quoted in Adams, p. 179.

4. *West African Mail*, 23 Sept. 1904, p. 601.

5. Morel to Mark Twain, quoted in Hawkins 1, p. 167.

6. Vansina 2, pp. 144, 343; Vellut, p. 701.

7. Morel to Holt, 1910, quoted in Morel 5, p. 217.

8. Furley, pp. 141 – 142.

9. James Morris, *Heaven's Command: An Imperial Progress* (New York: Harcourt Brace Jovanovich, 1973), p. 39.

10. Taylor, p. 133.

11. Morel 1, p. 261.

12. Morel 1, p. x.

13. Morel 1, p. xvii.

14. Cookey, p. 149.

15. William Watson, "Leopold of Belgium," 见于 Congo Reform Association 的幻灯片。这首诗也见于 *West African Mail*, 1906 年 9 月 21 日, p. 608, 另一个略有不同的版本见于 Watson's *New Poems* (Lane), *African Mail*, 1909 年 11 月 26 日, p. 80。

16. Note to himself, 14 June 1907, quoted by Cline, p. 58.

17. 大量不完全数字见 *Inventaire des microfilms des Papiers Morel, series A, B, E, F, G, H, I, se rapportant à l'histoire du Congo et conservés à la British Library of Political and Economic Science, London School of Economics* (Brussels: Fonds National de la Recherche Scientifique, 1961)。

18. *A Story of the Rubber Slaves of the Congo*, by Herbert Strang (London: Hodder and Stoughton, 1906), p. vi.

19. Morel to Cadbury, Oct. 1906, quoted in Cline, p. 54.

20. *West African Mail*, 24 Aug. 1906, p. 520.

21. John Harris, unpublished autobiographical ms. , quoted in Louis 6, p. 833.

22. Wahis to Charles Smets, 26 Jan. 1906, De Ryck Collection.

23. Weber to Naur, 16 Aug. 1906, De Ryck Collection.

24. 除非特别指出，否则有关尚恩的资料都来自 Marchal 3, pp. 142, 167 - 168, 191, 231, 296 - 302, 330 - 332，其中的一部分细节来自 Lemaire 1, pp. 42 - 44，以及 *Biographie Coloniale Belge*, Vol. 4, cols. 838 - 839。

25. *Le Mouvement Géographique*, 30 Sept. 1894, p. 85.

26. *La Chronique Coloniale et Financière*, 11 Dec. 1904, p. 1.

27. 司法局局长 Albrecht Gohr 的备忘录，1900 年 7 月 27 日，quoted in Marchal 3, p. 297。

28. Morel to Shanu, 4 Sept. 1903, quoted in Morel 5, p. 157.

29. Marchal 3, p. 231.

30. Morel 1, p. 135.

31. Morel 1, pp. 135 - 153.

32. Morel 5, p. 156.

33. De Vaughan, p. 48.

34. De Vaughan, p. 51.

35. 脚注：Stinglhamber and Dresse, p. 306。

36. De Vaughan, p. 123.

37. De Vaughan, p. 67.

38. Leopold to Liebrechts, 31 Jan. 1899, quoted in Marchal 2, p. 96.

39. Stinglhamber and Dresse, p. 136.

40. Ascherson, p. 142.

15 死亡人数推算

1. Marchal 1, p. 339.

2. Marchal 1, p. 339.

3. Lagergren, p. 297.

4. 该陈述引自 Casement 的报告，由 Morel 转述，并引用于 Lagergren, p. 288，和 Marchal 3, pp. 197 - 198。

5. *West African Mail*, 17 Feb. 1905, p. 111.

6. Speech by Sjöblom in London, 12 May 1897, quoted in Morel 3, p. 43.

7. Lagergren, p. 121.

8. Vangroenweghe, p. 59.

9. Lemaire 2, pp. 18, 20, 23, 30, 36, 48.

10. Leclercq, pp. 244 –445.

11. Marchal 1, p. 362。

12. *West African Mail*, 16 Mar. 1906, p. 1219.

13. Conrad, p. 51.

14. P. Möller, *Tre Ar i Kongo* (Stockholm: P A. Norstedt, 1887), pp. 234 –235, quoted in Kivilu, p. 338.

15. Morel 3, p. 63.

16. Canisius, p. 170.

17. William Morrison, letter from Luebo, 15 Oct. 1899, in *The Missionary*, Feb. 1900, p. 67.

18. *From Cape to Cairo: the First Traverse of Africa from South to North* (London: Hurst and Blackett, 1900), quoted in Morel 3, p. 58.

19. Nelson, p. 100.

20. Harms 3, p. 134.

21. McLynn 3, p. 245.

22. McLynn 3, p. 238.

23. 相关的现代例子，见 Jean Stengers, Morel 5, p. 255。

24. Marchal 4, p. 49.

25. Vangroenweghe, p. 233.

26. Casement 3, p. 140.

27. Vangroenweghe, pp. 233, 237.

28. L. Guebels, *Relation complète des travaux de la Commission Permanente pour la Protection des Indigènes* (Elisabethville: 1954), pp. 196 –197.

29. Interview, Sept. 1995.

30. Jan Vansina, introduction to Vangroenweghe, p. 10.

31. *La Question sociale au Congo: Rapport au comité du congrès colonial*

national (Brussels: Goemaere, 1924), p. 7.

32. *La Question sociale au Congo: Rapport au comité du congrès colonial national* (Brussels: Goemaere, 1924), p. 101.

33. Vangroenweghe, p. 60.

34. Marchal 4, p. 26.

35. Vangroenweghe, p. 115.

36. Michael Herr, *Dispatches* (New York: Alfred A. Knopf, 1977), p. 29.

16 "新闻记者是不会给你打收条的"

1. McLynn 2, p. 405.

2. Stanley 5, p. 515.

3. Daniel Bersot in the foreword to *Sous la Chicotte* (Geneva: A. Jullien, 1909).

4. Liane Ranieri, *Les Relations entre l'État Indépendant du Congo et l'Italie* (Brussels: Académie Royale des Sciences d'Outre-Mer, 1959), p. 195.

5. Marchal 4, p. 12.

6. in *La Vérité sur le Congo*, Jan. 1905, p. 8.

7. Mountmorres, pp. 99 – 100, 159.

8. Mountmorres, pp. 105 – 106.

9. John Weeks to Morel, 7 Nov. 1904, in the *West African Mail*, 10 Mar. 1905, p. 1186.

10. Marchal 3, p. 304.

11. *Times*, 3 Feb. 1905, quoted in Bontinck, p. 456.

12. Marchal 3, p. 316.

13. Morel to Fox, 18 Oct. 1905, quoted in Cookey, p. 143.

14. Stinglhamber and Dresse, pp. 334 – 335.

15. Willequet, pp. 109 – 113.

16. 脚注: Demetrius C. Boulger, *The Congo State is NOT a Slave State: A Reply to Mr. E. D. Morel's Pamphlet Entitled "The Congo Slave State"* (London: Sampson Low, Marston, 1903), p. 3。

17. Interview with Harrison in the *Journal of Commerce*, 23 June 1904.

18. Marchal 4, pp. 12 –21.

19. *Official Organ*, #1, 1909, p. 64.

20. Willequet，该信的复本见第 36 页及后页。

21. *National-Zeitung*, 22 May 1903, quoted in Wllequet, p. 150.

22. *National-Zeitung*, 4 Mar. 1905, quoted in Willequet, pp. 150 – 151.

23. *National-Zeitung*, 30 May 1905, quoted in Willequet, p. 152.

24. *Münchener Allgemeine Zeitung*, 1 Mar. 1906, quoted in Willequet, pp. 159 160.

25. Von Steub to Davignon, 21 May 1909, quoted in Willequet, p. 114 fn.

26. Von Steub to Davignon, 21 May 1909, quoted in Willequet, p. 128.

27. Von Steub to Davignon, 14 Sept. 1909, quoted in Willequet, p. 130.

28. Von Steub to Denyn, 8 Oct. 1909, quoted in Willequet, p. 130.

29. Hawkins 1.

30. Kowalsky to Leopold, undated, in *New York American*, 11 Dec. 1906.

31. Harlan 1, pp. 270 –271; Harlan 2, pp. 75 –77.

32. Booker T. Washington in "Tributes to Mark Twain," *North American Review* 191, no. 655 (June 1910), p. 829, quoted in Shelley Fisher Fishkin, *Was Huck Black?: Mark Twain and African-American Voices* (New York: Oxford University Press, 1993), p. 106.

33. Twain to Morel, c. 12 Jan. 1906, reprinted in Wuliger, p. 236.

34. Maxwell Geismar, *Mark Twain: An American Prophet* (Boston: Houghton Mifflin, 1970), p. 222.

35. Twain, p. 1.

36. Twain, p. 66.

37. Twain, p. 36.

38. Morgan to Morel, 6 Oct. 1904, quoted in Baylen, p. 129.

39. *Congo News Letter*, April 1906 and April 1907.

40. *Official Organ*, April 1906, p. 10.

41. Harris to Morel, 14 Feb. 1906, quoted in Cookey, p. 174.

42. Philip C. Jessup, *Elihu Root, 1905 – 1937*, vol. 2 (New York: Dodd, Mead, 1938), pp. 61 –62, quoted in Shaloff, p. 90.

43. Lodge to Roosevelt, 6 July 1905, quoted in Sternstein, p. 192.

44. *The Autobiography of Lincoln Steffens* (New York: Harcourt Brace Jovanovich, 1931), p. 506, quoted in Sternstein, p. 193.

45. Wack to Leopold, n. d. , quoted in the *New York American*, 13 Dec. 1906.

46. Cardinal Gotti to Gibbons, 24 Nov. 1904, quoted in Slade 1, p. 31 on。

47. Gibbons to Morel, 21 Oct. 1904, quoted in Morel 5, p. 183.

48. Starr, p. 91.

49. *New York American*, 12 Dec. 1906.

50. *San Francisco Call*, 15 Jan. 1911.

51. *San Francisco Examiner*, 29 Nov. 1914.

52. *San Francisco Call*, 15 Jan. 1911.

53. *San Francisco Bulletin*, 18 Nov. 1914.

54. Mayor E. E. Schmits, *Speeches Made*, p. 10.

55. A. Reuf, *Speeches Made*, p. 26.

56. *Speeches Made*, p. 40.

57. De Cuvelier to Moncheur, 4 Feb. 1905, quoted in Marchal 4, p. 270.

58. Nerincx to de Cuvelier, 11 Feb. 1905, quoted in Marchal 4, p. 270.

59. Moncheur to de Cuvelier, 19 Feb. 1905, quoted in Marchal 4, p. 271.

60. *New York American*, 10 Dec. 1906.

61. Kowalsky to Leopold, n. d. , reprinted in *NewYork American*, 11 Dec. 1906.

62. Marchal 4, p. 272.

63. *New York American*, 10 Dec. 1906.

64. *New York American*, 11 Dec. 1906.

65. *New York American*, 10 Dec. 1906.

66. Kowalsky to Leopold, n. d. , in *New York American*, 11 Dec. 1906.

67. Kowalsky to Leopold, n. d. , in *New York American*, 11 Dec. 1906.

68. Congo Reform Association; Vangroenweghe; Marchal 4, pp. 111 –

122; Cookey, pp. 132 – 151.

69. Conan Doyle, p. 75; Morel in *Penny Pictorial*, Oct. 1907, article 4 in series.

70. *Daily Chronicle*, 7 Nov. 1905.

71. *Daily Chronicle*, 7 Nov. 1905.

72. *Daily Chronicle*, 7, 11, 14, and 15 Nov. 1905; *Daily News*, 15 Nov. 1905.

17　法庭上没有亲疏之分

1. *Regions Beyond*, Jan. -Feb. 1906, p. 46; also *Official Organ*, Jan. 1906, p. 5.

2. *Procès-Verbaux*, 2 Nov. 1904.

3. *Procès-Verbaux*, 21 Nov. 1904.

4. *Procès-Verbaux*, 5 Jan. 1905.

5. *Procès-Verbaux*, 2 Jan. 1905.

6. De Vaughan, pp. 99 – 100.

7 Leopold to Goffinet, 23 Jan. 1906, quoted in Ranieri, p. 247.

8. Carton de Wiart, p. 177.

9. Ascherson, p. 219.

10. Stinglhamber and Dresse, p. 59.

11. Conrad and Hueffer, p. 120

12. Bauer, p. 163, de Lichtervelde, p. 323.

13. Williams 3, p. 279.

14. 即使到 1919 年，当美洲黑人、加勒比海和非洲领导人参加的第二次泛非主义大会在 W. E. B. 杜波依斯领导下会晤于巴黎之际，也没有倡导非洲殖民地全面独立。*Pan-Africanism*, eds. Robert Chrisman and Nathan Hare (New York: Bobbs-Merrill, 1974), p. 302.

15. Stengers 7, p. 176.

16. Cookey, p. 210.

17. Baron Léon Van der Elst, "Souvenirs sur Léopold II," in *Revue Générale*, 1923, quoted in Emerson, p. 259.

18. Carton de Wiart, p. 188.

19. Interview with Publishers' Press, in the *New York American*, 11 Dec. 1906.

20. Marchal 4, p. 349.

21. Normandy, p. 300.

22. Marchal 3, pp. 75 – 91; Shaloff, pp. 84 – 94; and Vinson. Morrison 的大量书信重印于 Benedetto.

23. Slade 1, p. 317.

24. Phipps, pp. 95 – 96.

25. Marchal 4, p. 225.

26. From "From the Bakuba Country," by W H. Sheppard, *The Kassai Herald*, 1 Jan. 1908, pp. 12 – 13. Sheppard Papers.

27. Kocher to the State Prosecutor, 31 July 1908, quoted in Martens, p. 398.

28. American Consul General Handley to the Assistant Secretary of State, 21 Sept. 1909. Sheppard Papers.

29. Morrison to Chester, 9 Aug. 1909, reprinted in Benedetto, p. 383.

30. Conan Doyle, p. iv.

31. State Dept. to H. L. Wilson, 2 July 1909, quoted in Shaloff, p. 119.

32. Morel to Vandervelde, July 1909, quoted in Slade 1, p. 371 fn.

33. Vinson, p. 99.

34. Vandervelde, pp. 90 – 91.

35. *Official Organ*, No. 5, Jan. 1910, p. 465.

36. Morrison to Conan Doyle, n. d. , reprinted in *Official Organ*, no. 5, Jan. 1910.

37. William Sheppard, "The Days Preceding the Trial," in the *Christian Observer*, 10 Nov. 1909.

38. Phipps, p. 106.

39. Shaloff, p. 125.

40. Phipps, p. 106.

41. De Vaughan, p. 201.

42. Vachel Lindsay, "The Congo," in *The Congo and Other Poems* (New

York: Macmillan, 1916).

43. Casement in 1913 [?], Singleton-Gates and Girodias, p. 317.

44. Casement to Gertrude Bannister, March 1904, quoted in Inglis, p. 113.

45. Casement to Alice Green, Spring 1907, quoted in Inglis, p. 152.

46. Casement to Cadbury, 7 July 1905, quoted in Porter, p. 267.

47. Casement to Alice Green, quoted in Inglis, p. 125.

48. Casement to Alice Green, 21 Sept. 1906, quoted in Reid, p. 78.

49. Casement to Parry, 9 Oct. 1906, quoted in Reid, pp. 80 - 81.

50. Interview with Sir Gerald Campbell in MacColl, p. 73 fn.

51. Quoted in Adams, p. 203.

52. Morel to Casement, 12 June 1913, quoted in Reid, p. 173.

53. Casement to Cadbury, 4 July 1910, quoted in Reid, p. 97.

54. 一封来自 Charles Roberts 的信中 Casement 的评论，1913 年 6 月 6 日, quoted in Reid, p. 172。

55. Casement, "The Putumayo Indians" in the *Contemporary Review*, September 1912, quoted in Inglis, p. 206.

56. Casement to Alice Green, 21 June 1911, quoted in Reid, p. 137.

57. Casement 4, p. 289 (20 Nov. 1910).

58. Casement 4, p. 221 (9 Aug. 1910).

59. Casement's diary for 16 Aug. 1911, quoted in Inglis, p. 194.

60. Conan Doyle to the *Times*, 18 Aug. 1909, reprinted in Conan Doyle 2, p. 138.

61. Morel to Weeks, 9 Nov. 1908, quoted in Cline, p. 64.

62. Conan Doyle to the *Daily Express*, 13 Apr. 1910, re-printed in Conan Doyle 2, p. 152.

63. Morel to Claparède, 23 Mar. 1910, quoted in Morel 5, p. 202.

64. Morel in the *Morning Post*, 4 June 1907, quoted in Louis 4, p. 280.

65. Grey to Cromer, 13 Mar. 1908, quoted in Morel 5, p. 199 fn.

66. *African Mail*, 27 Aug. 1909, p. 463.

67. *Official Organ*, no. 10, August 1912, p. 799.

68. Casement to Morel, 13 June 1912, quoted in Louis 1, p. 119.

69. Morel's speech to the executive committee of the C. R. A., 25 Apr. 1913, in *Official Organ*, July 1913, pp. 986 - 987.

70. Supplement to the *African Mail*, 27 June 1913, p. 12.

71. Supplement to the *African Mail*, 27 June 1913, p. 6.

18 胜利真的到来了吗?

1. Robert E. Park, "A King in Business: Leopold II of Belgium, Autocrat of the Congo and International Broker," reprinted in Stanford M. Lyman, *Militarism, Imperialism, and Racial Accomodation: An Analysis and Interpretation of the Early Writings of Robert E. Park* (Fayetteville: University of Arkansas Press, 1992), p. 214.

2. Stinglhamber and Dresse, p. 131.

3. Marchal 4, p. 432.

4. Stengers 1, pp. 172, 275.

5. Hyde, pp. 321 - 324; Ridley, p. 290; Gene Smith, p. 290; Foussemagne, p. 378. 但是，过去60年里大多数有关卡洛塔生平的报道都来自二手或三手资料，因为比利时王室让她远离了公众视线。

6. Stengers 1 是对于利奥波德财政情况最详尽的研究资料，但即使在该书中依然会发现一些无法解答的问题。

7. 马沙尔的一个压缩版本的计算过程如下（在1997年7月30日一封给作者的信中，回答了有关这方面的一个问题）：

· 刚果获得的，却被利奥波德挪用的贷款：1.1亿法郎［Jean Stengers "La dette publique de l'État Indépendant du Congo (1879 - 1908)]," in *La dette publique aux XVIIIe et XIXe siècles: son développement sur le plan local, régional et national* (Brussels: Crédit Communal de Belgique, 1980), p. 309。

· 在橡胶热达到顶峰的1898～1908年，主要来自刚果政府控制的土地的账外橡胶利润，也包括刚果从大型特许公司（开赛公司、安特卫普刚果贸易公司）获得的利润分成，金额大约为1.1亿法郎。

这一评估值不包括先期收获的橡胶利润和多家小型特许公司上缴刚果政府的利润分成。

8. Alexandre Delcommune, *L'Avenir du Congo Belge Menacé* (1919), quoted in Michel Massoz, *Le Congo de Leopold II (1878 - 1908)*, (Liège: Soledi, 1989),

p. 576.

9. Northrup, p. 109.

10. Quoted in Northrup, p. 107.

11. Northrup, p. 161.

12. Northrup, p. 99.

13. Jules Marchal，编写中。

14. Cornevin 2, pp. 286 – 288.

15. Anstey 2, pp. 144 – 152.

16. Suret-Canale, p. 21.

17. Suret-Canale, pp. 20 – 28; West, pp. 165 – 181; Coquéry-Vidrovitch 1, pp. 171 – 197.

18. Vansina 3, p. 239.

19. Vansina 3, p. 242.

20. Coquéry-Vidrovitch 1, p. 181.

21. Étienne Clémentel, quoted in Pakenham, p. 639.

22. Coquéry-Vidrovitch 1, p. 195.

23. Stengers 1, pp. 278 – 279, Marchal 3, p. 45.

24. Swan, p. 51; Pakenham, p. 611.

25. Holt to Morel, 5 Oct. 1909, quoted in Louis 5, p. 34.

26. Conrad, p. 50.

27. Benedetto, pp. 30, 423 – 425.

28. Roth, p. 283.

29. Phipps, preface.

30. Darrell Figgis, *Recollections of the Irish War* (New York: Doubleday, Doran & Co., 1927) p. 11, quoted in Reid, p. 190.

31. Casement to Morten, 1 May 1914, quoted in Sawyer, p. 114.

32. Roger Casement in the *Irish Independent*, 5 Oct. 1914, quoted in Singleton-Gates and Girodias, pp. 357 – 358.

33. Casement on 28 Sept. 1915, quoted in Reid, p. 309.

34. Basil Thompson（Casement 在苏格兰场的审讯者）, *Queer People*（London: Hodder and Stoughton, 1922）, p. 87。

35. Casement to his sister Nina, 15 July 1916, quoted in Reid, p. 351.

36. Inglis, p. 313.

37. Inglis, p. 364.

38. Reprinted in Singleton-Gates and Girodias, p. 498.

39. Inglis, p. 346.

40. A. Fenner Brockway, quoted in Inglis, p. 368.

41. Father Thomas Carey, writing on 5 Aug. 1916, quoted in Reid, p. 448.

42. Ellis（行刑者） in *The Catholic Bulletin*, Aug. 1928, quoted in Reid, p. 448。

43. Casement to Morten, 28 July 1916, quoted in Reid, pp. 436.

44. Adams, p. 212.

45. Swanwick, p. 187.

46. Swartz, p. 105; Swanwick p. 98.

47. Taylor, p. 120.

48. *Daily Sketch*, 1 Dec. 1915, quoted in Cline, p. 103, and Swartz, p. 111.

49. *Daily Express*, 4 Apr. 1915, quoted in Cline, p. 110.

50. *Evening Standard*, 7 July 1917, quoted in Adams, p. 210.

51. Alice Green to Morel, quoted in McColl, pp. 273 – 274.

52. *The Autobiography of Bertrand Russell*, vol. 2 (Boston: Little, Brown, 1968), pp. 36 – 37.

53. Bertrand Russell, *Freedom versus Organization*, *1814 – 1914* (New York, 1962), p. 402, quoted in Swartz, p. 50.

54. Minute by M. N. Kearney, 10 Oct. 1916, FO 371/2828/ 202398, PRO, quoted by Cline, p. 111.

55. *The Persecution of E. D. Morel: The Story of his Trial and Imprisonment.* With an introduction by Sir D. M. Stevenson and a prefatory note by Thomas Johnston (Glasgow: Reformers' Bookstall, 1918), p. 11.

56. Adams, p. 180.

57. Morel 4, p. 60.

58. Morel 4, p. 62.

59. Morel 4, p. 66.

60. Russell to Murray, 27 Mar. 1918, in *The Autobiography of Bertrand Russell*, *vol.* 2 (Boston: Little, Brown, 1968), p. 108.

61. "E. D. Morel" by E. Seymour Cocks, in *Foreign Affairs*: *A Journal of International Understanding*, vol. VI no. 6, Dec. 1924, p. 118.

62. Morel Papers E 1, 7, quoted in Marchal 3, p. 10.

19　有意识的遗忘

1. Conrad, p. 27.

2. Stinglhamber and Dresse, pp. 52 – 53.

3. Strauch to Wauters, 1911, quoted in Stanley 6, p. xi.

4. De Premorel, p. 97.

5. Émile Verhaeren. "La Belgique sanglante," quoted in Read, p. 35.

6. Read, pp. 78 – 96.

7. Interviewed September 1995.

8. 例如 Lefranc (pp. 120 – 121) 或 Gréban de Saint-Germain (p. 231)。

9. État Major de la Force Publique, *L'Afrique et le Congo jusqu'à la création de l'État Indépendant du Congo* (Leopoldville: 1 June 1959), pp. 10 – 11, quoted in Stengers 5, p. 165.

10. État Major de la Force Publique, *L'Etat Indépendant du Congo* (*1885 – 1908*) (Leopoldville: 1 Oct. 1959), p. 145, quoted in Stengers 5, p. 165.

11. 特别值得一提的是两位比利时传教士 Edmond Boelaert 和 Gustaaf Hulstaert 神父的先锋作品。另见 Vangroenweghe 和 Anstey 3。

12. Nelson, p. 104.

13. Vangroenweghe, p. 234.

14. Vansina 2, p. 230.

15. Fabian, pp. 27 – 28, 55, 60, 261.

16. Stengers 7, p. 271.

17. Bremen 2, p. 145.

18. Kelly, pp. 57 – 60. Kelly 的叙述很严谨，她的资料来源于采访和一些现成的材料，尤其是来自美国参议院于 1975 年 11 月 20 日发表的一份地标性报告。参议院 Frank Church 给该报告添加的标题为 "Alleged

Assassination Plots Involving Foreign Leaders: An Interim Report of the Select Committee to Study Governmental Operations With Respect to Intelligence Activities"。

19. John Ranelagh, *The Agency: The Rise and Decline of the CIA* (New York: Simon & Schuster, 1986), p. 342, quoted in Kelly, p. 59.

20. Robert H. Johnson, quoted in the *Washington Post*, 8 August 2000.

21. Ludo De Witte, *The Assassination of Lumumba* (New York: Verso, 2001).

22. Young, p. 325; Kelly, pp. 52, 170.

23. Kelly, p. 178.

24. Winternitz, p. 270.

25. George Bush, on 29 June 1989, quoted in Kelly, p. 1.

26. *The Guardian*, 13 May 1997.

27. Blaine Harden, *Africa: Dispatches from a Fragile Continent* (New York: Norton, 1990), p. 38.

28. Pascal Bruckner, *The Tears of the White Man: Compassion as Contempt* (New York: The Free Press, 1986), p. 84.

后记：往事回顾

1. Union Royale Belge pour les Pays d'Outre-Mer.

2. *Congorudi*, Oct. 2001.

3. *Bulletin du Cercle Royal Naumurois des Anciens d'Afrique*, no. 4, 1998.

4. 13 May 1999.

5. Colette Braeckman, *Les Nouveaux Prédateurs: Politique des puissances en Afrique centrale* (Paris: Fayard, 2003), p. 35.

6. *Guardian*, 13 May 1999.

7. 关于2005年展会对刚果历史上残暴殖民统治的规避和否认的更多细节，参见拙作"In the Heart of Darkness," in the *New York Review of Books*, 6 Oct. 2005。

8. 例如，R. P Van Wing, *Études Bakongo: Histoire et Sociologie* (Brussels: Goemaere, 1920), p. 115; or Léon de St. Moulin, "What is Known of the Demographic History of Zaire Since 1885?" in Bruce Fetter, ed.,

Demography from Scanty Evidence: Central Africa in the Colonial Era (Boulder: Lynne Rienner, 1990), p. 303。

9. Isidore Ndaywel è Nziem, *Histoire générale du Congo: De l'héritage ancien à la République Démocratique* (Paris: Duculot, 1998), p. 344. 从 Ndaywel è Nziem 教授那里获知，针对那本书新版本的研究工作让他将这一估计人数降低到 1000 万。不过，即使这样，也意味着一半人口的减少。

10. 有关它和更多内容见 Michela Wrong, *In the Footsteps of Mr. Kurtz: Living on the Brink of Disaster in Mobutu's Congo* (New York: Harper Collins, 2001)。

参考文献

有关刚果殖民时期最全面的现代学术参考文献，请查阅《扎伊尔殖民历史（1880～1960）：1960～1996年出版的作品》（*Bibliographie historique du Zaire à l'époque coloniale*（*1880－1960*）：*travaux publiés en 1960－1996*）（比利时鲁汶：非洲历史调查和档案，1996），编辑：Jean-Luc Vellut。下面是我参考的一些作品。

硬性地遵守按字母顺序排列的规则无法真正体现其他作者对我完成本书给予的帮助，因此，我首先要感谢让我受益最多的作品。

这段历史的一些中心人物撰写的一手资料包括以下作者的文字材料：国王阿方索一世、罗杰·凯斯门特、约瑟夫·康拉德、威廉·谢泼德、亨利·莫顿·斯坦利、乔治·华盛顿·威廉姆斯、E. D. 莫雷尔。目前还没有一个有关利奥波德二世数量庞大、信息量丰富的信件和回忆录的汇编，但关于利奥波德二世的数百份文字材料已被埃多尔德·范德尔·斯密森（Édouard Van der Smissen）公开发表于《利奥波德二世和贝尔纳特：未公布的1884～1894年的信件》（*Léopold II et Beernaert*：*d'après leur correspondance inédite de 1884 à 1894*）。一些材料的复印件还可以见于弗朗索瓦·邦廷克（François Bontinck）编写的《刚果自由邦的起源》（*Origines de l'État Indépendant du Congo*）。这是一本有关刚果早期信件和文件的重要汇编。罗伯特·贝内德托（Robert Benedetto）新出版的文件汇编让我们第一次可以便利地看到长老会传教士发表的大量人权主题的文章。

大多数重要的欧洲和美洲人物——不过不包括非洲人——都有人为他们写传记。我尤其参考了约翰·比尔曼（John Bierman）和弗兰克·麦克莱恩（Frank McLynn）撰写的有关斯坦利的传记、布赖恩·英格利斯（Brian Inglis）和 B. L. 雷德（B. L. Reid）著的有关凯斯门特的传记，还参考了凯瑟琳·克莱因（Catherine Cline）、A. J. P. 泰勒（A. J. P. Taylor）、F. 塞缪尔·库克斯（F. Seymour Cocks）、W'S. 亚当斯（W'S. Adams）关于莫雷尔的研究作品（虽然对于莫雷尔这个人来说，这些作品都不够全面）。约翰·霍普·富兰克林撰写的乔治·华盛顿·威廉姆斯传记让威廉姆斯不再默默无闻，为我第 8 章的写作提供了大量素材。在有关利奥波德的众多传记里，芭芭拉·爱默森（Barbara Emerson）、尼尔·阿舍森（Neal Ascherson）写的传记至关重要；大多数有关这位国王家庭生活的材料来自国王的两位助手——古斯塔夫·施廷格汉布尔（Gustave Stinglhamber）、卡顿·德·维亚特（Carton de Wiart）男爵的回忆录。

托马斯·帕克南（Thomas Pakenham）的《瓜分非洲》（*The Scramble for Africa*）从外交角度全面概括了那个阶段。他以小说家的独到眼光对大量细节的把握让我受益匪浅。在写本书序言的过程中，彼得·福巴夫（Peter Forbath）的《刚果河》（*The River Congo*）给了我不少灵感。福巴夫是为数很少的意识到国王阿方索一世一生的戏剧性与悲情色彩的作家之一。最近几十年来大量的学术性书籍为我提供了海量资料。其中，露丝·斯莱德（Ruth Slade）、罗伯特·哈姆斯（Robert Harms）、斯坦利·沙洛夫（Stanley Shaloff）、S. J. S. 库奇（S. J. S. Cookey）、戴维·拉格尔格伦（David Lagergren），以及吉恩·斯滕格的很多研究作品对我帮助很大。雅克·维勒盖特（Jacques Willequet）的《比利时治下的刚果和世界政策（1894 ~ 1914）》［*Le Congo Belge et la Weltpolitik*

(*1894 - 1914*)] 提供了所有有关利奥波德贿赂媒体的有趣材料。

最后，几位比利时人为已成为常态的，对那几十年刚果历史的粉饰带来了一个可喜的变化。丹尼尔·范格文（Daniel Vangroenweghe）的《带血的藤蔓》（*Du Sang sur les Lianes*）表现出作者强烈的愤慨，给予我很大帮助。盖伊·德·伯克（Guy De Boeck）关于公安军的研究指出，这些游击战是后来超过半个世纪的反殖民游击战争的先声。朱尔斯·马沙尔撰写的法文版4卷本刚果历史（1876～1910年）绝对是关于这一重要历史时期的最佳学术总结，在涉猎范围上具有百科全书的特点。这本书的无数个地方让我受益，并且我相信，对于未来研究这段历史的所有人来说，都会如此。

出版物资料来源

Adams, W. S. *Edwardian Portraits.* London: Secker & Warburg, 1957.

Affonso I. *Correspondance de Dom Afonso, roi du Congo 1506–1543.* Eds. Louis Jadin and Mireille Decorato. Brussels: Académie Royale des Sciences d'Outre-Mer, 1974.

Annexe aux Annales du Musée du Congo, Ethnographie et Anthropologie, Série IV — Fascicule I. *L'État Indépendant du Congo — Documents sur le pays et ses habitants.* Brussels: 1903.

Anstey, Roger.

1. *Britain and the Congo in the Nineteenth Century.* Oxford: Clarendon Press, 1962.
2. *King Leopold's Legacy: The Congo Under Belgian Rule 1908–1960.* London: Oxford University Press, 1966.
3. "The Congo Rubber Atrocities — A Case Study." *African Historical Studies* IV, no. 1 (1971): pp. 59–76.

Arnold, Nicolas, et al. *À nos héros coloniaux morts pour la civilisation 1876–1908.* Brussels: La Ligue du Souvenir Congolais, 1931.

Aronson, Theo. *Defiant Dynasty: The Coburgs of Belgium.* New York: Bobbs-Merrill, 1968.

Ascherson, Neal. *The King Incorporated: Leopold II in the Age of Trusts.* London: George Allen & Unwin, 1963.

Axelson, Sigbert. *Culture Confrontation in the Lower Congo: From the Old Congo Kingdom to the Congo Independent State with Special Reference to the Swedish Missionaries in the 1880s and 1890s.* Falköping, Sweden: Gummessons, 1970.

Balandier, Georges. *Daily Life in the Kingdom of the Kongo from the Sixteenth to the Eighteenth Century.* Trans. Helen Weaver. London: George Allen & Unwin, 1968.

Bauer, Ludwig. *Leopold the Unloved: King of the Belgians and of Wealth.* Boston: Little, Brown, and Company, 1935.

Bawele, Mumbanza Mwa. "Afro-European Relations in the Western Congo Basin c. 1884–1885." In Förster, Mommsen, and Robinson, below.

Baylen, Joseph O. "Senator John Tyler Morgan, E. D. Morel, and the Congo Reform Association." *The Alabama Review* (April 1962): pp. 117–132.

Bederman, Sanford H. "The 1876 Brussels Geographical Conference and the Charade of European Cooperation in African Exploration." *Terrae Incognitae* 21 (1989): pp. 63–73.

Benedetto, Robert, ed. *Presbyterian Reformers in Central Africa: A Documentary Account of the American Presbyterian Congo Mission and the Human Rights Struggle in the Congo, 1890–1918.* Leiden: E. J. Brill, 1996.

Bierman, John. *Dark Safari: The Life behind the Legend of Henry Morton Stanley.* New York: Alfred A. Knopf, 1990.

Biographie Coloniale Belge, vols. I–VI (volume VI: *Biographie Belge d'Outre-Mer*). Brussels: Académie Royale des Sciences Coloniales/Académie Royale des Sciences d'Outre-Mer, 1948–1968.

Birmingham, David, and Phyllis M. Martin, eds. *History of Central Africa,* vol. 2. New York: Longman, 1983.

Boahen, A. Adu, ed. *General History of Africa,* vol. VII. Paris: UNESCO, 1985.

Bobb, F. Scott. *Historical Dictionary of Zaire.* Metuchen, NJ: Scarecrow Press, 1988.

Boelaert, E. "Ntange." *Aequatoria* XV, no. 2: pp. 58–62; and no. 3: pp. 96–100. Coquilhatville, Belgian Congo: 1952.

Bontinck, François. *Aux Origines de l'État Indépendant du Congo. Documents tirés d'Archives Américaines.* Publications de l'Université Lovanium de Léopoldville. Louvain, Belgium: Éditions Nauwelaerts, 1966.

Breman, Jan.

1. "Primitive Racism in a Colonial Setting." In *Imperial Monkey Business: Racial Supremacy in Social Darwinist Theory and Colonial Practice.* Ed. Jan Breman. Amsterdam: VU University Press, 1990.
2. "The Civilization of Racism: Colonial and Postcolonial Development Policies." In above volume.

Bricusse, Georges. *Les carnets de campagne de Georges Bricusse (6 février 1894–18 juillet 1896).* Ed. Pierre Salmon. Brussels: Édition CEMUBAC, 1966.

Buell, Raymond Leslie. *The Native Problem in Africa.* New York: Macmillan, 1928.

Canisius, Edgar. *A Campaign Amongst Cannibals.* London: R. A. Everett & Co., 1903. (Published in one volume with Captain Guy Burrows, *The Curse of Central Africa,* under the latter title).

Carton de Wiart, Baron E. *Léopold II: Souvenirs des dernières années 1901–1909.* Brussels: Les Ouvres Goemaere, 1944.

Casement, Roger.

1. *The Crime Against Europe: The Writings and Poetry of Roger Casement.* Ed. Herbert O. Mackey. Dublin: C. J. Fallon, 1958.
2. "The 1903 Diary." In Singleton-Gates and Girodias, below.
3. "The Congo Report." In Singleton-Gates and Girodias, below.
4. "The 1910 Diary." In Singleton-Gates and Girodias, below.
5. *Le Rapport Casement* (annotated edition). Eds. Daniel Vangroenweghe and Jean-Luc Vellut. Louvain, Belgium: Université Catholique de Louvain, 1985.

Chanaiwa, D. "African Initiatives and Resistance in Southern Africa." In Boahen, above.

Cline, Catherine Ann. *E. D. Morel 1873–1924: The Strategies of Protest.* Belfast: Blackstaff Press, 1980.

Cocks, F. Seymour. *E. D. Morel: the Man and His Work.* London: George Allen & Unwin, 1920.

Conan Doyle, Sir Arthur.

1. *The Crime of the Congo.* New York: Doubleday, Page & Company, 1909.
2. *Letters to the Press.* Eds. John Michael Gibson and Richard Lancelyn Green. London: Secker & Warburg, 1986.

Le Congo Belge en Images. Brussels: J. Lebègue & Cie., 1914.

Congo Reform Association. *Evidence Laid Before the Congo Commission of Inquiry at Bwembu, Bolobo, Lulanga, Baringa, Bongandanga, Ikau, Bonginda, and Monsembe.* Liverpool: 1905.

Conrad, Joseph. *Heart of Darkness: An Authoritative Text; Backgrounds and Sources; Criticism.* Ed. Robert Kimbrough. Norton Critical Edition, 3d ed. New York: W. W. Norton & Co, 1988.

Conrad, Joseph, and Ford M. Hueffer [Ford Madox Ford]. *The Inheritors.* Garden City, NY: Doubleday, Page & Company, 1914.

Cookey, S.J.S. *Britain and the Congo Question: 1885–1913.* London: Longmans, Green & Co., 1968.

Coquéry-Vidrovitch, Catherine.

1. *Le Congo au temps des grandes compagnies concessionnaires 1898–1930.* Paris: Mouton, 1972.
2. "The Colonial Economy of the Former French, Belgian and Portuguese Zones 1914–35." In Boahen, above.

Cornet, René J. *La Bataille du Rail.* Brussels: Éditions L. Cuypers, 1958.

Cornevin, Robert.

1. "The Germans in Africa before 1918." In Gann and Duignan 1, below, vol. 1.
2. *Histoire du Zaïre: des Origines à nos Jours.* 4th edition. Paris: Académie des Sciences d'Outre-Mer, 1989.

Courouble, Léopold. *En Plein Soleil: Les Maisons du Juge — Le Voyage à Bankana.* Brussels: La Renaissance du Livre, 1930.

Cuvelier, Jean. *L'Ancien royaume de Congo: Fondation, découverte, première évangélisation de l'ancien Royaume de Congo. Règne du Grand Roi Affonso Mvemba Nzinga († 1541).* Bruges, Belgium: Desclée de Brouwer, 1946.

Davidson, Basil.

1. *The African Awakening.* London: Jonathan Cape, 1955.
2. *The African Slave Trade.* Revised and expanded edition. Boston: Little, Brown and Co., 1980.
3. *African Civilization Revisited: From Antiquity to Modern Times.* Trenton, NJ: Africa World Press, 1991.
4. *Africa in History: Themes and Outlines.* Revised and expanded edition. New York: Collier Books, 1991.

Daye, Pierre. *Léopold II.* Paris: Arthème Fayard et Cie., 1934.

De Boeck, Guy. *Baoni: Les Révoltes de la Force Publique sous Léopold II, Congo 1895–1908.* Brussels: Les Éditions EPO, 1987.

Debrunner, Hans Werner. *Presence and Prestige: Africans in Europe. A History of Africans in Europe before 1918.* Basel: Basler Afrika Bibliographien, 1979.

De Lichtervelde, Comte Louis. *Léopold of the Belgians.* New York: Century Co., 1929.

Depelchin, Jacques. *From the Congo Free State to Zaire: How Belgium Privatized the Economy. A History of Belgian Stock Companies in Congo-Zaire from 1885 to 1974.* Trans. Ayi Kwei Armah. Dakar, Senegal: Codesria, 1992.

De Premorel, Raoul. *Kassai: The Story of Raoul de Premorel, African Trader.* Ed. Reginald Ray Stuart. Stockton, CA: Pacific Center for Western Historical Studies, 1975.

De Vaughan, Baroness, with Paul Faure. *A Commoner Married a King.* New York: Ives Washburn, 1937.

Donny, Albert, et al. *Manuel du voyageur et du résident au Congo.* 5 vols. Brussels: Hayez, 1897–1901.

Duignan, Peter. "The USA, the Berlin Conference, and its Aftermath 1884–1885." In Förster, Mommsen, and Robinson, below.

Dumont, Georges-Henri. *Léopold II.* Paris: Fayard, 1990.

Emerson, Barbara. *Leopold II of the Belgians: King of Colonialism.* London: Weidenfeld and Nicolson, 1979.

Fabian, Johannes. *Remembering the Present: Painting and Popular History in Zaire.* Berkeley: University of California Press, 1996.

Fetter, Bruce.

1. *Colonial Rule and Regional Imbalance in Central Africa.* Boulder, CO: Westview Press, 1983.
2. (ed.) *Demography from Scanty Evidence: Central Africa in the Colonial Era.* Boulder, CO: Lynne Rienner Publishers, 1990.

Flament, F., et al. *La Force Publique de sa naissance à 1914: Participation des militaires à l'histoire des premières années du Congo.* Brussels: Institut Royal Colonial Belge, 1952.

Forbath, Peter. *The River Congo: The Discovery, Exploration and Exploitation of the World's Most Dramatic River.* New York: Harper & Row, 1977.

Förster, Stig, Wolfgang J. Mommsen, and Ronald Robinson. *Bismarck, Europe, and Africa: The Berlin Africa Conference 1884–1885 and the Onset of Partition.* London: Oxford University Press, 1988.

Foussemagne, H. de Reinach. *Charlotte de Belgique: Impératrice du Mexique.* Paris: Plon-Nourrit et Cie., 1925.

Franklin, John Hope. *George Washington Williams: A Biography.* Chicago: University of Chicago Press, 1985.

Freddy, G. *Léopold II intime.* Paris: Félix Juven, 1905.

Fry, Joseph A.

1. *Henry S. Sanford: Diplomacy and Business in Nineteenth-Century America.* Reno: University of Nevada Press, 1982.
2. *John Tyler Morgan and the Search for Southern Autonomy.* Knoxville: University of Tennessee Press, 1992.

Furley, Oliver. "The Humanitarian Impact." In *Britain Pre-eminent: Studies of British World Influence in the Nineteenth Century,* ed. C. J. Bartlett. London: Macmillan, 1969.

Gann, L. H., and Peter Duignan.

1. (eds.) *Colonialism in Africa 1870–1960.* 5 vols. Cambridge: Cambridge University Press, 1969.
2. *The Rulers of Belgian Africa 1884–1914.* Princeton: Princeton University Press, 1979.

Gérard, Jo. *Le Pharaon des Belges: Léopold II.* Brussels: Éditions J. M. Collet, 1984.

Gifford, Prosser, and William Roger Louis, eds.

1. *Britain and Germany in Africa: Imperial Rivalry and Colonial Rule.* New Haven: Yale University Press, 1967.
2. *France and Britain in Africa: Imperial Rivalry and Colonial Rule.* New Haven: Yale University Press, 1971.

Glave, E. J. "Cruelty in the Congo Free State." *The Century Magazine* (Sept. 1897): pp. 699–715.

Goedleven, Edgard. *The Royal Greenhouses of Laeken*. Brussels: Lannoo/Duculot/Inbel, 1989.

Grand-Carteret, John. *Popold II, Roi des Belges et des Belles: Devant l'Objectif Caricatural.* Paris: Louis-Michaud, 1908.

Gründer, Horst. "Christian Missionary Activities in Africa in the Age of Imperialism and the Berlin Conference of 1884–1885." In Förster, Mommsen, and Robinson, above.

Halen, Pierre, and János Riesz, eds. *Images de l'Afrique et du Congo/Zaïre dans les lettres françaises de Belgique et alentour: Actes du colloque international de Louvain-la-Neuve (4–6 février 1993)*. Brussels: Éditions du Trottoir, 1993.

Hall, Richard. *Stanley: An Adventurer Explored*. London: Collins, 1974.

Harlan, Louis R.

1. *Booker T. Washington: The Wizard of Tuskegee 1901–1915*. New York: Oxford University Press, 1983.
2. *Booker T. Washington in Perspective: Essays of Louis R. Harlan,* ed. Raymond W. Smock. Jackson: University Press of Mississippi, 1988.

Harms, Robert.

1. "The End of Red Rubber: A Reassessment." *Journal of African History* XVI, no. 1 (1975): pp. 73–88.
2. *River of Wealth, River of Sorrow: The Central Zaire Basin in the Era of the Slave and Ivory Trade, 1500–1891*. New Haven, Yale University Press, 1981.
3. "The World ABIR Made: The Maringa-Lopori Basin, 1885–1903." *African Economic History* 22 (1983): pp. 125–39.

Haveaux, G. L. *La Tradition Historique des Bapende Orientaux*. Brussels: Institut Royal Colonial Belge, 1954.

Hawkins, Hunt.

1. "Mark Twain's Involvement with the Congo Reform Movement: 'A Fury of Generous Indignation'." *The New England Quarterly* (June 1978): pp. 147–175.
2. "Joseph Conrad, Roger Casement and the Congo Reform Movement." *Journal of Modern Literature* 9, no. 1 (1981–82): pp. 65–80.

Headrick, Daniel R. *The Tools of Empire: Technology and European Imperialism in the Nineteenth Century.* New York: Oxford University Press, 1981.

Hilton, Anne. *The Kingdom of Kongo.* Oxford: Clarendon Press, 1985.

Honour, Hugh. *The Image of the Black in Western Art,* vol. IV, part 1. Cambridge: Menil Foundation/Harvard University Press, 1989.

Hulstaert, G. "Documents africains sur la pénétration européenne dans l'Equateur." *Enquêtes et Documents d'Histoire africaine* 2 (1977). [Louvain, Belgium.]

Hyde, H. Montgomery. *Mexican Empire: The History of Maximilian and Carlota of Mexico.* London: Macmillan, 1946.

Hyland, Paul. *The Black Heart: A Voyage into Central Africa*. New York: Henry Holt and Company, 1989.

Inglis, Brian. *Roger Casement*. London: Hodder and Stoughton, 1973.

Isaacman, A., and J. Vansina, "African Initiatives and Resistance in Central Africa, 1880–1914." In Baohen, above.

Janssens, Édouard, and Albert Cateaux. *Les Belges au Congo.* 3 vols. Antwerp: J. van Hille-De Backer, 1907–1912.

Katz, Fred E. *Ordinary People and Extraordinary Evil: A Report on the Beguilings of Evil.* Albany: State University of New York Press, 1993.

Kelly, Sean. *America's Tyrant: The CIA and Mobutu of Zaire.* Washington, D.C.: American University Press, 1993.

Kivilu, Sabakinu. "La région de Matadi dans les années 1880." In *Le Centenaire de l'État Indépendant du Congo: Recueil d'études.* Brussels: Académie Royale des Sciences d'Outre-Mer, 1988.

Kiwanuka, M. Semakula. "Colonial Policies and Administrations in Africa: The Myths of the Contrasts." In *The Colonial Epoch in Africa.* Ed. Gregory Maddox. New York: Garland Publishing, 1993.

Klemp, Egon, ed. *Africa on Maps Dating from the Twelfth to the Eighteenth Century.* New York: McGraw-Hill, 1970.

Lagergren, David. *Mission and State in the Congo: A Study of the Relations Between Protestant Missions and the Congo Independent State Authorities with Special Reference to the Equator District, 1885–1903.* Uppsala, Sweden: Gleerup, 1970.

Lapsley, Samuel. *Life and Letters of Samuel Norvell Lapsley: Missionary to the Congo Valley, West Africa 1866–1892.* Richmond, VA: Whittet & Shepperson, 1893. (Citations are to the full edition of 242 pages, not the abridged edition.)

Lederer, A. "L'Impact de l'arrivée des Européens sur les transports en Afrique Centrale." In *Le Centenaire de l'État Indépendant du Congo: Recueil d'études.* Brussels: Académie Royale des Sciences d'Outre-Mer, 1988.

Leclercq, Louis. "Les carnets de campagne de Louis Leclercq. Étude de mentalité d'un colonial belge." Ed. Pierre Salmon. In *Revue de l'Université de Bruxelles* Nouvelle Série 3 (February–April 1970): pp. 233–302.

Lejeune-Choquet, Adolphe. *Histoire militaire du Congo: explorations, expéditions, opérations de guerre, combats et faits militaires.* Brussels: Maison d'Édition Alfred Castaigne, 1906.

Lemaire, Charles.

1. *Au Congo: Comment les noirs travaillent.* Brussels: Imprimerie Scientifique Ch. Bulens, 1895.
2. "Charles Lemaire à l'Equateur: Son journal inédit. 1891–1895." Ed. Daniel Vangroenweghe. In *Annales Aequatoria* 7 (1986): pp. 7–73.

Liebrechts, Charles. *Congo: Suite à mes souvenirs d'Afrique.* Brussels: Office de Publicité, 1920.

Lindqvist, Sven. *"Exterminate All the Brutes": One Man's Odyssey into the Heart of Darkness and the Origins of European Genocide.* New York: New Press, 1996.

Louis, William Roger.

1. "Roger Casement and the Congo." *Journal of African History* V, no. 1 (1964): pp. 99–120.
2. "The Philosophical Diplomatist: Sir Arthur Hardinge and King Leopold's Congo, 1906–1911." *Bulletin des Séances de l'Académie Royale des Sciences d'Outre-Mer* (1965): pp. 1402–1430.
3. "The Stokes Affair and the Origins of the Anti-Congo Campaign, 1895–1896." *Revue Belge de Philologie et d'Histoire* 43 (1965): pp. 572–584.
4. "The Triumph of the Congo Reform Movement, 1905–1908." In *Boston University Papers on Africa,* vol. II. Ed. Jeffrey Butler. Boston: Boston University Press, 1966.
5. *Great Britain and Germany's Lost Colonies 1914–1919.* Oxford: Clarendon Press, 1967.
6. "Sir John Harris and 'Colonial Trusteeship.'" *Bulletin des Séances de l'Académie Royale des Sciences d'Outre Mer* 3 (1968): pp. 832–856.

Louise of Belgium, Princess. *My Own Affairs*. London: Cassell and Co., 1921.
Luwel, Marcel. "Roger Casement à Henry Morton Stanley: Un rapport sur la situation au Congo en 1890." *Africa-Tervuren* XIV, no. 4 (1968): pp. 85–92.
Lyons, Maryinez. *The Colonial Disease: A Social History of Sleeping Sickness in Northern Zaire, 1900–1940*. Cambridge: Cambridge University Press, 1992.
MacColl, René. *Roger Casement: A New Judgement*. New York: W. W. Norton & Co., 1957.
Marchal, Jules.
1. *L'État Libre du Congo: Paradis Perdu. L'Histoire du Congo 1876–1900*, vol. 1. Borgloon, Belgium: Éditions Paula Bellings, 1996.
2. *L'État Libre du Congo: Paradis Perdu. L'Histoire du Congo 1876–1900*, vol. 2. Borgloon, Belgium: Éditions Paula Bellings, 1996.
3. *E. D. Morel contre Léopold II: L'Histoire du Congo 1900–1910*, vol. 1. Paris: Éditions L'Harmattan, 1996.
4. *E. D. Morel contre Léopold II: L'Histoire du Congo 1900–1910*, vol. 2. Paris: Éditions L'Harmattan, 1996.
Martin, Phyllis M. "The Violence of Empire." In Birmingham and Martin, above.
McLynn, Frank.
1. *Stanley: The Making of an African Explorer*. London: Constable, 1989.
2. *Stanley: Sorcerer's Apprentice*. London: Constable, 1991.
3. *Hearts of Darkness: The European Exploration of Africa*. New York: Carroll & Graf, 1992.
Meyer, Lysle E. "Henry S. Sanford and the Congo: a Reassessment." *African Historical Studies* IV, no. 1 (1971): pp. 19–39.
Miers, Suzanne. "The Brussels Conference of 1889–1890: The Place of the Slave Trade in the Policies of Great Britain and Germany." In Gifford and Louis 1, above.
Miller, Joseph C. *Way of Death: Merchant Capitalism and the Angolan Slave Trade 1730–1830*. Madison: University of Wisconsin Press, 1988.
Money, J. W. B. *Java; or, How to Manage a Colony. Showing a Practical Solution of the Questions Now Affecting British India*. London: Hurst and Blackett, 1861.
Morel, E. D.
1. *King Leopold's Rule in Africa*. London: William Heinemann, 1904.
2. *Great Britain and the Congo: The Pillage of the Congo Basin*. London: Smith, Elder & Co., 1909.
3. *Red Rubber: The Story of the Rubber Slave Trade Which Flourished on the Congo for Twenty Years, 1890–1910*. New and revised edition. Manchester: National Labour Press, 1919.
4. "At Pentonville: September, 1917–January, 1918." In *Thoughts on the War: The Peace — and Prison*, ed. Robert Smillie. London: 1920.
5. *E. D. Morel's History of the Congo Reform Movement*. Eds. William Roger Louis and Jean Stengers. Oxford: Clarendon Press, 1968.
Mountmorres, Viscount William Geoffrey Bouchard de Montmorency. *The Congo Independent State: A Report on a Voyage of Enquiry*. London: Williams and Norgate, 1906.
Mutamba-Makombo. *L'histoire du Zaire par les Textes: Tome 2 — 1885–1955*. Kinshasa: EDIDEPS, 1987.
Mwembu, Dibwe Dia. "La Peine du Fouet au Congo Belge (1885–1960)." *Les Cahiers de Tunisie*, nos. 135–136 (1986): pp. 127–153.
Najder, Zdzislaw. *Joseph Conrad: A Chronicle*. New Brunswick, N.J.: Rutgers University Press, 1983.
Nelson, Samuel H. *Colonialism in the Congo Basin 1880–1940*. Athens, Ohio: Ohio University Center for International Studies, 1994.

Northrup, David. *Beyond the Bend in the River: African Labor in Eastern Zaire, 1865–1940*. Athens, Ohio: Ohio University Center for International Studies, 1988.

Obdeijn, Herman. "The New Africa Trading Company and the Struggle for Import Duties in the Congo Free State 1886–1894." *African Economic History* 12 (1983): pp. 193–212.

O'Connor, Richard. *The Cactus Throne: The Tragedy of Maximilian and Carlotta*. New York: G. P. Putnam's Sons, 1971.

Oliver, Roland, and Caroline Oliver, eds. *Africa in the Days of Exploration*. Englewood Cliffs, NJ: Prentice-Hall, 1965.

Pakenham, Thomas. *The Scramble for Africa: The White Man's Conquest of the Dark Continent from 1876 to 1912*. New York: Random House, 1991.

Phipps, William E. *The Sheppards and Lapsley: Pioneer Presbyterians in the Congo*. Louisville, KY: Presbyterian Church (USA), 1991.

Picard, Edmond. *En Congolie*. Brussels: Paul Lacomblez, 1896.

Porter, Bernard. *Critics of Empire: British Radical Attitudes to Colonialism in Africa 1895–1914*. New York: St. Martin's Press, 1968.

Ranieri, Liane. *Léopold II Urbaniste*. Brussels: Hayez, 1973.

Read, James Morgan. *Atrocity Propaganda 1914–1919*. New Haven: Yale University Press, 1941.

Reeves, Thomas C. *Gentleman Boss: The Life of Chester Alan Arthur*. New York: Alfred A. Knopf, 1975.

Reid, B. L. *The Lives of Roger Casement*. New Haven: Yale University Press, 1976.

Renoy, Georges. *Nous, Léopold II*. Zaltbommel, Holland: Bibliothèque Européenne, 1989.

Ridley, Jasper. *Maximilian and Juárez*. New York: Ticknor & Fields, 1992.

Roark, James L.

1. *Masters Without Slaves: Southern Planters in the Civil War and Reconstruction*. New York: W. W. Norton & Co., 1977.
2. "American Expansionism vs. European Imperialism: Henry S. Sanford and the Congo Episode, 1883–1885." *Mid-America: An Historical Review* LX (1978): pp. 21–33.

Roeykens, P. A. *Les Débuts de l'oeuvre africaine de Léopold II (1875–1879)*. Brussels: Académie Royale des Sciences Coloniales, 1955.

Rom, Léon. *Le Nègre du Congo*. Brussels: Imprimerie Louis Vogels, 1899.

Rothstein, Andrew. *British Foreign Policy and Its Critics 1830–1950*. London: Lawrence and Wishart, 1969.

Rubin, William, ed. *"Primitivism" in 20th Century Art: Affinity of the Tribal and the Modern*, vol. 1. New York: Museum of Modern Art, 1984.

Samarin, William J. *The Black Man's Burden: African Colonial Labor on the Congo and Ubangi Rivers, 1880–1900*. Boulder, CO: Westview Press, 1989.

Sawyer, Roger. *Casement: The Flawed Hero*. London: Routledge & Kegan Paul, 1984.

Schall, Larryetta M. "William H. Sheppard: Fighter for African Rights." In *Stony the Road: Chapters in the History of Hampton Institute*, ed. Keith L. Schall. Charlottesville: University of Virginia Press, 1977.

Sereny, Gitta. *Into That Darkness: From Mercy Killing to Mass Murder*. New York: McGraw Hill, 1974.

Severin, Timothy. *The African Adventure*. London: Hamish Hamilton, 1973.

Shannon, R. T. *Gladstone and the Bulgarian Agitation 1876*. London: Thomas Nelson and Sons, 1963.

Shaloff, Stanley. *Reform in Leopold's Congo.* Richmond, VA: John Knox Press, 1970.

Sheppard, William H. *Presbyterian Pioneers in Congo.* Richmond, VA: Presbyterian Committee of Publication, 1916.

Shepperson, George. "Aspects of American Interest in the Berlin Conference." In Förster, Mommsen, and Robinson, above.

Sherry, Norman. *Conrad's Western World.* London: Cambridge University Press, 1971.

Singleton-Gates, Peter, and Maurice Girodias. *The Black Diaries: An Account of Roger Casement's Life and Times with a Collection of his Diaries and Public Writings.* New York: Grove Press, 1959.

Slade, Ruth.

1. *English-Speaking Missions in the Congo Independent State (1878–1908).* Brussels: Académie Royale des Sciences Coloniales, 1959.
2. *King Leopold's Congo: Aspects of the Development of Race Relations in the Congo Independent State.* London: Oxford University Press, 1962.

Smith, Gene. *Maximilian and Carlota: A Tale of Romance and Tragedy.* New York: William Morrow & Company, 1973.

Smith, Iain R. *The Emin Pasha Relief Expedition.* Oxford: Clarendon Press, 1972.

Speeches Made at Banquet Tendered to Col. Henry I. Kowalsky by his Friends. January five, Nineteen-five. San Francisco: 1905.

Stanley, Henry M.

1. *How I Found Livingstone: Travels, Adventures and Discoveries in Central Africa, Including Four Months' Residence with Dr. Livingstone.* London: Sampson Low, Marston, Low, and Searle, 1872.
2. *Through the Dark Continent; or, The Sources of the Nile Around the Great Lakes of Equatorial Africa and Down the Livingstone River to the Atlantic Ocean.* 2 vols. (First published 1878). 1899 edition reprinted by Dover Publications, New York, 1988.
3. *The Congo and the Founding of Its Free State: A Story of Work and Exploration.* 2 vols. New York: Harper & Brothers, 1885.
4. *In Darkest Africa; or, The Quest, Rescue and Retreat of Emin, Governor of Equatoria.* 2 vols. New York: Charles Scribner's Sons, 1890.
5. *The Autobiography of Sir Henry Morton Stanley.* Ed. Dorothy Stanley. Boston: Houghton Mifflin Company, 1909.
6. *Unpublished Letters.* Ed. Albert Maurice. London: W. & R. Chambers, 1955.
7. *The Exploration Diaries of H. M. Stanley.* Eds. Richard Stanley and Alan Neame. New York: Vanguard Press, 1961.

Starr, Frederick. *The Truth About the Congo: The Chicago Tribune Articles.* Chicago: Forbes & Co., 1907.

Stengers, Jean.

1. *Combien le Congo a-t-il coûté à la Belgique?* Brussels: Académie Royale des Sciences Coloniales, 1957.
2. "The Congo Free State and the Belgian Congo before 1914." In Gann and Duignan 1, above, vol. 1.
3. "King Leopold and Anglo-French Rivalry, 1882–1884." In Gifford and Louis 2, above.
4. "King Leopold's Imperialism." In *Studies in the Theory of Imperialism,* eds. Roger Owen and Bob Sutcliffe. London: Longman, 1972.
5. "Belgian Historiography since 1945." In *Reappraisals in Overseas History,* ed. P. C. Emmer and H. L. Wesseling. The Hague: Leiden University Press, 1979.

6. "Leopold II and the *Association du Congo.*" In Förster, Mommsen, and Robinson, above.

7. *Congo Mythes et Réalités: 100 Ans d'Histoire.* Paris: Éditions Duculot, 1989.

Stengers, Jean, and Vansina, Jan. "King Leopold's Congo, 1886–1908." In *The Cambridge History of Africa,* Vol. 6: *From 1870 to 1905,* ed. Roland Oliver and G. N. Sanderson. Cambridge: Cambridge University Press, 1985.

Stephanie of Belgium, H. R. H. Princess. *I Was to Be Empress.* London: Ivor Nicholson & Watson, 1937.

Stern, Fritz. *Gold and Iron: Bismarck, Bleichröder, and the Building of the German Empire.* New York: Alfred A. Knopf, 1977.

Sternstein, Jerome L. "King Leopold II, Senator Nelson W. Aldrich, and the Strange Beginnings of American Economic Penetration of the Congo." *African Historical Studies* II, no. 2 (1969): pp. 189–204.

Stinglhamber, Gustave, and Paul Dresse. *Léopold II au Travail.* Brussels: Éditions du Sablon, 1945.

Suret-Canale, Jean. *French Colonialism in Tropical Africa 1900–1945.* New York: Pica Press, 1971.

Swan, Jon. "The Final Solution in South West Africa." *MHQ: The Quarterly Journal of Military History* 3, no. 4 (1991): pp. 36–55.

Swanwick, H. M. *Builders of Peace: Being Ten Years' History of the Union of Democratic Control.* London: Swarthmore Press, 1924.

Swartz, Marvin. *The Union of Democratic Control in British Politics During the First World War.* Oxford: Clarendon Press, 1971.

Taylor, A.J.P. *The Trouble Makers: Dissent over Foreign Policy 1792–1939.* London: Hamish Hamilton, 1957.

Thompson, Robert S. "Léopold II et Henry S. Sanford: Papiers inédits concernant le Rôle joué par un Diplomate Americain dans la Création de l'E. I. du Congo." *Congo — Revue Générale de la Colonie Belge* II (1930): pp. 295–329.

Turnbull, Colin M. *The Forest People.* New York: Simon & Schuster, 1962.

Twain, Mark. *King Leopold's Soliloquy: A Defence of His Congo Rule.* Ed. E. D. Morel. London: T. Fisher Unwin, 1907.

Usoigwe, G. N. "European Partition and Conquest of Africa: An Overview." In Boahen, above.

Van der Smissen, Édouard, ed. *Léopold II et Beernaert: d'après leur correspondance inédite de 1884 à 1894.* Brussels: Goemaere, 1920.

Vandervelde, Émile. *Souvenirs d'un Miliant Socialiste.* Paris: Les Éditions Denoël, 1939.

Vandewoude, Emile. "De Aardrijkskundige Conferentie (1976) vanuit het koninklijk Paleis genzien." In *La Conférence de Géographie de 1876: Recueil d'études.* Brussels: Académie Royale des Sciences d'Outre-Mer, 1976.

Vangroenweghe, Daniel. *Du Sang sur les Lianes.* Brussels: Didier Hatier, 1986.

Vansina, Jan.

1. *Kingdoms of the Savanna.* Madison: University of Wisconsin Press, 1966.

2. *The Children of Woot: A History of the Kuba Peoples.* Madison: University of Wisconsin Press, 1978.

3. *Paths in the Rainforest.* Madison: University of Wisconsin Press, 1990.

Van Zandijcke, A. *Pages d'Histoire du Kasayi.* Namur, Belgium: Collection Lavigerie, 1953.

Vellut, Jean-Luc. "La Violence Armée dans l'État Indépendant du Congo. *Cultures et Développement* 16, nos. 3–4 (1984): pp. 671–707.

Vinson, Rev. T. C. *William McCutchan Morrison: Twenty Years in Central Africa*. Richmond, VA: Presbyterian Committee of Publication, 1921.

Ward, Herbert. *A Voice from the Congo: Comprising Stories, Anecdotes, and Descriptive Notes.* London: William Heinemann, 1910.

Weeks, John H. *Among the Primitive Bakongo.* London: Seeley, Service & Co., 1914.

West, Richard. *Congo.* New York: Holt, Rinehart and Winston, 1972.

White, James P. "The Sanford Exploring Expedition." *Journal of African History* VIII, no. 2 (1967): pp. 291–302.

Willequet, Jacques. *Le Congo Belge et la Weltpolitik (1894–1914).* Brussels: Presses Universitaires de Bruxelles, 1962.

Williams, George Washington.

1. *An Open Letter to His Serene Majesty Leopold II, King of the Belgians and Sovereign of the Independent State of Congo.* Reprinted in Franklin, above.
2. *A Report on the Proposed Congo Railway.* Reprinted in Franklin, above.
3. *A Report on the Congo-State and Country to the President of the Republic of the United States of America.* Reprinted in Franklin, above.

Williams, Walter L. "William Henry Sheppard, Afro-American Missionary in the Congo, 1890–1910." In *Black Americans and the Missionary Movement in Africa,* ed. Sylvia M. Jacobs. Westport, CT: Greenwood Press, 1982.

Winternitz, Helen. *East along the Equator: A Journey up the Congo and into Zaire.* New York: Atlantic Monthly Press, 1987.

Wuliger, Robert. "Mark Twain on *King Leopold's Soliloquy.*" *American Literature* (May 1953): pp. 234–237.

Young, Crawford. "The Northern Republics 1960–1980." In Birmingham and Martin, above.

报纸和期刊

La Belgique Coloniale (Brussels)

Le Congo Illustré (Brussels)

The Congo News Letter (Boston)

Missionförbundet (Stockholm)

Le Mouvement Géographique (Brussels)

Official Organ of the Congo Reform Association (Liverpool, London)

Regions Beyond (London)

Southern Workman (Hampton, VA)

West African Mail, later *African Mail* (Liverpool)

未出版资料和档案

Carroll, Murray Lee. *Open Door Imperialism in Africa: The United States and the Congo, 1876 to 1892*. Ph.D. thesis. University of Connecticut. 1971.

De Ryck, Maurice Martin. Zaire Colonial Documents Collection. University of Wisconsin.

Martens, Daisy S. *A History of European Penetration and African Reaction in the Kasai Region of Zaire, 1880–1908*. Ph.D. thesis. Simon Fraser University. 1980.

McStallworth, Paul. *The United States and the Congo Question, 1884–1914*. Ph.D. thesis. Ohio State University. 1954.

Normandy, Elizabeth L. *Black Americans and U.S. Policy Toward Africa: Two Case Studies from the pre–World War II Period*. Ph.D. thesis. University of South Carolina. 1987.

Procès-Verbaux de la Commission d'Enquête instituée par décret du 23 juillet 1904. Archives Africaines, Ministère des Affaires Etrangères, Brussels. (IRCB 717–718).

Rom, Léon. *Notes. Mes services au Congo de 1886 à 1908*. Musée Royal de l'Afrique Centrale. (Document MRAC-Hist-56.28).

Roth, Donald Franklin. *"Grace Not Race": Southern Negro Church Leaders, Black Identity, and Missions to West Africa, 1865–1919*. Ph.D. thesis. University of Texas at Austin. 1975.

Sheppard, William H. Papers. Hampton University, Hampton, Virginia.

致　谢

首先要感谢伦敦的英国皇家地理学会、伦敦的反奴隶制国际组织、特尔菲伦镇的中部非洲王室博物馆（Musée Royal de l'Afrique Centrale）、布鲁塞尔军事博物馆（Musée Royal de l'Armée et d'Histoire Militaire）、斯德哥尔摩瑞典传道协会（Svenska Missionsförbundet）、纽约州罗切斯特市美国浸信会历史协会（American Baptist Historical Society）、佛罗里达州桑福德市的桑福德博物馆（Sanford Museum）、位于北卡罗来纳州蒙特利尔市的长老会历史资料部（Department of History of the Presbyterian Church），他们热情地向我提供了我所需要的资料、照片等。感谢纽约美国自然历史博物馆（American Museum of Natural History）的伊妮德·希尔德科特（Enid Schildkrout）。感谢弗吉尼亚州汉普顿大学（Hampton University）的档案管理员，是他们允许我查阅了威廉·谢泼德的论文。感谢伊贝·西格博格（Ebba Segerberg）帮我翻译瑞典文。感谢戴维·雷蒙德（David Raymond）、弗里茨·斯特恩（Fritz Stern）提了一些有关参考文献的宝贵建议。

写作这本书让我深入了解了图书馆在保存那些强大利益集团想要人们忘记，或是人们自己想要忘记的历史记录时扮演的重要角色。每次从图书馆借到书，我都心存感激，有一次，我发现我是自从 1937 年以来第一个借阅这本书的人。还有——这种事情我遇到过两次——几十年来从图书馆查寻一本书时，发现书页一直没有切开。感谢我做研究时当地很多热心的图书管理员：西北大学、耶鲁大学、贝茨学院（Bates College）等学校的图书馆，纽约公共图书馆（New York Public Library）、纽约协和神学院（Union Theological Seminary）图书馆、斯坦福大学的胡佛图书馆和格林图书馆。特别要感谢的是加州大学伯克利分校的多伊（Doe）图书馆、莫菲特（Moffitt）图书馆、班克罗夫特（Bancroft）图书馆。我的大多数研究工作完成于加州大学伯克利分校。在那些思想陈腐的政客、主张减税的狂热分子开始大幅减少美国公共图书馆和州立大学图书馆预算之前，伯克利分校收藏的丰富史料就是一份份无可辩驳的证据，向人们展示了一个世纪之前曾经发生的事情。

在我写作这本书的整个过程中，虽然我的妻子阿莉（Arlie）也在撰写一本大部头作品，但她时刻在与我探讨、交流这本书的内容，这本书仿佛成了我们生活的中心。在本书手稿完成之后请她过目时，她已经对这段刚果历史中的人物耳熟能详，就好像他们是我们的好朋友一样。另一件幸事是，很多现实生活中的朋友看过这部手稿之后，从他们作为作家、记者、历史学家的经验出发，提出了很多宝贵的意见和建议。这些朋友是：艾伊·奎·阿尔马（Ayi Kwei Armah）、哈里特·巴洛（Harriet Barlow）、玛丽·费尔斯蒂娜（Mary Felstiner）、劳里·弗林（Laurie Flynn）、戴维·霍赫希尔德（David Hochschild）、帕特里夏·拉巴姆（Patricia Labalme）、保罗·索尔曼（Paul Solman）、艾伦·维里斯（Allen Wheelis）、弗朗西斯·威尔森（Francis Wilson）、布莱基（Blaikie）、梦迪（Monty）、罗伯特·沃斯（Robert F. Worth）。关于本书的批评性反馈和其他支持，还要感谢我的代理人丹尼斯·香农（Denise Shannon）、乔治斯·博哈特（Georges Borchardt），以及我之前的编辑，即霍顿米夫林出版社的唐·西弗里安（Dawn Seferian）。

本书的每一页几乎都从汤姆·英格尔哈特（Tom Engelhardt）深入的编辑建议中获益。在注重写作手法的美国作家中，汤姆是一个秘密武器。在目前健在的人中，很少有人在对句子、段落，以及整本书的批评性反馈、梳理和润色方面达到如此炉火纯青的水平。如果有针对编辑工作的奥斯卡奖，汤姆早应获此殊荣。

作为研究这一段悲惨历史的后来者，我在研究过程中得到了这方面知识远胜于我的几位专家学者的热情帮助。丹尼尔·范格恩阅读了本书手稿，并与我分享了一些文件。我要特别感谢研究这一历史时期的两位最出色的学者，他们是人类学者简·范西纳和历史学家朱尔斯·马沙尔。两位都不厌其烦地回应了我多次询问信息的电话和信件，两人都一丝不苟地阅读了我的手稿，马沙尔阅读了我修改的两份手稿，帮我纠正了无数错误。如果后来我的复述偶然导致了个别错误，或者我在极个别之处与两人观点有些微偏差，这些错误和偏差也与他们二人没有任何关系。我衷心地感谢他们的付出。

索　引

（页码为原书页码，即本书页边码）

图书在版编目(CIP)数据

利奥波德国王的鬼魂：贪婪、恐惧、英雄主义与比利时的非洲殖民地 / （美）亚当·霍赫希尔德（Adam Hochschild）著；扈喜林译．--北京：社会科学文献出版社，2018.1（2023.7 重印）

书名原文：King Leopold's Ghost：A Story of Greed，Terror，and Heroism in Colonial Africa

ISBN 978-7-5201-1030-3

Ⅰ.①利… Ⅱ.①亚… ②扈… Ⅲ.①利奥波德二世（1835-1909）-人物研究 Ⅳ.①K564.407

中国版本图书馆 CIP 数据核字（2017）第 157977 号

利奥波德国王的鬼魂

——贪婪、恐惧、英雄主义与比利时的非洲殖民地

著　　者 / ［美］亚当·霍赫希尔德（Adam Hochschild）
译　　者 / 扈喜林

出 版 人 / 王利民
项目统筹 / 董风云　段其刚
责任编辑 / 沈　艺　张　骋
责任印制 / 王京美

出　　版 / 社会科学文献出版社·甲骨文工作室（分社）（010）59366527
地址：北京市北三环中路甲 29 号院华龙大厦　邮编：100029
网址：www.ssap.com.cn
发　　行 / 社会科学文献出版社（010）59367028
印　　装 / 三河市东方印刷有限公司

规　　格 / 开　本：889mm × 1194mm　1/32
印　张：16.125　插　页：0.625　字　数：363 千字
版　　次 / 2018 年 1 月第 1 版　2023 年 7 月第 4 次印刷
书　　号 / ISBN 978-7-5201-1030-3
著作权合同登记号 / 图字 01-2016-5825 号
定　　价 / 79.00 元

读者服务电话：4008918866